수필문학추천작가회

연간사화집 2021 / 29호

아름다운 반칙

발간사

월간 『수필문학』 1988년 9월 창간 후 1991년 수필문학추천작가회가 창립된 그해부터 해마다 수필문학추천작가회 사화집을 엮어왔다.

초창기 수필의 불모지에서 창간 33주년을 맞는 올해까지 본지로 천료 등단한 작가가 870여 명에 이른다.

이번 사화집 29호가 잉태하기까지는 여러모로 아픈 산고를 겪고 인고의 시간으로 오늘에 이르렀다.

그동안 이 땅에는 많은 문학지, 특히 계간지들이 쏟아져 나와 각기 등단제도를 마련하고 있으나, 본지는 오랜 역사를 지닌 수필 문학 전문 월간지에다 1회의 당선제도로 변모되는 문단 현실에도 아랑곳하지 않고, 예전처럼 2회에 걸쳐 천료함으로써 그 질과 역량을 높이는 데 노력해왔다. 그 긍지와 차별화를 되살림은 물론 과연 그런 역량을 공인받을 수 있는가를 평가받기 위한 기회를 삼는 데도 그 의의를 두었고, 앞으로도 미래를 보는 거울은 과거에 있기에 지난 역사의 순간을 되새기며 더 발전하는 새로운 도약을 기대한다.

그동안 『수필문학』 천료작가 중에는 끊임없이 정진하여 문단의 중견으로서의 위치를 굳히며, 문인으로서의 자세와 가치관을 정립하여 여러 권의 작품집을 내고 권위 있는 문학상을 받은 작가도 있다.

그리고 지난해부터는 『수필문학』 평론 등단제도를 마련하고 역량 있는 평론가를 배출하여 앞으로의 문단 활동도 기대가 된다.

짧지 않은 세월 속에서 열정을 보였던 동인 중에는 연만하셔서 절필하시는가 하면, 문단의 중진으로 크게 활약하시며 주옥같은 작품과 수필문단사(史)에 족적을 남기고, 우리 곁을 떠나신 잊을 수 없는 수필가도 계신다.

또 한편은 천료작품도 좋고 천료소감도 당찼는데 그 이후 점점 열정이 식어 생동성을 잃고 있는 작가가 있는가 하면, 이름마저 볼 수 없게 된 작가도 있어 안타깝기 그지없다.

어쨌든 창간 이후 33년, 우리 월간 『수필문학』의 위상은 세월만큼이나 장족의 발전을 거듭했고 동인회원들의 깊은 애정과 노고가 있었기에 거센 풍파에도 불구하고 『수필문학』과 수필문학추천작가회가 함께 성장해 왔다.

이 사화집의 발간은 '수필문학추천작가회'의 모체인 월간 『수필문학』이 함께 해마다 만들어가는 한 해의 결실이다. 앞으로도 어떤 고난이 있더라도 한 호도 거르지 않고 나갈 것이다.

그리고 수필문학추천작가회가 새롭게 구성될 임원진과 동인이 한마음이 되어 축복과 발전이 있으리라 믿는다.

우리 수필문학추천작가회가 앞으로 더욱 성장하시고 좋은 열매를 맺는 나무가 되길 바라는 마음으로, 동인 여러분의 아름다운 글밭을 만들고자 최선을 다해 월간 『수필문학』을 알차게 발행하겠다.

지난 2년간 예기치 못한 의외의 풍랑이 덮쳐왔지만 수필문학사와 함께 의연하게 수필문학추천작가회를 잘 지켜 오신 동인들에게 감사드리며 풍성한 작품으로 만나게 돼서 매우 기쁘게 생각한다.

특별히 올해부터는 본 사화집 발간에 있어 편집위원을 위촉, 초교부터 삼교까지 애써주신 강미애, 이제홍, 조영자, 전명주 편집위원의 노고에 감사드린다.

회원 여러분의 건강과 문운을 빕니다.

2021년 10월.

월간 『수필문학』 발행인 · 수필문학추천작가회 이사장 강 병 욱

차례

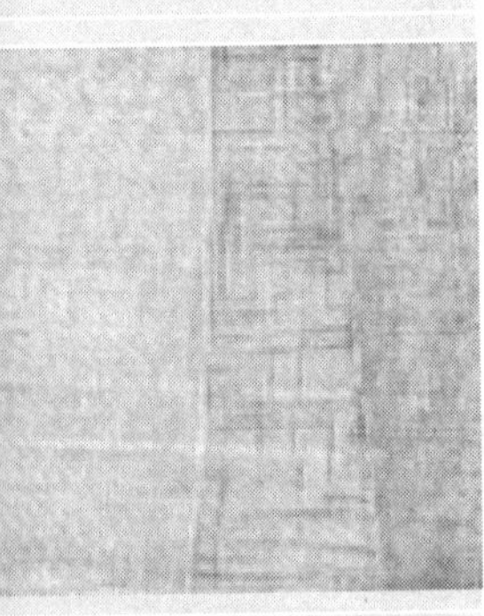

수필문학추천작가회

연간사화집 2021 / 29호

인생길 정탐(偵探)

허학수
1989. 7. 천료

만나는 사람마다 오래 살라고 당부를 한다. 참 좋은 인사말이다. 그런데 요즘에 와서는 '건강하게 오래오래' 살라고 한다. 아마도 그 속에는 병들어 가족에게 폐를 끼치면서 오래 살면 안 된다고 강조하는 듯하다.

참말로 그렇다. 자식들의 손발을 묶어서 일터에 못 가도록 질병을 앓는다면 그 삶이 온전할 리 있겠는가. 하루가 한 달 되고, 한 달이 일 년을 넘어 몇 년째 병상에 누워있으면 그것이 무슨 생명이라 하겠는가.

무엇 때문에 인간의 오복(五福)에 고종명(考終命)이란 항목이 있는지 짐작이 간다. 사람이 우주 만물을 지배한다고 하지만, 그 누구도 알 수 없고 다스리지 못하는 미지의 세계가 그것이다.

진짜 모르는 세 가지가 있다. 너와 나는 언제 어디에서 어떻게 죽을지 아무도 모른다. 한 치 앞을 예측 못하는 우리네 인생길임은 두말이 필요 없다. 아침 대문에서 미련이 남아 골목길까지 손을 흔들었다. 퇴근 시간 맞추어서 붉게 물든 서쪽 하늘을 자주 바라보았지만, 집 나간 그 사람은 영영 오지 않는다.

인생길은 예고를 하지 않는다. 무정하게 달아나는 저놈의 세월, 앉았다가 일어서면 아침이 저녁이고, 하루 이틀 셈을 하면 삭망(朔望)이 지근(至近)이다. 달력 떼기가 바쁘니 계절의 순환을 무슨 재주로 막으며, 생사의 순간을 어찌 감히 추측이나 한단 말이냐.

사람은 그리워하면서 사랑하고 사랑하면서 그리워한다. 상봉과 이별은 살고 죽는 그 길을 수놓는 운명의 회전일 뿐이다. 만남의 기쁨에 헤어짐의 슬픔이 있다면, 사랑의 웃음엔들 저주의 눈물이 숨어 있지 않을쏜가.

인생길! 만나지 못하여 그리움이 쌓이고, 그리움이 쌓이면 마음에 병이 난다. 허송세월이 겹치면 겹칠수록 그 일월이 미워지기도 하고, 공허한 마음이 정도를 벗어나면 정심(正心)을 잃게 된다. 그것뿐인가. 마음이 변하면 일상에 흠이 나고, 평상을 갖추지 못하면 심신에 탈이 생기기 마련이다. 행복이나 안녕도 버릇처럼 시부렁대지만, 건강할 때 비롯되는 일상의 상용어에 불과하다. 생로병사가 뭐 그리 멀고 별것이냐.

건강하게 오래오래 살라면 그 얼마나 듣기 좋고 반가운 말인가. 요즘 어쩐지 이런 흉측한 생각까지 겹친다. '내게 만약 모진 병이 갑자기 찾아오고, 불치병에 미동도 못하면 차라리 죽음을 택하리라.'

만상이 무상한 오늘, 누구나 살아갈 그 길은 아무라도 알 수 없는 공포의 시공이다. 세월 앞에 굴복한 연륜을 세상사 흠결로 탓하는 선입관은 자타를 파괴하는 무례한 자해라고 할까. 젊음이 늙음의 선상이 아니라는 강변(强辯)도 생명체의 순리를 빼앗는 얄팍한 살집에 불과하다. 그 시절 글귀가 새삼스럽다.

'청춘! 이는 듣기만 하여도 가슴이 설레는 말이다. 청춘의 피는 끓는다. 끓는 피에 뛰노는 심장은 거선의 기관 같이 힘이 있다. 바로 그것이다. 너의 두 손을 가슴에 대고 물방아 같은 심장의 고동을 들어보라.'

얼핏 일별(一瞥)해도 의미가 깊다. 그렇다고 청년의 심장은 힘 있게 뛰고, 노년의 핏줄은 막혔단 말인가. 나이는 산수(算數)일 뿐 대수(代數)가 아니다. 할배와 할매는 쇠약하고 얕잡는 저질의 호칭일 따름이다. 변명 같지만 나는 노인의 훈장에 겹겹이 싸였지만, 정작 노인의 모습은 그려지지 않는다. 지난 주말에는 모처럼 바깥공기를 마셨다. 젊음의 냄새가 하도 좋아서 캐주얼에 운동모자와 신발까지 갖추었다. 마침 곁에 섰던 여인이 말을 걸어오는 게 아닌가. 내심 반가웠으나 결과는 너무나 실망이었다.

"할아버지, 그 방향 버스는 아직도 많이 기다려야 돼요. 노인은 걷는 게 건강에 좋아요."

제아무리 노인 티가 싫지만 사방으로 뒤덮인 세월의 흔적은 지워지지 않는가 보다. 관광버스가 꼬리를 감추고 부자간의 면회를 막아버린 코로나 감옥, 수족을 묶어 놓은 지난 2년은 주름살만 포개버린 억울한 세월이었다.

노년의 정탐! 인생길 마지막이면, 있는 놈과 없는 놈, 높은 놈과 낮은 놈, 귀한 놈이나 천한 놈도 모두 다 그렇고 그렇다. 어쩌다가 요행이 운명으로 뒤집혀 숨 한 번 길게 쉬겠지만, 먼저 간 놈이나 뒤에 가는 놈이나 오십 보 백 보가 아니겠는가.

참도 모자라는데 거짓을 어디 쓰랴. 애비 싫다고 집 두고 뛰쳐나간 아들놈이나, 도망간 아들 밉다고 홀로 꼼질대는 애비는 눈물이 마를쏜가. 이제는 물같이 바람같이 훨훨훨 살고 싶었지만, 지금 와서 따지고 셈하니 잘한 것은 하나도 없고 못한 것만 쌓이고 또 쌓였다.

내 인생의 정탐! 허둥지둥 지탱하며 탐욕만 부리면서, 미워할 줄만 알고 사랑할 줄은 몰랐었는가 싶다. 오늘에야 눈길 돌리며 아무리 잡고 또 잡아 보지만, 하나도 가지고 갈 것 없는 나의 두 빈손이다. 그 세월 몇 날 몇 시간이었느냐. 이 세상에 올 때에 맨몸으로 왔다가 내 핏줄 3남매를 남기고 간다. 세상사 어디 무엇과 비교하랴.

진짜로! 진짜로! 큰 재산이다.

미래를 세우고

오경자
1990. 3. 천료

나무를 심으러 간다. 자주 내리던 봄비가 오늘도 대지를 적실 모양이다. 일기 예보가 틀려주면 나무 심기 편해서 좋고 맞으면 흙을 적셔 나무의 뿌리가 자리를 잘 잡을 수 있으니 나무에는 최상의 조건이라 이래도 저래도 좋은 날이다. 어린 시절 식목일이면 어김없이 체육 선생님과 생물 선생님의 인솔 하에 인근 산으로 가서 나무를 심었다. 요즘에야 식목일이 휴일에서 제외되자 한식, 청명까지도 함께 묶어 기억 저편으로 던져버린 느낌이다. 나무를 심기는커녕 꽃 한 포기 심는 것조차 잊고 사는 세상이 되었다. 이런 판에 산림문학회가 산림청과 뜻을 맞추어 '문인들과 함께 나무 심는 날'을 정하고 나무 심기 행사를 벌인 것이다.

양주군 덕계역 근처 야산에 도착했을 때는 하늘이 흐릴 뿐 비는 오지 않았다. 이내 이슬 같은 비가 내리기 시작했다. 하지만 빗발이 세지지 않고 아주 조금 내려 주어 행사를 진행하는 데 지장을 주지 않았다. 비옷을 걸쳐 입고 나무를 심기 시작했다. 배정된 산벚꽃 나무를 기념 식수하고 작은 묘목들을 심었다. 산벚꽃 나무는 재질이 단단하고 벌레가 타지 않아 팔만대장경의 판목으로 많이 쓰인 나무라니 더욱 소중한 생각이 들었다. 구덩이를 파놓은 자리에 나무를 잘 세우고 흙을 덮은 후 정성스레 밟으며 잘 자라주기를 바라는 마음으로 기도했다.

팔순을 맞았는데 이 나무를 몇 년이나 볼 수 있을까? 어릴 적 심은 나무는 완산칠봉 어디쯤에 숲을 이루어 연인들의 속삭임을 듣고 있을까? 그때 무슨 나무를 심었는지 생각도 나지 않지만 '이 나무가 컸을 때 나는 어떻게 되어 있을까' 하는 생각 같은 것은 할 겨를이 없었던 것 같다. 그저 친구들과 까르르거리며 즐기기 바빴고 선생님들의 지휘에 따라 많은 나무들을 부지런히 심는 일에만 몰두했던 것 같다. 나무를 심다가 점심시간에 싸 가지고 온 도시락을 먹는데 어떤 친구가 젓가락이 없었다. 무심코 나뭇가지를 꺾다가 선생님의 호통을 들었다. '그래 우리가 지금 나무 사랑하러 왔지?' 싶은 생각에 고개를 숙였던 기억이 난다. 그 시절은 도시락에 의례 쇠붙이 수저와 젓가락이 기본적으로 따라다녔다. 1회용 소독저가 등장하던 때가 아니었다. 아마 그 친구는 어느 친구가 수저를 빌려주어 어렵사리 점심을 먹었을 것이다.

이 나무가 몇 살쯤 돼야 우리는 통일이 될까? 오늘 나는 미래를 세우고 간다. 이 나무가 팔순이 되는 날에 우리 후손들은 어떤 삶을 누리고 살까? 한국은 노벨 문학상을 몇 번이나 수상했을까? 생각은 끝이 없는데 소년이 다가온다. 흙을 밟는 할미를 올려다보며 저도 함께 밟는다. 귀여워서 쓰다듬으려 하니 안개처럼 사라진다. 환하게 웃으면서 아아, 이 나무가 팔순 되었을 때 내 고손자쯤 되는 아이의 모습인가? 그래 그 아이들은 여기 말고 평양의 대동강가에 기념식수 하러 가야지. 아암 그래야지. 나무는 이슬방울을 맞으며 흡족한 미소를 보낸다. 걱정 말라고 내가 그때 잘 보고 자세히 편지해 주겠다고. 북녘 하늘을 우러른다.

목울대가 뜨거워진다. 늙은이 주책이랄까 봐 얼른 고개를 치켜든다. 이럴 땐 빗물이 고맙다. 눈물인지 빗물인지 시야를 자꾸 흐리게 한다.

손 털고 내려오니 식탁이 차려져 있다. 도시락을 여니 소독저가 기다린다. 그렇지 할 수 없지. 맛있게 그릇을 비우고 소독저를 똑똑 부러뜨리며 나무를 쳐다보니 미안하기 그지없다. 나무 한 그루 자라려면 얼마나 많은 세월이 흘러야 하는데 순식간에 나무 한 그루 무심히 잘려나가는 소리가 들린다 여기서 똑 저기서 똑. 오늘의 나무 심기는 단순히 산림녹화가 목적이 아닌 지구 기후변화에 대응하기 위한 환경운동을 함께 하는 지구 살리기의 큰 목적을 갖는 일이다.

그런데 우리는 지금 엄청난 산림자원의 낭비와 더불어 탄소 배출의 주범인 1회 용품을 양산하고 있는 중이다. 그렇다고 그릇에 담아올 수도 없는 노릇이기는 하다. 딱 부러진 해답을 내놓을 수도 없으면서 머리만 복잡해진다. 일상생활에서 어쩔 수 없이 많은 플라스틱 등 환경오염물질을 쓸 수밖에 없겠지만 가능한 한 1회 용품의 소비를 줄이고 나무를 아끼는 양면작전을 생활화하는 것만이 인류의 종말을 조금이라도 늦추는 지름길임을 명심했으면 좋겠다. 세워놓은 미래를 다시 한번 매만져보고 힘주어 밟아주고 발길을 돌린다. 오늘의 이 손길이 2050 탄소중립 실현에 작은 보탬이 된다면 지구에게 조금은 덜 미안할 수도 있을 것 같다. 내년에는 송악산이라도 찾아가 나무를 아니, 미래를 심고 왔으면 좋겠다.

안 보이면

박순혜

1990. 7. 천료

골목길이라기엔 넓고, 도로는 아닌데 차는 아주 가끔 다니는 길. 그 길을 나는 자주 다니는 편이다. 마트에 갈 때도 시장을 갈 때도 금융기관에 갈 때도 그 길로 다닌다.

그곳을 지날라치면 길가에 나와 있는 H 부인을 곧잘 본다. 골목 끝 담벼락 앞에 난쟁이 의자를 놓고 앉아 있거나 그냥 길가에서 서성거리는 그녀는 나를 보면 언제나 활짝 웃으며 많이 반가워했다. 나 역시도 그런 그녀가 반갑고 좋았다.

오래전 단독주택에 살 때 우리는 골목을 사이로 이웃하여 친하게 지냈다. 남편을 일찍 저세상으로 떠나보낸 H는 외아들과 둘이 살았다. 무슨 건물에선가 월세를 받고 남편이 벌어놓은 돈도 많은 듯 굳이 돈을 벌려고 애쓰지도 않고 편하게 살았다.

처녀 때는 남자들 속 꽤나 썩여줬다고 한다. 아닌 게 아니라 계란형의 희고 곱상한 얼굴에 오뚝한 콧날, 짙은 눈썹에 알맞은 신장, 얼굴 표정까지 밝으니 어느 남자가 호감을 안 가졌겠나 싶다. 그런데 자신을 좋다 하는 하고많은 남자 중에 어쩌다 남편에게 꽂혀 결혼을 했으니 자신의 눈이 멀었었다고 했다. 눈이 먼 것까지는 좋은데 남편이 일찍도 세상을 떠나 과부를 만들어 놨으니 배신자가 따로 없다고도 했다.

가까운 거리에 아파트가 들어서기에 우리는 입주신청을 하여 그곳을 떠나 이사를 했다. H네도 몇 년 뒤 우리가 사는 아파트와 가까운 단독주택으로 이사를 했다. 예전에 우리가 살았던 골목을 경계선으로 하여 그녀 집 쪽이 공원으로 조성되느라 헐렸기 때문이다. 그녀가 우리 집과 가까운 곳에서 산다는 걸 알았을 때 무척 반가웠다. 옛날같이 골목을 사이로 하여 들며 보고, 날며 보고 하지는 못해도 길에서나마 자주 볼 수 있다는 게 너무 좋았다.

그 길을 지날 때 H 부인이 있으면 바빠도 잠시 걸음을 멈추고 몇 마디 대화를 나눈 후 발걸음을 떼곤 했다. 그녀는 우리 애들 안부를 자주 물었고 내 뒷모습을 보면 아가씨 같아 따라오는 총각이 있겠다는 농담도 곧잘 했다. 그동안 세월이 흘러 외아들은 결혼하여 서울로 가고 넓은 집에 혼자 살고 있다. 어느 날은 나를 자신의 집으로 데리고 가, 차 대접을 한다. 경로당은 화투 치는 것이 싫어 안 간다며 밥 먹고 텔레비전 보는 게 일상이라고 했다. 계모임이 많기로 유명한 우리 고장에서 그 흔한 계모임 하나 없다며 외로움을 호소하기도 했다. 그 H 부인이 요즘 안 보이는 것이다.

80대 중반의 얼굴 혈색도 좋고 건강미가 넘치는 이웃에 사는 K 부인도 얼마 전부터 안 보인다 했는데 간암으로 병원에 입원을 했다는 소식이다. 늘 씩씩하게 자전거 페달을 밟으며 다니기를 좋아했고 뭔가를 배우러 복지관에 열심히 다니며 언제나 활달했는데 간암 그것도 말기라니 참으로 알 수 없는 게 노인의 건강인 것 같다.

문단 생활을 하면서 문예지를 받아서 읽노라면 예전에 작품 활동을 열심히 하던 작가들의 글이 오래 안 보인다고 느껴질 때가 있다. 자연 그 작가들의 안부가 궁금해진다.

언젠가 친구가 말했다. 자주 보이던, 나이 든 사람이 안 보이면 요양원에 보내졌거나 죽었다고 생각하면 된다고. 너무나 서글프게 들리던 그 말이 요즘 자꾸 생각이 난다.

H 부인은 왜 안 보일까? 늙으니까 이것저것 다 서러운 생각이 든다고 슬픈 표정으로 어느 날 말했을 때 나는 아무 말도 하지 못했다. '늙지 않고도 오래 살 수 없을까를 생각했고 죽기보다 늙는 것이 싫다'고 했던 수필가 박규환 선생님의 글귀를 떠올리며 눈시울만 적셨다.

계모임을 코로나19가 종식될 때까지 하지 않기로 일찌감치 친구들과 약속을 했고 외출도 자제한다. 항상 마스크를 쓰고 다니며 사람과의 접촉을 꺼리는 요상한 시국이라 서로가 눈치를 보아야 하고 서로가 가까이하는 것도 조심해야 한다. 자연 그 길을 지나는 일이 드물어졌다. 무릎관절이 아프다는 말은 들었으나 다른 데 어디가 아프다는 말은 그녀로부터 듣지 못했다.

보이던 나이 든 사람이 안 보이면 요양원에 보내졌거나 죽었다고 생각하라는 친구 말, H 부인을 생각하며 고개를 크게 가로젓는다. 서울 사는 아들이 모셔갔거나 무릎관절 수술을 위해 입원을 시켰을 것이라 생각을 하며.

내가 사랑에 빠졌어요

박종숙
1990. 7. 천료

지난해였다. 나훈아 씨가 TV 방송을 통해 특별 콘서트를 준비하여 국민에게 가황으로서의 면모를 유감없이 보여 준 적이 있다. 인기리에 방영되었던 그의 노래 대부분은 귀에 익은 것들이 많았는데 그 중 신곡이 두각을 나타낸 것은 「테스 형」이었다. 그 곡은 콘서트가 끝나자마자 바로 세상을 흔들며 인기곡으로 올랐는데 시국이 어수선한데다 코로나까지 겹쳐서 사기가 떨어진 국민의 마음을 사로잡은 듯하였다. '아~, 테스 형! 세상이 왜 이래' 이 한마디만으로도 사람들은 위로를 받았다고 할까? 그런데 그 중 또 한 곡이 요즘 나의 심리를 자극하고 있다. 역시 그는 사람의 심리를 파고드는 재주꾼인가 보다. 「내가 사랑에 빠졌어요」라는 노래가 또다시 고개를 들고 있으니 말이다.

사랑에 빠지면 일거수일투족이 상대에게 매몰된다. 노래 가사에 보면 난생처음 무스도 바르고 넥타이도 매고 그녀가 기도하는 모습을 보았기에 교회도 나가려 한다는 고백은 마치 세상 사람들에게 자기 마음의 흔들림을 알아달라는 호소처럼 들린다. 사랑에 들떠 어쩔 줄 모르는 감정이 고스란히 전염되어 온다고 할까.

학교를 졸업하고 변두리 직장으로 처음 출근하던 날이었다. 나에게 기이한 일이 생겼다. 버스를 탄 사람 중에 내 시선이 머물게 된 그분은 놀랍게도 나와 같은 정류장에서 내렸는데 운동장을 저만큼 질러가는 뒷모습이 귀여운 병정처럼 비쳤다. 알고 보니 그는 나와 한 직장에서 근무하고 있는 ROTC 교도관이었다. 그 뒤에도 가끔 같은 버스를 타고 출근을 하다 보니 내 마음이 자꾸 그에게로 쏠리는 것을 어쩌지 못했다. 사랑의 감정이 시작되었다고나 할까. 세상에 태어나서 처음 느껴보는 기분이라 설레는 마음을 감추지 못했다.

"엄마, 난 누군가를 좋아하게 될 것 같아요."

그러나 실망스럽게도 그분은 이미 약혼자가 있어서 나 혼자 가슴만 설레다 말았다. 잠깐이라도 사랑의 감정이 어떤 것인지 알게 된 계기였다.

사랑에 빠지면 눈에 콩깍지가 씌운다고 한다. 상대의 단점은 보이지 않고 장점만 보여서 나태주 씨의 시 「내가 너를」에서처럼 '…너를 좋아하는 마음은 오로지 나의 것이요, 나의 그리움은 나 혼자만의 것으로도 차고 넘치니까….' 라고 하였다. 사랑에 충만한 기쁨이 물결치듯 세상을 혼자서 차지한듯한 착각에 빠지는 것이다.

요즘 나에게 새삼 눈에 콩깍지를 씌운 상대가 나타났다. 사랑스러운 그의 모습은 온통 내 마음을 사로잡아버렸으니 말이다. 아침 운동을 나가 보면 만천천 옆에 있는 풀숲에서 맑은 공기가 흐른다. 공필화를 배우면서 그림 소재의 주인공을 그곳에서 찾기 시작한 것이다. 수십 년 동안 자연을 옆에 두고 나무숲을 거닐면서도 그들은 나를 위시한 들러리로밖에 여겨지지 않았다. 마치 사람들을 위한 하나의 배경이 되어주기 위해 존재하는 부산물 같이 여겨졌는데 요즘 주객이 전도되었다고 할까? 내가 주인공이 아니라 그들이 만든 세상을 내가 누리고 있음을 행복으로 여기게 되었다.

강아지풀, 물피, 바랭이, 쑥, 애기똥꽃, 메꽃, 달개비, 개망초가 어우러진 풀밭들, 아카시나무, 소나무, 단풍나무, 은행나무, 자작나무들이 내 눈동자 안에서 새 생명으로 태어나는 것을 느낀다. 가만히 다가가서 풀밭에 앉으면 그들 잎 하나하나가 어색하지 않게 어울려서 무리를 짓고 있다. 네가 있어 내가 있고, 내가 있어서 네가 있다는 듯 서로 상생하고 있다.

공필화의 기초 소재는 꽃이나 풀이다. 나는 메꽃의 줄기가 뻗어간 모습을 관찰하며 아다지오 음을 그들에게서 듣고 꽃이 피고 진 모습을 일일이 카메라에 확대해 담으면서 즐거워한다. 달개비꽃과 애기똥꽃의 잎과 줄기가 뻗어간 방향, 강아지풀들이 목을 빼물고 퐁퐁 솟아있는 풍경 앞에서는 모데라토의 음악을 듣는다. 공필화에 담길 아주 작은 생명의 숨결과 그 앙증스러운 모습을 진작 사랑하지 못한 게 미안하고 각종 나무의 모습을 눈여겨보면서 자연의 슬기로움에 감탄한다. 소나무의 가지와 단풍나무의 가지가 뻗은 모습이 확연히 다르고 은행나무와 자작나무 뻗은 가지가 또 달라서 그들의 개성이 청신하게 느껴진다.

소나무를 그리면서 알게 된 것이 있다. 가지가 휘어지려면 미리 겉껍질부터, 휘어진 형태를 감싸기 위해 준비하는 것이다. 옹이가 박힌 껍질 부분은 촘촘하게 무늬지고, 곧게 뻗은 줄기는 당찬 무늬를 만든다는 것. 단풍나무의 경우는 가지 끝부분에 잔가지를 많이 달아서 부챗살 펴지듯 잎이 펴지는 것을 알았다. 저마다 나름대로 세상에 태어난 의미를 보여주고 있다.

나무와 바위의 결은 자연스럽게 그려야 그림이 살아난다. 산책하면서 나는 그들을 주인공으로 하여 눈으로 그림을 그린다. 예전에는 무심히 보았던 것을 자세히 보니 모두 사랑스럽다. 그동안 덕지덕지 때가 묻은 눈으로 세상을 바라보았다면 눈을 씻고 세상을 바라보니 모두 신비롭다. 왜 살면서 그동안 건성건성 했을까? 자연뿐 아니라 삶도 진지하지 못하고 대충대충 지나치면서 엄마 노릇 아내 노릇을 했던 건 아닐까 부끄러워진다.

아침 산책길에 나서면 사랑스러운 마음으로 이들을 만난다. 물결이 무늬를 만들며 흘러가는 모습, 돌 사이로 물방울을 튀기는 모습, 경사진 언덕에 자연스럽게 놓인 정원석과 그 사이를 비집고 올라온 풀들, 재잘거리는 참새들이 하늘을 날면서 행복해할 때면 이들을 카메라에 담느라고 황홀해지는 마음을 누구에겐가 전하고 싶다. '나에게 애인이 생겼어요' 고백하는 나훈아 씨 노래 속의 순박한 청년처럼 새로운 사랑이 내게로 이입되어 가슴 터지는 기쁨을 만드는 것이다. 그들은 머잖아 내 작품 속에서 새롭게 태어날 아름다운 주인공들이다. 바로 「내가 사랑에 빠졌어요」하는 노래를 자꾸 흥얼거리는 이유가 여기에 있다는걸 모르리라.

물빛공원의 낭만

김길자
1991. 9. 천료

음악 한 곡, 시 한 소절. 폭포수와 밤바람 소리까지 합쳐 멋진 하모니를 이루는 보강천 물빛공원에서 시 낭송회가 열렸다. LED장미등, 갈대등 여러 종류의 등이 화려한 조명을 이루는 물빛공원에는 예쁜 색으로 치장된 풍차 옆으로 벽천 분수가 어우러져 아름다운 경관을 이루는 곳이다. 고즈넉한 바람도 멈춘 초저녁, 웅성웅성 모여드는 사람들의 가슴으로 흥겨워 들썩이는 어깨 위로 고조된 분위기가 물결친다.

시 낭송은 듣는 이의 마음을 사로잡아 뒤흔드는 마력이 있고 영혼을 마음대로 이끌어 나가기도 한다. 국화꽃 정원은 여러 가지 동물 모양의 조명등으로 화려하게 장식되어 산책길에 오고 가는 사람들의 발길을 잡는다. 찬 서리를 맞아야 피는 국화는 아직 활짝 피지도 않았는데, 어쩌자고 성급한 마음들이 가을 속으로 젖어 드는지. 가을바람은 사람들의 가슴에서 먼저 불어오는가 보다.

50여 년 성장한 일백여 그루의 미루나무는 우람

한 몸집으로 자태를 뽐내고, 몇 나무의 가지에선 형형색색 조명에 반짝이는 불빛 연출이 장관을 이뤄 탄성이 절로 나온다. 지상 천국이 이곳이지 않을까 생각한다. 보강천의 물과 숲을 테마로 한 미루나무숲 물빛공원은 우리 지역 증평의 자랑스러운 명소가 되었고 삶에 지친 시민들의 휴식을 안겨주는 곳이다.

그 밤, 노래를 부르는 사람, 악기를 연주하는 젊은 단원들, 시 낭송으로 한껏 분위기를 띄우던 시인들. 그중에 시 낭송 전문가로 유명세를 치르는 우리 지역 홍 군수님 남매의 시 낭송은 지금도 귓가에 아련히 맴돈다. 두 사람이 손을 맞잡고 맑은 목소리로 낭송하던 시가 너무도 아름다워 청중의 애간장을 녹이는 듯하였다. 듣는 이들의 가슴도 따뜻하게 여울지는데, 이런 열정과 멋이 그분의 성공적인 정치인으로서의 삶에 촉진제가 되지 않았을까 생각해 본다.

'시란 영혼의 음악이다. 보다 더욱 위대하고 다감한 영혼의 음악이다'라고 시인 볼테르는 말했다. 오늘 밤 시와 음악이 여울진 아름다운 추억 한편을 시(詩)로 지어 이곳에 새겨 두고 싶구나.

한여름, 매미가 자지러지게 울어주는 미루나무숲 그늘은 삼복더위를 식혀주는 휴식처이기도 하고, 가을이 오면 일 년 농사의 수고로움을 위로하는 '인삼골 축제'가 열리고, 각종 경기와 씨름판이 펼쳐지기도 한다. 농특산물 축제라는 명목으로 열리는 행사는 시민들의 쌓인 피로와 묵은 시름과 마음의 찌꺼기를 털어 버리는 난장판이다. 남녀노소 직급 모든 차별을 다 없애고 놀이마당의 주인공이 되어 춤도 추고 노래도 부르고 손뼉 치며 대중과 거리낌 없이 어우러져 한바탕 즐기는 펼쳐놓은 인생사 굿판이다.

축제는 건강한 생활을 위해서 없어서는 안 될 삶의 요소라고 생각한다. 며칠간의 잔치가 끝나면 마치 농부가 대풍을 이룬 들녘에 서 있듯이 마음이 기쁘고 흐뭇해진다. 그러나 추수를 끝낸 들녘을 바라보듯 허허로움이 한 가닥 이는 것은 어인 일인지.

봄은 사과 꽃의 입김보다 짧고, 여름은 너무 아름다워 지체할 수 없고, 낙엽 붉은 가을은 화톳불처럼 빠르다고 어느 시인(詩人)은 말했다지. 일 년 사계절이 찾아올 때마다 우리는 어떤 새로운 행운이 찾아올 것 같은 희망과 혹여나 하는 생경한 마음가짐과 아련한 꿈도 꾸게 된다.

여기, 하얀 겨울이 오면 보강천 물가로 날아드는 철새 외에는 산책하는 사람 수도 눈에 띄게 드물고, 길길이 우거진 갈대만 휘날릴 뿐 벌판이 온통 고요로운 휴식에 빠진다. 지나쳐 가는 길목에서 바라보면 공원 전체가 하얗게 눈으로 뒤덮여 장관을 이룬다.

사람들로 번잡하던 나무 의자만이 따사로운 정오의 햇살 아래 조는 듯 고요하다. 사람 발자국이 뜸해진 한겨울 보강천 공원은 수선스럽고 화려한 시절을 보내고 찬바람만이 쌩쌩 휘저으며 사라진다. 마치 옛정이 그리워 찾아오듯, 나는 두터운 외투에 모자를 눌러 쓰고 사각사각 눈길에 발자국을 찍으며 양지바른 빈 의자에 앉아 본다. 무수한 사람들의 체온을 남긴 빈 의자. 인간사 이야기가 주저리주저리 묻혀 있다.

인간사는 긴 강줄기와도 같다고 했다. 어디로 흘러가도 같은 물이건만 빠른 물줄기도 있고, 넓기도 하고, 고요한 것, 흐린 것과 따뜻한 물줄기도 있다. 이렇게 빠르고 급한 물과 따뜻한 물과 찬물이 있듯이 인간사 사람마다 다 다른 성질로 태어나고 살아간다. 호수같이 평평한 곳의 물이 되기도 하다 때로는 급류를 타기도 한다. 그것이 타고난 운명이요 인간사이니 어쩌겠는가.

한 점 흰 구름 흐르는 맑은 하늘을 우러러본다. 끝없이 푸른 하늘을 바라보면 저절로 청심화혼(淸心華婚)이 되는 것 같다. 조금 전에 걸어온 하얀 눈 위로 찍힌 내 발자국을 돌아본다. 고르지 못하고 굴곡진 지나온 내 발자국. 인생 이모작이라면 후반기에 남은 여생, 내가 걸어야 할 발자국은 어떤 모습일까?

옛말에 이르기를 '사람을 볼 때는 단지 그 사람의 후반만 보라' 하였으니 참으로 명언이요, 인생 후반이 가장 중요하다고 채근담(採根譚)에 이르고 있다. 방초(芳草)와 같은 향기가 영원한, 그런 발자국을 남길 수 있기를 감히 소망한다.

미소가 열어 준 문

최중호
1991. 11. 천료

한 여학생이 내 책상 서랍을 뒤지고 있다. 주위에 여러 선생님이 있는데도 그녀는 아랑곳하지 않고 서랍을 뒤졌다. 아무도 그녀의 행동을 제지하거나 나무라지 않고 바라만 보고 있다. 처음 보는 일이라 당황을 했다.

ㅁ중학교에 교감으로 발령받은 첫날, 잠시 자리를 비운 사이에 일어난 일이다. 그녀의 행동을 멈추게 했지만 어이가 없었다. 무슨 학교가 이렇게 규율이 없단 말인가? 하지만, 그녀는 아무 일 없었다는 듯 미소를 지으며 교무실에서 나갔다. 그녀의 행동이 너무 상식 밖이라 곁에 있는 선생님께 물어보았다. 선생님은 웃으면서, 그녀는 지적장애가 있는 학생으로 가끔 교무실에 와 선생님들의 책상 서랍을 열고 사탕 같은 게 있으면 꺼내 간다고 했다. 선생님들은 그런 일이 자주 있었기 때문인지 그녀의 행동을 낯설게 보지 않았다.

그 뒤로도 가끔 그녀는 교무실에 와 내 책상 서랍을 열었다. 나도 그녀를 위해 서랍에 사탕을 넣어

두었다. 이제 그녀의 얼굴도 낯이 익어서 그녀도 나를 보면 웃으며 지냈다.

교장 자격연수를 받을 때였다. 토요일이라 집에서 쉬고 있는데, 교장 선생님께 전화가 왔다. 학교에 한 번 나와 달라고 하신다. 내가 연수를 받는 동안 학교에서 폭력 사건이 일어났던 것이다. 여학생 몇 명이 그녀를 폭행한 것이다. 학생들 간의 폭력도 문제가 되지만 장애 학생과 관련된 일이라 문제가 더 심각했다.

학교로 갔다. 학생부장은 그녀가 입원한 병원에 합의를 보러 갔고, 교무실엔 몇 명의 부장 선생이 학생부장이 돌아오기만 기다리고 있었다. 두어 시간을 기다려도 학생부장은 오지 않았다. 더 기다릴 수가 없어 병원으로 갔다. 학생부장이 낙심한 표정으로 병원 복도에 앉아있다. 아마 타협이 잘 안 되는 모양이다. 학생부장이 그녀의 어머니를 만났으나, 너무 완강하게 거절하는 바람에 말도 제대로 붙여보지 못하고 나왔다고 하였다. "내가 한번 병실로 들어가 봐야겠다."라고 했더니, 학생부장은 '당신이 들어가도 뾰족한 수가 없을 것 같다'는 표정이다.

병실로 들어갔다. 그녀와 어머니가 함께 있었다. 그녀는 나를 보자 반갑다는 듯 웃으면서 냉장고에서 음료수 한 병을 꺼내주었다. 그녀의 어머니가 깜짝 놀라며, "누구냐?"고 묻는다. "교감 선생님."이라고 대답하자. 그녀의 어머니는 "학교에서 온 사람들은 다 똑같다."며 부정적인 시선으로 나를 쳐다보았다.

나는 "딸이 다니는 학교의 교감인데, 지금은 연수 중이라서 사건의 내용을 잘 모르는데 내가 딸하고는 아주 친하게 지냈다."라고 말하자, 내 말이 맞는지 그녀에게 확인을 한다. 그녀가 "그렇다."라고 하자 경계심을 좀 푸는 듯했다. 그러고 나서 눈물을 흘리며 내게 자초지종을 이야기하였다.

학생부에서 이번 사건을 조사하였다. 그때, 그녀의 어머니가 담임선생을 찾아가 가해자의 진술서를 달라고 하자 순진한 담임선생은 아무 생각 없이 진술서를 내주었다. 그 사실을 알게 된 가해자 학부모들은 앞으로 일어나는 모든 문제는 학교 측의 책임이라며, 사건의 책임을 학교 측에 전가하였다. 학교 측 입장이 난처하게 되자 선생님들이 담임선생의 처사를 비난하기 시작하였다. 입장이 난처해진 담임선생은 자신의 잘못으로 일이 꼬이게 되자 진술서를 찾으러 병원으로 갔다. 마침 아무도 없는 병실 침대 위에 진술서가 보이자 그걸 몰래 가지고 왔다.

그녀의 어머니가 학교로 찾아와 진술서를 훔쳐 갔다고 항의를 하였다. 이제 학교 측은 가해자와 피해자 모두의 공격 대상이 되고 말았다. 교장 선생님은 사건이 더 커지는 것을 염려해 피해자 학부모에게 치료비를 포함한 모든 정신적 피해 보상을 해주겠다는 조건으로 합의를 보라하고, 학생부장을 병원으로 보냈던 것이다.

어머니는 자신의 억울한 심정을 모두 말하고 나서, 선혈이 낭자한 그녀의 흰 교복을 내게 보여주었다. 어머니의 요구 사항은 예상했던 것보다 간단했다. 가해 학생들의 사과와 함께 자기 딸이 다른 학생들한테 따돌림당하지 않고, 계속 학교에 다니기를 원했다.

병실에서 나와 가해 학생들을 모두 병원으로 불렀다. 가해 학생들이 왔다. 그들에게 병실에 들어가서 피해 학생의 어머니께 무조건 '잘못했다'며 빌라고 하였다. 하지만 그들은 내 생각과는 달리 아주 영악했다. 자신들이 잘못했다고 빌면, 그걸 근거로 폭행 사건의 책임을 자기들에게 물을 것이란 걸 미리 알고 있었다. 이미 부모로부터 철저히 교육을 받고 왔던 것이다. 그런 줄도 모르고 무조건 잘못했다며 빌라고 했던 내가 참 어리석었다. 가해자 부모들은 사건이 커질 것에 대비해 이미 법조계 인사들을 만나 자문을 구했고, 변호사까지 선임해 놓았던 것이다. 중재를 하는 내 처지가 난처하게 되었다.

학생들을 데리고 병실로 갔다. 그들에게 사과하라고 하자, 그들은 아무 말도 하지 않았다. 오히려 잘못이 없다는 듯 떡 버티고 서 있었다. 그녀의 어머니 보기가 민망하였다. 이러다간 합의고 뭐고 일이 다 틀어져 버릴 것 같았다.

고민 끝에 학생들에게 "야, 이○들아! 당장 무릎을 꿇지 못해!"라고 큰소리로 욕을 해 버렸다. 내 목소리에 당황한 그들은 얼떨결에 피해자 어머니 앞에 모두 무릎을 꿇었다. 그러고 나서, 그들에게 "미안해요."라고 빌라고 했다. 잘못했다고 말하면 나중에 가해자 학부모들이 모든 책임을 내게 전가할 것 같아서 그랬다. 그들은 마지못해 기어들어 가는 목소리로 "미안해요."라고 말했다.

그녀의 어머니가 그들의 손을 번갈아 잡아 주며 눈물을 흘린다.

평소 그녀와 나누었던 작은 미소가 굳게 닫혔던 소통의 문을 열어준 것만 같다.

확진자는 죄인이 아니다

오형칠
1993. 11. 천료

코로나 확진자가 약국 앞 가게 종업원과 친지 중에도 생겼다. 만나기가 꺼림칙한가? 나도 그랬으나, 지금은 아니다. 사람들은 '저 가게 코로나 확진자가 생겼다' 하면서 손가락질한다. 그들은 죄인인가? 아니다. 코로나에 걸리고 싶은 사람은 없고, 살다 보니 걸렸을 뿐이다.

7월 23일 12시 현재 코로나 확진자가 1,630명이다. 많다. 평소 5만 명을 검사할 때는 백 단위였으나, 검사자를 185,733명으로 늘렸기 때문이다. 작년만 해도 매일 수십 명씩 사망했지만, 지금은 하루에 한 명 정도 사망한다. 그것도 노약자 중 지병이 있는 분이다. 요즘은 확진자 비율은 1% 안팎이다. 검사를 많이 하면 많이 나오고, 적게 하면 적게 나온다. 융통성(?)이 있다.

7월 13일 이른 아침에 있었던 이야기다. 여자 두 사람이 왔다. 공무원이었다. 지난 금요일에 확진자 한 사람이 약국에서 2천 원짜리 약을 구매했다면서 여자 사진을 보여주었다. 내가 잘 아는 시장에서 장사하는 베트남 여자며, 두 딸도 안다.

“녹화 화면을 보여주시면 좋겠습니다.”

나는 영상이 찍힌 내 핸드폰을 건네주었다. 찾느라고 한참 애쓰다가 겨우 찾아냈다. 두 사람은 의자에 앉아 서류를 작성 후 내가 코로나 확진자를 접촉했기 때문에 선별 진료소에서 코로나 검사를 받으라고 했다. 사실 나는 2차 접종도 끝났고, 손님과 거리 두기는 자연히 이루어지고 2천 원짜리 약을 사는 데는 1~2분이면 충분하므로 코로나에 걸릴 확률은 없다. 가기 싫었다.

“검사를 받지 않게 해주세요.”

“안 됩니다.”

그들은 단호하게 거절했다. 내가 검사받지 않겠다는 이유가 있다. 코로나는 노래방, 피시방, 식당, 전철, 공연장이나 백화점 등 실내에는 1시간 이상 머물면 감염되기 쉽고 약국은 아니기 때문이다.

저녁에 보건소에서 문자가 왔다. 오전에 2시간, 오후에 4시간 동안 선별검사소를 운영하니 검사받으라는 내용이었다.

다음 날 오후 2시에 가벼운 마음으로 보건소에 갔다. 1차, 2차 백신을 맞을 때 친절한 요원들, 일사불란하게 진행하던 광경을 연상했으나, 생각과는 완전히 딴판이었다. 그렇지 않아도 좁은 공간에 대형 텐트 두 개를 설치하고 400여 명이 4조로 나누어 검사받기를 기다리고 있었다. 하세월이며, 북새통이었다. 앞에서 30~40분을 기다렸다.

“텐트 뒤로 가세요.”

거기에도 30여 명이 대기하고 있었다. 그 줄에 합류했다.

“오늘 밤새도록 기다려도 안 되겠다.”

찜통더위와 사람들과 아스팔트에서 뿜어내는 열기로 얼굴이 화끈거렸다. 전혀 가망성이 보이지 않았다.

"에이, 나 검사 안 받을 거야."

아내에게 전화했다. 도로 건너편에 나오라고 했다. 4차선 도로는 자동차들 꽉 차 있었다. 평소 여기서 이런 혼잡한 광경을 본 적이 없다. 도로 가장자리로 천천히 다가오는 차, 아내 얼굴이 보였다. 10분 후에 약국에 도착했다.

"내가 꼭 검사받아야 하나?"

그런 생각 하고 있는데 B가 자가 검사를 한번 해보라고 했다.

"아니, 필요 없어."

다음 날 아침에 또 검사받으라는 문자가 왔다. 어제 보건소 광경이 떠올랐다. 그들은 모두 확진자와 대면했던 사람이다. 거리두기는 불가능했다. 모두 다닥다닥 붙어 서 있었다. 오히려 여기에서 코로나를 옮을 가능성이 컸다. 보건소에서 전화가 오면 갈 수 없었던 이유를 찾아야만 했다. 코로나 검사기를 꺼냈다. 두 사람 용이 1만 5천 원이다. 음성이 나왔다. 사진을 찍어 갤러리에 넣은 후 검사 키트도 보관했다.

저명한 의사는 지금은 확진자 99.9%는 환자가 아니라고 했다. 완치된 확진자를 두려워하지 말자. 그분들은 몸속에 들어온 코로나바이러스를 T세포가 박멸하며 B세포는 항체를 만든다고 했다.

검사받으라는 문자를 받은 지 7일째 되는 날 저녁, 아내가 로데오거리에 선별진료소가 생겼더라고 했다. 다음 날 점심때 알아보았다. 검사해준다고 했다. 2분 거리에 있는 그곳에서 2분 만에 검사를 마쳤다.

다음 날 카카오 문자를 다시 받았다.

'음성입니다.'

마음이 가벼웠다. 은근히 속박하던 검사 굴레에서 벗어나게 되었다.

여러분, 코로나 19를 무서워하지도, 확진자를 죄인 취급도 하지 말기 바란다.

"확진자 여러분, 당신은 죄인이 아닙니다."

참 좋은 시골살이

허남오
1994. 3. 천료

친구 따라 강남 간다는 말처럼 훌쩍 나선 길이었다. 멀지도 가깝지도 않은 청풍명월 땅이다. 청량리에서 제천까지 KTX도 있지만, 며칠 여행은 자동차가 그래도 낫다. 금년 지나면 제천에서 영월까지도 고속도로가 개통된다니 참 좋은 세상이기도 하다. 친구의 절친이 운영한다는 민박에서 한 이틀 지내기로 하고 우리는 출발했다. 시골길은 언제나처럼 즐겁다. 외국도 잘 못 가는 요즘 이런 호사가 달리 있을 리 없다. 자연히 옛일로 얘기가 시작되고 지난 일로 회한을 나누는 시간이 오간다.

찾아간 집은 여느 정겨운 시골 마을에 있는 그런 아담한 오두막이었다. 주인 내외가 미리 작정하고 준비한 듯 모든 것이 잘 정돈되어 있다. 그런데 좀 이상하네. 어느 모텔에 온 듯한 정갈한 방이 오히려 맘에 걸린다.

'에어비엔비로 운영합니다.'

그렇구나. 농어촌정비법에 의해 이런 곳에서는 외국인 손님이 아니라도 영업이 가능하다고 한다. 집이 두 채인데 마침 다른 한 채에는 부산서 왔다는 젊은 아가씨 둘이 어제부터 쓰고 있다.

여긴 주위에 충주 호반의 청풍명월이 있을 뿐 당장 집 앞에 호수가 있는 것도 아니고 명산이 뒤에 있지 않는데도 가장 인기 있는 에어비엔비라니. 여기 사장 부부는 이런 사업을 한 지 얼마 안 되었는데도 벌써 노하우가 대단한 걸 알 수 있었다. 그는 손님들이 원하면 제천역까지 가서 차로 모시기도 하고 어디 가고 싶다고 하면 가는 데까지 차로 태워주기도 한다. 정말 아무 부담 없이 와서 그냥 묵고 떠나는 그런 숙박 집이다. 한번 들른 분들이 올려주는 이용후기로 그 인기를 알 수 있다는데 이 근방 숙소를 치면 가장 맨 위에 오르는 것이 그런 이유다.

오랜만에 아는 친구들이 왔으니 오늘은 주인 내외도 신이 나는가 보다. 제천장에 가서 미리 사 온 육회를 저녁으로 대접하기도 한다. 자기가 못 먹는다며 남겨놓은 솔송이주, 더덕주, 복분자주 등도 다 내온다. 그간 서울에서 고생했던 얘기며 여기 처음 내려와서 주민들과 갈등이 생긴 것 등 서로 할 말이 엄청 많다.

"처음 약초 해설사를 했어요."

부인이 활수다. 약초 재배도 시도하고 약으로 술도 만들기도 했단다. 다 시원찮아서 재작년에 빈집을 사서 에어비엔비를 차렸다. 평소 무작정 해외여행을 즐긴 경험이 큰 힘이 되었단다. 지금은 두 채를 운영한다면서 예약된 일지를 보여준다. 요즘은 전부 다 핸드폰 앱에 저장되어 있으니 바로 볼 수 있다. 이번 달도 거의 다 차 있다.

"비용을 제하고 월 500만 원은 벌어요."

대단하다고 우리도 칭찬을 아끼지 않는다. 그냥 시골 살림도 아니고 돈까지 벌 수 있다니 참 좋은 시골살이가 아닌가?

그들은 우리도 한번 생각해 보라고 권한다. 아마 이웃이 있으면 더 좋겠지. 정말 우리 나이에 이런 수지맞는 장사가 어디 있으랴. 술이 들어가서 그런지 다들 맘에 드는 아이템이라고 떠든다. 풀밭 식탁에서 마시는 술이니 더욱 흥이 났으리라. 밝혀주는 백열등조차 태양열로 빛을 낸다는 이동식인데 알리바바에서 만 원에 샀다나.

첫날밤을 잘 자고 아침도 또 주인 신세를 진다. 이어 옥순대교를 지나 옥순봉을 마주하는 산을 오르고 동네 사람 소개로 더 깊은 골짜기 닭백숙도 먹곤 했다. 가장 절경은 청풍명월 앞산 비봉산을 오르는 모노레일이었다. 정상에서는 반대편에서 오는 케이블카도 만날 수 있는데 근래 만들어져서 가장 멋진 장관을 연출한다.

전망대에서 잠깐 쉬면서 다들 어제 말을 되뇌어본다. 정말 우리도 여기 와서 살 수 있을까. 엊저녁만큼의 반이 벌써 물 건너가고 만다. 아무래도 집사람과 의논해야 할 일이고 아마 힘들 거라는 반응이다.

집에 돌아왔다. 뭐라고요? 당장 불호령이 떨어진다. 혼자 가서 살라고…. 첫째는 나이고 다음은 친구다. 반평생을 서울서 터 잡고 산 사람들이 하루아침에 시골로 내려간다고? 집값이 비싸면 강남을 떠나라는 어느 정부 관료 같은 바보가 되고 만다. 우리야 시골서 자라 향수라도 남아 시골, 시골 하지만 우리 자식들은 다들 서울서 자랐다. 더욱이 이들은 지금도 직장 따라 대전이나 천안에 내려가 산다. 아니 그들은 그런 곳에서 앞으로도 살 것이니 시골이나 서울이 따로 없다.

옛날에는 벼슬을 끝내고 낙향한다 했지만, 지금은 오히려 큰 병원 있는 도회지로 오고 싶어 한다. 혹 젊은이라면 시골 인구 증가를 위해서나 괜찮은 소득이 있어 환영받을지도 모르지만 말이다.

참 좋은 시골살이는 우리에겐 하루살이와 다름없는 꿈속의 일일 뿐이었다.

제헌절(制憲節)을 맞이하며

지교헌
1994. 7. 천료

아직도 코로나19가 창궐하여 국내뿐만 아니라 온 세계가 불안한 가운데 모든 사람들이 안정을 얻지 못하고 있다. 정치인들은 정치인들대로, 기업인들은 기업인들대로, 서민들은 서민들대로 각계각층의 사람들이 여러 가지로 고충을 감내하면서 하루하루를 견뎌 나가고 있다. 이러한 불안하고 어수선한 가운데 나도 휩쓸려 하루하루가 괴로울 뿐이다.

무심코 달력을 바라보니 7월 17일이 제헌절이다. 제헌절은 문자 그대로 헌법(憲法)을 제정한 날을 기념하는 날이다. 헌법은 광의로 해석하여 국가조직법이요 인권보장 법이라고 볼 수도 있고, 협의로 해석하여 국가의 기본 질서를 규정한 법이라고 해석하기도 하지만 근대적 입헌주의적 헌법은 국가권력의 조직과 제한에 관한 근본적 규범이라고 해석하기도 하고 국민의 자유와 평등을 핵심으로 하는 기본권의 보장과 복지주의를 핵심으로 보기도 한다.

오늘날 세계의 모든 국가는 헌법을 가지고 있다. 다만 일정한 형식을 갖춘 헌법전(憲法典)을 가지고 있지 않은 나라도 있지만 실질적으로는 헌법의 기능을 발휘하는 법규범을 가지고 있다. 영국은 단일 헌법전(Constitution of the United Kingdom)을 가지고 있지 않으나 영국의 의회나 재판의 관행, 왕위계승법과 같은 것이 영국의 헌법이라고 알려져 있다.

대한민국헌법은 1945년 8월 15일, 광복을 맞이하고 1948년 5월 10일에 실시한 총선거를 통하여 삼권분립제, 국민의 기본권 보장, 대통령중심제, 단원제 국회 등을 골격으로 하여 제정되었다. 그리고 1952, 1954, 1960, 1962, 1969, 1972, 1980, 1987년에 이르기까지 여러 차례의 개정을 거쳐 왔다.

헌법 전문(前文)은 (1)연혁, (2)대한민국의 건국이념과 정통성, (3)민족단결과 정의·인도·동포애의 실현, (4)자유민주적 기본질서의 확립, (5)국가의 책무를 규정하고 있다. 다시 부연하면 대한민국임시정부의 법통성(法統性; Legitimacy)과 4·19민주이념의 계승, 민족 단결의 공고화, 자유민주적 기본질서의 확립, 각인의 기회균등, 자유와 권리에 따르는 책임과 의무 완수, 국민 생활의 균등한 향상, 항구적인 세계 평화와 인류공영에 공헌, 우리들과 우리들의 자손의 안전과 자유와 행복을 영원히 확보한다는 취지를 담고 있다.

나는 여기서 헌법이 보장하고 요구하는 국민의 권리와 의무에 대하여 다시 관심을 기울이고 싶다. 우선 국민은 성별·종교 또는 사회적 신분에 의하여 차별을 받지 않으며(평등권), 자유롭게 생각하고 행동할 수 있는, 직업선택의 자유나 신체의 자유를 가지며(자유권), 국가의 정책이나 정치에 참여하며(참정권), 기본권을 보장받기 위하여 국가에 대하여 청구하는 권리(청구권), 인간다운 생활을 할 수 있는 권리(사회권)를 가지고 있다.

그리고 위와 같은 권리를 가지고 있는 반면에 국민으로서 이행해야 할 의무도 있다. 첫째는 교육의 의무이다. 우리 헌법에서는 적어도 초등교육은 의무적으로 받도록 규정하고 있다. 국민다운 국민이 되기 위해서는 최소한 초등학교의 교육은 받아야 한다는 것이다. 따라서 모든 국민[보호자]은 법령의 절차에 따라 자녀를 취학시킬 의무를 갖게 된다.

둘째는 근로의 의무이다. 아무리 경제적으로 풍부한 환경에 있더라도 국민은 마땅히 자신과 사회와 국가를 위하여 근로해야 한다는 것이다. -국가는 근로자의 고용과 적정임금의 보장을 위하여 노력해야 한다.-

셋째는 국민이 안심하고 생활할 수 있도록 국방의 의무를 수행해야 한다. 봉건시대라고 할 수 있는 전근대사회에서는 일반 국민의 국방의무보다는 귀족계급의 국방의무와 용병제도(傭兵制度)가 중요하였지만, 근대사회에서는 국민개병제도(國民皆兵制度)와 더불어 국민이라면 남녀노소를 불문하고 모두가 국토방위의 의무를 가지고 있는 것이다. 우리나라에서는 「병역법」에 의하여 일정 연령에 도달한 남자에게만 법을 적용하여 필요한 절차에 따라 군인이 되어 국방의 의무를 수행하고 있다. 그러나 현역병 복무를 마치고 나면 다시 「향토예비군 설치법」에 의하여 예비군으로 복무하게 되고, 현역병과 예비역으로 복무가 완료되더라도 「민방위기본법」의 적용에 따라 방공이나 응급적 방재나 구조 복구 및 협조에 적극적으로 참여해야 한다. 따라서 모든 국민은 남녀노소를 불문하고 자신의 위치에 따라 국방의 의무를 이행해야 한다는 것이다.

우리나라에는 '양심적 병역거부자'(Conscientious Objectors to the Military Service)에 관한 문제가 제기되어 그들에게는 사회적 봉사활동으로 병역의무를 대체할 수 있는 제도를 시행하고 있다. 따라서 아무리 현역병으로 복무하지는 않더라도 직접 또는 간접적으로 국방을 위한 봉사에 복무해야 하는 것임에는 틀림이 없는 것이다. -과거에 특수한 전문분야에 복무하던 이른바 '후방요원' 복무제도나 '정교사' 복무제도도 비슷한 맥락에서 해석될 수 있을지도 모른다.-

모든 국민이 국토방위의 의무를 가진다는 것은, 이를테면 외국인이 미국에서 시민이 되기 위하여 이민을 신청할 때에는 그 당사자의 성별이나 연령이나 직업을 불문하고 -실제로 병역에 복무할 수는 없음에도 불구하고- '미국의 안전보장을 위해서는 집총한다.'는 서약이 필수였다는 사실이 하나의 좋은 본보기라고 할 수 있다.

넷째는 환경보전을 위하여 노력할 의무가 있다. 이를테면 하찮은 쓰레기를 버리는 일에도 일정한 기준에 따라 잘 분리하고 그 버리는 규칙과 요령에 따라야 한다는 것이다. 환경오염의 문제는 산업화가 일찍이 촉진된 선진국에서 먼저 야기되었지만 오늘날에 와서는 비단 한국뿐만 아니라 세계의 모든 국가에서 야기되는 문제이며 인류의 앞날을 위협하는 대재앙을 방지하는 문제이다.

다섯째는 국가의 재정을 확보하기 위하여 세금을 납부해야 한다는 것이다. 국가에 대한 세금의 납부는 아득히 먼 봉건사회에서도 있었던 것이며 그 조세제도가 불합리하고 과중할 때에는 민생에 위협이 되기도 하였던 것이 사실이다. 그리하여 경우에 따라서는 가렴주구(苛斂誅求)와 같은 현상이나 또는 국민의 조세저항이 일어날 수도 있지만 국가는 합리적인 조세제도를 확립하고 국민의 납세의무를 기대해야 할 것이다.

대한민국의 헌법은 밖으로는 국가와 민족의 독립을 위한 혁명투쟁과 안으로는 국민의 자유와 권리를 위한 혁명정신을 그대로 계승하고 국민의 권리와 의무를 명백히 밝힘으로써 세계의 어느 나라 헌법에도 못하지 않은 훌륭한 헌법이라는 것을 보여주고 있다. 이러한 위대한 헌법의 모습은 우리 민족의 위대한 혁명정신과 자주정신이 빛나는 냉철한 판단과 예지의 소산이라고 할 수 있다.

그러나 이러한 위대한 헌법을 가지고 있음에도 불구하고 우리는 때때로 시행착오를 범하기도 하고 국민으로서 행사해야 할 권리와 의무를 정정당당히 행사하고 이행하지 못하는 일이 있는 것은 매우 유감스러운 일이다.

제헌절을 맞이하며 대한민국은 과연 어떻게 건설된 국가이며 어떠한 정치를 지향하고 있는 국가이며, 나는 국가를 위하여 어떻게 봉사하였으며 앞으로 어떻게 봉사해야 할 것인가를 깊이 성찰해야 한다. 그리고 이러한 자기성찰은 국민 생활에 영향력을 미치는 고위공직자일수록 더욱 절실히 요구된다고 할 수 있다.

한자(漢字)로 법 '法'이라는 글자에는 해태를 가리키는 '廌'(해태 치)란 글자가 들어 있었다. 해태는 바르지 못하고 공평하지 못한 것을 물리치는 상상적 동물이기 때문에 수평(水平)과 같이 공평하고도 바르게 하는 뜻을 본질로 한다. -국회의사당 앞에 해태의 석상(石像)이 세워진 것은 각별한 의미를 갖는 것이다.- 이에 따라 법이라는 글자는 형벌이나 규제나 제한을 뜻하기도 하고 제도나 경상(經常)이나 준칙이나 모범이나 예법이나 모형이나 모식(模式)이나 도량형과 같은 여러 가지 의미를 지니고 사용된 언어이고 문자이다. 그리고 헌법은 위와 같은 여러 가지 뜻으로 해석되는 모든 법규범 가운데서도 가장 기본적이고도 높은 위치에서 기능하는, 국가의 최고 수준에 있는 법이라는 것을 명심하고 모든 법률은 헌법에 어긋나지 않게 해야 할 것이며 모든 국민은 헌법을 수호하고 법률을 준수하는 데 유감이 없어야 할 것이다.

평창올림픽 회고

강정희
1994. 7. 천료

다시 올림픽 시즌이 돌아왔다. 코로나로 인해 지난해에 개최 예정이었던 도쿄올림픽이 올해 열리게 되었다. 스포츠 경기 시청을 즐기는 나로서는 또 하나의 일상의 즐거움이 추가되는 반가운 소식이다. 코로나로 외출을 할 수 없는 요즘, TV로 올림픽 현장의 긴장감을 느낄 수 있으니 개막이 무척 기다려진다. 그러고 보니 3년 전 열렸던 평창올림픽의 감동이 지금도 생생하게 남아있다.

2018년 2월 우리나라에서 지구촌 축제인 평창 동계 올림픽이 열렸다. 1988년 열린 하계 서울올림픽이 30년 전이니 내 생전에 볼 수 있는 올림픽이 되지 않나 싶어 숙연한 마음도 들고 설레는 기분도 되었다. 30년 전 그때도 결코 적지 않은 나이였으나 세계적인 유명 선수들의 활약상을 신문에서 오려 스크랩도 해 놓는 등 관심을 많이 가졌었다. 하계 올림픽은 낯익은 경기 종목이 즐비하지만, 안방에서 열리는 동계 올림픽은 모르는 종목이 많아 놀라웠다.

겨울 경기로는 스키가 주를 이루고 우리 선수들의 활약이 두드러진 쇼트트랙, 김연아의 피겨 스케이트, 8년 전 이승훈, 이상화, 모태범이 금메달을 목에 걸어 국위를 선양했던 스피드 스케이트는 알았지만, 그 외는 거의 몰랐던 게 사실이다. 너무나 생소한 경기가 많아 틈틈이 보며 종목 이름을 적어 놓기도 했다.

그 많은 종목의 시설을 건립하는 일도 보통 일이 아니듯 그 일들을 다 해냈다는 현실은 대단한 열정과 함께 우리나라의 힘이 느껴진다. 보통 사람들은 상상도 못 할 그 엄청난 행사를 기획하고 삼수 끝에 그 길을 이행했던 많은 이들의 능력은 뭐니 뭐니 해도 대단하다고 아니 할 수 없을 것이다. 어마어마한 설경에 아우러진 그 광범위하고 멋진 시설물들을 건립하느라 얼마나 많은 힘과 노력을 기울였을까 생각해 본다. 각국에서 온 선수들의 활약상은 과연 인간으로서 할 수 있는 한계가 어디까지인지 생각하게 만들며 그들의 노력과 열정에 탄성을 자아내게 한다.

루지, 스켈레톤, 바이애슬론, 스노보드 등 이름도 생소한 경기들의 그 놀라운 스피드와 묘기는 가히 신의 영역인 듯하다. 스키는 예부터 깃발을 빠르게 돌면서 내려오는 걸로 알았지만, 이번에 보니 경기장 시설물도 다 다르고 공중에서 몇 바퀴 돌고 내려오는 점프 묘기도 대단하다. 두꺼운 옷들로 무장한 관중들도 경기장마다 꽉 차 있으니 그 모습도 볼만하다. 세계 각국에서 모인 선수들, 코치진과 외국인 관중들, 그들은 동계올림픽의 주인공들이다. 고액의 입장권이지만 그 장면들을 놓치지 않으려 찾아오는 사람들도 대단한 사람이며, 최선을 다하는 선수들의 모습은 정말 진실되고 아름다운 모습들이다.

금, 은, 동의 메달과 그 뒤를 잇는 순위에도 관심을 가지며 올림픽을 준비하는 그들의 노력은 피와 땀의 결정체가 아닐 수 없다. 한 종목의 경기 선수가 되어 올림픽 꿈을 키우며 노력 또 노력하는 그들의 열정과 결실은 우리 모두를 감동시킨다. 쇼트트랙에서 금메달, 윤성빈의 스켈레톤 금메달은 온 국민이 기뻐하고 축하한다.

금메달뿐이 아니라 은, 동메달도 얼마나 힘든 노력인가를 여실히 증명하듯 감동 그 자체다. 올림픽 시상대에 서서 자리매김하는 일이 어찌 아무나 할 수 있는 일이리. 그러기에 온 국민이 열광하며 기뻐한다. 그리스에서 성화가 인화되어 세계 각국을 거쳐 수많은 성화 봉송자들이 그 불을 치켜들고 산 넘고 바다 건너 꺼지지 않게 옮겨 성화대에 불을 밝히는 개막식에 이르기까지의 그 과정 또한 열과 성의 결정체다. 개막식의 장관은 우리나라의 힘이 느껴지는 서막이기도 하다. 어쩌면 한시도 조용한 날 없이 각을 세우는 우리네 현실이 무색하기도 한 듯하다. 우리의 국력은 알게 모르게 높이 올라가 있지 아니한가.

우리 주변엔 재능 있는 인재들도 많고 국력 신장에 최선을 다했기에 동계 올림픽으로 표출되지 않았나 싶다. 세계인의 표정들도 진지하면서도 친숙했다. 스포츠로 하나가 되는 순간은 올림픽이 정점이 아닌가 싶다. 집에 편히 앉아 우리 선수들의 활약에 가슴 태우면서 세계 선수들의 각종 경기 중계를 보며 어떤 경기의 룰은 어떤 것인지 볼 수 있는 것 또한 관심을 가지고 봐야 할 일들이기도 하다. 우리나라는 금 8, 은 4, 동 8개로 4위가 목표라 했지만, 목표가 어긋나면 어떠하리. 그 열정과 성의를 다함에 존중하고 함께 기뻐하고 아쉬운 맘을 가져 보는 것도 국민으로서 도리가 아닌가 싶다. 그만큼 동계 올림픽을 개최하는 일 자체로 어느 정도 궤도에 오른 국력이 자랑스러움을 느끼게 한다. 많은 것을 느끼게 해준 우리의 평창올림픽 소회를 차분히 글로 이렇게 한 번 적어 보며 가슴속에 간직해 두고 싶다.

숨은 의미(意味)

호병규
1994. 9. 천료

나는 불행하게도 많은 역경을 헤치며 예까지 왔다. 이제는 석양빛을 받고 둥지를 찾아가는 해오라기 신세이지만 지난 세월을 회고하니 용케도 살아왔구나 싶어 눈시울이 뜨거워진다. 살아온 날들이 일제의 식민통치와 북의 공산당 원흉 김일성의 남침으로 이 땅 어디 어디 할 것 없이 폐허가 된 국운에서 어찌 우리 집과 나뿐이랴만, 회고하건대 슬픈 여정이 아닐 수 없다.

나는 세 살 때 어머니를 잃었다. 고아 아닌 고아가 되어 남모르게 수도 없는 눈물을 흘렸다. 내가 의지했던 누님조차 일제의 위안부를 피하기 위해 17세 어린 나이에 시집을 갔으나 일 년도 못 살고 세상을 떠났고 나는 궁둥이에 종기가 나서 3년 동안 학교를 못 나갔고 김일성의 남침 때 맏형께서는 강원도 금화 고지에서 육군 일등중사로 전사를 했다. 그리고 선친께서는 수리조합장직을 맡았을 때 바다와 연결된 수문(水門) 공사를 발주(發注)했는데 부실공사로 바닷물이 스며들어 못자리판에 바닷물이 덮치자 시공업자가 자취를 감추니 별수 없이 조합장인 선친께서 책임을 면할 수가 없었다. 그렇게도 아끼시던 논 백여 마지기를 처분하여 보상하는 등 수모(受侮)를 겪었고 나는 1965년도 국가고시에 합격하여 근무할 때 오른편 갈비뼈 두 곳을 자르고 폐결핵 수술(오른편 폐의상엽절제수술)을 받았다. 별수 없이 요양을 위해 십여 년 이상 아까운 세월을 허비(虛費) 하고 말았다. 수많은 사람들이 죽어 가는데 병은 고쳤으나 내가 할 수 있는 일은 가는 세월을 구경하는 것뿐이었다.

해방 후 서구문화가 급진적으로 휩쓰는데 시간이 귀하고 아까운 줄은 알지만 죽지 잘린 새가 어찌 날 수가 있겠는가. 안타까워 발을 동동 굴릴 뿐이었다. 내 인생의 엘레지(elegie)를 스스로 자탄하며 눈물을 흘렸다. 그것은 마치 타고 가야 할 급행열차를 놓치고 멍하니 바라만 보는 안타까움이었다. 처절한 신세가 참으로 암담하고 너무도 기가 막혔다. 미친 듯 허공에 푸념하며 남모르게 슬픔을 씹어 낼 뿐이었다.

미칠 것만 같았다. 시간은 쉬지 않고 세월을 몰고 가는데 요양 중인 내 몸은 내 맘을 따라주질 않았다. 세월은 나를 기다려주질 않아. 때를 모두 잃은 후에야 어느 정도 몸을 움직일 수가 있었다. 그러나 시기를 잃은 나에게는 모두 다 옛날이야기에 불과했다. 한 마디로 죽고 싶었다. 하나밖에 없는 내 인생의 꿈 곧 내가 나를 위해 생각했던 모든 이상이 모두 물거품이 되어 날아갔으니 너무도 허탈했다. 그래서 죽고 싶었다. 그러나 자식들과 아내가 무슨 죄가 있단 말인가. 그래서 이것도 저것도 모두 체념(諦念)하고 말았다. 이곳저곳에서 잘나가는 또래들의 모습들을 구경만 하면서 허무를 달랠 수밖에 없는 처절한 자신이 너무도 불쌍했다.

인명(人命)은 재천(在天)이라 했다. 한문을 읽을 때 익힌 말이다. 천자문을 읽고 명심보감(明心寶鑑)을 읽었다. 이제는 손위 형제들은 모두 세상을 떠났고 나만 홀로 남았다. 그래서 외로움이 밀려올 때는 멍하니 고향 하늘을 바라본다.

어느 날 밤이던가. 나는 조용히 잠자리에서 일어나 집 옥상으로 올라갔다. 서울 관악구 신림동 306번지 23호에 살 때이다. 한밤중에 옥상으로 올라가 하늘을 둘러보니 드넓은 하늘에서 별들의 잔치가 휘황찬란하다. 별똥별이 스치는 밤하늘에서 우주의 메시지를 전하는 것 같았다. 내가 생각했던 것들을 흔적도 없이 집어삼키고 저 멀리 영등포역에서 외쳐대는 기차들의 기적소리는 낭만의 날개를 타고 고요한 밤의 멜로디가 되어 세상은 슬픈 이별만 있는 것 같지만 멋스러운 해우(解憂)의 소리도 있다. 그러니 슬퍼하지 말라고 한다. 오히려 그것들은 스스로를 시험하는 시련의 단서를 제공하는 도구일 뿐이라고 귀띔을 한다. 위만 보지 말고 네 아래도 볼 줄 아는 지혜를 생각하라고 한다. 결단코 슬퍼 말라고 한다. 네 작은 슬픔으로 더 큰 슬픔을 세상에 남기지 말라고 한다.

세상은 모두가 화려한 것 같지만 어두운 밤에 잠깐 동안 춤추는 나방들의 이야기일 뿐이라고 깨우친다. 자신에게 숨어오는 미래의 텃세에 시간을 낭비하지 말고 이것이 왜 나(this why I)"냐는 단순한 철학에 눈을 뜨라고 한다. 크라크는 '소년이여! 큰 뜻을 품어라(Boys be ambitious!)라고 했지만 '신은 정의(正義)의 사람을 돕는다고(God defends the right)라는 말로 막는다. 그것이 인생의 숨은 의미를 찾는 기회라는 귀띔을 해준다.

시간이 좀 지났는지 찬 기운에 오한을 느껴 옥상에서 걸음을 옮긴다. 인생사 모두가 쉽지는 않다는 여운(餘韻)이 밀려온다. 한 시대가 선택한 숨은 의미(意味)들은 마치 암혹 같았던 질곡(桎梏)의 세월이 낙엽처럼 오만(傲慢)한 역사의 스승이 되어 인간이 무엇이냐는 대답을 했을 뿐임을 깨닫게 한다. 밤이 깊어간다. 하늘에는 별들이 여전히 찬란한 밤이다. 신(神)은 왜 우리 눈에 보이질 않는지 조금은 알 것 같다.

감사하면서 사는 삶

김상환
1994. 11. 천료

주방에서 덜그럭거리며 식사 준비한다고 애를 썼지만 늘그막에 처음 해보는 일이라 불안했다. 다행히도 대접할 상대가 없이 나 혼자니까 결과가 어떠하든 괜찮다고 마음을 달랬다.

어느 부잣집 며느리가 시집와서 첫날 식사 준비를 했으나 실패작이라서 "아버님 용서하십시오, 다음부터 잘하겠습니다. 오늘 아침은 밥도 아니고 죽도 아니라서 죄송합니다." 시아버지는 "새 아가 난 오늘 아침에 배가 좀 안 좋아서 밥도 아니고 죽도 아닌 것을 먹고 싶다. 참 잘했다."라고 했단다. 덕망 있는 멋진 노인의 사랑과 격려의 말이다.

내가 처음 한 밥솥을 열어보니 내 밥이 밥도 아니고 죽도 아니다. 하지만 나를 보고 빙그레 미소짓는 게 아닌가. 나도 한 숟가락 입에 넣고 같이 웃었다.

아내가 대퇴골 수술로 인해 내가 4개월간 부엌에서 여러 가지 일을 처음으로 해봤다. 지난날의 실타래를 풀어보니 추운 겨울 북풍이 불어올 때 부엌문도 안 좋아 위로 아래로 찬바람이 뚫고 들어오던 초가집 부엌에서 수고하신 어머님의 모습이 떠오른다. 아내가 시부모님 모시고 시집살이 고생한 것도 감사하다. 시부모 모시고 고생한 얘기 하면서 아내가 날 미워해도 옛날얘기 하지 말라며 난 그냥 지나쳤다. 그러나 이제사 그간의 노고에 감사하는 마음이 솟아오른다.

4개월간 부엌에서 그릇을 씻으면서 내 마음이 많이 바뀌었다. 아들 3형제는 나와는 달리 부엌에서 잘 돕고 있다. 날 닮지 않아서 고맙다. 동생들도 날 닮지 않고 잘해 주어서 고맙다. 아내는 "동생 뿐 좀 보소" 하면서 나를 미워했다. 이제는 나 대신 밥을 해주는 밥솥 발명자에게도 감사하고 밥솥에게도 감사한다. 그릇을 만든 사람, 씻어주는 풍부한 맑은 물에게도 감사한다. 사위 딸, 아들 며느리, 동생들과 제수들이 여러 가지 많은 도움을 주어서 참 미안하고 감사하다.

프랑스에 93세 노인이 코로나19에 감염되어 24시간 산소호흡기를 달고 치료 후 퇴원하는 날이었다. 그는 50만 프랑(한화 560만 원)의료 계산서를 받아 들고 한없이 눈물을 쏟고 있었다. 담당 의사가 돈 때문인 줄 알고 위로와 격려를 했지만, 노인은 "의료 계산서 때문이 아니오, 난 50만 프랑 낼수 있어요. 24시간 동안 50만 프랑인데 난 93년까지 한 푼도 내지 않았어요, 하느님 뵈올 낯이 없어서 눈물이 나요. 하느님께 감사의 인사도 못 했으니 어쩌지요, 그 감사의 은혜를" 하면서 노인도 의사도 눈물을 흘렸단다. 감사하는 마음은 영혼에서 피어나는 가장 아름다운 꽃이란다.

이 노인처럼 우리는 무한의 감사를 받고 있음에도 감사의 인사를 못하고 살고 있는 것이다. 지금 이 순간부터 감사를 찾아 감사의 인사를 하면서 살아가고 싶다.

1958년 스트레스에 관한 연구로 노벨 의학상을 수상한 캐나다인 한스 셀리는 하버드대에서 고별강연을 마치자 기립박수를 받고 단상에서 내려온다. 그때 한 학생이 지금 홍수로 인해 모두 다 어려움을 겪고 있는데 스트레스를 해결할 수 있는 비결 한 말씀을 요청했다. 모두 그의 답변을 기다리며 조용히 귀를 기울이고 있는데 '감사하며 살라'고 했다고 한다. '감사합니다' 하면서 사는 게 이렇게 중요한 것인가 깊이 생각에 잠긴다. 아침에 눈을 뜨면 호흡을 하고 맥박이 뛰는 이 순간이 감사와 은혜의 오늘이라 '감사합니다'라고 속삭여본다. 감사의 안경을 쓰고 보면 모든 것이 감사뿐이다. 아내 수술 결과도 좋아서 감사한다. 걸음을 걸을 수 있어 감사하고 부엌에서 정리 정돈을 할 수 있어서 감사한다.

감사 생활은 몸에 필요한 에너지를 향상시키고 자율신경의 교감신경과 부교감신경의 균형을 이루게 하여 면역력 증가와 질병의 원인인 활성산소의 발생량을 감소시킨다는 사실도 이미 밝혀졌다. 감사에서 나오는 감사 에너지에 의해 혈관을 유연하고 젊게 해 노화를 늦춘다고 한다. 감사할 일이 있어서 감사하는 것이 아니라 감사하기 때문에 감사할 일이 생기는 것이라고 한다.

심리학자 어니 J 젤린스키의 『느리게 사는 즐거움』에 이런 말이 나온다 '우리가 하는 걱정거리의 40%는 절대 일어나지 않고, 30%는 이미 일어났고 22%는 사소한 것이고 4%는 우리 힘으로 어찌할 도리가 없는 것이라고 한다.' 헛걱정으로 인생을 낭비하는 것처럼 큰 바보는 없다. 불안, 공포, 갈등, 자책부터 벗어나 두려움 없이 당당히 자신을 찾고 자기 생명으로 살아야 할 것이다. 이제 어떠한 고뇌와 고통 번뇌 비애라도 능히 극복해 나갈 수 있다는 자존감을 키우는데 최선을 다해야겠다.

감사의 꽃이 만발한 꽃동산을 오르고 싶다. 인정, 웃음, 기쁨, 풍요함, 아름다움과 따뜻하고 포근한 에너지로 둘러싸여 있는 행복의 꽃동산을 오르고 싶다. 말 못하는 식물도 감사하면 반응을 보인다는데 '감사합니다'를 입버릇처럼 사용하면 반드시 감사할 일이 생길 것이다. 감사를 인식하고 또 그것을 불러 줄 때 비로소 감사는 내 마음으로 찾아와 내 마음의 감사가 연꽃처럼 활짝 필 것이다. '감사할 줄 알고 존경할 줄 아는 마음은 그 사람의 인간다운 크기를 보여주는 증거다.'

먼저 자신에 감사하고, 가족에게 감사하고, 이웃에게 감사하고, 친구에게 감사하고, 사회에 감사하고 천지 만물에 감사하며 오늘도 새롭게 빛나는 행복한 날 기원하며 살리라.

비둘기

박순철
1994. 11. 천료

아침에 출근해서 제일 먼저 하는 일은 순찰이다. 우리 건물은 7층까지 상가가 있고, 옥탑에는 기계실, 또 그 위에 물탱크실이 있다. 사무실이 지하에 있으니 모두 둘러보려면 10층까지 올라가는 셈이다. 천천히 걸어서 살피며 올라가도 10분이면 충분하다. 올라가면서 밤새 별일은 없었나, 빈 복도에 불은 켜져 있지 않은가 살피는 게 주목적이기도 하다.

주말에는 주로 우암산을 다녀오기도 하고 또 자전거도 2시간가량 타고 있지만, 따로 하는 운동은 없다. 처음에는 계단 오르는 게 힘이 들더니 매일 하다 보니 이제 오히려 출근해서 순찰하지 않으면 마음이 찜찜한 게 개운하지 않다.

출근해서 2층까지 올라갔을 때 계단 유리창에 재색 비둘기 한 마리가 밖으로 나가기 위해서 안간힘을 쓰는 모습이 보였다. 투명한 유리창에 부리가 부딪치고 발버둥을 친 흔적이 역력했다.

가엾은 것 같으니! 어떻게 들어왔을까. 건물 계단의 유리창은 추락의 위험을 방지하기 위해 열리는 부분은 위에서 떨어지는 빗물이 안으로 스며들지 못하도록 작게 되어 있다. 그것도 좌·우로 열리는 게 아니고 고리를 밖으로 밀면 약 30센티 정도의 삼각형 모양의 공간이 생기는 구조이다.

아직 여름이라고 하기는 이르지만, 날씨가 갑자기 더워져 층마다 환기를 시키기 위해 창문이 열려있는 상태였다. 비둘기가 열려있는 창문으로 들어오기는 불가능하고 또 바로 나갈 수 있는 구조도 아니다.

난감했다. 우리 건물에는 의원을 비롯해 학원 등이 들어있어서 조금 있으면 출근하는 사람들이 많을 터인데 갑자기 창문에서 파닥거리는 소리가 들리면 놀랄 게 분명했다. 어떻게든 저 비둘기가 안전하게 빠져나가게 해줘야겠는데 창문 꼭대기까지는 5m 이상 돼 보이니 쉬 방법이 떠오르지 않았다.

우선 급한 마음에 내키지는 않았지만, 119 응급구조대에 전화를 걸었다. 아침 일찍 미안하다며 사정을 이야기하고 좀 도와줄 수 있겠느냐고 물었더니 전에는 동물구조를 위해 출동도 하곤 했으나 지금은 그런 사소한 일에 출동할 인력이 없단다. 시청에서 운영하는 동물구조단체로 알아보라고 하기에 이번에는 시청 생활 민원실로 전화를 걸었다. 부상한 동물이면 구조단체에서 출동하는 데 단순히 비둘기가 건물에 갇힌 것 가지고는 도와줄 방법이 없다며 미안해한다.

얼마 전까지만 해도 비둘기는 평화의 상징으로 알려져 무슨 큰 국제 행사에는 수천 마리의 비둘기가 동원되기도 했다. 가까운 예로 88서울 올림픽 때는 우리나라 비둘기만으로는 행사를 치를 수 없어 외국에서 수입까지 해왔었다. 당시 방사된 비둘기가 지금은 애물단지로 전락해서 눈총을 받고 있으니 참으로 아이러니하다.

비둘기는 지능이 높은 동물이다. 고도로 훈련된 비둘기는 지난 2차 세계대전 당시 영국군에 의해 문서 전달 등의 임무를 띠고 전선에 투입되어 혁혁한 공을 세웠다고 했다. 독일군은 이에 질세라 잘 훈련된

매들을 풀어 이 비둘기들을 사냥하기에 이른다. 하지만 모두 사냥하기는 어려웠을 거다.

'호주 브리즈번 시내 우체국 광장에 설치된 수돗가에 어느 날 세 마리의 비둘기가 날아들어 교대로 손잡이를 눌러주며 물을 마시고 목욕까지 한 다음 날아갔다.'라는 글을 읽은 기억이 있는 데 참으로 영리한 짐승임이 틀림없다.

알고 보니 집비둘기는 지난 2009년부터 유해 야생 동물로 지정됐으나 직접적인 포획이 어려워 매년 개체 수가 증가하고 있어 그 대책이 절실한 실정이란다. 이제는 모두가 꺼리는 유해 야생 동물이니 그냥 내버려 둘까 하는 생각도 들었으나 그냥 두고 보기에는 마음이 언짢았다.

푸드덕거리는 비둘기를 그냥 두고 순찰을 마치고 사무실로 돌아오니 미화원이 출근해 있었다. 비둘기의 사정을 이야기하고 방법이 없겠느냐고 하자 고개를 갸웃하더니 한번 살려서 돌려보내 보겠다고 한다.

얼마 후 돌아온 미화원이 싱글벙글 웃는다. 미화원은 재주도 좋았다. 빗자루로 한층 한 층 위로 몰아 올려 옥상 출입문으로 나가게 했다는 말을 듣고는 10년 묵은 체증이 확 뚫리는 것 같았다. 그런데 애초 건물에 날아든 비둘기는 한 마리가 아니었나 보다.

'3층 복도에도 비둘기가 날아들어 돌아다니다가 유리창에 부리를 부딪쳐 죽었는데 마침 출근하던 병원장이 비닐봉지에 담아서 가지고 나가 정원 나무 밑에 묻어주었다'라는 이야기는 가라앉으려던 내 가슴을 아릿하게 했다.

비둘기는 금실이 좋기로도 유명하다. 우리나라 토종 비둘기는, 한번 짝을 맺으면 어느 한쪽이 잘못되어도 짝을 바꾸지 않는다고 하며, 보통 검은색과 흰색 비둘기 한 쌍을 두는 것은 검은 머리가 하얗게 셀 때까지 함께 하라는 함축적 의미를 지니고 있다고 한다. 그래서일까? 그날 우리 건물에 들어왔다가 명을 달리한 비둘기가 암컷인지 수컷인지는 모르지만 짝을 따라 들어왔다가 봉변을 당했으니 그저 안타까울 따름이다.

그래도 내겐 내일이 있다

음춘야
1997. 6. 천료

지하철역에서 밖으로 나왔다. 잔뜩 흐린 날씨는 그예 하늘이 뚫린 듯, 빗줄기가 화살표를 그리고 도로변에선 여울물 흐르듯 내를 이룬다. 커다란 우산을 쓰고 또 다른 우산을 들고 첨벙첨벙 물 위를 걸어오던 사람도 말없이 떠났다. 이제는 마중 나올 사람도 준비성 없다며 지청구할 사람도 없다. 참으로 난감하다.

백화점으로 오르내리는 에스컬레이터 지붕 밑으로 들어갔다. 날이 훤했을 때 지하철을 탔는데 어둑한 밤이 되었다. 에스컬레이터에서 올라오는 사람들이 하나같이 우산을 펴들고 빗속으로 발걸음을 재촉한다. 잠시 사람들이 뜸한 뒤 한 학생이 책가방을 메고 올라온다. 잠바에 달린 모자를 쓰고 손에 들고 있던 우산을 천천히 편다.

"학생은 어느 쪽으로 가지?"

"우산을 안 가지고 오셨군요?"

미소를 띠며 머뭇머뭇거린다.

"이 우산을 쓰고 가세요. 우리 집은 여기서 가까

워요.”

“비가 이렇게 많이 오는데, 같이 쓰면 어떨까?”

더 이상 아무 말 없이 우산을 내 손에 쥐여 주며 휑하니 빗속으로 들어간다. 얼결에 받아든 우산을 쓴 채 건널목 신호를 기다리지만 마음은 여전히 그 학생 뒤를 좇는다. 과일가게, 안경점, 꽃집을 지나 오른쪽으로 꺾어져 사라진다. 김수환 추기경도 사랑이 머리에서 가슴으로 내려 오는데 70년이 걸렸다고 하지 않던가. 처음 그 말이 회자되었을 때 성현도 그러한데 하물며 나는 어떤가, 곰곰이 자신을 돌아본 적도 있었는데. 학생이 즉석에서 떠오른 생각을 그렇게 쉽게 행동으로 옮길 수 있다니. 콧등이 시큰하고 눈물이 핑 돌았다. 벅찬 감격으로 한 발짝 한 발짝 발길을 떼어놓았다.

오래전, 평생교육원에서 문학 강좌를 수강할 때다. 수업이 끝나고 C 교수와 수강생들이 점심을 먹으러 가는데 비가 제법 왔다. 아침에는 비가 오지 않았다. 천안에서 일찍 오신 그분은 우산이 없었다. 식사가 끝나갈 무렵, 옆 문우에게 잠깐 나갔다 오겠다고 귀띔을 했다. 도로 이편저편을 둘러봐도 우산은 눈에 띄지 않았다. 지하도로 내려가 지하철역을 누볐다. 한 상점에서 검정 우산 몇 개가 보였다. 선택에 여지가 없었다. 부리나케 들고 뛰었다. 식당에서 나오며 C 교수한테 값싼 우산인데 이거라도 쓰고 가시라며 드렸다.

“음 선생, 비가 올 때 우산만큼 좋은 선물이 어디 있소.”

그 교수와 헤어진 지도 10년 하고도 4년이 흘렀다.

오늘은 성북구 공감M아트센터 소극장에서 「천자만홍(千紫萬紅)뎐」을 관람하였다. 소나기 같은 감동을 받았다. 감동이라는 무형의 감정에 추임새가 흥겹다. 게다가 극적인 마음의 동요를 가시화시키는 것은 바로 ‘박수’가 아닌가. 손바닥이 얼얼한 박수는 감동을 소나기처럼 주변으로 전이시키고 있었다. 감동에 겨워서 박수가 나오는지, 박수 때문에 감동적인 것인지, 온통 관중석은 환희의 소나기였다. 그 감동을 뒤로하고 집으로 돌아오는 길이었다. 전동차 안에서도 프로그램을 보며 '춤과 소리의 향연'에 푹 젖어 출연진 한 사람 한 사람을 떠올리고 있었는데. 예상하지 못했던 소낙비를 조우하다니.

폭우가 쏟아지는 컴컴한 하늘은 우울하고 슬프다. 아니다. 내 마음이, 주위 환경이, 처한 현실이 먹구름인 듯 암담하다. 가슴에도 비가 내리고 있다. 가시덩굴 우거진 무인도에 혼자 오도카니 떨고 있는 형상이랄까. 무섭고 두렵다. 작은 소리에도 깜짝깜짝 놀라며 소름이 돋는다. 쫓기는 사람처럼 심장이 뛰고 진땀이 난다. 금방이라도 누군가가 어디론지 끌고 갈 것만 같아 잠근 문을 몇 번씩 확인하기도 한다. 공포에 떨다가 주문을 외듯 중얼거린다. 제발 정신 차리고 깨어 있어야 해. 이제 너는 혼자야.

인생이 무엇인가. 과연 인생을 생각하며 사는 사람은 얼마나 될까. 빗물에 쓸려가듯 그냥 살아가는 것이 아닐는지. 인생은커녕 내가 나 자신도 모르고 있으니. 여름 날씨처럼 희로애락의 파장이 요동을 친다. 흐렸다 개었다 소낙비가 쏟아지는가 하면 유유히 흰 구름의 파란 하늘이 되기도 한다. 인간의 힘이 못 미치는 날씨는 자연의 신비요 기적이다. 나도 한 사람의 자연이다. 너와 나 함께 헤쳐 가던 인생길, 미련도 시련도 떨치고 자연인으로 돌아가자. 비가 오면 비를 맞고 해가 나면 햇볕을 쬐고.

여름날 소나기는 화끈하다. 미처 준비도 못 한 채, 흠뻑 젖거나 피하거나 둘 중 하나다. 선택은 오롯이 본인에게 달려 있다. 감당하기 벅찬 비가 쏟아질 때, 그 비가 그치기를 기다리는 동안, 생각은 꼬리에 꼬리를 문다.

사랑도 소나기 같지 않을까. 한바탕 벼락 치듯 쏟다가 금세 밝아지는 하늘처럼 사랑 또한 불같이 태우다가 흔적 없이 가버리지 않던가.

이름도 성도 모르지만 정 깊은 그 학생도 소나기처럼 스쳐가고, 이따금 곧잘 들고 나오던 마음 깃든 우산도 이제는 오간 데 없다.

남편이 떠났다. 멀리멀리 내 손이 닿지 않는 곳으로 영영…. 한 지붕 아래서 반세기 훨씬 넘게 살아온 남편. 코에 삽입했던 링거 줄을 토해 내며 돌아오지 못할 강을 건너고 말았다.

정신을 가다듬자. 남편이 못다 한 삶 당당히 살아가자. 포기할 수 없다. 춥고 외롭고 막막한 순간에도 선뜻 내 손을 잡아 준 학생도 있잖은가. 집으로 오는 동안 가슴속에서 촉촉이 흐르는 사랑의 비는 좀처럼 그칠 줄 몰랐다. 그 학생의 따스한 정을 남편의 사진에다 낱낱이 고했다.

소나기가 아무리 휘몰아쳐도 내겐 내일이 있다.

소머리국밥

리철훈
1997. 9. 천료

대개 이름은 맞는데 맛이 다른 음식들이 많다. 삼계탕인데 인삼 냄새가 나지 않는 삼계탕, 추어탕도 그렇다. 추어탕은 맞는데 구수한 맛이 없다. 대부분의 우리 토속음식들이 그렇게 변질되고 있다. 전국 어디에나 다 있는 소머리국밥도 그중에 하나다. 진짜 한우 소머리국밥이라고 하는데도 먹어보면 그렇지가 않다.

그런데 삽교읍에 완전히 다른 집이 있다. 지금까지 그런 집은 처음이다. 사실은 그곳에 그런 집이 있는 것도 몰랐다. 마침 그쪽에 고향이 있는 후배와 등산을 갔다가 알게 되었다. 한 마디로 먹어본 보람이 있었다. 지금도 생각이 나면 가끔 찾아간다. 백오십 리가 넘는 거리다. 하지만 그 토속적인 맛 때문에 멀어도 상관없다. 먹으러 가는 그 자체가 즐거움이다.

옛날 시골 장터에 있는 허름한 집인데 오직 소머리국밥만을 팔고 있다. 지금도 장날이면 사람들이 바글거린다. 70년째 명맥을 유지해오는 집이라 그런지 갈 적마다 사람들이 줄을 서 있다. 문을 여는 날도 장날을 중심으로 정해져 있다. 벌써 한 숟가락을 떠보면 다르다. 어린 시절에 먹었던 그 맛과 똑같다. 진짜 한우 소머리국밥이 틀림없다.

아무리 세월이 흘러도 사람의 입맛은 변하지 않는다. 옛날 어린 시절 어른들을 따라 시골 장터에 가면 그것을 먹을 수 있었다. 그때 그 한 그릇의 맛은 아직도 머릿속에 남아있다. 수십 년이 지난 지금 그때를 생각하면서 그 맛을 다시 음미한다. 음식은 유행을 타지 않는 법. 그래서 우리들은 남아있는 그 맛을 다시 찾고 있다.

소머리국밥 하면 경기도 이천에 원조라 써 붙인 집들이 많다. 거기에 가서도 먹어봤다. 멀리 구례읍 시장통에도 있다. 24시간 장작불에 끓여내는 집이라고 소문난 집이다. 언젠가 거기도 가보았다. 하지만 두 곳 다 이 집보다 떨어진다. 먹어보면 금방 알 수 있다. 입맛이 그것을 증명한다. 아무리 다양한 집들이 서로 자랑을 해도 음식 맛은 입이 정확하게 평가한다. 다들 가마솥에서 우려낸 진국이라고 떠들어대지만 먹어보면 국물 맛부터가 다르다.

음식은 비싸다고 좋은 게 아니다. 스테이크가 됐건 고급 생선회가 됐건 가격이 문제가 아니다. 밑바닥에서 느껴지는 나름대로의 고유한 맛이 있어야 한다. 그 맛이 생명이다. 하여튼 깊은 맛이든 얕은 맛이든 입맛을 당기는 그런 맛이 있어야 제 음식이라 할 수 있다.

대개의 집들은 국물이 뽀얗다. 그런데 이 집은 붉은 색깔이다. 묵은 고추장을 풀어서 우려낸 얼큰한 색깔이다. 그러나 매울까 싶어 조심스럽게 맛을 보면 전혀 그렇지가 않다. 구수하면서도 기분이 좋다. 다른 집들처럼 밥도 따로 주지 않는다. 국물 속에 함께 들어 있다. 머릿고기도 그렇게 부드러울 수가 없다. 씹을수록 즐겁다. 대화를 나눌수록 마음이 끌리는 사람처럼 기분이 좋다.

한 숟가락을 뜨면 왠지 술 한 잔이 생각난다. 누구든 잔을 거부하지 않는다. 막걸리나 소주 할 것 없이 다 좋다. 그저 한잔 들이키고 싶다. 토속음식의 푸근한 분위기가 그렇게 만든다. 음식이란 소머리국밥만 그런 것이 아니다. 곰탕이면 곰탕, 냉면이면 냉면, 그저 본래의 맛이 충실해야 사람들이 좋아한다. 만에 하나 손님을 끈답시고 이 맛 저 맛 재주를 부리면 그 즉시 사람들은 떨어져 나간다.

제맛이 변질된 음식은 아무리 특이한 맛을 내도 잠시뿐이다. 먹고 나서 또 가고 싶은 본래의 맛이 충실한 집, 그게 바로 원조다. 시대가 변할수록 사람들은 특히 더 그런 맛을 찾는다. 삶의 질이 어떻고 행복지수가 어떻고 이제는 먹는 것에 그 비중이 크다. 우선 나부터도 그렇다. 오늘은 무엇으로 점심을 먹을까 그것을 고민한다. 일단 맛있는 걸 먹고 기분이 좋아야 삶의 질도 높아지고 행복지수도 높아지지 않을까 싶다.

두고두고 못 잊는 집이 있다. 그 맛이 그리워 또 찾아갈 때가 있다. 완도의 미자탕, 진주의 해물육수냉면, 여수 앞바다의 하모샤브샤브, 그리고 해운대의 짚불 장어, 제주도의 전복뚝배기 등등, 그런데 그 집이 없어져 그것을 못 먹을 경우 그렇게 서운할 수가 없다. 해외에도 그런 집이 있어 찾아갔는데 역시 같은 경우 그것은 서운한 정도가 아니다. 허망함으로 가슴 한구석이 어떻게 되는 것 같다.

먹는 것은 본능이다. 생물학적으로 따져 봐도 본능에 충실해야 건강하다. 우리가 바라는 무병장수도 건강이 바탕이다. 이제는 단순히 살기 위해 먹는 시대가 아니다. 더 즐겁고 더 행복하기 위해 맛있는 걸 먹는 것이다.

언젠가 또 그 집을 찾아갔다. 아니나 다를까 골목이 사람들로 꽉 차 있다. 줄을 서서 기다리는 소머리국밥 손님들이다. 그것을 한 그릇 먹겠다고 찾아온 사람들이다. 사방팔방 서울서도 오고 대전서도 왔다. 참 웃지 못할 일이다. 예전 같으면 기름값이 아까워서 아무것으로나 때우고 말 텐데…. 얼마나 살기 좋은 세상인가.

아직도 생각나는 해외토픽이 있다. 대학교 1학년 때 읽은 것인데 프랑스 미식가들이 특별 요리를 먹기 위해 비행길 타고 홍콩으로 간다는 내용이다. 원숭이 골에다가 제비집 요리가 자그마치 음식값만 30만 원 정도라고 했다. 그때 우리들 한 학기 등록금이 4만 2천 원이었다. 그렇다면 비행깃값을 합한 총금액은 얼마겠는가. 그때는 미친놈들이라고 비웃었다.

그런데 지금 우리들이 그런 세상을 살고 있다. 얼마나 고마운 일인지 모르겠다. 이제는 건강이 최고의 가치다. 더 행복해지기 위해선 건강해야 한다. 누구든지 물어보면 돈보다 건강이라고 말한다. 완전히 순위가 바뀌었다. 그렇다면 잘 먹어야 한다. 양(量)보다 질(質), 질은 곧 맛이다. 맛있는 걸 먹고 즐거운 시간을 갖는 것이 최고의 행복이다.

죽음의 미학(美學)

양태석
1998. 6. 천료

죽음을 두려워하지 말자.

죽음은 영혼의 소멸이 아니고 현세에서 영적 세계로 옮겨가는 것이다. 죽음은 멸락(滅樂)이라고 한다. 현세의 자기 존재가 없어지고 새로운 영적 세계로의 시작은 슬픔이 아니고 오히려 즐거움이라고 생각하는 것이다. 따라서 존엄한 죽음을 맞이하기 위해서는 죽음에 대한 영적 지식이 있어야 가능한 일이다.

인생을 마무리하는 죽음은 끝이 아니라 영혼이 새로운 세계로 이사 가는 날이기 때문에 미지의 환경에 잘 적응하기 위해서 죽음에 대한 공부를 해 두는 것이 마음에 안정을 얻는 길이고 합리적이라 하겠다.

나도 한때는 죽으면 모든 것이 끝나는 것이라고 생각을 해왔다. 그러나 지금은 마음이 변했다. 여러 사람의 경험담을 듣기도 하고 나 자신의 경험을 비추어 볼 때 죽음은 끝이 아니라 새로운 시작이라는 생각을 하게 되었다.

나는 4번을 죽었다가 깨어난 경험이 있다. 12살

때 몸이 쇠약하여 무슨 병인지도 모르고 쓰러져 죽었다. 나의 영혼은 큰 강둑을 가로질러 건너고 있었다. 강 건너 마을로 가는 길은 일직선이고 강 건너에는 즐비한 기와집이 안개 속에 잠긴 한 폭의 그림 같았다. 그 아름다운 경치를 보다가 발을 잘못 디뎌 물에 빠져버렸다. 그때 놀라서 깨어난 것이다. 옆에는 어머니의 울음소리와 형님과 누님이 울면서 나를 바라보고 애타게 부르는 소리가 들렸다. 내가 눈을 뜨자 가족들은 살았다고 소리치며 안도의 숨을 내쉬었다. 내가 아는 지인도 나와 같은 경험을 했다는 이야기를 들었다.

실제로 영계와 소통하는 사람도 있다고 한다. 신비로운 사후세계는 아무도 모르는 일이지만 체험을 통해서 알 수 있고 영혼의 세계는 파동으로 공동체를 이루고 새로운 영적 세계를 맞이하게 된다고 한다. 물질세계가 아닌 영의 세계는 순수한 삶에서 여러 이웃이 생긴다고 한다. 현세의 생활이 사후에도 그 영향을 미치고 자살한 영혼은 구원되지 않는다고 한다. 현세에서 좋은 일을 많이 하고 좋은 생각을 하면서 살아야 사후에도 좋은 곳에서 살 수 있기 때문에 현세에서 사후 준비를 잘해야 하는 것이다.

나는 영혼이 나비로 나타난 것을 보았다. 80년대 초 장모님이 별세하셔서 관을 옮기려는 순간 나비 한 마리가 날아와 관에 앉았다. 운구를 하여 묘지에 도착하자 그 나비는 다시 날아와 관에 앉았다. 그 기이한 사실을 종 동서인 송복근 씨에게 이야기했더니 자기도 다른 장례식에서 그런 경험을 했다고 했다. 사람이 죽음 직전이 되면 먼저 별세한 가족이 보이기도 하고 다른 귀신도 보이는 현상도 있다는 것이다.

필자의 어머님께서도 별세하기 전 "외할머니께서 오라고 한다." 하시고 여러 영혼을 만났다는 말씀을 하셨다.

죽음은 끝이 아니라는 임사(臨死) 체험자들의 말에 의하면 영혼이 유체이탈을 해서 자기의 육신을 내려다보는 경험을 하고 다시 살아나 그때의 기억을 하는 사람도 있다.

어느 의사는 환자를 치료하다가 미국에 갔는데 한국의 환자가 미국에 나타나 하직 인사를 했다고 한다. 그런데 귀국해서 보니 그때 나타난 그 사람의 죽은 시간이더라는 것이다.

어느 등산객은 높은 산에서 추락할 때 영혼이 육체에서 빠져나와 떨어지는 자기를 바라보았다는 체험자도 있다고 한다. 엄청난 충격이 있을 때 영적인 현상으로 육체를 이탈하는 현상이 있다는 것이다.

나이가 들면 죽음에 대한 대비를 해야 한다. 학생이 시험 준비하듯 죽음 준비를 해야 죽을 때 빈손이 아니고 보이지는 않지만 죽음 가방에 중요한 것을 챙겨갈 수 있는 것이다. 사람들은 태어날 때 빈손으로 왔다고 생각하지만 그렇지 않고 중요한 복주머니를 가지고 태어나는 것이다.

저승에 가면 나쁜 사람은 나쁜 사람들과 만나고 좋은 사람은 좋은 삶들과 만난다고 한다. 그 자체를 천당과 지옥이라고 하는 것이다.

미국 버지니아 대학에서 최면을 통해서 전생을 체험한 수천 건의 사례를 기록해 놓았다고 한다. 어느 나라에서는 어린아이가 악몽을 꾸면서 하는 말을 조사해보니 전쟁에서 비행기 조종사가 하는 전문용어였고 죽은 조종사가 다시 태어난 것이고 전사자 이름에 있었다고 한다.

죽음은 이 세상과는 영원한 이별이고 이성과의 단절이다. 그래서 우리는 죽음에 대한 두려움을 가지는 것이다. 그러나 죽음에 대한 두려움을 가질 필요는 없다. 사실은 죽음이 끝이 아니고 새로운 세계로 옮겨 가는 것이다.

우리나라의 경제 규모가 커지고 웰빙시대라고 하지만 웰다잉이 더욱 중요해졌다. 인생의 마지막 길을 아름답게 장식하려면 죽음과 사후의 일 처리까지 정리하고 장례까지 정해야 웰다잉이 된다고 하겠다.

요즈음은 화장이 대세를 이루고 있다. 그러나 화장 후 산에 묘를 쓰거나 납골당에 안치하고 산에 뿌리기도 하며 공원묘지 또는 사찰에 안치하기도 한다. 수목장이나 강에 뿌리기도 하고 해양장을 하는 사람도 있다. 심지어 보석을 만들어 보관하는 사람도 있다고 한다.

모든 장례를 생전에 유언으로 남기고 자식들은 유언에 따라 실행하는 사람이 많다.

이 세상 소풍 끝내고 떠나는 길에 최선을 다하고 새로운 영적 세계로 이동하면서 후회 없이 준비하는 것이 아름다운 마무리일 것이다. 따라서 죽음의 미학은 반드시 공부해야 할 것이다.

평화유지법

이응재
1998. 7. 천료

하나.

아내가 말했다. DS마트로 아침 일찍 김칫거리를 사러 나가는데, 집에서 나가 한참 가다가 보니 뭔가 허전하더란다. 생각해보니 마스크를 안 쓰고 나간 거였단다.

"어머, 내 정신 좀 봐! 마스크를 안 쓰고 나왔네!"

혼잣말이었다. 그런데 '낮말은 새가 듣고 밤말은 쥐가 듣는다'고 했던가? 누군가가 아내 말을 받아 대꾸를 하더란다.

"어디 그런 게 한두 번인가요?"

아내는 '아, 다른 사람도 그럴 적이 더러 있구나.'

라고 생각하고 마음을 놓았단다. 그 말을 듣는 순간 나는 놓치지 않았다.

"당신이 이겼어."

"?"

아내는 무슨 말인가 하고 어리둥절한 표정이었다.

"당신은 어쩌다 한번 그런 거지만, '어디 그런 게 한두 번인가요?'라고 말한 사람은 그런 경우가 다반

사라는 거 아니겠어? 그러니 당신은 아주 양호한 거지."

나는 끝에서 맴돌던 말은 꿀꺽 삼켜 버렸다. '치매 따윈 걱정하지 말라구….' '치매'라는 말은 그 말 자체만으로도 사람을 돌아버리게 만드는 말이기 때문이었다.

둘.

아내가 알타리를 사 왔다. '알타리'는 '알타리무'의 약칭인데, 표준국어대사전에서는 규범 표기가 '총각무'라고 한다. 실제로는 '알타리'를 더 많이 사용하고 있는데도 말이다. 그리고 우리가 흔히 쓰는 '무우'도 그냥 '무'가 표준어라고 박박 우긴다.

"4묶음에 1만 원, 2묶음에 6000원이라고 하는데, 그냥 2묶음만 사 왔어."

지나가는 말처럼 하는 아내의 말이다. 하지만, 그럴 때 무심코 지나가서는 좋은 남편이 못 된다. 무언가 그 일에 대한 평가를 내려주는 일이야말로 겉으로 드러나지 않는 남편의 책무이다.

"그렇지, 4묶음은 너무 많지? 아주 잘했어."

그런 평가를 내리는 일에는 무슨 힘든 결정을 내릴 때처럼 이리저리 고민할 필요도 없지 않은가? 가벼운 어조로 툭 던지듯이 한마디 하면 만사 OK다. 표준국어대사전처럼 박박 우기지 않고도 듣는 사람을 기분 좋게 해줄 수 있는 말인데, 아낄 필요가 없다. 돈이 드는 일도 아니잖은가?

예상대로 아내는 기분이 좋은 모양이다. 팔을 걷어붙이고 김치를 담그기 시작한다. 나는 슬금슬금 아내 곁으로 다가간다. 그리고는 주방 서랍에서 조그만 칼을 하나 끄집어낸다. 다음 동작은 슬그머니 하는 것이 좋다. 바로 아내가 썰어 놓은 알타리무 조각 하나를 집어 들고 껍질이 아닌 살의 일부분을 도려낸다. 그리고는 그것을 맛본다.

안 보는 척하면서'무얼 하나' 궁금해하던 아내가 한마디 한다.

"맵지 않아?"

"응, 맛이 괜찮은데…"

이건 간접적인 띄워주기다. 직접적으로 '수고했다'느니 어쩌고 하다가는 오히려 통박을 맞는 수도 있으니, 이런 방법이 오히려 은근슬쩍 기분을 띄워줄 수 있는 괜찮은 방법이 아닐까 싶다. 이제는 지금 담근 알타리김치가 맛있게 익어주기만을 기다리면 된다.

셋.

우리 집 앞 발코니에는 화초들이 많다. 술을 좋아하는 나는 매년 6월이면 매실 30kg, 담금주 80L, 설탕 12kg쯤을 사다가 술독에다가 내가 1년 동안 마실 매실주를 담근다. 감초가 있으면 더욱 좋다. 그렇게 담가 놓으면, 매일 저녁 머그컵으로 1잔씩을 마실 수가 있다. 화초들은 그렇게 담근 술독 위에 올려놓기도 한다. 군데군데 돌절구나 다듬잇돌을 놓아두기도 한다. 그러면 보기에도 좋으려니와 화초들이 잘 자란다. 놈들도 술을 좋아하는 모양이다. 비실비실한 소나무 등에 막걸리 주사를 놓는 모습을 보면 이해가 갈 것이다. 그런데 문제는 어디서 생겼는지 모르지만 민달팽이들이 화초들과 함께 공생을 하고 있다는 점이다. 화초 잎에 희고 끈적끈적한 액체 따위가 묻어 있으면 바로 놈들의 짓이다. 발코니에는 아내가 필요로 하는 대파도 사다가 기다란 화분에 심어놓는데, 거기에도 예외 없이 민달팽이들이 자신의 영역 표시를 해놓는 것이다.

나는 요새 그 민달팽이 잡기에 열을 올리고 있다. 민달팽이, 아내가 질색을 하는 놈들이다. 그러니, 소홀히 할 수가 없다. 놈들은 오이나 참외, 수박껍질을 좋아한다. 해서 그런 껍질들을 플라스틱 용기에 담아 화분 군데군데 놓아두면, 많을 때에는 10여 마리씩 몰려와 잔치를 벌이기도 한다. 요즘 나의 아침 업무로는, 발코니의 방충망을 조금 열어 놓고 그 민당팽이 놈들을 나무 막대기로 슬슬 밀어서 9층 아래 아파트 화단으로 떨어뜨리는 일이 중요한 부분을 차지하고 있다. 놈들, 9층 아래로 떨어지면 즉사를 할지 안 할지는 내 소관 밖의 일이다.

그런데 민달팽이를 창밖으로 버리는 일까지는 별문제가 없지만, 그 다음이 문제다. 열어 놓은 방충망을 다시 닫아야 한다는 걸 그만 깜빡하고 잊어버리곤 하는 것이다. 그러면 파리, 모기를 비롯한 온갖 벌레들이 이게 웬 떡이냐 하고 발코니로 모여들곤 한다. 그러기를 3번째, 드디어 아내의 지청구가 시작되었다. 그래도 3번째에 가서야 처음으로 타박을 하는 것이니 감지덕지해야 할 처지라서, 스스로를 자책하면서 한마디 했다.

"글쎄, 나 원 참, 또 잊어먹었네."

그 말 한마디에 아내의 야단치는 소리가 스르르! 제 굴속으로 들어가는 뱀 꼬리처럼 사라져 버렸다.

이제는 그렇게 서로의 늙었음을 무언중 인정해가며 평화롭게 살고 있다.

무소의 뿔처럼 혼자 가리라

황 빈
1999. 6. 천료

몇 십 년의 습관대로 새벽 6시가 되면 절로 눈이 떠진다. 자유를 만끽하는 홀로인 몸이 굳이 바쁠 것도 없으련만 오랫동안 다져진 습관이다. 수십 년간 출근했던 남편과 삼 남매의 등교 시간 맞추기에 길들여진 생활 리듬이다. 느긋하게 조간신문을 펼쳐보며 밤샘 작업으로 두툼한 조간신문을 이곳까지 오게 한 수많은 사람들의 노고에 대한 감사가 손끝에 따뜻하게 느껴진다.

우리나라 언론계에 오래 관여하시던 노령의 기자 한 분은 장수하려면 신문이나 뉴스를 멀리하라는 충고를 했다. 국내외의 여러 가지 복잡한 정세와 사회상은 우리의 평온한 심장의 박동을 마구 뛰게 한다. 그러나 어쩌랴. 내 개인의 호불호(好不好)를 떠나 사회의 일원으로 살아남으려면 돌아가는 현실을 최소한은 감지하고 살아 내야 되는 걸. 모든 살아 있는 존재는 관계 속에서 거듭 형성되기 때문이다.

지난 정초, 오래전 홀로되어 노후를 외롭게 지내는 집안 어른께 새해 문안 인사를 드리게 되었다.

요즘 어떻게 지내시는지 염려를 하였더니 너무나 밝은 음성으로 홀로 너무 자유를 누리며 살고 있다고 오히려 안부를 묻는 나의 신변을 걱정해 주셨다. 오랜 시간 홀로 지내는 것이 생활습관이 되어 생을 바라보는 마음가짐이 도인의 경지에 오른 듯 상대방에게 용기를 주는 말씀을 하셨다. 평소 이지적이며 늘 학구열에 불타는 분으로서 다시금 많은 존경심을 갖게 해 주셨다. 성품이 강인하신 분인 것을 알기는 하였으나 고령의 나이에 주어진 여건에 너무나 만족하며 노년의 외로움을 오히려 자유로움이라는 역발상을 하며 살아내는 그녀를 다시 한번 우러러보는 계기가 되었다. 홀로이되 고독을 느끼지 않으며 내 스스로 생의 즐거움을 찾아 끊임없이 도전하는 자세가 우리 모두에게 귀감이 되지 않을까.

'홀로'라는 낱말 자체는 물들지 않고, 순진무구하고 자유롭고 전체적이고 부서지지 않는 것을 뜻한다. 당신이 홀로일 때 비로소 세상에 살면서도 늘 아웃사이더로 있으리라. 홀로 있을 때 완벽한 생동과 협동이 존재할 수 있다. 왜냐하면 인간은 본래 전체적이기 때문이다. 모든 것은 서로 이어져 있다. 바다 위에 외롭게 떠 있는 섬도 뿌리는 대지에 이어져 있듯, 무리로부터 떨어져 나와 단지 혼자 지낸다고 해서 과연 '홀로 있음'인가. 홀로 있을수록 함께 있다는 가르침은 홀로 있음의 진정한 의미를 가리킨다.

유년시절부터 많은 형제자매와 친인척 사이에 함께 어울려 살아왔다. 때로는 많은 형제들이 짐스러울 때도 있어 단출한 친구를 부러워한 적도 있었다. 방과 후 숙제를 하려면 동생들을 돌봐주라는 어른들의 소리가 못내 귀찮을 때가 많았다. 그들을 데리고 뒷산에 올라 함께 합창도 부르는 등 그들의 사소한 요구를 다 들어주며 맏이 노릇을 단단히 해 내어야만 했다. 결혼 후에도 언제나 식객들이 끊이지를 않았다. 신혼 때도 경향 각지에서 손님들이 끊이지 않고 찾아와 그들과 함께 하는 생활이 힘에 겨웠으나 당연한 것으로 알고 지냈다. 내 어리석음은 힘들다고 생각했던 그날들이 인생의 참 행복인 것을 뒤늦게야 깨우치게 되었다. 그날들의 수고로움을 하늘도 무심치 않아 헤아려 주심인지 늘그막에 자유롭게 홀로 있게 하심이 아닌가 싶다.

홀로 있음에도 삶에 즐거움을 찾아야만 되리라. 즐거움은 밖에서 누가 갖다 주는 것이 아니라 긍정적인 인생관을 지니고 스스로 만들어 가야만 한다고 본다. 일상에서의 사소한 것들에 대한 고마움과 기쁨을 누릴 줄 아는 혜안(慧眼)을 갖고 살아야 되리라.

이 세상에 올 때도 홀로 왔으며 수명을 다하여 다시 본향으로 되돌아갈 때도 홀로인 것을 알 때 살아 있는 날들을 참 자유를 누리며 살아야만 되리라고 본다.

몸도 정신도 자유로운 자유인으로 나의 삶을 내 손안에 쥐고 살아가리라. 매일 아침 뜨는 희망의 붉은 태양이 다르고 매 순간이 새로운 날임에 우리에게 주어진 하루가 얼마나 소중한지 감사로 받아들이며 살아가고 싶다. 무소의 뿔처럼 홀로 나의 잔여(殘餘)의 시간들을 자유롭고 활기차게 살아내고 싶다.

냉이 즐기기

황장진
1999. 11. 천료

경칩을 지나니 하늘은 조각구름 한 점 없는 쪽빛이다. 바람도 어디 숨었는지 기척이 없다.

화천군 간동면 가래울의 병풍산 중턱엔 하얗거나 새까만 개들과 고양이들이 한가롭게 봄볕을 쬐면서 팔자가 늘어져 있다. 참새들은 수십 마리씩 무리 지어 요 나무 조 나무 옮겨 다니며 조잘거리며 나그네를 맞는다. 새까만 까마귀 녀석은 높다란 참나무 위에 올라앉아서 계곡의 늦잠을 깨운다. '깍깍'

무로의 댁 들머리와 잔디 마당에는 파란 새싹들이 파릇파릇 새 세상을 맞이하고 있다. 앞쪽은 올망졸망 오봉산과 삼각 고깔이 이어진 용화산 줄기가 물결치며 내달리고 있다.

호미와 비닐 주머니를 챙겨 들고 또박또박 봄볕 노니는 밭으로 내려간다. 강아지 두 마리가 앞서거니 뒤서거니 동무하고 있다. 꼬리 살래살래 가까이 하는 걸 보니 나들이가 즐거운 모양. 알려준 밭에 들어선다. 도라지를 키웠던 밭. 두툼한 망의 흔적이 아직도 배를 내밀고 있다.

셋이 한 망씩 차지해서 눈에 불을 켠다. 냉이 가족이 여기저기서 떼판을 이루어 반긴다. 호미로 썩썩 긁어서 한 녀석 한 녀석 뽑는다. 쑥쑥 잘도 뽑혀 올라온다. 녀석들은 뿌리 힘이 좋아서 좀처럼 끊어지지 않고 긴 몸체가 몽땅 나타난다. 뿌리 길이가 손 매듭 하나에서부터 반 뼘이나 한 뼘이 되고, 망이 두툼한 곳에선 심지어 두 뼘짜리도 으스댄다. 횡재하는 기분. 엔도르핀이 쑥쑥 솟아난다. 냉이가 차지한 보금자리엔 다른 풀이 보이지 않는다. 몽땅 냉이 천국! 아직도 푸른 기가 왕성하지 않아 어떤 데는 불그스름하거나 까무잡잡해서 냉이가 아닌 줄로 알고 지나칠 뻔. 죄다 흙을 다부지게 품고 있어 한 뿌리 한 뿌리 캘 때마다 호미에다 여러 번 툭툭 털어야만 말쑥해진다. 어제 캐 간 분들은 몇 바구니 그득했겠다. 망의 윗부분에만 호미 흔적이 있는 걸 보니 꽤 실한 것들을 캤을 듯. 그것도 여러 망을 뒤졌으니….

냉이는 부르는 이름이 지방에 따라 다르다. 나생이, 나상구, 나중개, 나시, 나잉개, 애이 등 여러 가지다. 냉이는 우리나라뿐만 아니라 이웃인 중국이나 일본에서도 들과 밭, 길가에서 잘 자란다. 잎·꽃·줄기가 모두 작은 것이 가장 맛이 좋다. 줄기가 단단하고 털이 있는 것은 맛이 없다. 냉이꽃을 그늘에 말려 가루를 내어 대추탕을 만들어 먹으면 오래된 이질을 다스릴 수 있다. 냉이 뿌리와 잎을 태워 재를 만들어서 먹기도 한다. 냉이는 성이 따뜻하여 오장에 이롭고, 눈을 밝게 하며, 배고플 때 먹으면 좋다. 농가에서는 봄철만 되면 어린 냉이를 뜯어 데쳐서 나물로 하거나 찌개나 밥에 섞어 먹기도 한다. 냉이 꼬투리를 잘 말려서 손으로 비벼 물에 넣고 휘저어 두면 그릇 밑바닥에 가라앉는다. 이것을 죽이나 단자에 섞어 만든다.

봄철에 가장 많이 먹는 국 가운데 하나가 냉잇국이다. 국을 끓일 때 하얀 쌀뜨물을 받아서 모시조개를 조금 넣고 된장을 풀어서 끓이면 쌉쌀한 맛이 향긋한 내음과 더불어 구수한 맛을 북돋운다. 토장에다 고추장을 조금 넣은 다음 모시조개를 넣고 끓인 냉잇국은 땅이 녹아 풀리는 냄새가 나서 봄철 입맛을 한껏 돋운다. 겨울철 부족했던 영양분을 보충해 원기를 돋우고 몸속 신진대사를 활발하게 해주어 피로 풀기와 춘곤증에도 좋다. 냉이의 뿌리와 줄기를 달여 차로 꾸준히 마시면 눈이 맑아지고 눈의 피로를 풀어준다.

부지런한 농가에서는 겨울철에 냉이를 캐서 움에 갈무리해 두었다가 국을 끓이거나 말려두기도 한다. 냉이는 봄보다 겨울 것이 더 달고 맛이 있다.

냉이는 핏속의 노폐물을 없애주고 독소 배출을 도와 피돌기를 잘 되게 하여 혈관을 튼튼하게 한다. 콜레스테롤 수치를 낮춰주어 동맥경화나 고혈압 같은 혈관 건강을 돕는다. 코피와 자궁출혈, 폐출혈, 각혈이나 치질 등의 지혈제로도 쓰인다. 냉이를 제철에 꾸준히 먹으면 항암 치료는 물론 암 예방 효과까지 볼 수 있다. 간을 해독시켜 머리가 띵한 숙취 해소에도 도움을 줄 뿐만 아니라 위를 튼튼하게 해주고 소화액을 분비시켜 소화를 빠르게 한다. 늙은이들의 골밀도를 높여주고 골다공증에도 좋다고 한다.

이렇게 좋은 먹거리를 두 봉지나 거두어 왔으니 가족들과 신나게 즐겨야지. 내일부턴 그 미가 솜씨를 벌리는 냉이, 양파, 다시마, 고추, 멸치, 표고버섯, 된장을 넣은 냉이 바글바글 장으로 밥 한 그릇 후딱 게 눈 감추듯 해야지.

봄이여, 땅이여, 벗이여 고마워!

당해봐야 아는 인생

조유환
2000. 4. 천료

아차 싶었다.

언뜻 보니 은빛의 날카로운 쇠줄. 시편에 삐쳐 나온 가느다란 금속줄을 맨손으로 잡은 것이 화근. 마치 싸늘한 검이 번개보다 더 빠르게 나를 베고 지나간 것 같은 기분. 목덜미에 소름이 돋았다. 등줄기에 솜털이 일어서는 듯 오싹하다. 순식간의 일이라 소리도 내지 못했다.

얼른 왼쪽 검지손가락을 감쌌다. 손톱까지는 분명 아닌듯했다. 잡은 손가락 사이로 선혈이 금세 뚝뚝 떨어진다. 근처의 휴지를 쥐고 다시 손가락을 감쌌다. 다행히 누가 본 사람은 없다. 아무 일도 없는 듯 유유히 돌아서서 자리를 뜨며 말했다.

"시험은 계속 진행하세요. 잠시 다녀올 테니"

하필 가공 마감이 제대로 안 된 물건이라니. 남탓만 하고 그냥 약 발라서는 될 일이 아니란 판단. 곧바로 차에 올라타 시동을 걸고 공단 내에 있는 병원으로 직행했다. 화장지에 두루 말린 손가락을 다시금 꽉 움켜쥐었다. 한 손 운전이 불편했지만 병원은 가까웠다.

공단 내의 숱한 사고에 익숙한 응급실의 간호사는 의외로 담담하다. 나도 그녀만큼 담담했다. 의사가 와서는 몇 번이나 상처를 헤집고 피를 닦아 낸다. 소독약이 따갑다. 그래 당신 맘대로 해보라는 심정이 된다. 뼈 부러지진 않았으니. 그는 단단히 드레싱 밴드를 감아준다.

"워낙 깨끗하게 베어서 깁지 않아도 되겠습니다. 주사 맞고 약 받아 가세요. 2주쯤 걸릴 겁니다"

차를 몰고 다시 재료 시험 장소로 돌아왔다. 다들 자기들 일에 골똘해서 내가 언제 다쳤는지도 모른다. 시험은 어느새 끝나 결과가 나왔다. 왼손을 바지 주머니 속에 넣은 채 서류에 사인을 해주고 돌아서 밖으로 나왔다.

오후, 다른 재료시험 장소다. 나를 아는 검사 신청 회사의 품질관리 직원이 나왔다. 벌써 한 번 실패한 시험. 두 번째의 시험편을 가져와 기계에 물리는 중이다. 이번엔 장갑을 꼈다. 정확한 시편인지 다시 한 번 쇳덩이에 찍힌 도장을 눈과 손으로 확인, 그리고 시작을 명했다. 모터 돌아가는 소리와 함께 완강하게 시편을 물고 있는 기계가 서서히 아래위로 벌어진다.

정밀 가공해 둔 쇳조각이 '뚱' 소리가 나며 끊겨져 나간다. 측정기계는 파괴상황의 수치를 자동으로 기록한다. 테스트 결과치를 받아 드니 또다시 불합격. 결국 이 재료는 못쓰게 되었다

"어쩔 수 없네. 두 번 연속 불합격이야. 이것은 규정에 따라 폐기 처분할 것. 이상"

서류 위에 불합격이라 적고 그 아래 확인 서명을 하고 돌아서는 나를 그쪽 회사 직원이 울상이 되어 붙잡는다.

"검사관님, 시험편 따로 준비한 게 있는데 한 번만 더 기회를 주십시오! 이미 물건 다 만들어서 다른 검사는 다 마치고 조선소에 곧 납

품해야 하는데 큰일 났습니다….”

실패한 재료를 바라보는 마음도 우울하다. 불합격 선언을 하는 것도 편치 않다. 그것에 내 손가락도 부러진 시험편과 같은 처지. 그래도 남에게 알리기 싫어서 오늘 일에 미친 듯 진행해 왔는데. 울컥한다.

“이 프로펠러가 들어가는 배는 북극해를 지나야 하는 배야. 가다가 프로펠러 망가져서 옴짝달싹 못하면, 다 얼어 죽을 판이 되면, 네가 그 배 구하러 갈래? 십 년까지 아무 문제 없다 치자. 아니 이십 년까지 아무 문제없다 치자. 그러다 어느 날, 만약 머리카락 같은 작은 금이라도 가게 되면, 그렇게 되면 말이다, 이건 어느 순간 곧 바로 모두 다 부러져 날아가는 거라구. 손해? 지금 다시 시작하는 게 제일 손해 작게 나는 거란 말이야. 그러니까 납기 급하다고 기본검사도 안 끝난 물건을 미리 뚝딱 만들어서 뒤늦게 이 검사 저 검사해본들 다 뭐 하냐고! 재료 자체가 엉망인데! 다시 깨어서 만들도록 해. 사정할 걸 해라, 할 거를!”

온갖 기술자료가 깨알같이 적혀진 두툼한 서류를 책상 위에 내려치듯 던졌다. 돌아서 나오며 힐끗 뒤돌아보니 녀석이 그 자리에서 얼어붙었다. 망가진 배가 북극해에 떠 있으면 저렇게 될 것 같다. 한 마디 더 붙이지 않을 수 없다.

“만약 너네 사장이 네게 뭐라고 하면 회사 당장 때려치워라. 젊은 놈이 뭘 해도 먹고 산다. 이런 통사정 안 해도. 그리고 임마, 얼굴 펴라! 담에 나랑 또 봐야 할 거 아니냐!”

결국 밖으로 녀석을 데리고 나와 담배 한 대 물렸다. 다친 내 손가락에도 끼워진 담배를 보며 얘기했다. 하늘이 맑다.

“나도 이러고 산다. 묵고 살라꼬. 알겠나? 하지만 우리 쪽팔리는 일은 하지 말고 살자. 여자 붙잡는 거 아니라면. 인생 별거 아니다”

공장현장의 직설적인 말투는 이럴 때 쓰라고 있는 말이다. 상황에 따라선 정신이 번쩍 들만큼 고함을 질러야 할 때도 있다. 그리고 대부분 의사전달에 확실한 효과가 있다.

손이 베인 것은 순전히 내 잘못이다. 안전 수칙을 지키지도 않았고 방심의 결과이기도 하다. 고맙게도 나의 안전의식은 이래서 또 강화된다. 그 친구도 이런 일을 다시는 겪고 싶지 않을 것이다. 하지만 그렇기에 그는 또 다른 업무 경력을 확실히 쌓았다. 비록 둘 다 아찔하게 당한 일이지만.

허긴, 당하고 나서야 깨닫는 것, 인생 자체가 그렇지 않나?

선진(先進)으로 가는 길

설복도
2000. 5. 천료

아직은 멀었다. 그 길이 그리 쉬운 길이 아니다. 우선 변해야 한다. 자신들이 변하지 않고는 어려운 일이다. 자신의 가치는 다른 사람이 정해 주는 것이 아니라 자신이 정의하고 추구하는 것이라는 걸 알아야 한다.

얼마 전에 우리나라가 선진국 대열에 진입했다는 소식을 설핏 들은 것 같다. 그래서 선진국이 되는 조건을 알아봤다.

한국은 이제 모든 분야에서(문화, 산업, 과학, 기술 등) 개발도상국을 거쳐 선진국 문턱을 넘었다고 볼 수 있단다. 그러므로 이제는 선진국을 벤치마킹하여 추격하고 따라가는 마인드가 아니라 전혀 다른 아이디어를 통해서 새로운 영역을 개척하고 창조하는 마인드가 저변에 깔려 있어야 앞으로의 선진국을 넘어서 최고의 선도국으로 나아 갈 수 있을 것이라고 한다.

더불어 개개인도 이미 나와 있는 것을 뒤쫓는 것이 아니라 지속적으로 새로운 토픽, 새로운 기술을 탐구하고 추구하는 것을 최고의 가치로 여겨야 하며 하찮은 것일지라도 아무도 개척하지 않은, 글로벌 인류와 사회에 본인만이 기여할 수 있는 부분을 생각하고 자신의 가치와 보람을 느껴 행복을 추구해야 한다는 것이다. 타인들과 상호 관계 속에서도 살아가다 보면 자연스럽게 선진 마인드가 성립되고 발전되지 않을까 생각한다지만 우리는 먼저 생활습관, 의식구조부터 바꿔야 한다. 현재진행형인 빨리빨리의 문화가 느림의 미학으로 환치되어 새로운 정신문화와 기본 질서가 순리대로 정착되어야 한다.

올바른 판단의 역사관을 바로 세워 정립하고 그 바탕 위에서 정치와 교육이 선도적 역할을 자임하고 나서야만 한다. 정책 하나라도 과거에 잘못 시행된 관행을 세밀히 분석하여 바로 잡고 백년대계를 바라보고 입안해야 할 것이다.

교육도 마찬가지다. 즉 정치와 교육이 정상궤도에 올라 성숙해지면 인성도 따라 변하고 확고한 가치관과 정신세계가 제자리를 되찾을 것이다. 그러므로 사회 전반적인 부분에서도 스스로 정화되고 깨어나서 선진국으로 가는 길을 열어 갈 것이다. 이런 일은 사회 고위 지도층과 공직사회에서 먼저 실행해야 일반 국민들이 따르게 됨은 자명한 사실이다. 정경유착으로 성행하던 부정부패와 각종 사회악을 일소하고 청백리를 부활시켜 청렴도를 진실과 정직 위에 올려놓아 분위기를 완전 뒤집어야 한다.

어느 노 정치가는 제도나 법률을 바꾼다고 선진화가 되는 것이 아니라면서 새로운 시대를 열어간다는 생각으로 나라 분위기를 확 바꿔야 된다고 했다. 또한, 선진국의 청렴 지수가 1위에서 20위인데 우리나라는 100점 만점에 55점으로 세계 39위라고 하면서 이를 극복하는 유일한 길은 반부패 청렴뿐이란다.

그렇다, 그런데도 우리의 현실은 아직 한참 멀기만 하다. 옳고 그른 것도 제대로 구분 못하는 이대로라면 구심점도 없고 미래도 안 보인다. 먹고 싶은 거, 하고 싶은 것 다 하면서 마음껏 자유를 구가해도 정신건강이 비어 있으면 헛것이다. 즉 올바른 영혼이 깃들지 못한 허상을 쓰고 살아가는 허수아비에 불과한 삶은 아무 의미가 없다. 더 이상 자연을 훼손하는 일은 없어야 하고 식품이나 의약품 갖고 농간하는 일도 없어야 한다. 자신이 직접 검증해 보지도 않고 선전 광고비에 현혹되어 국민을 기만하는 일은 범법행위에 해당된다. 인기 연예인들 이제 정신 좀 차리자, 스스로 양심을 되찾아 정직해지자, 지금까지 고정관념으로 고착되어 온 병폐의 고리를 끊어 내고 미래를 향한 새로운 다짐들로 가득 채워 보자, 소득수준으로 선진국을 가릴 것이 아니라 그에 비례해서 사회 전반적인 문제의 모든 것이 한 단계 업그레이드(upgrade)하여 변해야 한다.

지금 세계적 추이로 봐도 문명의 이기는 계속 생산되고 있고 그만큼 인간의 존엄성은 반대급부로 상실되고 있다. 얻는 것도 있지만 잃는 것도 많다. 폰이나 리모콘 하나로 못하는 게 없고 탈것에서부터 드론이나 로봇기계가 노동현장의 노동력마저 빼어 갔다.

앞으로 인간이 만든 이기가 살생 무기로 둔갑할지도 의문이다.

오존층이 파괴되어 이 순간에도 빙하가 녹아내리고 이상 기온의 온난화로 지구가 중병을 앓고 있어도 대처할 방법에 무감각인 지구인들 앞으로도 예기치 못할 위험요소가 계속 등장할 것이다. 문명의 이기가 오히려 지구촌의 단명을 재촉하고 있는 것은 아닌지?

선진화로 가는 길이 세계 평화와 직결되는 것이라면 이제 인간의 심성도 지고지순해져서 지금까지 사용되고 있는 전쟁무기와 핵무기가 전쟁무기에서 평화공존에 이용된다면 선진화뿐만 아니라 지구촌은 드디어 지상낙원으로 다시 태어날 것이다.

허물 벗기

최옥자
2000. 11. 천료

천간(天干)이 '기(己)'이고 지지(地支)가 '해(亥)'인 해. 육십갑자(六十甲子)로 헤아리면, 서른여섯 번째 해이다. 텃밭에서 뜯은 깻잎, 비름나물, 쑥, 상추 등 채소를 소쿠리에 담아 들고 카타리나 댁을 방문했다. 반가워하는 그녀는 차 한 잔을 나눈 후 벽면에 시원하게 설치된 수족관으로 나를 안내한다. 그리고 확대경을 들이대고 나에게 보기를 권했다. 확대경 속엔 배 쪽에 좁쌀만 한 새끼를 무수히 거느리고 느릿느릿 기어 다니는 가재 한 마리가 보였다. 그간 어미 가재가 품고 다니던 알이 부화한 것이다. 진기한 모습이었다.

며칠 후 카타리나댁을 다시 방문하게 되었다. 궁금하여 다시 들여다본 확대경에는 티끌 같던 새끼들이 그동안 자라서 물속을 자유롭게 유영하는 모습이 비쳤다. 가재는 동족도 잡아먹는 잡식성으로 새끼도 마다않고 잡아먹는지라 어미는 다른 어항으로 추방당하여 보이지 않았다. 가재는 영역 개념이 확실한 습성이 있어 좁은 공간에 여러 마리 키우는 것은 금물이라고 하며 부득이 같이 키울 때는 은신처를 마련해 주어야 한다고 했다.

카타리나가 점심을 같이하자고 또 집으로 불렀다. 그렇잖아도 가재가 궁금하던 터였기에 방문 발길에 바람이 일었다. 이번엔 그녀가 다른 어항에서 먼저 것과 똑같은 가재 한 마리를 보여주지 않는가. "가재를 또 사 온 거야?" 나의 물음에 카타리나의 웃음이 묘했다. 자세히 살펴보니 그것은 어미 가재가 벗어 놓은 허물이었다. 몸체보다 커 보이는 집게발까지 망가지지 않고 어떻게 저렇듯 허물을 벗어낼 수 있을까.

허물 벗기가 어디 가재뿐이랴. 뱀 같은 파충류나 매미 같은 곤충류에서도 허물 벗기를 본다. 그들은 허물을 벗으며 몸체가 커지고 몸무게를 불린다고 한다.

우리는 한 세상 살면서 참 많은 일들을 만난다. 중년기나 노년기의 전환점에서 한 단계 업그레이드된 삶을 시도하지 않으면 퇴행으로 역행하고 무기력감에 빠지기 쉽다. 이때 도약할 힘이 결여되면 몸이 아프거나 우울증에 빠지기 쉽다. 나는 불혹의 나이 40을 넘으며 제2의 사춘기를 무겁게 앓았었다. 돌이켜 보면 그때가 내 인생 제2의 전환점이 아니었나 생각을 해본다. 방황 끝에 귀의한 가톨릭 교리를 받아들이며 새로운 가치관을 확립할 수 있었다. 나의 허물 벗기였던가?

마크 네포의 『고요함이 들려주는 것들』에서 보면 초기 인류는 허물 벗기가 불멸성을 가져다준다고 믿었다고 한다. 그 한 예로 수 세기 동안 북보르네오의 두순족은 신이 세계를 창조하고 나서, '자신의 허물을 벗어 던지는 자는 누구든 죽지 않으리라.'고 선언했다고 믿었다. 단단해진 자기 울타리 그리고 허물을 벗어야 새로운 세상으로 나올 수 있다는 얘기일 것이다.

이제 나는 노년기에 접어들었다. 노인들은 질병고와 빈곤고, 무위고에 덧붙여 고독고로 힘들어한다. 가난과 아픔의 고통에서 벗어날 수 있다 해도 고독이야말로 이겨 내기 힘든 큰 고통이 아닐 수 없는 것이다. 살아가며 받는 마음의 상처를 남 앞에 드러내기가 어디 쉽던가. 이런 때에 흔히 세월이 지나면 해결될 것이라고 흔히 위로하는 말로, 그래서 '세월이 약이겠지요.'라는 세속어가 유행하기도 한다. 이들이 치유되지 않고 머물게 되면 조그만 일에도 감정이 분출, 격앙되고 불안과 짜증이 유발되기 쉽다. 요즘 들어 짜증이 늘었다. 본의 아니게 엉킨 삶의 실타래를 미처 풀어내지 못하고 아직 미로에 머물러 있는 까닭일까? 아니면 유발된 문제를 더 심각하게 받아들이는 나의 소심한 성정 탓인지도 모르겠다. 그뿐인가. 세상 일들이 때로는 추하게 눈에 비쳐 들어온다. 영혼에 때가 끼니 세상을 편견과 오해로 보는 것은 뻔한 일 아닌가.

나는 새로운 내 안의 변신을 소망한다.

뱀들은 허물 벗을 때가 되면 눈이 안개 낀 것처럼 뿌옇게 흐려져 늪으로 나간다. 몸을 말려야 허물이 잘 벗겨지기에 며칠 동안 물 한 모금 안 마시면서 몸에 물기를 없앤다.

카타리나가 키우는 가재가 허물을 벗어냈듯, 돌아오는 새해에는 나도 낡은 허물을 벗어내고 새롭고 사랑 어린, 긍정적 시각을 찾기 위해 피폐한 나의 영혼을 투명한 햇살 아래 서둘러 내놓아야 할까 보다.

흐르는 구름은

서대화
2001. 3. 천료

흐르는 구름은 또다시 같은 모양을 만들지 않는다. 때로는 평화로운 자연 풍광을 연출하기도 하고 어느 때는 기묘한 동물의 형상이나 표정 혹은 사람의 모습 등 다양한 그림을 그린다. 이러한 자연현상을 바라보는 사람들의 상상은 자유롭게 구상한다.

물방울이나 작은 얼음 입자가 모여서 하늘에 떠 있는 것이 구름이다. 하지만 그것은 구름의 생성을 물리적으로 해석한 것일 뿐 바람과 기류에 의해서 연출되는 여러 가지의 모양은 각자의 느낌대로 형상화한다. 바라보는 이에 따라서 아름답기도 하고 종교적 성스러운 모습에 비유하기도 한다.

청소년기에는 미래를 향한 소망이나 이상을 청운(靑雲)의 꿈이라며 푸른 구름에 비유했다. 일생지계는 재어유(一生之計 在於幼) 하고 라며 중학교 한문 시간에 배운 명심보감은 소년 시절을 헛되이 보내지 말고 청운의 꿈을 가지라며 우리를 일깨웠다. 그러나 젊은 시절의 푸른 꿈은 그리 오래가지 않는 경우가 많다. 잡다한 관계성 속에서 성패와 의욕에 집착하거나 능력 또는 운에 의해서도 그 꿈은 흔적 없이 날아가 버리고 꿈꾸던 가슴속에는 색 바랜 허상만 남을 수도 있다. 조선시대 한양으로 향하던 과거 응시생들 또한 청운의 꿈을 안고 삼남의 준령을 넘었을 것이다. 뜻을 이루기 위해서 조령이나 추풍령 또는 죽령의 높은 고개를 넘어 서울로 향했던 그 많은 유생들 중 낙방한 거사들이 더 많았을 것이다. 이와 같이 청운의 꿈은 이루지 못한 이가 더 많았던 것은 자명한 사실이다.

그러나 꿈은 아름다운 것. 구름도 꿈처럼 아름답게 피어난다. 노을빛 황혼 길을 걷고 있는 지금도 구름은 쉬지 않고 흐르고 있다. 그 구름이 만들어 내는 모양과 색깔의 변화는 얼마나 아름답던가. 파란 하늘에 멈춘 듯 흐르는 잿빛 구름 사이로 빛나는 조화로운 햇빛, 비온 뒤 서쪽 하늘을 수놓은 분홍빛 양떼구름, 햇살 밝은 날 저녁 무렵 청명한 하늘에 피어나는 오렌지빛 새털구름, 거실 창밖으로 보이는 천마산 중턱에 깔린 안개 같은 새벽 구름, 코발트색 하늘에 흐르는 한 여름날 뭉게구름, 각자의 마음속에 피어나는 무지갯빛 꽃구름까지 마치 손으로 잡으면 햇솜처럼 부드럽게 잡힐 듯 천천히 흐르는 구름이 나는 좋다.

나이 들어 노년에 접어들면서 구름을 좋아하고 구름의 신비함에 빠져들게 되었다. 쉼 없이 밀려왔다가 밀려가는 뜬구름의 모양을 보며 구름이 바다라면 그 바다에 배 띄워 어딘가 떠나고 싶다는 동화적 발상으로 나는 운주(雲舟)라는 이름으로 호를 지어서 사용한 적이 있었다. 그러나 지나치게 허황한 의미가 인성마저 모호한 것 같다며 근현대사를 집필하는 후배 작가 한 분이 내게 도운(稻雲)이라는 호를 지어주었다. 구름처럼 풍요롭게 쌓여있는 볏단을 의미한다는 아호(雅號)는 구름 운(雲)이 있어 더욱 마음에 든다.

나는 내 자리에 가만히 있는데도 쉬지 않고 흐르는 구름을 올려다보면 마치 내가 어디론가 떠내려가는 것 같은 착각에 가벼운 현기증을 느낄 때도 있다. 나는 내 자리에 가만히 있는데도 세월은 끊임없이 흘러 나를 노령(老齡)의 높은 고개로 데려다 놓았다. 아니 세월은 가만히 있는데 내가 구름처럼 흘러 여기까지 온 것인지도 모른다. 운심월성(雲心月性)이라는 성어가 있다. 구름 같은 마음과 달 같은 성품이라는 의미로 욕심 없이 담백한 심성을 이르는 뜻이다. 이제까지 크게 빛나가지 않고 국가와 사회가 요구하는 각종 규범과 인습을 지키며 종심(從心)에 이른 나 자신에게 선물하고 싶은 글귀이기도 하다. 오늘도 구름은 세월이 되어 드넓은 하늘을 쉬지 않고 흐른다.

삼복의 찜통더위가 이어지는 오늘, 한줄기 소나기가 지나간 하늘에 하얀색 뭉게구름이 솜처럼 피어오른다. 나는 세월이 갈수록 구름의 다양한 형상과 오묘한 색깔의 변화가 신비롭게 느껴진다. 또다시 같은 모양을 만들지 않는 구름의 다양한 모습과 색깔이 좋다.

외국으로 시집간 어린 막내딸이 아이 둘을 데리고 제 부모가 사는 남양주에 왔다. 한 달여간의 휴가 기간을 마치고 귀국하는 날 늙은 아비가 태워주는 승용차를 타고 영종대교를 건너 공항으로 향하는 길. 서쪽 하늘 저녁 햇살에 빛나는 빨간색 구름을 바라보는 마음이 얼마나 처연하던지. 딸아이를 보내는 마음도 그렇거니와 어미 손에 이끌리어 까치걸음으로 탑승구 쪽을 향해 뛰어가는 철없는 어린 것들은 얼마나 지나야 또 만나게 될는지. 아니 만날 수나 있을는지. 노을에 비낀 붉은색 구름과 함께 비행기를 타러 들어가는 아이들의 뒷모습이 오랫동안 가슴에 남는다.

민 여사의 선물

김학인
2001. 5. 천료

삐뽀 삐뽀 애 앵 요란한 사이렌과 비상등을 깜빡이며 앰뷸런스가 뒤쫓아 온다. 나를 포함한 운전자들은 가던 길을 멈추고 오른쪽으로 차를 이동한다. 응급환자를 실은 앰뷸런스는 뚫린 길로 거침없이 달린다. 차가 지나간 후 포도에 깔린 사이렌의 여운을 타고 아스라이 멀어져 간 민 여사의 환한 얼굴이 꿈결이듯 다가온다.

"훈이 엄마 이제 와? 기다렸어. 피곤하지? 우리 저녁 먹으러 갈까?" 온종일 도서관에서 책 속에 묻혀 있다가 지쳐서 돌아온 나는 주차장을 나오다가 민 여사와 마주쳤다. 내 몸은 빨리 집에 가서 쉬고 싶어 했다. 한데 그날따라 민 여사의 눈과 목소리에 간절함이 묻어 있어 호의를 거절할 수 없었다. 나는 그집 양녀 정혜가 운전하는 차 뒷좌석에 앉았다.

음식을 앞에 놓고 민 여사는 말이 별로 없었다. 이따금 작은 소리로 이건 몸에 좋고, 요건 맛이 있고, 하면서 내 앞접시에 먹을 것을 골라 놔 주기만 했다. 그녀는 선교부 일이나 자신이 경영하는 '어린

이집' 아이들의 입양 문제를 상의하기 위해 가끔 미국 시카고에 왔다. 잠시라도 나와 가까이 있고 싶다면서 우리 콘도 아래층을 얻어 두었다. 이번 여행은 혼자 사는 조카의 결혼을 도와주기 위해서였고, 이틀 뒤엔 귀국할 예정이었다. 남편 최 목사는 신학교 학장에다 교회까지 맡고 있어 늘 시간에 쫓겨 지내고 민 여사는 이십여 년 전에 고아 두세 명을 데려다 키우면서 보육원을 시작했는데 지금은 백 명도 넘게 돌본다. 해서 두 사람이 함께 다니는 일은 드물었고, 모처럼 여행을 와도 볼일이 끝나면 항상 서둘러 떠나곤 했다. 이번에도 혼자 왔다.

민 여사의 친지인 A까지 함께 자리한 식사 분위기가 너무 가라앉은 것 같아 내가 말을 걸었다. "이렇게 혼자 다니면 목사님이 걱정되지 않아?" 멋없는 물음에 맥 빠진 답이 왔다. "걱정? 그러게." 말끝이 어쩐지 쓸쓸했다. 그러나 우리는 부엌 일을 면한 해방감과 잇달아 나오는 음식을 서로 권하면서 식사를 마칠 때는 유쾌한 주말 밤의 기분을 회복하고 있었다. 그녀는 나를 집 앞에 내려주고 A네 집으로 향했다. 토요일 밤의 안락함은 내가 누리는 사치 중 하나였다. 한 주일간 쌓인 피로가 감미로운 선율에 녹아들어 갔다. 멘델스존의 바이올린 협주곡 몇 번이더라….

'따르릉, 따르릉….' 갑자기 귓가를 때리는 벨 소리에 나는 현실로 돌아왔다.

"이모! 이모! 엄마가 이상해요. 빨리 내려와 보세요." 정혜는 나를 이모라고 불렀다. 난 허겁지겁 머리에 감았던 롤을 뜯어내고 재킷을 걸치면서 뛰었다. 민 여사는 오른쪽 팔로 방바닥을 짚고 비스듬히 앉아있었다.

"왜? 왜 그래? 무슨 일이야? 어디가 아파?" "머리… " 그녀가 고혈압이란 것도 그 순간 생각나지 않았다. "정혜! 앰뷸런스! 빨리!"

민 여사를 감싸 안고 있었던 시간이 오 분이나 되었을까? 요란한 사이렌이 집 앞에서 멈추고 백인 장정 넷이 들것을 앞세우고 황급히 들어왔다. 그중 두 사람이 민 여사를 조심스레 들것에 눕히고 안전벨트를 채우는가 했더니 어느새 그녀는 앰뷸런스 안으로 옮겨져 있었다. 나도 차에 올라탔다. "괜찮아, 괜찮아, 이제 괜찮을 거야. 우리 병원에 가고 있으니 걱정하지 마." 나는 옆에 앉아 쉴 새 없이 그녀가 잠들지 않도록 말을 했다. 이럴 때 코를 고는 게 좋지 않다고 들었기에. 담당 의사는 X-레이 필름 몇 장을 보여주며 그녀의 뇌출혈 상태를 설명한 뒤 오늘 밤을 넘기기 힘들 거라고 했다. 뭐라고? 오늘 밤을, 오늘 밤을 못 넘긴다고? 그럴 리가 없어! 나는 의사가 뭐래도 그녀는 남편이 올 때까지 며칠이라도 견디어 낼 것이라 믿었다.

사흘 후, 신학교 입학식을 끝내고, 놀라움과 초조함에 수척한 남편 목사가 입원실에 모습을 보였을 때도 그녀는 깊은 잠에 빠져 있었다. 그는 마치 정상적인 아내를 대하듯 차분하게 말하기 시작했다. "여보, 우리 그때 좋았지…" 두 사람을 둔 채 난 병실을 나왔다. 충혈된 눈의 최 목사가 방을 나간 뒤 나는 민 여사의 침대 옆에 앉아 지난날을 회상했다. 아름다웠던 삼십여 년. 피난지 안성의 고등학교에서 만난 그녀는 엄마 없는 서울 아이인 나를 끔찍이 아끼고 위했다. 예쁜 것이 생기면 그건 다 내게로 왔다.

몇 해 전 겨울, 오랜만에 고국을 방문했다. 그녀는 날 만나자마자 갈 곳이 있다며 팔을 끌었다. 그곳은 회현동에 있는 유명한 중국 한의원이었다. 난생처음으로 나는 값비싼 한약 한 재를 지어 받았다. 그녀가 미국에 온 겨울마다 내가 감기로 콜록거렸던 모양이다. "훈이 엄마에게 주는 건 투자하는 거니까 그냥 받아 둬."라며 싱긋 웃었다. 그럼 그게 마지막 가는 길을 지켜봐 달라는 투자였단 말인가? 어이없었다. 언젠가는 왜 하필 장애아를 미국에 입양시키느냐는 내 물음에 "성한 아이들은 자기만 노력하면 한국에서도 살 수 있어. 하지만 장애아들은 너무 힘들어. 믿는 가정에 입양시키는 것이 그 아이들은 살리는 길이야." 그녀 말대로 내가 만난 그들은 생기발랄하게 잘 성장하고 있었다.

오후 네 시쯤 갑자기 병실 안이 오렌지빛으로 밝아졌다. 민 여사의 얼굴은 분홍빛이고. 간호사는 놀라는 나를 진정시키며 모두를 모이게 했다. 우리는 눈물을 삼키며 찬송가를 부르고 또 불렀다. '하늘 가는 밝은 길이~ ' 최 목사는 아내의 영혼을 위해 간절히 기도했다. 심전도의 급격히 오르내리던 선이 한순간에 직선을 그으며 쭉 뻗어갔다. 마치 천국으로 가는 모노레일처럼. 육신을 벗고 천사의 안내를 받으며 미소 머금은 그녀가 영원한 고향으로 가는 모습이 눈에 보이는 듯했다.

나는 사람이 그렇게 아름답게 죽음을 맞을 수 있다는 것을 처음 보았고 또 알았다. 어떤 설교로도 대신할 수 없는 강력한 메시지를 내 가슴에 심어주고 그녀는 떠났다. 만날 때마다 내게 무엇인가 주고 싶어 했던 그녀! 마지막 선물은 아픔을 넘어야 볼 수 있는 소망의 빛이었다. 창밖엔 시카고의 삼월이 봄의 여린 햇살을 잠자는 대지에 뿌리고 있었다.

여름날의 피아노 협주곡

강 미 애
2001. 5. 천료

창으로 부딪히는 크고 작은 물방울 소리, 그 파동이 피아노 선율을 따라 이어진다. 허공으로 날아오르는 분진들. 점점 드세지는 빗줄기의 힘이 달아오른 지열을 식힌다. 한여름의 심상을 닮은 라흐마니노프(Sergei Rachmaninoff) 피아노 협주곡 3번. 빗소리와 함께 깊은 심연으로 여름을 이끈다.

이 곡은 굉장히 어려운 협주곡으로 알려져 있다. 190cm가 넘는 거구의 라흐마니노프는 러시아 낭만주의 클래식 음악의 대표 작곡가이자, 20세기 초반 최고의 피아니스트. 한국인이 가장 좋아하는 클래식 음악 1위의 작곡가다. 그의 거대한 손에 맞춰서 작곡된 이 곡은 넓은 음역의 화음을 사용하기에 보통 사람의 손으로는 연주하기 어렵다. 매우 작게 연주되는 피아니시모(pianissimo)부터 매우 강하게 연주되는 포르티시시모(fortissississimo)까지 폭넓은 강약의 표현과 옥타브 이상의 도약 진행, 다양한 리듬의 사용, 넓은 음역을 아우르는 분산 화음, 빠른 장식적 음형 등 피아노의 화려한 기교들이 가득하다.

음악은 혼(魂)이 혼에게 전하는 언어다. 곧 인간의 것이기 때문이다. 인간을 인간답게 이끌어 주고 인식하게 하는 생명의 가락, 인간이 만들어 낸 예술 중의 예술이다. 인간이 만들었음에도 인간의 흔적보다 신(神)의 음성이 더 강렬하게 닿아 움직이는 음악.

어느 한가로운 날, 오늘처럼 여름비가 내려도 좋을 것이다. 어떤 작업도 뒤로 미루고 한 잔의 차를 즐기며 생각에 잠길 때 절대로 빼놓을 수 없는 것이 음악이다. 음악은 생각에 잠기는 그 주제, 기쁨이건 슬픔이건 그 자체를 더욱 명료하게 객관화할 수 있는 여유를 갖게 한다. '음악은 기쁨을 더 기쁨이게 슬픔을 더 슬픔이게 하는 감각적인 예술이다' 전혜린의 말이 실감 나는 순간이다.

음악은 실제로 나와 동떨어진 거리에서 들리는 소리이지만 그 가락은 영혼을 파고들어 나를 흔든다. 직접 부딪히는 사물보다 더 감각적인 터치를 가해 오는 대상이다. 특히 베토벤의 심포니 5번이나 드미트리 쇼스타코비치의 심포니 제5번은 깊은 심연으로 빠져들게 하는 마력이 있다. 브루흐의 바이올린 협주곡은 듣다 보면 알 수 없는 감정이 밀려와 꼭 눈물 나게 하는 곡이다. 언어를 초월하는 아름다운 선율의 클래식 음악들.

하지만 가끔 흥얼거리는 노래는 대부분 대중가요다. 내가 앓고 있는 삶의 아픔과 인생을 담은 가요는 내 노래가 되는 것이 많다. 생각보다 오래전부터, 천진난만해야 했던 그 시절 버거운 삶의 이유가 나를 짓눌렀다. 나는 끊임없이 살아야 하는 이유를 찾았다. 그때 레코드점 앞에서 우연히 들었던 바이올린 협주곡. 그 선율을 따라 나도 모르게 눈물을 흘렸다. 삶을 잘 견디고 있음에 위안을 주고, 나를 다독여 주는 느낌이었다. 그때부터 음악은 나에게 단순히 인생에 대한 위로가 아니었다. 삶의 너머, 견디고 살아낸 그 끝에 음악이 있었다. 지금도 여전히 음악은 나에게 그런 의미다.

우리는 무엇이든 의미를 부여하려고 애쓴다. 물론 음악도 예외는 아니다. 우리가 잘 알고 있는 비발디의 「사계」나 베를리오즈의 「환상 교향곡」처럼 표제가 붙어 있는 곡들은 마치 어떤 깊은 사연이 숨겨져 있는 듯하다. 그래서인지 표제가 붙어 있는 음악은 표제가 붙어 있지 않은 음악(절대 음악)보다 인기가 더 많다. 악성 베토벤은 총 32개의 주옥같은 피아노 소나타를 남겼지만 언제나 대중들이 먼저 기억하는 작품은 「비창」, 「월광」, 「열정」 같은 별칭이 붙어 있는 작품들이다.

음악에 특정한 의미를 부여하는 표제와 마찬가지로, 음악을 쉽게 접하는 데에는 가사도 한몫한다. 특히 대중가요는 시적(詩的)일 뿐만 아니라 공감대를 형성하는 가사가 사람들의 마음에 더 들어온다. '저 차갑게 서 있는 운명이란 벽 앞에 당당히 마주칠 수 있어요. 언젠가 나 그 벽을 넘고서 저 하늘을 높이 날 수 있어요. 이 무거운 세상도 나를 묶을 순 없죠.' 가수 인순이의 노래 「거위의 꿈」이다.

구지레한 미련의 삶을 뒤로하고 선택의 탄력 있는 삶을 살고픈 사람들에게 음악은 위대한 철학자의 명언보다 더 효과적이다. 어떤 시인은 음악과 시를 인간의 구원 문제로 다루었다. 음악의 강력한 매력을 주저 없이 찬양하고 있는 것이다. 그래서 음악은 우리가 도달하고자 하는 이상(理想)의 끝인지도 모르겠다.

한 여름밤, 예술의 전당 콘서트홀에서 라흐마니노프 피아노 협주곡 전곡 시리즈 무대를 연다. 여름의 길목에서 만난 소나기처럼 인상적이고 매혹적인 라흐마니노프의 음악에 흠뻑 젖어 보기를….

압록강은 흐른다

전옥경
2001. 6. 천료

해방되기 직전까지 만주에서 근무했던 나의 아버지는 압록강에 첫딸인 나의 탯줄을 흘려보냈다는 이야기를 하며 회상에 잠기곤 했다. 어머니는 만삭으로 압록강 근처에 갈 일이 있어 외출했는데 봄이지만 폭설이 내려 간신히 집에 돌아왔다고 했다. 며칠 후 나를 낳았지만, 자세한 사정을 물어보지 않았던 것이 후회가 된다. 어머니와 대화를 할 수 없다는 것이 더 이상 존재하지 않는다고 생각하니 슬프다.

우리 가족은 36년 전에 이민 길에 올랐다. 이민을 가는 사람이 드물고 특히 아이들의 조기 유학이라는 말은 생소한 때였다. 막막했지만 알 수 없는 운명의 힘을 믿으며, 남편과 나는 아이 셋을 데리고 이민 가방 몇 개를 끌면서 세계에서 아름답기로 유명한 항구 도시 시드니에 도착했다.

압록강에 탯줄을 떠내려 버린 나의 운명인지, 도도하고 늠름한 강의 정기를 받은 탓인지 어느덧 정신을 차리고 보니 나는 억척스러운 생활인이 되어 있었다. 공부하는 것을 소홀히 했던 대학시절이 후

회되었지만 한탄만 하고 있을 수는 없었다. 컴퓨터의 보급으로 전산화가 되는 바람에 오래전에 했던 공부는 도움이 되지 않았다. 외국에 대한 환상이 깨지고 나니 이민 생활은 새로운 도전을 시험하는 무대로 변했다.

나는 학교 도서관과 대학 도서관을 합쳐 7년을 계약직으로 근무했다. 12월에 일이 끝나고 나면 다음 해의 일이 끊어질까 마음을 졸이며 살았다. 드디어 내가 일하는 대학에서 정규직을 뽑는다는 신문 광고를 낸 후, 경쟁자들과 인터뷰를 거쳐 정규직에 발령받았을 때는, 나를 지켜주는 존재가 있구나 하는 생각을 했다. 나는 그 존재가 압록강이라고 믿었다.

나는 매일 전철을 타고 리드 콤 공동묘지를 지나서 직장에 출근했다. 비가 퍼붓기 시작하는 날에 차창 밖으로 본 묘지는 한층 음산해 보였다. 문득 이 세상이 아닌 곳으로 데려가는 것 같았다. 착각에 빠지는 것이 무서웠다. 매일매일의 수고가 헛된 반복에 지나지 않음이 될까 두려웠다.

비는 여전히 그칠 줄 모르고 차창 밖 유리에 흘러내렸다. 주택가와 인접하고 있는 묘지는 조용하고 평화로운 정적에 싸여 있었다. 잔디 속으로 들어 간 무덤과 크고 작은 비석과 상석이 한데 어우러져 깊은 잠 속에 빠져 있었다. 오래전에 살던 사람들은 어디로 사라졌을까? 나는 어디로 가고 있을까?

『압록강은 흐른다』의 저자 이미륵 박사는 일제의 탄압을 받아 고향을 떠나야 했다. 독일에 정착한 후, 남의 집 정원에 서 있는 꽈리 한 포기에도 향수에 불타고 어릴 적 즐겨 갖고 놀던 꽈리 열매를 좋아했던 것을 기억해서, 고향의 일부분이 현실적으로 앞에 놓여 있는 것 같다고 했다.

독일 함부르크에는 남편의 누나가 살고 있어 남편과 방문한 적이 있다. 기차가 뮌헨역에 섰을 때 나는 전혜린 교수의 행적을 찾아 내리고 싶었지만 그럴 수 없어 울고 싶었다. 뮌헨을 지나가야 했기 때문이다. 아쉬운 마음으로 잠시 쉬는 시간을 이용해서 역 바깥에 나가 걸어 보았다. 바캉스 철에는 뮌헨역이 유럽 각 지역으로 떠나는 대학생들로 혼잡하다고 했지만, 우리가 방문한 11월에는 한가하고 쓸쓸했다. 다음에 꼭 다시 와야지 다짐했지만 그 후 다시 뮌헨에 가지 못했다.

압록강은 영어로는 Yalu River, 중국어로는 얄루장이다. 백두산에서 발원하는 3개의 큰 물줄기 중 하나이며, 나머지 2개는 두만강, 송화강이다. 압록강은 물의 색이 수컷 오리의 머리처럼 녹색이라고 해서 붙여진 이름이라고 한다. 한반도와 중국 대륙의 경계를 따라 흐르다가 신의주와 중국 단동 사이를 지나 서쪽의 황해로 흘러나간다. 한반도에서 제일 긴 강으로 길이가 790km에 달한다.

나는 압록강을 생각하면 지금도 가슴이 뛴다. 해방을 앞두고 나의 아버지는 근무지 근처에 있는 압록강에 갈 때마다 무슨 생각을 했을까. 그리운 아버지, 나는 아버지가 보고 싶을 때면 압록강에 가서 흐르는 물살을 바라보고 있는 꿈을 꾸고 싶다.

연변과기대의 최후

하기식
2001. 10. 천료

연변과기대(연변과학기술대학)는 1992년 중국 연변에 거주하는 우리 동포의 대학교육을 위해 열정적인 한 재미동포가 세운 대학이었다. 그 시절 중국에서 외국인이 대학을 세운다는 것은 불가능에 가까운 일이었다. 외국인이 학교를 세우는 것을 금하는 법도 있었다는데 미국 시민권자인 한국인이 공산주의 중국에 학교를 설립한다는 것은 중국으로서도 자존심 상하는 일이었고 누가 봐도 우스운 일이었다. 그러나 열정 한 가지만으로 당국과 접촉하여 학교 설립의 필요성과 그 중요성을 역설하여 결국 학교 설립의 허가를 얻어내었다.

중국 측에서도 놀란 것은 마찬가지였다. 어처구니없게도 허가해 놓고는 '그것이 실수이었지만 그러나 기적을 이루었다'고 말했다는 뒷이야기가 있었다. 그래도 학교 부지는 전 국토가 국유지인 중국 측으로부터 30년간 임차하기로 하였으니 다행이었으나 교실과 기숙사 등의 건축비 조달이 어려운 형편이었다. 사재를 투입하긴 했어도 그것은 종잣돈에 불과

하였다. 건축비의 조달을 위해 전 세계적으로 모금활동을 벌였다. 고국인 한국에서는 대형교회를 목표로 하였다. 당시 한국의 대형교회들은 북방선교에 관심을 집중하고 있던 때이었다. 연변과기대의 설립과 대형교회들의 북방선교 목표가 일치하는 순간 대형교회들의 건축비 지원은 순조롭게 진행되었고 미국을 비롯한 다른 국가에서도 지원을 받아 대학의 건축물이 차질 없이 건축되었다.

학생 모집은 중국의 규정에 따라 중국 정부가 지정하여 보내주는 대로 하면 되었는데 문제는 이들을 가르칠 교수들이었다. 그러나 이 또한 당시의 흐름에 따라 각국에서 연변과기대에서 봉사하기를 원하는 교수들이 수없이 지원하여 왔다. 어떤 이는 대학에서 정년을 하고 여생을 연변과기대에서 지내기 위해 지원하였고 때로는 안식년이나 연구년을 연변과기에서 봉사하기 원하는 교수도 있었다. 어떤 교수는 아예 교수직을 사임하고 연변과기대에서 전임으로 봉사하기도 하였다.

우리 부부는 각각 대학을 정년 한 지 6년 만에, 그리고 아내는 정년을 한 그해인 2006년에 연변과기대의 초빙을 받아 2016년까지 10년간 교수로 봉직하였다. 그동안 전공인 수학을 가르쳤고 소속 학부이었던 전자통신학부의 학부장직을 맡아 2년의 임기를 소화하기도 했으며 아내도 교양학부 소속으로 심리학, 국민윤리 등 교양과목을 강의하였으며 학부장직을 맡아 임기를 채우기도 하였다.

연변과기대는 진리 자유 자애를 교훈으로 삼고 창의 협력 봉사를 실천 강령으로 하여 건교 이념을 반영하였으며 이를 결국 사랑주의라고 명명하고 개교 이래 연연이 이어왔다.

다음과 같은 사랑 이야기가 있다. 연변에서도 한참 먼 흑룡강성에서 학업성적이 좋은 한 중증 장애인 학생으로부터 연변과기대에 한 통의 편지가 접수되었다. 내용인즉 자신의 장애를 생각하지 않고 우수한 성적만 믿고 희망 대학에 응시를 했으나 성적은 보지 않고 단지 장애인이라는 이유만으로 번번이 입학을 거절당하고 말았다. 그런데 연변에 우리 동포들을 위한 대학이 설립되었다는 소문을 들었다면서 입학만 허락해 준다면 최선을 다하여 학업에 매진하겠다는 것이었다. 연변과기대에서는 이 학생의 입학과 함께 장학금을 제공한다는 것을 결정하고 소속 학부장을 현지에 파견하여 이 사실을 전하고 고등학교 시절 그의 발이 되어 준 학생도 감동을 받아 이미 결정된 명문 대학의 입학을 취소하고 연변과기대에 입학하기로 하였다. 이들이 연변과기대에서 생활을 하는 중에 이들의 사랑에 감동을 받고 장애인 그 학생에게 연정을 느낀 한 여학생이 있어 이들의 사랑을 배가 시켰다. 나중에 둘은 결혼을 했고 장애인 학교의 교장이 되었다.

연변과기대에서 특징적인 것은 지도교수제이다. 교수가 자기 학과에서 한 학년에 4, 5명, 전체 16, 20명의 지도교수가 된다. 지도교수와 지도학생은 이때부터 사랑으로 묶인 한 가족이 된다. 학업문제 생활문제 등 재학시절의 모든 학교생활의 상담을 하고 지도할 뿐만 아니라 졸업 후에도 그 끈끈한 관계를 유지한다. 한 번 지도학생은 영원한 지도학생인 셈이다.

이런 연변과기대가 2021년 6월 17일 마지막 남은 4학년의 졸업식을 끝으로 최후의 종지부를 찍었다. 2018년부터는 신입생을 모집하지 않아서 매년 한 학년씩 학생 수가 줄어드는 형편이었다. 대학을 신설할 때 학교 부지를 30년간 임차한다고 해서 30년이 지나면 다시 또 30년을 임차하면 될 것이라고 생각했지만 그렇게 되지는 아니하였다. 중국의 법이 허락지 아니한 것이었다. 한족만이 대학을 설립 운영하도록 되었기 때문이었다.

지난 30년간 공산주의 중국에서 연변과기대를 설립하고 졸업생 약 8천 500명을 배출했으며 어학원 등 부속교육기관 출신 등 1만 2천여 명과 함께 총 약 2만여 명을 사랑주의의 교육이념으로 양육해 내었다.

이들이 중국뿐만 아니라 세계 각지에서 책임을 다하고 있는 것을 생각하면 연변과기대의 역할이 헛되지 않았음을 알 수 있다. 물론 '교육은 백년대계이다'라는 말에 따르면 30년으로서는 아쉬운 점이 없지 않으나 최선을 다한 결과물이다. 연변과기대의 퇴진에 눈물이 앞을 가리고 지난날의 행복했던 그 시절이 떠올라 가슴이 뭉클해진다. 중국의 새로운 훌륭한 사립대학으로 재탄생되기를 기원해 본다.

봄의 귀로(歸路)

손미경
2001. 11. 천료

봄이 한창이다. 옷깃을 스치던 시린 바람은 꽃바람이 되어 부드럽게 안겨 왔다. 포구를 향해 가는 길목 초록의 들판의 풍경이 내 눈엔 모두 작품이다. 흙냄새가 콧속을 파고든다. 바닷바람이 술렁이는 갯마을에서 맡는 갯냄새가 좋다. 연초록을 보면 가슴이 뛰고 만감이 교차하여 설렌다. 산과 들에 새파란 쑥, 노란 민들레 풀꽃들, 발 디딜 틈 없이 예쁜 봄이 지천이다. 설렘을 가득 안고 봄소식을 편지로 써야겠다. 우리의 인생은 흐르는 물에 떨어지는 꽃잎처럼 아주 보잘것없는 바람같이 한순간 지나간다. 햇살 한 줌으로도 더없이 행복한 봄, 사월의 꽃이 내 마음에도 가득 피어난 듯하다. 억눌린 감정을 섬세하게 조금 풀어낼 수 있는 반나절의 휴식이 배부른 오후.

바람난 가슴처럼 그저 내 영혼이 춤을 추며 즐거워한다. 고단한 내 손 잠시 접어두고 이 하루를 살랑살랑 불어오는 봄바람을 따라 나갔다. 안팎으로 파도치던 혼란함도 시린 마음조차 멀리멀리 다 날려 보냈다. 메마른 일상에 찾아온 달콤한 꽃바람이 감동을 준다. 몸과 마음이 힘들고 외로움이 밀려올 때면 한산한 어촌마을 작은 포구를 습관처럼 혼자 찾아간다.

넋 놓고 바람 부는 포구에 서서 먼바다를 쓸쓸히 바라보며 작은 위로를 얻는다. 멍하니 시선을 고정하여 포구에서 습관처럼 또다시 그곳을 서성인다. 진부한 내 삶을 다시금 단단히 여미는 작업을 습관처럼 하고 돌아온다.

한적한 시골 마을을 지난 한 여인은 어느새 봄바람 따라 또 바닷가를 배회하고 있다. 보잘것없는 처지의 그 여인과 나, 둘은 서로 짠하고 애틋하여 서로의 가슴을 어루만져 준다. 바람 부는 쓸쓸한 포구에 가면 바다의 울음도 들린다. 늙은 두 여인은 너른 갯벌이 펼쳐진 갯바위에 앉아 헛웃음으로 서로를 위로하며 그렇게 화들짝 크게 웃는다.

그녀와 난 동동주를 서로 권하면서 초라하게 나이 듦과 처량한 신세한탄을 해 댄다. 애쓴 흔적은 없고 고달픔만 두덕두덕 훈장처럼 가슴에 켜켜이 붙었다. 서로의 처지가 비슷하고 애잔하여 눈물을 글썽이며 멀리 있는 바다를 향해 소리를 질러 본다. 인생이 뭐 별것이냐! 잔인한 세월을 인정하면서 얼굴엔 자글자글 이마엔 골 깊은 주름 가득히, 깊어진 볼우물 마주 보며 측은지심으로 황홀한 일몰을 바라본다. 오늘따라 갯벌 노을빛이 유난히 붉다. 집으로 돌아오는 길 포구엔 어느새 밀물이 갯바위까지 밀려왔다.

밀려오는 파도에 몽돌이 사르륵사르륵 마음을 뒤흔든다. 석양빛을 보고 있으면 복잡한 생각들이 조금 비워진다. 내일은 설레는 아침이 올 것이다.

"외로워하지 마! 네 곁에는 고마운 이웃들이 곁에 있음을 기억하자"

삶의 여정이 너무 고단했으나 깊은 위로를 얻었다. 선창가엔 바람만이 흐른다. 주름 깊은 그와 서로 토닥이며 삶의 애환을 눈과 마음으로 격려와 지지로 나눈 노을이 내려앉는 시간. 비우고 버리는 것을 무던

히도 하면서 오늘 이대로 이 순간 충만한 시간이다. 설렘 가득 오감을 발동하여 차는 또 부릉부릉 달렸다.

사랑하는 이들이 다 곁을 떠나가고 혼자 지나온 세월을 뒤돌아보니 회한뿐 습관처럼 하늘을 올려다본다. 견디기 힘들었던 회한이 이 파도 소리와 함께 밀려온다.

지혜롭지 못하고 우둔했던 나는 문득문득 내 안의 소리에 귀 기울여 성찰한다. 석양빛을 바라보며 지난날들을 뒤돌아보니 세월이 흐르고 어느덧 그때의 어떤 잔영들이 떠올라 회한이 와르르 밀려오기를 부지기수. 모든 건 다 때가 있고 시간이 필요한 것이었다. 홀로 견디어온 인생이 무섭고 버거웠다. 그러한 시간이 다 지나갔다. 당차지 못한 난 늘 파르르 떨어야 했었다. 혼자라는 이유는 불안의 연속이었다. 봄바람에 새소리가 얼마나 아름다운지 짧게 주어진 소중한 반나절 내 영혼이 춤을 춘다. 봄바람은 나를 포근히 감싼다.

우두커니 앉아 주름진 세월의 흔적이 밀려올 때 더 두려움이 엄습해 온다. 움츠림을 펴고 뻥 뚫린 갯마을로 달려 나오면 약을 먹은 듯 가슴이 거짓말처럼 말랑말랑해진다. 하루하루가 너무 바쁘고 파고를 넘나들었으나 엄마라는 이유로 나 지금 여기에 머물러 있다. 작은 포구에 종종 찾아와 재충전하고 큰 위로를 얻는다. 잡다한 잡념은 해풍에 훌훌 날려 버리기로 하자. 자유로운 이 영혼은 지극히 평범한 삶의 소중함을 어찌 모르리.

마음의 일기를 써 내려간다. 하나둘씩 다 떠난 빈 가슴은 자잘한 일상마저 의논할 사람 없어서 허허로웠던 잔인한 그 세월. 인생이 그러하듯 비우는 만큼 채워지는 게 인생이었다.

해가 저물면 처마 밑의 온기 찾아 돌아갈 집이 있다는 것만으로도 벅차게 감사하다. 피곤하고 무거운 눈꺼풀, 이 미천한 몸 쉴 둥지가 있음이 그저 감사할 따름이다.

이웃들과의 추억 성공도 돈도 명예도 부질없다. 회한의 시간이 그렇게 스치고 지나갔다. 아름다운 노을빛 바다에 서서 내일은 설레는 아침이 올 것처럼 가슴이 부푼다.

해가 저물자 봄바람이 싸늘하다. 빈 마음 부여잡고 텅 빈 집으로 ….

욕심도 미움도 다 부질없다. 모든 시름을 다 잊게 되겠지.

절필(絶筆) 아닌 졸필(拙筆)을

임종선
2002. 5. 천료

늘그막에 문학을 시작한 지도 20년이 훨씬 지난 것 같다. 원고 청탁에 답하기 위해서 필을 들었으나 맛깔스러운 소제가 얼른 떠오르지 않으니 미수(米壽)의 위력일까?

탈장(脫腸) 수술 일을 앞두니 수술대에 오른다는 두려움보다도, 즐겁고 맛있는 수필을 독자들에게 보내겠다는 약속도, 이제는 창작 의욕마저 상실되고 있으니 나약해진 건강을 탓할 수밖에 없다.

휠체어와 지팡이에 의지하고 있는 아내를, 간암 환자가 간병하고 있는 현실에서, 뉴질랜드의 큰딸이 잠시 귀국해 5개월간 간병을 도와주고 있다. 행복했다. 하지만 1개 월여밖에 남지 않아 삶에 대한 의욕이 상실되는 것 같다.

우리는 일상생활 중에 분수에 맞는 생활을 해야 한다는 미덕이 있다. 인간이 삶을 영위하는데도, 가족이나 국가에 부담 없는 분수에 맞는 삶을 실행하는 생각도 해볼 수 있다.

현세는 백세시대라고 하지만 평균연령이나 팔순이

지나면 고종명(考終命)하는 분수에 맞는 삶이 곧 아름다운 삶이라고 생각한다. 그러나 인명재천(人命在天)이라고 했듯이 염라대왕님의 호출장에 따라 떠나야 하는 나그네의 희망이나 소망일 따름이다.

전남대학교와 조선대학교의 평생교육원 문예창작 과정을 수료하고, 수필문학사와 문예시대에서 수필, 시조 등을 등단한 다음, 3차의 수필집 출판 등 문학회에 활동하면서, 문학은 내 일생에 가장 보람 있고 자부심을 갖게 했다. 또한, 직장에서는 중절모자를 쓰고 다녔으나, 문학 공부를 하면서는 베레모를 쓰고 다녔다. 베레모 덕분에 못난 용모가 '멋진 사람'으로 뭇 여성들의 시선을 받아 더욱 문학에 대한 애착을 갖게 했다.

20여 년간 건강까지 챙겨주고 일석이조의 혜택을 누린 문인 활동은, 일생에 가장 보람 있고 화려한 기간으로 장식해 주었던 황금기와 같은 시기였다. 그러나 이제 떠날 준비를 하는 것 같아 서글픈 생각이 앞선다.

한국문인협회와 수필문학사에는 지난해에 월간지의 배부를 지양해달라고 통보했다. 아내의 간병으로 지역 문학회에도 참석이 불가하고 보니, 보고픈 문우님들과의 관계도 소원해지고 있는 현실이다.

내 작품을 사랑해 주었던 독자들과 대학교에서 머리 맞대고 공부하면서 만학도에게 합평하는 시간에는, 부족한 것을 바로잡아주고 격려를 보내주었던 원우님들, 그리고 문학회에서 용기와 의욕을 주셨던 문우님들을 두고 절필하게 되면, 점점 요원해질 것 같은 상상에 눈시울을 적신다.

사랑하는 문우님들의 곁을 떠난다는 너무도 서글픈 생각에, 더는 삶에 대한 보람이나 의욕 상실로, 건강도 계속 나약해지고 도움이 되지 못할 것 같다. 그러나 절필하는 것보다 졸필일망정 창작을 계속하면서 사랑하고 보고픈 원우와 문우님들과 소통하고 주름진 얼굴이라도 대면할 수 있는 용기를 내야겠다. 졸필이라도 사랑하는 문우님들을 더 보기 위해 건강 회복을 기원한다.

문학산을 오르며

서부길
2002. 6. 천료

문학산을 오른다. 인천의 주산(217m)으로 약 5㎞의 산록으로 이어져 있다. 삼국사기(1145년 고려 인종 때 편찬)에 따르면 기원전 18년경 주몽의 아들'비류'가 남쪽으로 내려와 '미추홀'에 도읍을 세웠다고 한다. 그 미추홀이 바로 문학산 일대라고 전해진다.

아득한 옛날, 하늘이 열린 축복의 땅에 비류가 터를 닦은 후 통일신라시대에는 '소성현' 고려 때는 경원부와 인주라 불렀다. 조선 태종 13년(1413년) 비로소 인천군으로 개칭되었고 인천군 소재지가 문학산 아래 관교동이었다. 그래서인가 내 어려서는 이곳을 인천 읍내라고 불렀다. 여기에 고인돌이 있고 선사시대(신석기)부터 사람들이 정착했던 흔적이 남아있다. 문학산 역사관에는 미처 몰랐던 신화와 전설, 민담들과 함께 유물과 변천사가 잘 정리되어 자긍심을 불러일으킨다.

문학산은 남산, 성산, 학산, 봉화산, 배꼽산으로 불려왔다. 현재는 길마산-수리봉-문학산(주봉)-연경산-노적산을 통칭하고 있다. 연경산(衍慶山)이라고도 불리는 학익산은 멀리서 보면 학이 날개를 펼친 모양이라 붙은 이름이다. 문학산의 예전 이름이 학산(鶴山)인 것처럼 학익산과 문학산 주봉이 두 날개처럼 동네를 감싸고 있어 동네 이름도 학골로 불린다.

『세종실록지리지』에는 남산 또는 성산으로 등장하고 꼭대기에는 조선 초기에 축조된 봉수대가 있어 마치 사람이 배꼽을 내놓고 누워있다 하여 배꼽산으로 부르기도 했다. 어린 시절에는 친구들과 어울려 칡뿌리를 캐러 다녔는데 어른들은 맹독성이 강한 아카시아 뿌리와 비슷하니 조심할 것을 당부하시던 생각이 난다. 봉수대는 1950년대 말, 이 일대가 군사보호구역으로 지정되어 그 터 마저 없어지고 군사기지가 들어선 이후 옛 모습을 기억하는 이들도 거의 없다.

얼마 전 반세기 만에 문학산 아래 동네로 다시 돌아왔다. 감회가 새롭다. 장가들며 떠났던 옛집, 블록 담장과 오래된 기와지붕, 빛바랜 연두색 대문이 뇌리 속에 선연히 남아있다. 지금은 잘 닦인 도로와 고층 아파트 숲, 재개발로 활기가 넘친다. 완연히 달라진 주위 풍경과 아는 이 모두 떠났지만 문학산은 여전히 옛 모습을 간직하고 있었다.

집을 나서면 정상까지 1시간, 왕복 2시간 정도 코스다. 산길에는 '테크'와 목조 계단이 설치되었고, 둘레길도 잘 정돈되어 안전하고 편리하다. 연경산에 세워진 연경정(衍慶亭)에는 유정 장현기 선생의 연경정기(記) 편액(1994. 12월)이 걸려있어 반가움을 더해준다. 잠시 쉬어가며 읽어본다.

> 여기
> 우리 고장 인천의 정기 서린 문학산과
> 옛 조상들, 해외로 넘나들던 능허대 가는 길목
>
> 삼호현 옆에 끼고 서있는
> 연경산 봉우리에 정자로 세워 연경정이라 (중략)
>
> 무한한 우리들의 기상, 동방의 밝은 불꽃으로

활기차게 발돋움하는 우리들의 자랑스런 고장
인천
오래오래
경사가 연연(衍衍)히 넘치리라

문학산에는 전설이 많지만 가슴에 와닿는 것은 삼호현(三呼峴) 옛이야기다. 삼호현(사모지 고개)은 주봉과 연경산 사이 고개로 학익동과 문학동에서 청학동으로 넘어가는 길목이다. 삼국시대 중국의 동진과 송나라로 가는 초기 백제 사신을 배웅하던 가족들과 별리현(別離峴)에서 헤어진 후 사모지 고개에 이르러 가족들을 바라보며 큰소리로 세 번 불렀다는 곳이다. 능허대에서 배를 타고 거센 풍파와 막강한 고구려 수군을 피해 떠나야 했던 험난한 뱃길이었으니 돌아올 기약 없는 이별의 장소였던 것이다.

유서 깊은 문학산을 곁에 두고 산다는 건 행운이 아닐 수 없다. 산정(山頂)의 넓은 마당에 서면 하늘은 푸르고 풀 내음 속에 뛰놀고 싶은 충동은 이 계절의 유혹일까 숨을 고르며 사방을 내려다본다. 탁 트인 바다와 높고 낮은 건물들, 오가는 차량들이 정겹다. 소슬한 바람에 땀을 식히며 잠시 상념에 젖는다.

이 나이 먹도록 청정한 삶이 되도록 다짐했건만 아직도 착각을 못 벗어나고 있다. 기차 꽁무니에서 뒤돌아봤을 때처럼 지나온 길은 굽어진 길의 연속이었다. 타고 갈 때는 직진이라 여겼지만 뒤돌아보니 그게 아니었던 거다. 자의든 타의든 지나온 발자국이 그러한 것을 아쉬워한들 무엇하랴. 이제는 훌훌 털어버리고 괘념치 않으리.

새벽 둘레길은 청량하고 상쾌하다. 발아래 도심은 잠들어 있지만, 산은 깨어 있다. 밤새 물고기 비늘처럼 번들거리던 의식 너머 오색으로 밝아 오는 새벽 불빛, 그 뒤에 부챗살처럼 퍼지는 수선스러운 빛의 소리. 아! 해가 떠오른다. 문학의 정기 가득 품은 희망의 솟구침이다.

괴테와 연암의 세상 읽기

김 원
2002. 7. 천료

『괴테와 다산, 통하다』 최종고의 책을 읽고 나니, 오히려 다산보다는 연암을 떠 올리고 싶다. 괴테와 연암은 비슷한 시기에 뛰어난 지식인으로 독일과 조선에서 한 시대를 살다 갔다. 박지원과 괴테의 여행기를 읽어 보면 흥미롭게도 비슷한 시기에 각자 선진국을 견문하고 그 기록을 남겼다. 하지만 둘의 시대적 운명이 생판 다르게 나타났다는 사실이 연암을 더 생각하게 한다.

괴테는 이탈리아를 2년간 여행 후 『이탈리아 기행』을, 박지원은 청나라를 4개월간 여행 후 『열하일기』를 출간했다. 두 여행기의 공통점이 있다. 당시 유럽 북쪽 후미진 나라에서 볼 때 이탈리아의 르네상스 문화야말로 선진국 견문이 아닐 수 없으며, 조선에서 볼 때도 청나라야말로 이미 130년 전부터 서양 문물을 들여와 당시 눈 막고 귀 막은 아둔한 조선 선비에게는 이탈리아 르네상스 시대만큼이나 앞서가고 있었던 나라다.

연암은 괴테와 달리, 정조의 신임을 등에 업은 홍

국영이 사도세자를 독살한 반대 세력을 적폐로 몰아 숙청할 기미가 보이자 일찌감치 눈치를 채고 한양을 빠져나와 연암골로 들어간다. 벼슬도 없는 그는 과거도 포기한 채 칩거했으니 그로서는 청나라를 여행한다는 것은 꿈도 못 꿀 정도였다. 그러던 그에게 천우신조가 도운 것은 그의 삼종형인 박명원이 정조의 명을 받고 청 건륭황제 칠순 경축 사절단으로 가는데, 그를 수행원으로 데려가게 된다. 그는 이때다 싶었던지 말에다 지필묵을 싣고 종을 거느리고 4개월간의 대장정에 오르면서 일기식 견문록을 쓴 것이다.

괴테는 그때 이미 『젊은 베르테르의 슬픔』으로 일약 유명세를 얻고 있어서 가는 곳마다 귀족 대접을 받고 파티에도 초청을 받는가 하면, 유명한 화가를 만나 난생처음으로 초상화를 선물로 받을 정도였다. 당시 정부로부터 월급도 꼬박꼬박 송금받아 고생 없이 여행했다. 그러면서 이탈리아의 기후, 풍경, 광물, 식물, 풍속, 예술 등에 관해 상세히 기록했다. 당시만 해도 유럽의 귀족이나 여행할 법하게 여유로웠다.

연암은 이와 반대로 4개월간 이루 말할 수 없을 정도로 고생했다. 어떨 때는 하룻밤에 강을 아홉 번이나 건너야 했으며, 말에서 떨어져 물에 쓸려가 죽을 고비도 겪었다. 하지만 그는 책임지는 자리에 있지 않다 보니 자유롭게 이것저것을 눈여겨볼 수가 있었다. 그래서 청의 역사, 지리, 풍속, 건축, 선박, 의학, 정치, 경제, 문학, 천문 등 다양하고 광범위하게 기술할 수 있었다. 괴테만큼이나 많은 견문을 갖고 왔다.

두 신문명 여행기는 각기 자기 나라에서 정반대의 대접을 받았다. 괴테의 『이탈리아 기행』은 그의 사고와 폐쇄된 생활에서 탈출해 새로운 지평을 넓혀 주었고, 그의 내면세계를 새로이 개조해 독일 근대문화의 탄생으로 이어졌다. 오늘날의 위대한 독일은 괴테의 정신적, 문화적 기여가 컸다. '구라파를 모두 둘러보아도 이탈리아를 보지 못하면 절반밖에 보지 못한다.'라는 속담이 있는 걸 보면 이탈리아의 르네상스가 북유럽 촌놈의 눈을 뜨게 했다는 것이 과장은 아닐 것이다. 당시만 해도 계몽주의에 사로잡혀 있던 독일의 귀족과 지배층에 이탈리아의 낭만주의를 불어넣는데 괴테를 빼놓을 수가 없다.

조선 박지원의 『열하일기』는 어떤 대접을 받았을까. 센세이션을 일으켜 베스트셀러가 된 것까지는 좋았다. 따분하고 재미없는 도덕군자론만을 외우던 젊은 조선 선비들에게 『열하일기』야 말로 새 세상을 접하는 유일한 기회였다. 외부 문명 세계에 목말라 하던 그들에게 마치 바짝 마른 들판에 소나기 같이 지적 갈증을 풀어주었다.

농사짓는 기술, 둥근 바퀴를 달고 소가 끄는 달구지, 예수교회당, 인공위성에서도 보인다는 장대한 규모의 만리장성과 웅장한 성문, 아치형 교량 기술 등에 관한 신기한 이야기는 밤을 새우는지도 모르게 빨려 들어가는 대목이었다. 깨진 기와를 가지런히 포개서 담을 쌓는 그들의 지혜로운 예술성, 똥을 모아서 거름을 만들어 밭에 뿌리는 등이 당시로서는 모두가 신기하기만 했다.

이 책을 암암리에 서로 돌려가며 읽는가 하면, 필사본을 만드는 등 실사구시(實事求是)의 내용이 공맹만 외우고 실천과 행동이 따르지 않던 조선의 나약한 젊은 지식층에게 신선한 충격이었다. 특히나 무미건조한 성리학적 문장에 비해 연암의 유머와 재치 그리고 해학적 글에는 모두가 매료되었다. 속된 말로 환장했을 정도였다. 이렇다 보니 지배 세력들에게 이 괴이한 책이 당연히 위험하기 짝이 없다고 생각되었다. 베스트셀러가 큰 화근을 불러왔다.

다 망한 명나라를 붙들고 의리를 지켜야 한다고 잠꼬대를 하던 조선의 지배층, 더욱이 '신체발부 수지부모 불감훼손(身體髮膚 受之父母 不敢毁損)'이란 한물간 이데올로기로 무장한 보수 세력들에게는 부모로부터 받은 신성한 머리의 앞자락을 반삭으로 밀어 재친 만주족이야말로 여전히 오랑캐였다. 조선이 명을 배반하고 오랑캐 문명을 따른다는 것은 엄두도 못 낼 현실이었다. 연암의 여행기를 그대로 읽게 방치할 경우 성리학 정신세계에 오염을 가져온다고 믿었다. 개혁 성향이 있는 정조마저도 급기야는 제동을 걸고 이 책을 문체반정(文體反正)으로 몰고 갔다. 말하자면 불량서적으로 낙인이 찍힌 기구한 운명이 되고 만다.

열하일기는 모두 수거, 소각된다. 결국 연암도 어쩔 수 없이 정조에게 불려가 오늘날로 치면 반성문을 쓰고 겨우 구석진 시골의 벼슬을 받아 근신하게 된다. 꽉 막힌 조선에도 문틈을 뚫고 새 들어오던 서구의 여명에 먹구름이 밀려든 것이다.

조선의 르네상스 시대를 열 것 같았던 정조마저 1800년 훈구세력들에 의해 독살(?)되고, 노론이 집권하면서 이른바 안동 김씨 외척들의 100년 세도와 대원군의 통상수교거부정책으로 1900년에 와서 조선은 캄캄한 나락으로 떨어지고 말았다. 실사구시는커녕, 신진 개혁 세력들을 천주교 세력으로 몰아 수백 명을 죽이거나 귀양을 보내고, 외척끼리 권력을 나누어 먹고 나라는 썩고 부패해 나라가 아니었다. '나날이 더 깊이 썩어가는 큰집 같은 나라는 나라가 아닙니다.'라고 일찍이 걱정했던 율곡(1574년)의 말대로 조선은 썩어 망하고, 36년간의 일본 식민지 지배로 전락하여 그들의 수탈과 탄압의 신세가 되고 말았다. 비록 강대국에 의해 나라는 독립되었다고 하지만 반쪽뿐이고 남북을 갈라놓은 채다.

연암의 『열하일기』가 조선의 르네상스라는 시대적 사명을 다하지 못하고 좌절한 현실에 자괴감을 느끼지 않을 수 없으며 안타깝고 한스러울 뿐이다. 괴테의 이탈리아 기행문이 독일인의 사고영역을 확대해 공간을 넓혔으니 그것이 독일 근대화의 빛이자 소금이었다면, 연암의 『열하일기』는 추악한 권력욕에 매몰된 훈구세력들이 정치적으로 반대세력을 제거하는 도구였고, 신문명의 싹을 잘라 버리는 구실이자 고리가 되고 말았다. 이런 아이러니를 우리는 어떻게 받아들여야 하나. 하나는 그 천재성을 인정하여 성인으로 대접을 해주는 데 반하여, 다른 하나는 역적 취급을 면치 못했으니 독일이 강대국이 되고 조선이 약소국으로 몰락해 버린 것도 결코 우연은 아니다. 부패 지배 세력이 조선을 망쳐 놓았다. 우리가 겪는 오늘의 이 모든 고통이 근원적으로 여기에서 잉태했다면 과장일까.

'뱀이 허물을 벗지 못하면 끝내 죽고 말듯이 인간도 낡은 사고의 허물에 갇히면 성장은커녕 안으로부터 썩기 시작하여 마침내 죽고 만다. 인간은 항상 새롭게 살아가기 위해 사고의 신진대사를 하지 않으면 안 된다.' 니체의 말이다.

흑산도 아가씨 노래 사연

강기재
2003. 1. 천료

홍도 깃대봉을 오른 다음 날, 육지를 그리다가 검게 타버린 흑산도에 발을 내렸다. 선착장은 내리고 타는 사람들로 붐볐고, 어딘가에서 흘러나오는 「흑산도 아가씨」 노래가 파도처럼 가슴을 일렁이게 한다. 오랜만에 들어보는 정겨운 노래다. 드디어 가보고 싶었던 섬에 왔다는 실감이 든다.

부둣가에는 작은 노천시장이 형성되어 거래가 활발하고, 주변의 식당들은 홍어회를 안주 삼아 술잔을 기울이는 관광객들로 부산하다. 망망대해에 떠 있는 한적하고 외로운 섬일 것이라는 생각은 기우였고 물산이 풍부한 어항의 정취가 풍겨난다. 아주 오래전에는 가난하고 교통이 너무 불편한 천형의 섬이나 다름없었지만, 언젠가부터 어항으로, 관광지로 자리 잡으면서 여행객의 발길을 수없이 끌어들이고 있다. 두 시간 정도 걸리는 일주 관광은 버스 기사의 구수한 사투리와 재담으로 흥취를 돋우어 오랜 여운을 남기게 한다.

온 섬이 상록활엽수로 덮여 있고, 바다 물빛마저

푸르다 못해 검게 보인다 하여 흑산도라 부른다. 요즈음은 '홍어' 하면 이곳을 연상할 정도로 군침을 돌게 한다. 하지만 옛날에는 육지와 너무 멀리 떨어져 유배지로 선정되기도 하였으며, 한때는 파시가 성행되어 어부들과 아가씨들이 북적이기도 하였다. 그러다 하루아침에 유명섬으로 전국에 알려지게 된 것은 뭐니 해도 가수 이미자가 부른 「흑산도 아가씨」 노래 때문이다.

1. 남몰래 서러운 세월은 가고, 물결은 천 번 만 번 밀려오는데
   못 견디게 그리운 아득한 저 육지를, 바라보다 검게 타버린
   검게 타버린 흑산도 아가씨
2. 한없이 외로운 달빛을 안고, 흘러온 나그넨가 귀양살인가
   애타도록 보고픈 머나먼 그 서울을, 바라보다 검게 타버린
   검게 타버린 흑산도 아가씨

정두수 작사, 박춘석 작곡에 이미자가 부른 이 노래는 한동안 전 국민이 애창하다시피 너나없이 불렀다. 애절한 트로트 곡으로 시작되는 가락은 듣는 이의 심금을 울리고도 남았다. 섬사람들에게는 애타게 육지를 그리는 마음에서, 육지 사람들에게는 환상의 섬 세계를 그리는 마음으로 불러 대히트를 쳤다.

섬을 일주하면서 관광버스 기사가 들려준 이야기를 잊을 수 없다. 「흑산도 아가씨」 노래는 1967년도에 불리기 시작했으나 작사와 작곡은 그 보다 두 해전에 이미 완성되었다고 했다. 그 당시 어업이 번성하여 파시가 성황을 이루게 되자 육지로부터 돈을 벌기 위하여 수백 명의 아가씨가 흘러들어 왔다. 지금의 여객선 선착장인 예리항 부둣가는 술집과 다방이 즐비하였으며, 이들 집마다 아가씨들이 넘쳐났다. 어부들은 만선의 기쁨과 선상생활의 고달픔을 달래기 위하여 밤새도록 술을 마셔야 했고, 그녀들 또한 절박한 섬의 고독과 생활고를 벗어나기 위

하여 이들과 억지로 대작할 수밖에 없었으니, 어찌 애환이 서리지 않을 수 있었으랴.

「흑산도 아가씨」에 곡을 붙인 박춘석 씨와 관련된 일화도 빼놓을 수 없다. 당시는 육지 나들이를 할 수 있는 큰 여객선 한 척 제대로 없던 시절이라 주민들은 말할 것도 없고 학생들의 단체 나들이가 매우 힘들었다. 때마침 흑산초등학교 학생들의 서울 여행이 어렵게 성사되었는데, 한꺼번에 육지를 나갈 배를 구하지 못하여 군함을 타고 나들이를 하게 되었다. 이 소식을 전해 들은 작곡가는 주민들의 안타까운 사연을 세상에 알리고자 작곡을 하게 되었다. 작곡에 매달리는 동안 그는 연신 줄담배를 피워댔다. 얼마나 집중하였으면 피우다 만 담배들을 재떨이에 놓지 않고 자신도 모르게 피아노 건반 위에 놓았다고 한다. 정신을 다 빼놓은 것처럼 열중하다 보니 어느 순간 불이나 피아노도 오선지도 그의 가슴마저 까맣게 타 버렸다고 한다. 얼마나 작품에 몰두하였으면 애써 만든 악보가 불에 타는 줄도 몰랐을지. 본 내용은 어느 해 동아일보에 게재되었다는데 하나의 명작을 만들어 내기 위하여 예술가는 혼신의 열정과 최선의 노력을 쏟아야 함을 말해 주는 것이기에 머리에 담아두지 않을 수 없다.

이 노래가 나오던 해에, 나는 군에서 제대하고 고향인 섬으로 돌아갔다. 아무런 생활토대가 마련되어 있지 않은 곳에서의 하루하루는 말 그대로 고독과 절망의 연속이었다. 라디오에서 곡이 흘러나올 때마다 섬의 탈출을 희구하는 자신을 대신 호소해 주는 것 같아 가슴 깊이 파고들었다. 가사 속의 아가씨는 하루빨리 돈을 벌어 육지 귀향을 염원하는 흘러온 아가씨들임을 이제야 알게 되었지만, 그때는 흑산도에서 태어나고 자란 처녀가 육지로 시집가길 간절히 바라는 희망가로 알고 대리 만족이라도 하듯 부르고 또 불렀다.

이젠 외로운 달빛을 안고 육지를 그리다 검게 타버린 아가씨는 보이지 않는다. 대신 이 섬을 상징하는 커다란 노래비가 뱀이 기어가듯 열두 구비 길 돌아 오르는 상라봉 정상 부위에 우뚝 서 있다. 누구든 버튼만 누르면 「흑산도 아가씨」 노래가 울려 나오고 그 옆에는 노래를 부른지 수십 년 지나 이곳을 방문하여 기념물로 남긴 가수 이미자의 핸드프린팅 조형물이 설치되어 의미를 더해준다.

섬을 일주하는 관광버스는 명소가 된 이곳에 반드시 정차하여 손님들이 주변의 조망과 함께 흑산도의 정취와 청정한 이미지를 한껏 담아가도록 만든다. 유배와 파시로 얼룩졌던 과거에서 벗어나 누구나 찾아보고 싶은 관광 섬을 만들기 위하여 모두가 한마음인 것 같다.

군데군데 버스 기사의 농익은 해설을 묻어두고 육지로 들어가는 마지막 여객선에 몸을 실었다. 뱃길 따라 날아오르는 갈매기들을 바라보면서 흔히들 미항이요 예향이라 부르는 우리 고장에는 여태껏 왜 사람들의 뇌리에 오래 남게 할 대중가요 하나 없는지….

누군가의 손에서 아름다운 가사에 멋진 곡을 붙인 통영의 노래가 만들어져 국민애창곡으로 불릴 날이 오길 기대하여 본다.

둥근 꼬리 동물

허표영
2004. 3. 천료

엉덩이에 야릇한 꼬리를 달았다. 어기적거리며 걸어가는 폼이 우스꽝스럽다. 숫자가 한둘이 아니고 떼를 지어 다닌다. 얼굴은 몽키 마스크로 가려 가늠하기 어렵다. 위에는 야광이 되는 녹색 조끼를 걸치고, 부대 비슷한 자루를 들었다. 목적지에 가서 털썩 주저앉는다. 누가 시키지 않아도 엎드려서 풀을 뜯는다. 입으로 가져가지 않는 걸 보아 먹으려고 하는 행동은 아닌 모양이다. 둥글지만 돼지 꼬리 형태는 아니다. 그것은 가늘고 짧게 말려있지만, 이것은 크고 통으로 둥글다. 가끔 불규칙적으로 움직이는 모양새는 비슷하다.

꼬리를 습관적으로 깔고 앉아 일한다. 끼리끼리 모여 대화를 나누며 크게 웃는다. 일이 힘에 부치거나 고되지는 않은가 보다. 맡은 일을 즐겁게 한다. 대장으로 보이는 사람이 큰소리로 무언가 외친다. 모두 하던 일을 놓아두고 한곳으로 모인다. 가져온 음식을 풀어놓고 요기한다. 물과 과일까지 먹고 나서 다시 일하던 곳으로 돌아간다. 여전히 엉덩이에는 큼지막한 여러 색깔의 둥근 꼬리가 달려 흔들거린다.

꼬리는 인간으로부터 2,500만 년 전 원숭이에서 유인원으로 진화하는 과정에 사라졌다. 나무에서 내려와 땅 위를 걷게 되면서 필요 없게 되어 퇴화하였다. 모든 인간은 꼬리를 만드는 유전자를 가지고 있다. 가끔 비정상적으로 이것을 달고 태어나기도 한다. 인도에서는 꼬리 달린 소년이 태어나 신의 화신이라며 숭상받은 적도 있고, 2019년 콜롬비아에서는 13cm의 길이를 가진 아이가 태어나기도 했으나 불편하고 도움이 되지 않아 제거 수술을 받았다. 현생 인류에 와서는 퇴화했지만, 꼬리뼈는 앉을 때 체중을 지탱하는 중요한 기능을 한다.

4족 보행을 하는 동물의 경우 걷거나 달릴 때 꼬리가 무게중심을 잡아준다. 많은 동물은 이것을 필요에 따라 유용하게 사용한다. 개, 고양이는 의사소통과 감정 표현의 수단으로 사용하고, 카멜레온이나 원숭이 등은 제5의 발처럼 꼬리만으로 나무에 매달리기도 한다. 어류는 추진기관으로 사용하고, 도마뱀은 위기의 순간 끊고 달아난다. 하마는 마구 흔들어 사방에 배설물을 뿌리며 자기 영역 표시를 하기도 한다.

농장에서 일하던 아내가 내게 앉음판을 하나 사 오라고 부탁한 적이 있다. 쪼그리거나 엉거주춤 엎드려 일하자니 허리와 무릎 관절이 아파 힘들다는 것이다. 나도 충분히 이해되는 노동의 고통이다. 목욕탕에서 사용하는 플라스틱 의자를 사 왔더니 아니라며 퇴짜를 놓는다. 들고 다니기 불편하고 딱딱해서 못 쓴다는 것이다. 나중에 아내가 사 온 것을 보니 널찍하게 둥근 통 모양에 고무줄이 달려 있다. 줄 속으로 발을 넣어 엉덩이에 걸치는데 보기에 좋지 않았다. 이상하고 우스워 보이기까지 했다.

일자리 창출에 동원된 둥근 꼬리를 단 사람은 대부분 여자다. 가끔 남자들도 보이지만 드물다. 여자들은 자기 모양이 보기에 이상하다는 것을 알지만 누구 하나 벗어던지는 사람이 없다. 아름다워 보이기보다 편리하다는 기능을 택한다. 심미적 요소보다 더 중요한 기능적 필요가 존재한다는 것을 보여준다.

이 도구는 여자들의 젊음과 나이 듦을 구분 짓는 척도로도 사용될 수 있다. 일당만 준다면 보기에 상관없이 하루 걸치고 다니겠다는 사람은 주로 나이 든 사람일 거다. 당장의 생활에 보탬이 되는 일이라면 무엇이든 못하랴. 젊고 아름다움을 추구하는 여자들은 그런 제안을 택하지 않는다. 아름다운 맵시는 일당을 초월한다. 지나가면서 곁에 걸어가는 여자에게 말을 던져본다.

"엉덩이에 덜렁거리는 게 영 보기가 안 좋아요."

여자는 돌아도 보지 않고 툭 던지며 지나간다.

"보기가 밥 먹여줘요? 아프면 내 약값 누가 대어 준대요?"

옆의 고층 아파트 사이로 해가 떨어지고 있다. 제거한 잡초를 거두어 가고 풀들의 성화에 시달렸던 영산홍이 고맙다며 웃음을 던진다. 집으로 들어갈 때면 이들은 엉덩이에 달린 이것을 제거할 것이다. 집에서 반겨주는 가족에게까지 꼬리 달린 인류의 모습을 보여주고 싶지 않을 테니….

아직도 내게 꼬리가 있다면 어떻게 하면 될까. 길게 달린 것을 서로 잡고 강강술래를 한다면 얼마나 재미있을까. 예쁜 컬러로 염색을 해보고, 리본이라도 하나 달아볼까 생각하다가 그만두기로 한다. 여닫이나 미닫이문을 열고 들어가거나 나올 때 불편할 것이다. 문에 끼어버렸을 때 얼마나 아플 것인가. 인간의 진화도 필요하지만, 부분적 퇴화도 정말 잘 된 것이라는 안도의 마음이 든다.

동물들에게는 발이 되어 준다거나 의사소통의 도구가 되어주는 꼬리가 사람에게는 이상한 형태로 변형되어 오늘을 먹고 살게 해주는 생계의 수단으로 사용되고 있다. 둥글고 펑퍼짐한 꼬리를 달고 앉아서 일해보면 그 편안함의 유혹에서 벗어나기 힘들다. 남들이 보기에 좋지 않다고 하지만 그런 시선에 신경 쓸 일이 아니다. 사물은 인간의 필요에 따라 생기고 소멸하게 된다.

마스크 유감

장숙경
2004. 4. 천료

내 이럴 줄 알았더라면, 진즉에 조치했을 것이다. 마스크를 끼고 살아야 하는 세월이 이토록 길어질 줄 진즉에 알았더라면, 40년 전 쌍꺼풀 수술을 했을 것인데 생각하면 후회막급일 뿐이다.

단언컨대, 나는 자연 미인이다. 아니 '신체발부 수지부모'라 한 곳도 고치지 않아 자연스럽게 생겼고 자연스럽게 늙었다. 고등학교를 졸업하던 때, 어머니께 쌍꺼풀 수술을 하겠다고 폭탄선언을 한 적이 있었다. 하지만 타고난 겁쟁이인지라 병원 근처에 얼씬도 못 하고 선언으로만 그친 사건이었다. 그때 나는 '눈이 큰 아이'가 될 기회를 놓쳐버렸다.

내 눈은 철저하게 한국적이다. 흔한 쌍꺼풀도 없고, 크지도 않다. 새까만 눈동자도 아니고 별처럼 반짝이지도 않는다. 호수 같은 눈동자 운운하는 표현은 애당초 나에겐 '해당 없음'이었다. 왜 옛날에는 소녀를 지칭할 때 '호수 같은 눈동자, 앵두 같은 입술'이라며 외모지상주의를 조장했는지 원망스럽기만 하다. 그래서 난 굵은 눈동자에 눈물이 그렁그렁 고

이는 또래 여자아이를 볼 때마다 나의 외모와 비교되어 한없이 작아지곤 했었다. 작은 눈은 작은 키보다 더 큰 콤플렉스였다.

'눈이 큰 아이'에 대한 콤플렉스를 웃는 얼굴, 가지런한 치아를 드러내고 밝게 웃는 입으로 상쇄하려고 나는 많이 웃었다. 보조개도 살짝 들어갔고, 어쩌다 가끔 얼굴을 반쯤 가리는 선글라스를 끼면 조금은 귀엽게 보이는 얼굴이 연출되어 위안으로 삼곤 했었다.

사달이 났다. 코로나19 바이러스는 마스크를 끼란다. 코와 입을 아예 가리고 눈만 내놓고 다니라 한다. 소곤소곤 속삭임도 안 된다고 하고, 입가의 미소도 볼 필요 없다 한다. 떼쓰는 손주를 향해 빙긋 웃음 짓는 할머니의 자애로움도 감추게 하고, 목젖이 보이도록 호탕한 웃음소리도 내지 말라 한다. 그냥 눈으로 웃고, 눈짓으로 속삭이고, 그윽한 눈동자로 말하라 한다. 그러나 그게 말처럼 쉬울까. '눈이 큰 아이'가 아닌 눈동자가 보일 듯 말 듯, 졸음이 쏟아지는 듯 눈꺼풀이 금방이라도 내려앉을 듯 옆으로 쭉 찢어진 한국적인 눈을 타고난 나에게는 너무나 가혹한 주문이 아닐 수 없다. 코로나 시국에 살다 보니, 갓 스무 살 시절 어머니가 승낙하셨을 때 쌍꺼풀 수술을 감행하지 못했던 일이 새삼 후회막급이다.

제각각 다른 생김새를 가지고 태어난 사람이 자신의 감정을 표현하는 데 눈 하나만 가지고 할 수가 있을까. 입술의 모양과 입꼬리의 상태, 콧방울의 시큰거림, 뺨의 홍조와 광대뼈의 움직임과 함께 눈이 하나가 되어 말을 할 때 듣는 이는 비로소 화자의 미묘하고도 섬세한 감정의 선을 읽게 되지 않는가. 마치 글을 읽을 때 문장으로 표현되지 않았지만, 행간의 의미를 느끼는 것과 같다고나 할까. 말이라는 것이 단순히 음성언어와 눈빛으로만 전달되는 것이 아닌 얼굴의 모든 근육이 움직여 만들어 내는 종합언어라고 본다면, 같은 상황을 두고서도 갑론을박 세상이 시끄러운 것도 조금은 마스크 탓이라는 생각도 든다.

눈만 빼꼼히 내놓고 얼굴을 모두 가리는 마스크 생활이 어느 정도 익숙해지기는 했지만 나는 여전히 불만스럽다. 상대와 섬세한 대화를 나누지 못한다는 불편함과 더불어 쭉 찢어진 두 눈만 빼꼼히 내놓아야 하는 것도 무척 유감이다.

방학을 맞아 인천에 사는 솔이와 건이가 왔다. 수도권에 기승을 부리는 코로나를 피해 한 달간 함께 살게 되었다. 냉장고를 가득 채우고, 아이들이 읽을 책도 샀다. 가족끼리 한갓진 해변에서 캠핑도 하고, 시골 농장에서 지난봄 아이들이 심은 옥수수도 따서 숯불에 구웠다. 계곡물에 아이들과 몸을 담그고 하루 종일 멱도 감았다. 뒷방 창문 아래 놓인 30년 묵은 피아노는 아이들이 치는 캐논 변주곡으로 종일 음표가 날아다니고, 매 끼니 식탁에는 따끈한 반찬으로 할아버지 입이 즐겁다.

홈캉스를 즐기니 마스크를 하지 않아도 되어 아이들의 얼굴을 온전히 보며 얘기할 수 있으니 좋고, 입꼬리가 살짝 올라가는 솔이의 미소, 웃을 때 코끝이 찡긋하는 건이의 유머 있는 표정을 마주할 수 있으니 이만하면 사는 맛이 난다. 저 아이들이 손주가 아니라 자식만 같다. 내 나이가 30대가 된 것 같다.

코로나19 바이러스 감염증은 왜 하필이면 호흡기 질환이라 마스크를 하게 하는지 불평을 하면서도 한편으로는 화장하지 않고 외출할 수 있어 편하다며 위로로 삼았다. 사람과 사람 사이를 벌려놓는 코로나가 야속하다 하면서도 인간들이 너무나 쓸데없는 말들을 뱉으니 사람들에게 '이제 그만 말하고, 보고 듣기만 하라'는 경고일지 모른다는 생각으로 불편을 감내하려 한다.

이제 와서 보니, 마스크를 해야 하는 시대적 상황은 가족끼리 더 단단해지라는, 더욱더 끈끈해지라는, 더더욱 뜨겁게 사랑하라는 우주가 보내는 미션 같기도 하다. 마스크 유감없다.

동네 우물

박건오
2004. 10. 천료

노자(老子)의 『도덕경(道德經)』에 상선약수(上善若水)라는 구절이 나온다. '최상의 선(善)은 물과 같이 되는 것이다'라는 뜻이다. 물은 항상 높은 데서 낮은 데로, 더러운 것을 정화(淨化)해가며 흐른다. 겸손의 대명사이다. 물은 곧 생명체를 뜻하며 실제로 사람의 몸 70%가 물로 구성되어 있다. 물은 열을 가하여 데우면 기체가 되고, 기온이 떨어져서 추우면 얼어서 고체가 된다. 사각형 되박에 담으면 사각 모양이 되고 삼각형 용기에 넣으면 삼각형으로 변화되고 둥근 비닐 용기에 담으면 그 모양대로 닮는다.

주변 환경에 잘 적응하고 모난 데가 없다. 고여 있는 물은 썩기 마련인데 흐르는 물은 항상 생기가 넘친다. 물이 흘러감에는 앞을 다투는 법이 없다.(유수부쟁선: 流水不爭先). 물의 유연성과 중요성을 화두로 꺼내니 자연스레 우물 이야기가 나온다. 인간이 살아가는 데 있어 물은 더할 나위 없이 중요하다. 갈증 해소, 요리, 씻기와 같은 기본적인 생활은 물론이요, 농업, 목축 등의 생산 활동에 있어서도 물은 반드시 필요하고 사람의 생명과도 같은 것이다. 따라서 우리네 선조들은 식수와 생활용수를 쓰기 위하여 마을 군데군데 우물을 파서 사용했다. 우물을 파기 위하여서는 먼저 입지를 선정하고 땅을 파는 굴착작업을 해야 한다. 그다음은 경치 돌 등으로 안벽을 쌓는데 어떤 데는 시멘트 공골로 대체하기도 한다. 바닥에는 자갈과 모래를 깔아 이물질 발생을 방지한다. 공동우물을 팔 때는 부정을 타면 좋지 않으므로 금줄을 치고 기도를 올리며 정성 들여 작업을 한다. 우물은 동네 아낙네의 이야기 공간이다. 두런두런 둘러앉아 동네 인심을 나누고 소통의 장이 된다. 정겹고 살가운 곳이며, 이웃 주민과 살아가는 이야기를 나누고 추억과 애환이 담긴 곳이다.

하루 종일 논밭에서 일하고 해가 서산으로 기울면 동네 언니들과 엄마들은 나물거리, 쌀, 푸성귀 등 식자재를 들고나와 씻으며 한바탕 수다를 늘어놓는다. 또한 동네 아낙네들이 공동 우물가에 모이면 남편 험담, 시누이 흉보기, 아들딸 자랑, 남의 집 숟가락 세기, 길·흉사까지 이야기가 끝이 없다. 이른바 스트레스 풀기다.

이런 만남의 장을 통하여 공동체 구성원이라는 동질감을 더욱더 짙게 형성해 준다. 농촌 마을에는 여름이면 두레박으로 막 건져 올린 시원한 우물물로 등목을 치면 그 오싹함에 더위가 확 달아나 버린다. 장마 동안에 지표수 물이 우물 안에 스며든다든지 이물질이 침투되면 청소를 하여 깨끗하게 하는데, 이때 아낙네들은 새참을 가져온다. 동네 꼬마 아이들은 주변에서 우물 파는 시늉을 하거나 놀이를 하면서 먹을거리가 없나 하고 기웃거리곤 했다.

우리네 어머니들은 집안의 대소사를 앞두고 성주님과 조왕신(竈王神: 부엌을 관장하는 신)께 기도드리며 정성을 다한다. 새벽 일찍이 남 먼저 우물물을 길어다가 정갈한 그릇에 정화수 한잔 떠서 장독간에 올려놓고 천지신명께 비는 것 또한 빠뜨리지 않았다.

내가 자란 고향 마을은 앞뒤가 산인 '골안' 마을이다. 마을 입구에는 수령이 300년이나 된 당산나무가 마을의 역사를 의미한다. 나무 아래는 타작마당이 있어 여름철에는 마을 사람들이 이곳 그늘에서 낮잠을 자기도 하였다.

동네 중앙으로는 실개천이 흐르고, 앞산 너머는 해산물이 풍성한 바다가 있어 살기 좋은 고향이다. 마을에는 우물 2개가 있다. 마을 가운데 있는 우물은 깊이가 20m 정도의 제법 큰 우물로 여름철에는 이가 시리도록 물이 시원했다. 논밭에서 일하고 온 부모들 땀을 식히기 위해 급히 두레박에 물을 담아 오기도 했다. 이 우물은 사람 허리까지 오도록 정사각형의 돌을 놓아 아낙네들은 물동이를 돌 위에다 놓고 두레박으로 물을 길으며 이야기의 꽃을 피웠다. 때로는 처녀, 총각의 만남의 장소가 되기도 하였다. 대밭 언덕 아래 있는 우물은 바가지로 물을 뜰 수 있어 주로 채소, 생선 등 식재료를 씻는 우물로 사용했다. 우물은 사용 중에 이물질이 들어가면 꼭 청소하였다.

시대의 흐름 속에 농촌 마을과 섬에까지 상수도가 공급되면서 우물은 대부분 사용하지 않아 폐쇄되었다. 그 시절 양철 물동이에 물을 채우고 똬리를 받혀서 머리에 이고는 바가지를 엎어 조심조심 걸음을 옮기던 우리네 어머니와 머리를 길게 땋은 누이의 옛 모습은 추억 속으로 사라져 다시는 볼 수 없게 되었다.

등 굽은 복숭아나무

유기섭
2004. 11. 천료

고목에 꽃이 핀다는 말이 실감 난다. 텃밭 입구에 자리 잡은 늙은 복숭아나무는 보기에도 딱하다. 쓰러질 듯 허리가 구부러지고 등줄기는 살갗이 패어나가서 속살을 드러내어도 봄을 노래하기 위하여 안간힘을 다한다. 쇠잔해진 몸에 자신도 부지하기가 어려울 텐데 붉은 꽃을 피워 앙상해진 자신의 몸을 감추려고 애쓴다. 흉한 몸을 보이지 않으려는 눈물겨운 투쟁이다. 모두가 떠난 들판 가운데 홀로 꽃피운 봄꽃 투사.

한마을을 이루었던 이웃도 떠나고 옹기종기 모여 살던 집들도 모두 허물어 없어진 옛집 터에 복숭아나무 한그루가 마지막 사투를 벌인다. 곧 기력이 다하여 쓰러져 죽을 것 같은 쇠잔한 몸으로 그를 두고 떠난 주인의 귀환을 애타게 기다리고 있다.

도시 개발에 의하여 어쩔 수 없이 정든 집과 물건들을 두고 고향을 떠난 주인의 빈터를 홀로 지키며 언젠가 돌아올지 모를 옛 주인을 기다리며 마지막 노년의 시간을 힘들게 보내고 있다. 주인이 떠난 뒤로 제대로 된 보살핌은 고사하고 물이나 거름도 제때 받지 못하여 더욱더 힘든 나날을 보낸다. 장년기를 넘긴 나무라 정성을 다한 돌봄도 그렇고 백약이 무효일 것 같지만 그를 그대로 황량한 들판에 내버려 둘 수 없다. 극도의 빈한한 땅에서 쓰러져가는 힘으로 꽃을 피우는 그를 두고 꽃이 화사하지 못하다고 핀잔을 주는 것은 너무나 가혹한 인심이다.

아마도 몇 년 전에 생을 마감할 뻔한 극한의 지경에서도 마지막 꽃을 피우기 위하여 온 힘을 쏟는 등 굽은 복숭아나무가 위대한 거인으로 비친다. 세상의 어떤 어려움도 극복할 수 있을 것이라는 확신을 내게 전해주는 그의 곁을 차마 떠날 수 없다. 내년 봄이면 좀 더 그에게 가까이 가서 무엇이든 소원을 들어주어야겠다. 굶주린 육신에 먹을 것도 채비해주고 주인이 비운 빈 땅을 사랑으로 채워주어야겠다.

어느 해 몇 개의 마을이 사라졌다. 조상 대대로 내려온 삶의 터전이던 논과 밭이 도로가 되고 새로운 건물이 들어섰다. 마을주민들은 모두 정든 마을을 뒤로하고 새로운 연고지를 따라 떠났다. 그들이 떠난 빈들에 떠나지 못하고 남아서 아무도 없는 마을을 지키고 서 있는 복숭아나무가 마지막 수호신으로 남아있다. 사람의 온기를 느끼며 살아온 나무였는데 사람의 숨소리가 사라지고 따뜻한 손길이 닿지 않아 온전한 삶을 이어가지 못하는 것은 아닌지.

굽은 등과 껍질이 벗겨진 줄기에는 새살이 돋지 못하고 앙상한 뼈대만이 날로 그의 육신을 발가벗기고 있다. 누구에게 외쳐도 대답이 없는 인적이 사라진 빈터에서 옛 주인의 발자취를 더듬어보지만, 차츰 희미해져 가는 기억과 함께 쇠약한 기력을 회복할 힘이 솟아나지 않는다. 그에게 힘을 북돋아 주려고 하여도 좀처럼 옛날의 모습으로 돌아가지 않아서 안타깝다. 예로부터 사람의 곁에서 자라던 나무들은 굴뚝에서, 솟아나는 연기와 밥 짓는 냄새와 사람의 체온을 느끼며 살아간다고 하는데, 모두 떠난 자리에 홀로 남아 사람의 냄새를 그리워한다. 그래도 살아서 사라진 마을을 지키려 하는 그에게 어떻게 하면 새로운 힘과 용기를 불어넣어 줄 수 있을까 생각하며 그에게 다가간다.

생소한 도시민의 냄새에 익숙하지 못하여 날로 허약해져 가는 그의 몸을 보며 사람과 호흡하지 않는 삶의 마지막 모습을 보는 것 같아 마음이 아프다. 그렇지만 그는 슬퍼하지 않는다. 예로부터 등 굽은 소나무가 선산을 지킨다고 하지 않는가. 이 시대 찾아보기 힘든 효자가 되는 미담의 자리를 지키며 위안으로 삼는다. 모두가 떠나가지만, 마지막까지 더는 굽어지지 않을 것이라고 자신을 다잡는다. 굽은 등을 일으켜 세워서 건장하던 옛 모습으로 바꿀 수는 없지만, 오랫동안 그와 호흡하며 그의 타고난 삶의 시간을 조금이라도 길게 연장해 주어야겠다고 다짐한다.

시월의 마지막 밤을

안규금
2005. 4. 천료

꼭 「잊혀진 계절」이냐고 묻는다.

그 노래가 주는 시적 영감이 더 크기 때문에 가을이 되면 이날은 특별한 약속이나 계획을 생각한다. 가을이 무르익어 산마다 단풍이 한창일 때, 멀어져가는 가을에 대한 애틋한 정이 숨겨져 있다. 설악산에서부터 시작한 단풍이 한라산에 이르기까지 그려놓은 단풍지도가 화면에 뜨면 그때부터 단풍놀이로 모든 국민이 달아올라, 전국 이름난 산을 찾느라고 분주하다. 여름철 해안선을 따라 북적이던 관광버스는 이제 산으로 몰려 교통체증을 유도하고 길마다 막혀서 아우성이다. 남도 곳곳에 자리 잡은 아름다운 산도 몸살을 앓기는 마찬가지다. 내장산, 백양산, 무등산, 지리산, 한라산에 모여든 인파는 해를 거듭할수록 신기록을 세우며 넘쳐난다. 우리도 나이 들어가면서 조금은 삼가고 있지만, 주말이 되면 참을 수 없는 아쉬움에 들떠 새벽부터 배낭을 챙겨 등산길을 재촉하기는 남 못지않다.

남보다 한두 시간 더 빨리 나서면 교통체증을 당

하지 않고 목적지에 쉽게 주차할 수 있다. 누가 벚꽃놀이나 단풍놀이 간다고 하면 새벽 6시 출발을 권한다. 늦어도 6시 반에 출발하여야 하루 일정을 원활하게 소화하여 즐겁게 구경을 마칠 수 있다. 몇 년 전에 벚꽃 맞이 등산을 끝내고 뒤풀이를 하면서 가을철 단풍 구경은 색다르게 즐겨보면 어떻겠냐는 의견을 내놓았더니 모두 찬성했다. 시월의 마지막 날을 맞아 회원 가족 음악회를 열기로 했다.

드디어 약속한 날이 다가왔다. 회원마다 노래뿐 아니라 그동안 취미생활에서 기른 악기도 연주키로 했다. 하모니카와 플루트 연주, 또 다른 선생님들의 오카리나 이중주, 그리고 또 한 팀은 달밤에 어울릴 우리 춤을 선보이기로 했다. 끝으로 참석한 회원 모두가 손에 손을 맞잡고 잔디밭을 마음껏 뛰어보기로 했다.

나는 그날 내 색소폰 반주에 가을밤을 수놓을 각 가정의 노래를 들어볼 기대에 부풀어 있었다. 그런데 걱정이 생겼다. 그날은 날씨가 좀 추울 것이라는 예보였다. 하는 수 없이 보름을 앞당기기로 했다. 야외이니 쑥 냄새가 물씬 풍기는 캠프파이어를 준비하면 좋겠다는 의견이 있었으나 이번에는 그냥 해보고 다음번에는 조금 발전적으로 멋있게 하자고 마음을 달랬다.

풍경이 아름다운 광주호 부근에 자리 잡은 회원의 농장에 텐트를 치고 의자를 놓아 무대를 멋있게 꾸몄다. 미리 연락하여 희망곡과 악기 연주곡을 받아 짜놓은 프로그램도 예쁘게 장식하여 마음에 들었다. 집마다 선물을 가져와서 추첨으로 나누어 가질 수 있게 준비해 놓았다. 모범적인 잉꼬부부에게 주는 '행복상', 암을 이기고 재활에 성공한 분에게는 '재활상', 항상 웃음을 잃지 않고 기쁨을 나눠주는 분에게는 '기쁨상', 혼자서 아들딸을 훌륭하게 길러낸 분에게는 '장한 어머니상', 사모님의 암 수술 후 정성을 다해 간호하여 건강을 되찾게 해준 분에게는 '장한 아버지상' 등 갖가지 멋진 이름을 붙여 선물하는 시간도 갖기로 하여 비밀리에 추진했다.

회장의 모임을 여는 인사말에 이어 맨 먼저 「친구여」를 색소폰 연주에 따라 모든 회원이 제창했다. 그리고 나훈아의 「사랑」을 남녀회원이 가사에 맞춰 두 소절씩 나눠서 부르다가 제창으로 끝냈다. 한 가정도 빠짐이 없이 부부 듀엣 신청곡을 부르고 흥이 나면 백 댄스로 분위기를 띄웠다. 남성들은 무대에 나와 손을 잡고 이렇게 행복한 가정을 이루어준 데 대한 감사의 마음으로 「아내에게 바치는 노래」를 정성껏 불렀다. 그럴듯한 조명은 아니었어도 훤히 밝힌 실외등 아래서 마지막에는 「성주풀이」로 손에 손을 잡고 잔디밭을 돌며 막을 내렸다.

회원 가운데 영상 제작에 소질이 있는 선생님이 전 과정을 꼼꼼하게 촬영 편집해서 영상물도 만들어 전해줬다. 영상자료는 두고두고 추억을 되새기는 보물이 되었다. 누구도 직업적인 가수는 없다. 있는 그대로를 보여주고 즐기는 음악회여서 부담이 없었다. 노래 솜씨라야 그래도 교직에 있었기에 모두 한가락 했다고 느꼈다. 내 색소폰 실력이 조금 뒤져서 문제가 있었다. 그래도 감상할만한 수준이라는 평가였다. 특히 가정마다 준비한 사랑의 선물을 나눠 받으며 즐거워한 모습은 오래도록 남아있다. 다만 음향시설이 야외인 것을 잊고 실내용 음향기기를 사용하여서 제대로 효과를 보지 못한 점이 아쉬웠다. 음악회를 기획하고 추진하면서 우리들의 행복은 얼마든지 우리가 만들어 갈 수 있음을 다시 한번 확인했다. 노래 솜씨가 조금 뒤지고 서투른들 어쩌랴, 회원들 앞에서 스스럼없이 모든 걸 보여줘서 더 즐거웠다. 다음에는 어떤 내용으로 음악회를 열었으면 회원들에게 큰 즐거움을 줄 것인지 생각해 보고 있다.

꽃동네

- 우리 동네 이야기

이범찬

2005. 8. 천료

이른 아침부터 시작하여 매일 다섯 번씩 공원을 돌아오는 것이 나의 일과다. 코로나19가 퍼졌으니 사회적 거리두기를 지키기 위해서만은 아니다. 다리가 무거워져서 15분 이상 걷기조차 어려운 처지가 되었으니 어쩌랴. '울긋불긋 꽃 대궐 차리인 동네', 홍난파가 작곡한 「고향의 봄」을 흥얼거릴 때면, 어린 날의 고향보다 아름다운 꽃동네에서 산다는 행복감에 젖어 든다.

대문을 나서면 넓은 골목길이 빌라 단지를 곧게 갈라놓아 우면산 자락이 한눈에 들어온다. 집마다 정원수가 가득 들어섰고, 영춘화가 담장에 늘어져 봄볕을 즐긴다. '방아다리근린공원'에 노란 산수유꽃이 만발하면 담장 안의 백목련이 해맑은 미소를 보내고, 공원 옆 '양정빌라'의 뜰에는 탐스러운 진달래가 수줍게 얼굴을 붉힌다. 몇 발짝 안 가서 우회전하면 왼편의 우면산 숲속에서 엉성하게 자란 진달래가 꽃잎을 날리고, 길가의 개나리들이 노란 등불을 달고 줄지어 기다린다. 부지런한 산새들은 떼를 지어 나뭇가지를 옮겨 다니며 짹짹댄다.

뒤질세라, '온누리 교회'로 이어진 길 양쪽에 심은 벚꽃이 활짝 피어나 꽃동네의 봄은 절정을 이룬다. 멀리 여의도 윤중제까지 가서 벚꽃 구경할 필요가 없다. 공원 풀밭에 앙증맞은 민들레꽃이 벌어질 때면 시원한 바람결에 라일락 향기가 내 가슴으로 스며든다. 벚꽃 잎이 날려 길 위에 연분홍으로 수를 놓으면 '신동아빌라' 담장의 탐스러운 철쭉꽃 무리가 솟아나는 푸른 잎에 바통을 넘기니 꽃동네는 활기를 되찾는다.

이렇듯 아름다운 동네가 강남의 한복판, 그것도 초역세권에 자리한다니 이 또한 큰 자랑이 아닌가. 강남대로와 3호선 신분당선이 교차하는 양재역이 10여 분 거리에 있고, '서초구청', '행정법원', '가정법원', '서초문화예술회관', '스포츠센터'까지 줄지어 들어섰으니 편리하기 이를 데 없다. 내가 이곳에 터를 잡은 지도 어언 반백 년이 흘렀다. 강산이 몇 번 바뀌었으니 이제는 나도 말죽거리 터줏대감이 된 셈이다.

30대 초반 이화여자대학에 근무할 때다. 경영학과의 한(韓) 교수를 따라 말죽거리를 찾아왔다. 한강에 다리라곤 제1 한강교밖에 없었으니, 흑석동으로 돌아 벌판길을 달렸던 기억이 새롭다. 복덕방 영감의 안내로 우면산 끝자락으로 올라갔다. 지금의 서초구청 뒷산이다. 사방을 가리키며 말죽거리의 사연을 늘어놓았다. 이 동네는 한양의 관문이라 삼남 지방의 과객은 이곳에서 밤을 지내고 말에 죽을 먹여서 말죽거리란 이름이 붙었단다. 한 교수는 북쪽에 있는 대지를 샀고, 나는 돈이 없어 남쪽의 논을 소개받았다. 산 위에서 바라다보니 허허벌판이 장차 훌륭한 주택가로 개발이 될 듯싶었다. 우면산 능선이 아늑하게 품었고, 논 남쪽으로 양재천이 흐르며, 멀리 구룡산과 청계산이 감싸고 있으니, 배산임수(背山臨水)의 지형에 명당자리라고 얼치기 풍수설을 늘어놓는다. 양재동이란 이름도 좋으니 장차 훌륭한 인재가 나올 것이라고 수다를 떨어댔다.

나는 여주의 논을 평당 350원에 팔아서 양재동의 논을 평당 1,720원에 샀다. 교수가 되었으니 고향에 내려가 농사를 지을 수는 없을 터, 서울에서 임대료를 받아 식량에 보태라는 부모님의 배려 덕분이다. 호사다마라 했던가. 얼마 후에 개발할 것이란 풍문이 돌더니, 부동산 투기 억제 세제가 나오고, 뒤이어 이 지역을 군사 보호지역으로 묶었다고 하지 않는가. 거래도 끊기고, 논의 임차인은 첫해만 쌀 한 가마를 주고는 떼먹고 나니, 싸울 수도 없어 체념하고 말았다.

그 후 몇 해가 지나자 갑자기 규제가 풀리며 구획정리가 시행되었다. 그 정보를 미리 알아낸 자가 찾아와 수용당할 것이니 팔라고 졸라댔다. 공정한 시세도 알 수 없으려니와 그동안의 고초를 생각해서도 단연 거절했다. 전(全) 대통령이 사저를 지으려 계획했다가, 여론이 좋지 않아 집터를 땅 주인에게 되돌려주었다는 후문이다. 그래서 그 제일 좋은 자리에 '온누리 교회'가 들어서게 되었고 아름다운 꽃동네가 형성되었다.

그러나 김영삼 정부가 들어서며 어설픈 토지 공개념에 사로잡혀 모든 나대지에는 공한지세를 부과하고 현금이 없어 체납하면 현물로 납부해야 한다지 않는가. 몇 해만 현물로 납세를 하면 대지 자체가 날아갈 지경이니 무리한 건축을 했다. 공한지세는 면했지만, 건축비 관계로 강제집행을 당하게 되었다. 도리 없이 강제집행을 면하느라 연금까지 일시불로 받아 은행 빚을 갚고 말았다.

하늘이 무너져도 솟아날 구멍이 있다고 했던가. 우여곡절 끝에 오랫동안 고난의 행군을 하긴 했으나 늙마에 인생의 봄날을 맞게 되었다. 요새 LH 투기사태가 물의를 일으키게 되니, 막내아들이 한마디 한다. 우리 아버지는 일생일대 현명한 농지 투자를 했다고.

뜨거운 눈물

원준연
2005. 9. 천료

요즈음 나는 정리하는 데 여념이 없다. 정년을 반년 남짓 남기고, 서서히 연구실의 책이며 서류 그리고 생활용품 등을 정리하고 있다. 겉보기와는 달리 어찌 그리 많은 물건이 속속들이 들어차 있는지 몇 날 며칠이 걸릴지 알 수가 없다.

제자나 문우들로부터 받은 편지가 꼭꼭 숨어 있다가 불쑥 튀어나오기도 한다. 잊고 있던 서신들이 왜 이제야 다시 찾느냐며 원망의 눈초리로 대하는 것 같다. 봉투에 쓰인 정갈한 글씨만 보아도 정이 뚝뚝 흘러넘치는데, 그동안 내가 너무 무심했던 것 같기도 하다. 이제라도 다시 보게 되어 다행이라며 빙그레 미소로 답한다. 그런데 정작 나의 눈길을 한동안 붙잡아 둔 것은 선친의 상속 관련 서류였다. 그 안에는 나에게 양도된 9백 평 남짓의 논(畓)에 관한 문서도 있었다.

생전에 부모님께서는 근검절약하시며 모은 돈으로 고향인 공주에서 1만 평 정도의 사과 과수원을 운영하셨다. 그때 4, 5마지기의 논도 함께 구매하셨던 것 같다. 지금 그 과수원은 대전의 모 원룸 빌딩을 거쳐서 아웃렛 매장의 점포에 이르렀다. 20여 년 전에는 매장의 임대 수입이 그런대로 괜찮았는데, 그 이후로 여기저기에 우후죽순처럼 아웃렛 매장이 생겨나면서 임대료가 떨어지는 등 조금씩 문제가 생겨났다. 마침 그 무렵에 어머니의 병환은 매우 깊어졌다. 매장은 논과 함께 나에게 양도되었다. 미리 상속을 받은 셈이다.

'바늘 가는 데 실이 가듯' 분양 당시의 대출금도 함께 따라왔다. 은행에 갚아야 할 수천만 원이 아직도 남아 있었다. 만기일은 1년 안으로 바싹 다가왔다. 그만한 돈을 대출받아 본 적이 없어서 그런지, 숨통을 조여 오는 듯한 느낌이었다. 대범하지 못한 성격도 한몫하는 것 같았다. 다시 대출을 받아서 점포의 대출금을 갚아야 하는지 갑갑한 고민이 계속되었다. 농사를 직접 지을 처지가 못 되는 나로서는, 논을 부동산에 내놓을 수밖에 없었다. 그런데 반년이 지나도록 입질도 없다. 녹지지역으로 묶여 있어서 더욱 그런 것 같다. 이재에 밝지도 못한 나는 적지 않은 걱정거리를 앓은 셈이다. 오죽 답답하였으면 철학관을 다 찾았을까. 그런데 철학관에서는 뜻밖에도 머지않아 논이 처분될 것이라는 괘를 내놓는다. 믿기지 않는 낭보였다. 예언한 시간의 범주 안에서 정말로 매매가 성사되었다. 보기 좋게 적중한 것이다. 논을 처분한 대금은 변제해야 할 금액과 똑같았다. 술사의 미소 띤 얼굴을 그리면서, 콩보다 작은 간을 지닌 나는 얼마나 쾌재를 불렀는지 모른다.

은행 빚을 갚고 나니 어찌 그리 홀가분하고 개운한지 날아갈 듯한 기분이었다. 아마 풍선을 쥐고 있었다면, 혹시 날아가지 않았을까. 십 년 묵은 체증이 쑥 내려가는 느낌이었다. 덩실덩실 춤이라도 추고 싶다. 오죽하면 나의 처지를 늘 걱정해 주는 고교 동창에게 전화를 다 하였을까. 가슴 속에 얹힌 납덩이가 사라지는 기쁨이라 하였더니, 친구는 호탕한 웃음으로 화답을 한다.

그랬다. 세상에 남긴 경제적인 빚이 없으니 참으로 떳떳한 기분이었다. 내일 세상을 마감한다고 하여도 좋겠다는 느낌이었다. 그러고 보면, 나는 정말 스케일도 작고 새가슴인 모양이다. 수억 원도 아니고 기껏 수천만 원의 빚을 지고 잠을 설칠 정도로 고민을 하였다니. 스스로 생각해도 참으로 가여운 사람 같다. 사실이야 그렇지 않겠지만, 법 없이도 살 사람이라는 얘기는 더러 들은 적은 있다. 이제는 그런 찬사보다도 빚지고는 못사는 사람이라는 얘기를 더 듣고 싶다. 그런데 수억 원의 빚을 지고도 잘 사는 사람들은 과연 두 발 뻗고 편히 자기는 하는 것인지. 그들의 큰 배포가 놀라운 것인지 무모한 것인지 모르겠다. 가진 자들의 욕망이 빚어내는 '빚투'는 정말 꼴사나운데….

요즘의 신조어로 '빚투'라는 말이 있다. 대개 20·30세대가 대출을 받아서 투자한다는 말이다. 부모의 지원을 받기도 어렵고 취업도 쉽지 않을뿐더러 작은 봉급으로는 내 집 마련 등이 난감한 까닭이다. 출구 없는 빚투 폭탄을 안고 사는 격이다. 점집을 찾아서 투자 상담을 받는 경우도 허다하단다. 아직 빚의 무서움을 알기는 이른 나이인데, 사회가 그들을 구렁텅이로 내모는 것 같아서 안타까울 뿐이다. 20·30세대의 뜨거운 눈물이 보이는 듯하다.

그러고 보니, 우리 집에도 20·30세대가 두 명씩이나 있네.

아름다운 손

장희자
2005. 9. 천료

가냘프고 고운 손은 아름답다. 핸드폰을 들고 문자를 보내는 여학생의 희고 고운 손가락에 눈길이 간다. 검게 탄 내 손이 부끄러워 슬그머니 주머니 속에 넣었다.

생일이나 어버이날이면 애들이 옷을 선물한다. 나이가 드니 몸매가 변하고 얼굴색도 칙칙해져 유행하는 옷을 선물 받아도 만족하지 못하고 편한 옷만을 입게 된다. 선물 받은 옷은 여러 해를 입어도 해지지 않으니 버리기도 아까워 쌓여간다. 외출할 일이 뜸하니 옷보다는 건강 보조 식품을 선호한다.

친구는 어버이날 딸이 뷰티숍 이용권을 선물했다며 자랑을 해 시대가 변했음을 느꼈다. 손톱에도 개성을 살려 여러 가지 도안을 넣고 덧붙이기도 하는데 친구는 난생처음 손을 마사지하고 손톱을 꾸몄다며 두 손을 활짝 펴 보이며 웃었다. 손톱을 꾸민 덕에 저녁마다 손도 마사지하게 되더란다. 손톱을 보호하려면, 일일이 장갑을 껴야 하는데 불편하지 않을까, 손톱이 조금만 길어도 신경이 쓰이고 장갑을 끼면 답답해 맨손으로 일하는 나는 이해하기 힘들다.

KBS에 「6시 내 고향」 프로가 있다. 화요일마다 오만 보 걷기를 하며 고향 소식을 전해주고 있다. 코로나19로 만나지 못하는 가족을 전화로 연결해 고향 소식을 전해주고 추억이 깃든 장소를 사진으로 전송해줘 감동을 준다.

이번 주는 지리산 자락의 청정지역인 산청에서 빨갛게 익은 산딸기 따는 모습을 보여주었다. 고향을 떠나 부산에서 6년쯤 살다 맨손으로 다시 고향을 찾아 산딸기를 심어 네 자식을 키운 분의 사연이다. 서울에 사는 아들은 부모님을 뵌 지 여러 달 되었다며 어머니의 손 모습을 보내 달라고 한다. 산딸기를 앞에 놓고 장갑을 벗자 손가락은 관절염을 앓은 흔적으로 뒤틀렸고, 오른손 검지의 손톱은 아예 흔적만 있다. 농사일이라는 게 어디 쉴 틈이 있나, 비탈진 산을 개간해 돌로 축대를 쌓은 후 산딸기를 심었으니, 비탈밭을 오르내리느라 무릎이 붓고 산딸기나무의 잔가시가 몸에 박혀 상처로 남았다. 화면으로도 서로가 마음이 통하여 눈물바다가 된다.

굽고 거친 손은 허리 펼 날 없이 일에 매달려 사신 우리 어머니들의 모습이다. 애초 고운 손으로 태어났지만, 세월의 흔적이 쌓여 뭉툭해지고 굳은살이 박였다. 심지어 지문마저 없어졌다. 어지간하면 병원 가는 일도 접고, 농사일에 매달렸으니 다리가 휘고 허리가 굽은 것은 당연한 일이다. 어머니는 아침부터 늦은 밤까지 쉼 없이 움직였다. 얼마나 철이 없었는지 밤새 끙끙 앓는 소리가 싫어 일이란 해도 해도 끝이 없으니 좀 쉬시라 했다. 날이 밝으면 못 들은 체 밭으로 나가는 어머니가 미웠다. 얼굴에만 그 사람 이력이 들어있지 않고, 손에도 이력이 들어있다. 일을 많이 하면 손이 거칠고 마디가 굵거나 뒤틀어졌다.

적십자 건물 앞에는 서로의 손을 맞잡은 아름다운 청동 조각 작품이 있다. 손을 잡는다는 것은, 두 사람 마음이 통한다는 뜻이다. 헌혈은 누군가 꼭 필요한 사람을 위해 아무 조건 없이 생명의 일부를 나누어 주는 성스러운 일이다. 인간을 창조하신 조물주의 오묘한 힘이 꺼져가는 생명을 우리가 구할 수 있도록 배려해 주신 것이 아닐까. '내가 한 이 헌혈이, 내가 한 이 작은 사랑이, 다른 사람에게는 희망의 불꽃을 피우는 장작이 되게 하소서' 헌혈을 하는 동안 기도한다는 헌혈자의 생동감이 넘치는 아름다운 손 모습이다.

알프레드 뒤러의 「기도하는 손」도 빼놓을 수 없다. 가난한 화가 지망생인 뒤러는 미술 공부를 하고, 친구 한스는 열심히 돈을 벌어서 뒷바라지하기로 약속하였다. 뒤러가 성공한 후 한스가 공부할 차례인데 한스는 심한 노동으로 손이 굳어져 붓을 잡을 수 없었다. 뒤러는 훌륭한 화가가 되게 해달라고 기도하는 한스의 손을 그림으로 남겼다.

뒤틀리고 거칠어도 열심히 산 흔적이 담긴 손은 아름답다. 허기를 참으며 집안을 일으켜 세우고 자식 공부를 시킨 부모님의 손은 고마운 손이다. 부모님의 안 계시니 잡아 드릴 손이 없어 가슴이 저려온다. 만지고 싶은 고운 손이 아닌 세상에 내놓아도 부끄럽지 않은 손이 되고 싶다.

파이팅! 금메달

정경수
2005. 10. 천료

그 아이의 외침은 당당하면서도 흐뭇한 웃음을 자아내게 했다. 세계를 제패한 금메달 선수를 '아이'라 하니 미안한 느낌이 든다. 하지만 김제덕 선수는 이제 겨우 소년티를 벗어난 17살의 고등학교 2학년생이다. 40세와 29세의 세계적인 선수와 함께 한 팀이 되어 도쿄올림픽 양궁 남자 단체전의 금메달리스트가 된 놀라운 양궁 신인(神人)이다. 감히 신인이라 불러본다.

정치적인 압박과 코로나19의 폭발적 확산을 염려하여, 32회 도쿄올림픽을 열지 않아야 한다는 외부적 압박에도 불구하고, 일본은 1940년 2차 세계대전으로 도쿄올림픽을 반납한 이후 다시 철회해야 하는 불운을 겪고 싶지 않았을 것이다. 한해를 늦추면서까지 모든 준비를 하고 결국 긴급사태 선언 하에 저녁 8시에 개막식을 무관객으로 열었다. 스가 일본 총리의 옆, 귀빈석에 앉아 있는 나루히토 일왕의 모습이 쓸쓸해 보였다.

어떤 특별한 선수에게 푹 빠져 관심을 기울이는

경우가 없는 편인데, 일본과의 준결승전에서 그만 그를 유심히 보게 되었다. 우선 옛날 같으면 아버지뻘이나 되는 23살 연상의 백전노장 오진혁 선수와 몇째 큰 형뻘인 12세 연상의 김우진 선수와 한 팀이 되어 조금도 주눅 들지 않고 두 팀원을 위해 파이팅을 외쳤다. 얼굴의 온 근육에 힘을 모아 상기한 표정으로 진심을 다해 기합을 넣는 그의 모습은 진지하여 나를 숙연케 하였다.

'저 어린 나이에….'

두 선수도 이러한 어린 동생의 외침에 마음을 다잡은 듯 역시 진지한 표정으로 담담히 경기에 임하고 있었다. 아마 이러한 분위기는 그 팀의 무슨 전매특권이라 할 수 있는 나름의 약속된 전술 같은 느낌이 들었다. 16강을 부전승으로 올라간 우리 팀은 8강에서 인도와 18발 중 13발을 10점을 맞히는 놀라운 집중력으로 준결승으로 올라갔다. 토너먼트의 경기 방식이라 매 경기가 사실상 결승과 같이 중요하지 않을 수 없다. 8강을 거쳐 이제 결승을 향한 일본과의 준결승 게임이 남았다.

두 팀이 각각 세 발씩 두 번씩을 쏘아 합계 점수로 이기면 2점을, 비기면 각각 1점씩을 얻고, 5점을 먼저 얻으면 그 팀이 이기고 승패가 결정된다. 그러나 두 팀이 각각 4점씩을 얻게 되면 각 팀의 세 선수가 한 번씩 번갈아 쏜 점수의 합으로 승패를 결정하게 된다. 여기서도 점수가 같으면 세 발 중 과녁의 중심에서 가까운 한 발씩을 비교하여 중심에서 가까운 팀이 승리하게 된다. 승패의 판별이 명쾌하다.

김우진 선수가 9점을 쏘자 일본 선수가 10점을 쏘았다. 김제덕 선수가 10점을 쏘자 일본 선수가 9점을 쏘았다. 19대 19, 나머지 한 발 오진혁 선수가 9점을 쏘자, 나는 소리가 나도록 침을 삼켰다. 그런데 일본 선수가 같이 9점을 쏘았다. '휴-' 안도의 한숨이 나왔다. '그러면 한 발씩 더 쏘는가.' 나는 축구의 5개씩 차는 페널티킥이 이길 때까지 계속 차는 것처럼 활을 쏘는 것으로 알고 있었다. 그런데 과녁에 자를 들고 재는 것 같더니 우리의 승리로 결정되었다. 두 번째 김제덕 선수가 쏜 10점의 화살이 과녁의 중심에서 3.3cm로, 첫 번째 일본 선수가 쏜 5.7cm보다 2.4cm 더 가까워서 우리의 승리가 된 것이다. '2.4cm의 기적'이라고 온 방송은 떠들고 있었다. 김제덕 선수의 한방 10점 이것이 결국 결승전으로 가는 결정적인 원인이 된 것이다. 대만과의 결승에서는 6대0으로 우리가 금메달을 받게 된 것이다.

두 선수는 어린 김 선수를 따뜻이 안아주었다. '껴안아 주는 느낌이 어떻더냐?' 물으니 '곰이 포근히 안아주는 것 같았다.'라고 능청을 떨었다 한다. 182cm 키에 97kg의 오진혁 선수를 두고 한 말이다. 김우진 선수도 180cm 키에 95kg의 체중이라 하니 보통 체구는 아닌 것이다. 김제덕 선수도 176cm의 키에 72kg의 당당한 체구이니 앞으로 4~5년이면 두 형을 따라붙을 것이다. 당당하게 성장하는 그의 내일을 빌어주고 싶다.

엄격한 예선을 통한 선발 과정으로 뽑힌 세 사람이 나이 차이를 극복하고 이렇게 마음을 하나로 하여 결국 세계 최강의 선수 팀이 된 것이다. 세 선수의 그간의 피눈물 나는 노력에 경의와 찬사를 보낸다. 어린 김 선수가 이를 잘 이겨내는 모습은 우리 젊은이들에게 큰 교훈이 될 것이다.

70m의 거리에 있는 과녁의 지름 12.2cm 노란색 원 안에 화살이 꽂혀야 10점이 된다. 여기에 화살을 꽂기 위해 얼마나 많은 시행착오와 땀을 흘렸을까. 절제된 호흡과 집중력, 가물가물 보이는 과녁의 중심을 향해 응시하는 눈매는 지상의 먹이를 노리는 매의 그것이었을 것이다. 10만 발을 쏘았다는 말에 실감이 간다.

'업무를 마친 뒤에 활 18순을 쏘았다.(1순은 5발)'는 거의 매일 활을 쏘며 전쟁을 준비하던 난중일기의 구절이 문득 떠오르며, 충무공 이순신 장군의 모습이 김제덕 선수와 겹친다. 어린 김 선수의 턱에 수염을 붙여 강인한 느낌과 함께 나라를 구할 한 인물을 연상해본다. 부디 오늘을 잊지 말고 실력을 더욱 쌓고 공부하여 훌륭한 지도자가 될 것을 기원해 본다.

기후 변화

김형애
2006. 3. 천료

봄비가 보슬보슬 내리지 않아 여름 장맛비를 생각하게 한다. 요즈음 벚꽃이 만개하여 코로나로 움츠렸던 사람들의 마음을 끌어내고 있다. 여의도와 잠실 석촌 호수 주위에 활짝 핀 벚꽃이 도심에 사는 우리의 발길을 그곳으로 향하게 하고 있다. 결국 정부에서는 여의도와 석촌 호수 벚꽃 길을 차단한다는 뉴스를 발표했다. 이를 아는지 이틀간 비가 내려 벚꽃 잎을 떨어트려 도시민의 들뜬 춘심(春心)을 가라앉게 했다.

요즈음 세상은 뒤숭숭하다. 호주에서 산불이 2019년 6월에 시작하여 2020년 2월 13일까지 몇 달간 지속되었다. 2019년 미국 캘리포니아 산불이 걷잡을 수 없이 번져 수천 세대가 도피했을 뿐 아니라, 영국 산불, 아마존 우림 산불도 2019년에 있었다. 또한 2020년 중국에서는 한 달째 계속되는 비로 인하여 장강(長江) 유역의 지방 지역은 말 그대로 물바다를 이뤘다. 얼마 전에는 미국 텍사스의 온도가 영하 18도로 내려가 전기 공급이 중단되어 온통 난리를 겪었다. 한편 태평양에 접한 나라들은 해수면이 올라서 나라의 영토가 바다에 점점 잠겨 국민이 해외로 이주를 하고 있다. 이 모든 것은 지구의 기후 변화에서 온다고 지구과학자들과 생태계 연구자들은 입을 모아 말하고 있다.

작년에 우리나라에서 출간한 책, 『코로나 사피엔스』에서 저자들은 문명의 대전환에 대하여 말했다. '코로나19 이후 인류는 완전히 다른 삶을 살게 될 것이다. 누구도 겪어보지 못한 신세계에서 살아갈 우리를, 감히 코로나 사피엔스라 부른다.'라고 최재천 이대 석좌교수가 말했다. 또한, '역사상 전례 없는 인류의 자연 침범 그리고 바이러스에게 역대 최고의 전성기를 제공하는 공장식 축산과 인구 밀집, 지구 온난화. 이 모든 것을 인간이 만들어 냈다. 이를 반성하고 고치는 것이 생태 백신이다. 그리고 코로나19 사태 앞에서 지금까지 삶의 자세를 성찰하고 자연과 공존하며, 기후 변화를 줄이기 위해 노력하는 것이 행동 백신이다. 생태 백신과 행동 백신 없이는 어떤 방역체계와 화학 백신도 바이러스 팬데믹의 재발을 근본적으로 막을 수 없다.'라고 한다.

나는 빌 게이츠(Bill Gates)가 금년에 쓴 책, 『How To Avoid A Climate Disaster』(기후재앙을 피하는 법)을 읽었다. 그는 책에서 '지구 온난화를 멈추고 기후 변화를 불러올 최악의 상황을 피하려면 인류는 온실가스 배출을 멈추어야 한다.'라고 말한다. 이 목표가 어렵게 들리는가. 실제로도 매우 어려운 일이 될 것이다. 아직 세계는 이처럼 큰 규모의 일을 해본 적이 없다. 이 말은 앞으로 모든 나라가 지금까지의 삶의 방식을 바꿔야 한다는 뜻이다. 우리가 하는 모든 행동, 즉 무언가를 기르거나, 만들거나, 이동하는 등의 모든 활동은 온실가스를 배출하기 때문이다. 아무것도 바꾸지 않는다면 우리는 계속 온실가스를 배출할 것이고, 지속한 기후 변화는 재앙이 되고 말 것이다. 우리는 혁신을 통하여 기후 변화가 초래할 재앙을 피할 수 있다. 이것이 내가 기후 변화와 대응 기술을 공부하면서 느낀 점이다. 우리가 무엇을 해야 하는지, 우리가 어떻게 할 수 있는지를 이 책에서 밝혔다.

최재천 교수와 빌 게이츠가 언급한 기후 변화로 인한 기후재앙을 피하는 방법은 동일한 관점으로 생각된다. 다만 최 교수는 작은 것부터 우리가 실천하여 그 재앙을 막자는 것이고, 빌 게이츠는 기후 변화를 막으려면 우리 개개인의 행동 변화도 있어야 하지만, 지역사회와 나아가서 정부의 정책과 각 나라에서 협력하여 함께 공동 작업을 하지 않으면 인류에게 미치는 이 큰 재앙을 막을 수 없다며, 그 대안을 하나하나 제시하였다.

그는 지난 10년간 기후 변화의 원인과 영향을 연구해 왔다. 물리학, 화학, 생물학, 공학, 정치학, 경제학, 재무학 분야의 전문가들과 함께 환경 재앙을 막기 위해 우리가 해야 할 일을 탐구했다. 그 결과로 온실가스 배출량 순 제로(net zero)를 달성해야 하는 이유를 설명하고, 그 중대한 목표를 실현하기 위해 무엇을 해야 하는지도 상세히 밝혔다. 이는 단순하지도 않고 쉽지도 않다고 말했다. 하지만 그가 제시하는 방안들을 실천한다면 충분히 달성할 수 있다고 했다.

내가 그의 책에서 '제조 과정을 제로 탄소화하는 과정'을 다음과 같이 요약한 것을 읽었다.

1. 가능한 모든 과정을 전기화하라.
2. 이미 탈 탄소화한 전력망으로부터 전기를 얻어라.
3. 배출되는 이산화탄소를 흡수하기 위해 탄소 포집 기술을 활용하라.
4. 더 효율적으로 자재들을 사용하라.

이 책을 통하여 CGIAR(국제농업연구협의그룹)이 기후 변화에 대한 농작물 재배와 씨앗의 품종개발 연구에도 힘쓰고 있다는 사실을 알았다. 가뭄에 강하거나 물에 강한 품종을 개발하여 농작물 재배를 하는 것이다. 예를 들면 가뭄에 강한 옥수수 품종, 홍수가 빈번한 지역에서 2주

정도를 버틸 수 있는 스쿠버 쌀 등이 CGIAR에서 연구하여 내놓은 결과물이다.

2015년 UN 기후변화협약 회의가 프랑스 파리에서 개최되었다. 수많은 국가 수장이 모여 온실가스 감축이라는 목표에 합의하고 공식 발표를 하였으나, 많은 나라의 정부 정책에서 기후 변화 정책은 여전히 주변부에 머물러 있다는 조사 결과가 나왔다고 한다. 정부 정책이 변하지 않았다고 우리가 손을 놓고 있을 수 없다. 우리는 각자 할 수 있는 일을 해야 한다. 청정 전기를 신청하고(미국에서 있을 수 있는 것), 집안 배출량을 감축하고, 전기차를 구매하고, 인공 고기를 먹자. 그 외에도 여러 가지를 언급하였다. 빌 게이츠는 2050년까지 온실가스를 없앨 수 있는 기술, 정책, 시장구조를 만드는 데 주력해야 한다고 했다.

그의 친구인 교육자이며 세계 보건 전문가인 한스 로슬링(Hans Rosling)이 자신의 책 『Factfulness』에서 다음과 같이 말했다.

'사실에 근거해 세계를 바라보면 세계는 생각만큼 그렇게 나쁘지 않다. 그리고 더 나은 세상을 만들기 위해 우리가 무엇을 해야 하는지도 알 수 있다.'

최 교수의 말처럼 행동 백신, 생태 백신으로, 빌 게이츠가 그의 책에서 밝힌 것처럼 기후 온난화를 멈추게 하는 온실가스 배출을 제로로 하여 기후재앙에서 벗어나며, 다음 세대에 더 나은 세상을 물려주어야 하는 것이 이 시대를 사는 우리의 책임이자 도리인 것을 마음속 깊이 느끼고 깨달았다. 집에서 사용하는 플라스틱 용기나 빨대 하나라도 사용하지 않는 것이 지구의 고통을 줄이는 것이다.

비에 흠뻑 젖은 꽃잎이 흙 위에 널브러져 있다. 비가 그치기를 고대한다.

외투

백승희
2006. 5. 천료

폭설에 갇히듯 겨울 안쪽에 들어섰다. 장갑과 부츠, 두툼한 코트까지 단단히 무장했는데도 온몸이 꽁꽁 얼었다. 살을 에는 차가운 바람이 뺨을 스친다. 친구가 타고 온 버스는 두어 시간이나 연착했다. 같이 온다는 말이 없었는데, 그녀는 애인과 함께 버스에서 내렸다. 눈보라 속의 그는 교복 차림이었다. 당당해 보이는 어깨에 힘이 들어가 있었지만, 발갛게 얼어있는 귓불을 보니 안쓰러웠다.

어색한 인사가 오갔다. 친구는 애인의 외투를 사 주려고 했다며 함께 쇼핑하기를 원했다. 우리는 터미널 근방 광장 시장과 평화 시장을 더듬었다. 그는 무안한 듯 몸을 빼며 따라왔다. 옷가게들은 추위에도 아랑곳없이 성업 중이었다. 발을 구르며 호객행위를 하는 리드미컬한 목소리가 좁은 시장길에서 눈발에 부딪히고 있었다. 시장 안의 옷가게는 전부 들어가 본 것 같다.

그에게 꼭 맞는 외투를 골랐다. 잿빛 모직 코트였다. 큰 키와 하얀 얼굴에 더없이 잘 어울렸다. 마침

내 우리의 고된 노역이 끝났다. 그가 외투를 걸치자 시베리아의 혹한도 이제 견딜 수 있다는 듯 친구의 얼굴에 만족한 웃음이 차올랐다. 그는 별로 말이 없는 사람이었지만 우리의 이야기에는 간간이 미소를 띠며 화답했다.

친구는 피아노 전공으로 입학했다. 대학에 다니던 어느 날이었다. 우연히 연습실을 지나던 성악과 선배가 그녀의 아름다운 노래를 듣게 되었다. 소프라노의 음색에 이끌려 그곳을 들여다본 것이 두 사람 인연이다. 친구는 자신의 목소리를 알아준 그 선배에게 호감을 느꼈다. 얼마 후 그녀는 선배를 따라 성악과로 전과했다. 그 시간이 깊었다.

간간이 연인들의 애틋한 눈길이 오갔다. 화제는 끝이 없었다. 우리는 젊었으니까…. 그는 두툼한 코트 자락에 친구를 감싸 안고 막차에 올랐다. 포근한 겨울밤이었다. 사랑은 아낌없이 주는 것이라고 했던가. 한 사람만을 향한 서로의 눈빛이 결국 그들을 결혼으로 이끌었다.

음악은 늘 친구 곁에 있었다. 오랫동안 교회합창단 지휘자로 활동하던 그녀는, 우연히 교도소 예배 시간의 반주를 부탁받았다. 그곳 강당에서 만난 재소자들을 보면서 불현듯 법관으로 평생을 살아오신 아버지가 떠올랐다. 그들 곁에 있어야겠다는 심경의 변화가 일었다고 했다. 교화위원자격을 얻어 정기적으로 교도소를 찾아갔다. 몸에 밴 사랑의 실천으로 또 다른 보람을 찾게 된 것이다. 오래지 않아 그녀는 재소자 성가대 지휘를 맡았다. 그 후, Y 교도소의 소가(所歌)도 작곡할 정도로 인정받게 되었다. 오래전 남편의 외투를 장만할 때부터 세상에는 입혀야 할 외투가 많다는 걸 감지하고 있었던 것일까.

어느 날, 교도소로 친구를 만나러 갔다. 친구는 나를 합창단 일원으로 참석하게 했다. 강당을 가득 채운 수많은 눈동자가 우리를 향해있었다. 무대에 서기 전에는 두려움이 앞섰으나 성가를 따라부르는 그들의 목소리에 점차 가슴이 젖어 들었다.

집에 돌아와서도 그 노랫소리가 마음에서 떠나지 않았다. 넘을 수 없는 거대한 벽은 세상과의 단절이다. 죄는 벌을 받아야 마땅하고 벌을 받고 있기에 그들은 그곳에 있다. 접견실밖에는 가족을 만나려는 사람들이 초조한 마음으로 줄을 선다. 죗값을 치르는 동안 가족들도 함께 고통을 나눈다. 그중에는 가족에게조차 외면당하는 경우가 있다고 한다. 그렇게 소통할 수 없는 것이 교도소의 벽보다 더 큰 벽일 것이다.

소통은 믿음과 사랑에서 출발한다. 친구는 재소자들과 상담 시간을 갖기도 한다. 그들은 우리와 같은 사람이고 마음에 병이 든 거라고 친구는 말한다. 진심으로 대하고 들어줄 때 비로소 닫힌 마음을 연다는 것이다. 나는 친구를 이해할 수 없었다. 하지만 해가 갈수록 그녀의 생각에 동화되어 선입견을 버리게 되었다. 교도소 행사인 재소자들의 운동회날 기억은 오래 잊히지 않는다. 그들 역시 우리와 똑같이 웃고 떠들고 운동장을 달렸다.

어떤 면에서 인간은 죄로 인해 자유롭지 않다. 나 역시도 그렇다. 하지만 죄를 지었다고 해서 인간성마저 상실하는 건 아닐 것이다. 한 번의 실수는 지워지지 않는 흔적을 남겨 사는 내내 그 죄를 곱씹으며 후회하게 한다…. '죄를 미워하되 죄인은 미워하지 마라.' L.A. 세네카의 말이 새롭다.

친구는 재소자를 위해 수없이 많은 편지를 주고받으며 눈물을 흘린다. 여러 곳의 구치소, 교도소에서 연을 맺은 그들이 사회로 복귀해 잘 적응한다는 내용을 읽어줄 때는 나도 기꺼이 박수를 보낸다. 그녀는 현재까지 삼십여 년을 교화위원으로 일하고 있다.

사회 곳곳이 빙판이다. 세상에는 외투가 필요한 사람들이 있고 기꺼이 자신의 외투를 내어 주는 사람도 있다. 따뜻한 심성으로 세상을 바라보는 친구의 삶이 그러하다.

다시 겨울이다. 외투를 사려고 시장을 누비고 다녔던 이십 대의 겨울연가가 그녀의 사랑처럼 세상의 빛으로 다시 쏟아진다. 빛이 닿지 않는 곳, 소외된 마음에 입힐 따뜻한 외투처럼….

김치가 주는 행복

안문자
2006. 7. 천료

K 권사님, 그동안 안녕하셨어요?

사람들의 힘든 사정은 아랑곳없이 태양의 계절은 지나가고 무르익던 가을도 가고 있습니다. 한들거리며 아름다움을 과시하던 황금빛 잎들도 떨어지고 있어요. 권사님 댁 뒷마당의 튼실한 사과나무에 주렁주렁 빨갛게 반짝이던 사과도 자취를 감추었겠네요.

저희는 집에 있는 편안함에 익숙해져 게으름만 늘지 않을까 근심하며 사는 요즈음 권사님이 주진 김치가 큰 즐거움이 되고 있습니다, 그 맛깔스러운 김치를 이번에도 염치없이 세 병씩이나 받았으니, 삼시 세끼 식탁을 대할 때마다 황송하고 고마운 마음입니다. 배추 물김치는 마음속까지 시원히 뚫어주고, 깊은 맛이 고루 밴 썬 김치는 밥상 한가운데서 젓가락을 부지런하게 한답니다. 갖은양념으로 버무려져 배추 결마다 싱싱함이 향긋하게 살아나는 겉절이, 더 이상일 수 없이 맛있는 김치를 수고 없이 먹는 저희는 얼마나 복이 많은지요.

권사님, 따님들이 혹 이상하게 생각하지 않나요?

"안문자가 누구예요? 어머니는 왜 이 사람에게 자꾸 김치를 해주세요? 힘드실 텐데." 하고요. 지난번에 따님이 무거운 김치를 들고 층층대 밑에까지 옮겨준 일이 있었지요. 전문직의 유능한 따님이라고 들었는데 권사님을 닮아 사랑이 많고 착한가 봐요. 김치를 건네받으며 미안하고 황송해서 어쩔 줄 몰라 하는 제게 권사님은 이렇게 말씀하셨지요. "옛날에 안 작가의 아버지, 안 목사님과 사모님의 사랑을 많이 받았어. 그거 갚는 거야. 안 작가가 글은 잘 쓰지만, 김치를 잘 못 하잖아. 하하하."라고요. 변변찮은 저를 꼭 안 작가라고 불러주시면서 말입니다. 아, 그러고 보니 아버지, 어머니가 베푸신 사랑의 열매를 우리가 지금도 받아먹는구나 싶어 그리움이 왈칵 솟기도 했습니다. 한편, 우리는 아이들에게 어떤 열매를 남겨주는가 생각하며 부끄러워졌습니다.

하루는 저녁을 일찍 먹었는데 10시쯤 되니까 출출해졌어요. 갑자기 김치가 떠올랐고 참을 수 없이 먹고 싶어졌지요. 연속극에서 양푼에 김치와 밥을 넣고 비벼 여럿이 먹는 모습이 맛있게 보였어요. 남편에게 말했어요. 우리도 맛있는 김치로 그렇게 한번 먹어보자고. 남편은 허허허, 웃었어요. 양푼을 챙겨와 김치와 밥을, 그리고 참기름을 넣었지요. 우리는 서로 얼굴을 쳐다보며 숟가락에 김치비빔밥을 잔뜩 얹어 입에 넣고 아작거리며 행복한 밤참을 먹었답니다. 맛이요? 와, 세상에! 정말 별미였다니까요. 양푼이나 참기름 때문이 아니고요, 권사님의 사랑을 먹었기 때문입니다.

권사님의 김치로 행복한 때에 책 선물이 배달되었어요. 신기하게도 김치에 관한 이야기였지요. 최홍식 박사의 『김치 100그램의 행복』이라는 책이랍니다. 단숨에 읽었어요. 이미 알려진 대로 세계의 석학들이 선정하여 미국의 건강 전문지인 『건강: Health』이란 잡지에 한국의 김치를 '세계 5대 건강식품' 중의 하나로 선정했대요. 그 때문에 김치는 마음과 몸을 치유하며 건강한 삶을 추구하는 '힐빙(heal-being)식'이라고 세계적으로 소문이 났답니다. 그래서 사람들이 건강을 위해 김치를 먹기 시작했다네요. 김치는 단순한 음식이 아니라 '힐링(healing; 치유)'이라고 한다고요. 식품과학자인 최홍식 박사의 연구로 한국의 대표적 발효음식 김치의 우수성이 과학적으로 증명된 셈이지요. 그런 소문이 퍼져 요즘은 코스코나 이웃의 미국 식품점 냉장 진열장에서도 김치(KIMCHI)를 쉽게 볼 수 있게 됐어요. 반갑고 신기해서 몇 번 사 먹어 봤지만, 권사님의 김치 솜씨에 빠져버린 저희에게는 성에 차지 않는 맛이었어요.

권사님께서는 '이 나이가 되도록 건강을 주셔서 김치를 만들어 이웃에게 줄 수 있어 참으로 행복하다'라고 하시며 하나님께 감사한다고 말씀하셨지요. '하늘에게 행복을 달라고 했더니 감사를 배우라 했다.'라는 말이 생각납니다. 권사님께서는 이미 모든 사람에게 본을 보이고 계십니다. 김치와 함께 선물로 주신 찻잔, 저와 남편을 지정해 이름까지 붙여 주신 자상한 배려에 감동되었습니다. 모두 모두 감사드립니다. 잃어버린 일상을 찾게 되면 제일 먼저 뵐 수 있기를 바랍니다. 추워지는 날씨에 부디 건강 조심하세요.

노부인의 방문

-어떤 역학조사 이야기-

김상분

2007. 3. 천료

"함부르크행 열차가 도착했습니다. 조심하십시오, 기차가 곧 출발합니다.(Der Zug nach Hamburg-Altona ist angekommen. BItte, Vorsicht bei der Abfahrt, Der Zug faerht sofort ab)"

드디어 독일, 쾰른 중앙역에 도착했다. 반복되는 역무원의 안내방송은 여전하다. 얼마나 오랜만인가. 사십 년 전 이곳을 지나 통학을 하며 날마다 들었던 그 말에 왠지 콧등이 시큰해진다, 창밖으로 마중 나온 슈미트의 얼굴이 보인다. 서둘러 내려가 반가운 인사를 나누고 싶어도 내리려는 사람도 많고 타려는 사람도 가득하다. 질서와 차례를 으뜸으로 여기는 독일이 아닌가. 안내방송을 몇 차례 더 듣는 동안 기차가 떠나지 않을까 조바심이 난다. 그러나 이곳이 어디인가. 유럽을 한 나라처럼 운행하는 열차 시간은 정확하다. 무엇보다 창밖에서 우리를 알아보고 손을 흔드는 친구가 있는 한 안심이다.

우리의 무거운 짐들을 내려서 카트에 싣고 나서야 악수를 청하는 그도 우리처럼 많이 늙었다. 모든 것이 그대로인데 우리만 늙어서 서로를 바라보는 눈에 눈물이 어린다. 그래도 역사적인 방문을 기념해준다며 쾰른을 대표하는 브랜드인 '4711'의 향수 광고판을 배경으로 사진을 찍고서야 역사를 떠났다. 친구의 오래된 집으로 향하는 길, 아우토반도 차량의 흐름도 나무도 옛날 그대로 익숙하다. 19세기 말 친구의 조부님이 대리석으로 지으신 삼층집 고택에 도착하여 이틀 동안을 쉬면서 묵었다. 친구도 그동안 몇 차례 한국을 방문할 때마다 우리 집에 기거하며 지내는 사이였지만, 귀한 손님으로 지내기보다는 불편하고 고생스러워도 오랜만에 독일을 방문한 '노부인의 방문'의 의미가 더 크게 작용했는지도 몰랐다. 그것이 무엇을 의미하는지 기대와 함께 한없이 설레는 마음으로 나의 지난했던 청춘의 고향, 뒤셀도르프로 향했다. 대학에서 제일 가까운 마을의 숙소를 찾았을 때는 이미 저녁 무렵, 비가 내리고 있었다. 독일 날씨에서 '비'는 너무도 자연스럽지 않은가. 비를 맞으며 이틀 동안 이곳에 묵으며 먹어야 할 식품을 사러 마을로 나갔다. 그 옛날처럼 가난한 유학생 시절의 단골 슈퍼인 '알디'를 찾아서….

이튿날, 하늘이 맑다. 시내로 들어가기 전에 벤라트 성을 방문했다. 작은 파리라는 별명의 도시처럼 프랑스의 베르사유를 모델로 지은 이 성에는 우리들의 아픈 기억이 있어, 어쩌면 제일 먼저 찾았는지도 모른다. 성으로 들어가는 입구의 드넓은 호수도 여전하다. 수면은 잔잔하고 둘, 셋의 백조가 유유히 헤엄을 친다. 저 건너 어딘가 회색 빌딩들이 서 있는 곳에 시선이 멈추었다.

40년 전, 일곱 살의 딸아이는 몇 해 만에 만난 아빠와의 하루하루가 마냥 기쁘기만 했다. 초등학교 입학을 위해 이런저런 서류를 내고 건강검진도 해야 했다. 그런데 난데없이 저 호수 건너에 있는 위생 당국이라는 곳에서 연락이 왔다. 딸이 다섯 살 때 결핵성 늑막염을 앓았는데 한국에서 출국하기 전에 다시 한번 건강검진을 받았고, 아무 이상이 없다는 소아과 의사의 진단확인서를 받았기에 안심하고 있었다. 사실, 어릴 때 아팠던 원인이 결핵균이었다는 것을 말한 것이 잘못이었다. 부모로서 우리는 혹시라도 하는 마음에 숨김없이 문진에 응했던 것이 사달을 만들고 말았다.

딸에게는 초등학교 입학을 위한 검사라고 이야기해주었지만, 혈액이나 소변은 물론 가래검사와 흉부 X선 촬영까지 철저하게 진행되었다. 검사 후 긴장도 풀어줄 겸 해서 반짝이던 호수와 성을 구경시켜 주던 날이 어제 같다. 때마침 성에서 열리는 어린이를 위한 야외음악회에서 즐겁고 행복해하던 순간들이 꿈만 같다. 다음 날 위생 당국에서 연락이 오고 흰 가운을 입은 직원이 집을 방문하여 화장실이며 곳곳을 소독하고 규칙적으로 소독할 약품도 주고 가면서 우리와 친분이 있는 사람들까지 물었다. 가슴이 철렁하던 그때의 기분은 지금도 으스스해지는 두려움이었다. 독일이 어떤 나라인가. 느닷없이 육백만의 유대인을 학살한 나치 히틀러의 만행을 떠올리며 불안했다. 그러나 다시 생각했다. 결핵균을 발견한 독일의 로버트 코흐는 세균의 배양검사를 통한 연구업적이 지대한 공로로 노벨의 생리의학상까지 수상하였고, 평생을 인류의 질병 퇴치를 위해 일생을 헌신하지 않았는가. 긍정적으로 생각해보자면서도 내 조국 대한민국의 의료수준이나 건강검진확인서를 처음부터 믿지 않는 독일이라는 나라가 섭섭해지기 시작했다.

부모는 물론 친지들까지 접촉자로 구분하여 검사 대상으로 삼아 소위 역학조사가 시작되었다. 민망하고 난감한 시간이 흐른 다음 결핵균 배양검사까지 끝낸 당국에선 결국 아무런 이상 없음을 통보해 왔다. 그러나 당면한 문제는 어쩐 일인지 학교 입학 기간이 한 해 동안 미루어지게 되었다. 초등학교를 독일에서 시작하게 되었다고 꿈에 부풀었던 딸아이에게 무어라고 이야기해야 하나. 순차적으로 비자를 받아 데려온다고 약속한 네 살배기 아들은 어떻게 해야 하나. 장손을 함부로 내놓지 않으시고 시범적으로 손녀를 보내신 부모님께는 이 자초지종을 또 어떻게 말씀드려야 하나 걱정은 끝이 없었다. 곧이어 불호령이 내려졌다.

"천년 양반의 종손녀가 어느 코쟁이 나라에서 그런 하대를 받으며 살게 할 수는 없느니, 학교에 가지 못하면 낯선 타국에서 그 어린 것이 무엇을 할꼬?" 그 가을에 딸아이는 조부모의 품으로 귀국을 했다. 혼자였던 아들에게는 누나가 돌아와서 힘이 되었겠지만, 손주를 맡으신 부모님의 역할은 내게 평생 갚지 못할 짐이 되었다.

무엇을 겁내랴. 어떤 일을 망설이랴. 고국의 부모님과 아이들을 생각하면 못 할 일이 없었다. 병원의 야간당직이나 아이보기로 시작한 아르바이트는 나이트 바나 디스코텍의 설거지도 마다하지 않았다. 대개 밤에 일하게 되고 아침에는 학교에 가서 독일어 과정을 이수해야 하는 조건의 학생 신분을 유지하면서 지내야 했다. 독일에 오기 전에는 한국에서 제일간다는 큰 병원의 중앙검사실에서 근무했던 경력으로 노동허가를 받을 수 있으리라 기대했지만, 이민국이 아닌 이 나라의 외국인에 대한 정책은 절대 만만치 않았다. 남편은 이미 주경야독의 이력이 나 있었다. 서울의 집에 무슨 변고가 있을 때를 대비해 언제든 돌아갈 수 있는 비행기 삯을 쥐고 있으면서도 몸이 부서지도록 고생을 하며 지냈던 젊은 날들을 생각하면 돈을 벌기 위해 세상에 못 할 일이 없었다. 고진감래라고 위로와 격려를 보내주시는 부모님께 그리고 아이들에게 자존감을 안겨주기까지 우리는 철저히 독일 사람이 되어가고 있었다. 삶의 한 가운데서 그들의 논리적 언어를 배우며 터득한 정서와 가치관과 철학은 오늘의 삶에서도 힘이 되고 의지가 되는 옹이로 자리매김하였다.

벤라트 성에 해가 질 때까지 성을 에워싼 숲을 걸으며 아프고 고되었던 젊은 날을 반추했다. 만약 그때 딸아이의 과거 병력을 이야기하지 않고 건강검진 과정이나 수치스럽기까지 했던 방역이나 역학조사를 거치지 않았다면 우리의 삶은 어떻게 변했을까. 순탄하게 딸아이를 학교에 보내고 아들도 초청하여 가족이 함께 독일 생활을 했다면 어땠을까. 거짓이나 바르지 않은 일을 못 하고 살았던 우리에게 그것은 아마도 불가능했을 것이다. 영악하지도 교활하지도 못하고 주변머리도 없이 성실하게만 살았던 세월이 있었기에 그나마 오늘 여기에서 지난날을 추억하며 서 있게 하지 않았을까. 내일부터 두 달간의 독일 여행 '노부인의 방문'이 시작된다. 결코 호화롭거나 사치스러운 관광여행이 되지는 않을 것이다. 그렇다고 인생을 내려놓고 가는 순례자의 길도 아니다. 젊은 시절에 가보고 싶어도 그럴 수 없었던 독일의 역사와 문학과 철학이 살아 있는 여러 도시와 문화유적지를 찾아서 떠난다. 핍진했던 옛날을 잊지 말고 오늘에 자만하지 않으며 내일 후회하지 않도록 다짐하며 '숲'이라는 이름의 호텔인 우리 숙소로 돌아왔다. 나무가 아닌 숲이어서 좋다. 독일의 깊고 검푸른 미지의 숲이어서….

땅끝(土末)

김찬수
2008. 3. 천료

'땅끝'에 서 있다. 해남군 송지면 갈두산 사장봉 땅끝이다. 대한민국의 '땅끝'이다. 여기를 기점으로 서울까지 천 리, 서울에서 함경북도 온성까지를 2천 리로 잡아 우리나라를 삼천리 금수강산이라고 한 곳이기도 하다. 삼복더위 칠월 염천의 오후 3시(7. 27), 강렬한 태양의 열기를 짊어지고 '땅끝전망대'를 향해 30분 가까이 올라가는데 얼굴에는 물대포가 터지고 온몸은 땀으로 거의 범벅이 되다시피 했다.(그날 더위로 4명 사망 보도가 있었음)

전망대에서 바라다본 바다도 이글거리는 태양열에 지쳤는지 파도조차 누워서 쉬는 듯 조용하다. 바다 위에는 아무것도 없다. 나르는 갈매기도 없다. 저 멀리 아물거리는 수평선 끝자락에 앉아 있는 구름도 꼼짝하지 않는다. 명상에 잠긴 듯 정적만 흐른다. 그간 바다를 끼고 출퇴근도 하고 바다에 나가보기도 했지만 '땅끝'에서 수평선 너머 바다 '끝'을 바라보는 것은 여느 때와는 다른 느낌이 인다.

모든 사람이 태양은 한자리에 머물러 있고 지구가

태양의 둘레를 도는 것(지동설)이 아니라 지구는 제자리에 있고 해와 달, 별이 움직인다는 천동설을 믿던 시대. 지구는 평평하고 낭떠러지가 있어서 그곳에서 잘못되면 끝장나는 것으로만 알고 있던 시대. 그때 유럽 사람들은 '땅은 여기서 끝난다. 여기가 땅의 끝'이라고 생각한 지브롤터 해역 한곳에 '더는 아무것도 없다. 여기가 끝'이라는 뜻의 표지판을 세웠다고 한다. 'no more beyond'

코페르니쿠스의 지동설 (1545년)이 나오기 오십여 년 전(1492년) 콜럼버스는 수학자 토스카넬리의 도움으로 지구가 둥글다는 것을 확신하고 모든 사람이 지구의 '끝'이라고 생각한 '그 끝'을 박차고 나갔다가 다시 돌아왔다. 아무것도 없다고 생각했던 지구의 '끝'이 '끝'이 아님을 확인한 것이다. 그 너머에는 엄청난 새로운 희망의 땅이 기다리고 있었다. 신대륙이다. 그일 이후로 표지판의 첫 글자 'no'는 지워지고 'more beyond'로 바뀌게 되었다. '저편 너머에는 많은 것이 있다'로.

금년 한식날에 부모님의 유택을 새로 마련해드려야 했다. 골프장 개설로 인한 불가피한 조치였다. 이장 작업을 하는 과정에서 어머니의 묘소에는 흔적이 거의 없었다. 어린아이 손바닥 크기보다 작은 뼈 두어 조각뿐이다. 사람이 죽으면 한 줌의 흙으로 돌아간다는 상식은 머리에 담고 있었지만, 막상 실상을 보니 인생이란 도대체 무엇인가, 허무가 정말 전부인가, 가신지가 오십 년 가까이 되지만, 뼛조각을 수습하면서 생전의 모습을 상상했다. 어렵고 힘들던 보릿고개의 터널을 빠져나오지 못한 채 마지막에는 중병으로 고생하다가 돌아가신 나의 어머니, 제대로 보살펴드리지 못했다.

가난이 죄였다. 돌아가신 그날이 취업 시험을 치는 바로 전날이었고 고등학교 졸업과 동시에 나는 금융기관에서 근무하게 되었다. 몇 개월이라도 더 살아 계셨으면 첫 월급으로 약 한 첩이라도 지어드렸을 텐데…. 가슴이 아리다. 너무나 박복한 나의 어머니다. 인생은 이렇게 끝나는 것인가. 끝없는 안타까움과 불효가 나를 때린다. 어머니는 종교를 모르는 분이지만 돌아가시기 전전날 약식 임종 예배를 받으셨다. 성경에 절체절명의 삶의 끝자락에 선 두 사람이 있다. 처형하기 위해 예수와 함께 십자가에 달린 두 행악자이다. 한 사람은 오른편에 또 한 사람은 왼편에 매달렸다. 이들의 운명은 곧 끝나게 되어있었다. 절박한 삶의 끝자락에 선 두 사람은 극명하게 엇갈린다. 한 사람은 '인간의 삶이란 죽으면 끝'이고, 삶의 끝자락 그 너머에는 아무것도 없다고 믿은 것 같다. 또 한 사람은 어떻게 된 것인지는 몰라도 삶의 끝자락 그 너머를 본 것 같으며 사후에 뭐가 있다고 믿은 것 같다. 마치 신대륙을 발견한 사람과도 같이….

우리 인간도 하루하루의 삶이 생의 끝자락에 놓여있는 것과 다를 바가 없다. 시간의 차이일 뿐. 그런데 사람 중에는 '죽음'이라는 인생의 경계선이 삶의 '끝'이 아니라고 믿는 사람이 있고. 또 다른 한편은 '끝'이라고 믿는 사람이 있다. 왜냐하면 그 너머에 가본 경험이 없기 때문이다. 나 자신은 20대에 질병으로 인한 극한상황 앞에서 죽음이라는 문제를 놓고 앞이 캄캄하여 절망한 적이 있다. 지푸라기라도 잡고 싶은 심정이었다. 정신과 전문의 엘리자베스 퀴블러로스는 사후생(死後生) 에서 의사들이 사망했다고 확인한 사람 중에서 다시 살아난 수많은 사람을 면접조사 했다. '죽음이란 누에가 고치를 만들고 고치 안에서 번데기로 있다가 구멍을 뚫고 나와 나비가 되어 날아오르는 것과 비슷하다. 봄이 오면 겨울에 입었던 외투를 벗어 버리듯이, 이 육체는 다 쓰고 난 뒤에 벗어버리고 새로운 삶이 시작된다.'라고 한다.

파스칼의 『팡세』에서도 천국, 이것은 우리가 표현하기에는 너무나 엄청난 도박이다. 천국이 있는 것으로 믿고 살았는데 죽어보니까 천국이 없어도 그것은 나에게 아무런 문제 될 것이 없다. 별로 손해 볼 것이 없다. 그런데 천국이 없는 것으로 믿었다가 죽어보니까 천국이 존재했다면 이것은 엄청난 큰 손해를 보는 일이라고.

'육으로 심고 신령한 몸으로 다시 살아나나니 육의 몸이 있은즉 영의 몸도 있다'라고 한다. 개미는 2차원밖에 모르지만, 인간은 3차원에서 살고 있다. 개미에게 3차원이 있음을 아무리 설명해도 통하지 않을 것이다. 마치 개미와 같이 그 차원을 벗어나지 못하고 있는 자가 바로 나 자신이 아닌가 믿어지면 좋겠다. 그렇게 믿고 살면 소망을 가질 수도 있을 테니까. 또 '끝의 끝은 다시 시작이다'라는 말도 있으니까. 지금 내가 서 있는 곳이 땅끝이라면 그것은 희망찬 출발점에 서 있는 것이다. 무한한 가능성이 기다리는 신대륙으로 마음껏 나래를 펴 볼 일이다.

사랑하는 린

이정금
2008. 3. 천료

의사 선생님은 진찰하자마자 위급하다고 했다. 나는 당장 큰 병원 노스쇼 응급실로 보내졌다. 도착 즉시 산소호흡기가 씌워지고 여러 의사가 진찰하며 웅성거렸다. 앞이 캄캄했다. 내게 무슨 일이 일어났는가. 며칠 전부터 가슴이 답답하고 숨소리가 '쌔액 쌔액' 했다. 과로에다 감기 뒤끝이라 그런가, 잘 먹고 푹 쉬면 낫겠지 생각하며 복식호흡을 하면서 차일피일 괜찮아지기를 기다리던 중이었다. 며느리가 와서 보고 걱정이 되는지 종합 진찰을 한번 받아보자고 하였다. 평소 건강에 자신이 있던 나는 할 일도 많은데 그냥 두자고 하였으나 웬만해서는 병원에 절대 가지 않는 나를 며느리는 억지로 데리고 갔다. 20년 전 그날 그렇게 나를 살렸다.

길어진 병원 생활. 병상에서 이제껏 똑바로 바라보지 못한 나 자신을 돌아볼 여유가 생겼다. 불쌍한 내 엄마가 떠올랐고 애들이 생각났다. 인간은 경험과 다른 사람과의 관계를 통해 성장한다고 했다. 나는 내 사랑하는 사람들과 얼마나 깊은 관계를 맺어왔고 표현해 왔는가. 늘 시간에 쫓겨 서로 깊은 내면의 세계를 알지 못하고 겉으로 평온하여 안심하고 자족하지 않았던가.

나는 내 자식들에게 어떤 영향을 미쳤을까. 그들에게 내 경험으로 빚어진 사고를 강요하지 않았던가. 울며 기다려 달라는 그들의 요구를 들어주었는가. 조금만 노력하면 할 수 있다고 채찍질하지 않았던가. 조급하고 넉넉지 못했던 나를 돌아볼 수 있었다. 애들은 지금까지 일하고 있는 나를 보면 가슴이 아프다고 제발 그만두라고 한다.

남아도는 시간 운동 삼아 하는 것이니 이해하라고 해도 한사코 말리고 있다. 일찍 결혼한 아들은 크리스천이다. 화목하고 평온한 장로 집안의 장녀인 며느리는 효부이다. 사랑을 듬뿍 먹고 자란 며느리는 눈이 초롱초롱하게 이야기를 재미있게 잘하고 속마음을 잘 표현한다. 이민 2세대이지만 가정교육을 한국식으로 받아서 생각도 한국적이다. 우리 집의 모든 것을 주관하고 운영한다. 고집불통인 나를 병원에 끌고 가서 나를 살린 며느리이다.

요즘은 저녁 식사 후 동네를 한 바퀴씩 돌곤 한다. 하늘에 무수한 별이 졸고 있고 조그마한 달이 나를 반긴다. 맑고 청정한 공기를 큰 숨 속에 담뿍 받아들이며 걷는다. 길가 낮은 담장 안의 각양각색의 식물들을 접할 수 있고 꽃들의 향기가 나를 유혹한다. 아름다운 정원들을 감상하며 걷다 보면 앙증스러운 거리의 도서관도 만난다. 그냥 '안녕'하고 지난다. 잘 정돈된 잔디가 산책로 양옆에 카펫처럼 깔려 있고, 넓고 깨끗한 도로에는 지나가는 차도 없다. 밝은 불빛이 집마다 창에서 새어 나오고 모든 게 조용하고 평화스럽다. 마냥 걸으며 천천히 생각할 수 있는 이 시간이 참 좋다. 여기에 오기까지 우리에게는 얼마나 많은 일이 있었던가. 애들 대학 입학, 졸업 그리고 좋은 직장을 갖기까지의 과정.

15년 전 가장인 아들의 뇌수술로 충격을 받고, 남편의 7년간의 암

투병이 있었다. 이 모든 것을 며느리가 감당했고 슬기롭게 처리했다. 이제 생각하면 나는 부끄럽고 죄스럽고 좀 더 잘했더라면 하는 생각에 혼자 얼굴을 붉히기도 한다. 돌아보니 인생의 고비마다 절대자가 수없이 경고하고 기다려 주었음을 어렴풋이 알 것 같다. 이전에는 바쁘게 사느라 모든 걸 내 입장에서만 생각했으며 최선을 다했다고 자만했다.

이 인생의 힘든 고비를 같이 겪으며 며느리 심정은 어땠을까. 그 입장을 생각해 보게 된다. 격식 찾고 예절 찾는 엄격한 시아버지와 고집불통 시어머니와 사느라 가슴이 콩닥콩닥 뛰기도 하고, 얼마나 힘이 들었으면 원형 탈모가 생기기도 했다고 했다.

유난히 이야기 나누기를 즐기는 네가 점점 말수가 적어지고 여행 한 번 제대로 가보지 못한 너를 생각하니 가슴이 아리다. 린아, 이젠 친구들하고 여행하고 놀기도 하렴. 내 걱정하지 말고 제발 너희 행복의 웃음소리가 더 많이 들렸으면 좋겠다. 나는 이 시대의 행복녀다. 나는 너희들과 같이 사는 것만으로도 행복하다. 같이 여행하자, 맛있는 것 먹으러 가자, 제발 사절이다. 너희들이나 더 자주 갔으면 한다.

아들에게 부탁한다. 네 처는 이 시대에 보기 드문 효녀이고 이 환경에서 내가 눈물겹도록 고맙게 생각하는 며느리다. 좀 더 알아주고 격려해주기를 바란다. 무뚝뚝한 엄마가 부탁한다.

린아, 사랑하는 네가 있어 나는 행복하다.

비원(悲願)

진재수
2009. 5. 천료

방학이 끝나고 개학을 했음에도 한 학생이 등교하지 않았다. 알아보니 휴가 중에 병으로 갑자기 숨졌다는 것이다. 축구를 좋아해서 운동장에서 펄펄 날던 모습을 자주 봤던 그 아이가 눈앞에 생생하게 어른거린다.

늦었으나 그 아이의 반 담임과 학생 몇 명과 함께 세상을 달리한 그의 집을 방문해 조문한다. 한창 크는 고등학생, 한생 꽃피어 보지도 못하고 마치 붉은 동백 꽃송이 땅바닥에 떨어져 눕듯이 팔팔하던 생명을 병마가 홀연 앗아가 버렸다. 그 주변에는 연민의 정과 슬픔만이 가득하다. 자식을 먼저 보낸 참척(慘慽) 앞에서 적절한 위로의 말을 찾을 수 없어 말을 잃고 눈물만 안으로 삭이다가 되돌아선다. 병마에 쓰러진 그 아이 영혼이 주변에 와 있어 함께 있는 듯도 하다.

돌아서 나오다 보니 한 길 따라 큰 마을이 있고, 좀 떨어진 산허리쯤에 아담한 절집 지붕이 나무숲 너머로 건너다보인다.

'○○이가 비록 짧은 한생을 살고 갔으나, 저세상에서는 아픔도 없는 좋은 곳에서 오래 행복하기를 빌어줄까.'

'깨달은 자(覺者)여! 저희 중생들의 비원을 가납하여 주소서.'

마음을 담아 염원을 하고 물러나니, 한 스님이 우리를 반긴다. 학교에서 온 줄 알고, 앞서가며 사찰의 경내 이곳저곳을 안내한다. 오늘 우리 슬픈 마음을 알고 위로라도 하는 듯이 한 전각(殿閣) 마당 후미진 곳에서 특별한 '사연이 있는 부처'라며 소개한다. 언뜻 봐서 그저 돌뭉치 같다. 부처님 상호와는 거리가 멀다. 그렇게 보면 부처 다음가는 성인인 듯도 하다. 눈 여겨봐도 형용만 그렇다. 두루뭉술한 이목구비지만 목과 어깨는 그런대로 반듯한 모습이다. 전체적으로 볼 때 불쌍한 사람들의 질병을 없애주고, 고통에서 구제해준다는 지장보살이 저러할까. 얼굴과 목 부분이 간절한 비손 흔적인 듯 반질반질 닳아 있어, 볼수록 고뇌에 차 있는 것 같으면서도 자비로운 느낌도 든다.

이 불상에 관한 이야긴즉, 아랫마을에 늙은 어미와 아들 모자가 살았는데 너무도 가난하여 어미가 인근 마을을 돌며 밥 동냥해서 끼니를 때웠다. 아들은 남의 집 일한 품삯으로 그날그날을 겨우 먹고 살아가는데, 엎친 데 덮친 격으로 아들이 방문 앞의 신발도 못 보는 병으로 시력을 잃고 있었다. 어미는 마음속으로 애만 태우다가, 어느 날 마당가에 사람 머리만 한 돌덩이에 눈이 마주치자 돌에 불상을 새기기로 한다. 지극정성으로 돌을 깨고 갈고 문지르면서 오직 부처님 자비로 아들의 눈을 고쳐달라고 정성으로 염원한다. 그리하여 부처상이 다 되었을 때 동구 밖 한길 옆 당집 곁에 모셔놓고, 나명들명 부처님께 빌고 또 빌었다. 비가 오나 눈이 오나 오직 정심으로, '부처님, 원력 가피로 불쌍한 우리 아들, 밝은 눈으로 대명천지 세상을 보게 해주십시오.'

그러다가 엄동설한에 밥을 얻어서 밤늦게 돌아오는데, 그날따라 눈바람이 심하게 불었다. 늙은 몸이 쇠잔하고 너무 추워 몸이 얼어서 움직일 수가 없었다. 겨우 당집에 이르러서야 쪼그리고 앉아서는 돌부처를 부둥켜안고 소원을 빌다가 그대로 몸이 언 채 숨을 거두었다는 것이다. 마을 사람들이 모두 슬퍼하며 장사를 지내고, 이 돌부처는 마땅히 절에 모셔야 한다며 이 자리에 옮겨왔다는 것이다.

옛말로 나무 돌에도 '어마 아바'하고 부르면, 그 정성이 염력이 되어 신통한 영험이 있다고 믿었다. 어미는 그 믿음 하나로 부처상을 공양하고 눈 밝게 해 달라 소원하다가 끝내는 돌 뭉치 같은 것을 안은 채 숨져갔다니…. 어미의 차디찬 목숨, 절체절명의 순간 간절한 비원은 하늘 땅 어디에 닿았을까. 가슴 저린 사연을 듣고, 머리 숙여 지순 지고의 모정에 경외감을 표하고 미적대면서 금방 돌아서지 못한다.

절집을 나와 마을 뒷산 구진산(九鎭山) 더기에 올랐다. 눈앞에 낙동강이 유유히 흘러감을 바라본다. 지는 햇귀에 윤슬이 빛나며 눈이 부신다. 강물이 흐르는 한적한 강변과 마을의 들판 풍경은 꾸밈없는 자연 그대로다. 한적하고 평화스럽다. 그러나 우리 사는 세상에는 '삶과 죽음'이 있어 슬프다. 꽃다운 나이로 부모와 정든 마을을 떠난 죽음, 자식을 위한 어미의 간절한 염원 끝에 목숨이 다한 죽음도 있다. 뿐만이 아니다. 1950년 8, 9월 낙동강 전선, 저 강을 사이에 두고 처참했던 전투, 산 자들의 바람과는 너무도 다르게 수많은 목숨이 지상에서 사라져 갔다.

사람이 죽으면 영혼(靈魂)이 강으로 인도되어 물을 마시면 전생의 모든 업이 잊힌다는 그리스 신화에 나오는 '레테의 강', 그 망각의 강이 저 강물이면…, 그래서 이 땅의 구천(九天)을 떠도는 수많은 혼령, 저 물 마시고 과거지사는 모두 잊고 편안한 잠을…. 조용히 뇌어 본다.

*1996년 여름, 00에서 교직 생활을 하던 중 유난히 기억에 남았던 하루를 반추해 쓴 글임.

은혜와 감사

최학용
2009. 11. 천료

땡, 아침 8시 핸드폰에 문자가 도착했다.

'아프기 전과 후, 당연하다고 느꼈던 모든 것들이 은혜이고 감사입니다. 숲속의 바람과 새소리, 풀 향기 맡으며 걷고 있어요. 모두 건강하시길 늘 기도합니다.' 암 치료 중인 며느리가 매일 동네 안산 공원에 오른다. 그날에도 안산에 올라 신선한 아침 공기를 가르며 딸네를 포함한 가족 카카오톡에 보내온 문자다. 반갑다. 우리 부부도 청계천을 걷고 있었다. 며느리, 우리에게 단 하나뿐인 귀하고 귀한 식구다. 며느리의 컨디션이 어제보다 더 좋아졌기를 바라는 마음이다.

안산 공원은 아들 집에서 가깝다. 오르는 길을 마루처럼 나무로 깔아놓아 걷기가 편한 점도 자랑이란다. 거기에 하늘을 찌를 듯이 서 있는 메타세쿼이아 나무들이 내뿜는 풍부한 산소량도 산의 특징이라 알려져 있다. 풀 향기 맡으며 걷는 시인처럼 사뿐히 걷는 며느리의 자태가 떠오르며 순간 마음이 놓였다.

지난 12월, 건강하던 며느리에게서 우연히 암이 발견됐다. 온 가족에게 하늘이 노랗고 앞이 캄캄할 정도로 황당한 일이었다. 복잡한 절차를 밟아 여러 달 동안 수차례의 항암 치료를 받았다. 머리가 빠지고 손발톱도 검게 변하며, 손끝에서 나오는 진물도 보기에 딱했다. 머리카락이 빠질 때 여성으로서의 자존심, 제일 마음이 상하는 상황 아닌가.

나도 경험했기에 더욱 가슴이 아팠다. 여성에게 머리칼은 정말 신체에서 제일 중요한 부분이라 생각했었다. 내가 25년 전 겪었던 일이다. 항암 주사로 머리카락이 우수수 쏟아지듯 빠질 때였다. 입원실에 새벽 시간 체온을 재러 들어오는 간호사에게도 보이고 싶지 않아서 모자 끈을 꼭 매어 붙들고 있었던 나였다. 어머니는 머리카락이 빨리 나서 자라려면 햇볕을 잘 받아야 한다고, 늘 양지쪽에 데리고 나가 두피 마사지를 해주셨던 생각이 난다.

무엇을 먹는지 식단도 중요하다 했더니, 식탁 사진을 찍어 보내는 자상함도 보이는 며느리다. 매주 병원서 만날 때마다 늘 웃음으로 인사하고 오히려 꿋꿋한 의지를 보이며 가족을 챙기는 며느리가 더욱더 안쓰럽고 자랑스럽다. 믿음이 좋아서일까, 분명 천성이다. 우리 며느리에게 '천사표'라는 딱지를 기꺼이 붙여 주고 싶다.

교회에서 구역장 직분과 피아노 반주 봉사도 치료 중에 거의 거르지 않았다. 챙기는 마음이 어쩜 그리 기특하던지, 하나님이 예뻐하실 튼실한 신자다. 믿는다면서 늘 편하게만 믿던 나의 믿음이 며느리에게 부끄러울 뿐이다. 아들은 늘 시간에 쫓기는 교수직을 지키며 보호자 노릇 하느라 체중도 빠졌다. 얼마나 고심이 클까, 복도에서 진료 순서를 기다리는 동안도 책을 손에서 놓지 못한다. 열성 연구파 교수의 면모가 몸에 배어 있는 아들이 늘 든든하다. 하지만 아들을 생각하면 늘 생인손을 앓는 심정이다.

20여 회의 항암제 치료, 어려운 고비를 넘겼다 했더니 수술 날 받아

놓고 얼마나 불안하고 걱정이 되던지…. 2시간 걸린 수술에서 부분 절제술을 했다기에 안도의 숨을 쉬었더니 떼어 낸 세포 검사 결과 또 방사선 치료가 기다리고 있단다. 그것도 15회를 계획 중이라니 다시 한숨이 나온다. 무거운 맷돌이 가슴을 누르는 듯 무겁고 답답하다. 늘 좋은 것 주시는 주님께서 완치를 선물로 주시기를…. 기도를 간절히 올린다.

긍정적인 마인드의 며느리, 누구에게나 칭찬받는 며느리의 자존심에 쩍쩍 금가는 소리가 들리는 듯하다. 자존심을 내려놓고 기도로 주님께 매달리는 일이 어려움을 이기는 일이라 믿는다. 하루하루 살아오면서 우리를 향한 하나님의 깊은 뜻을 깨닫지 못한 때가 많았음을 고백한다. 감사에 대한 깊은 교훈을 얻은 기간이었다. 감사할 때 염려가 떠나가고, 하나님의 평강이 임하게 된다는 말씀이 떠오른다.

수술 후 퇴원하는 날이다. 손녀딸 형제가 엄마 환영 이벤트로 거실 벽에 현수막을 장식해 감격의 눈물을 쏟았다. 온 가족이 마음고생과 몸 고생이 많았다. 엄마, 아빠 사진을 띄우고 사진 옆에 마음이 담긴 글이 보인다.

'골프 여제 우리 엄마 이승은, 건강하게 돌아와 줘서 고마워요, 수고한 아빠는 우리들의 히어로, 예쁜 딸 혜원 지원이가.'

가족의 귀중함을 뼈저리게 깨달은 하나님이 주신 기회라 여긴다. 이런 경우 '딸 키우는 맛'을 톡톡히 본 셈 아닌가. 사랑하는 며느리의 쾌유를 빌고 또 빈다. 고생 많았다. 사랑한다. 기도와 사랑으로 함께하시는 사돈에게, 친정 올케를 위해 기도하는 딸과 사위에게도 고마움을 전한다.

봄날은 간다

이성숙
2010. 1. 천료

연분홍 치마가 봄바람에 휘날리더라
오늘도 옷고름 씹어가며
산 제비 넘나드는 성황당 길에
꽃이 피면 같이 웃고 꽃이 지면 같이 울던
알뜰한 그 맹세에 봄날은 간다.

내가 제일 좋아하는 노래다.

언제부터인지도, 좋아하게 된 이유도 모르지만, 태어날 때부터 알고 있었던 것처럼 익숙해서 일상에서 늘 함께했다. 애써 배우려고 한 적이 없어 제대로 부르지는 못하지만, 틈만 나면 흥얼대다 보니 애창곡이 되었다.

송년회가 대세였던 어느 연말에 남편이 다니던 회사에서도 송년회를 한다고 했다. 기혼자는 배우자를, 미혼인 자는 어머니와 함께 하는 모임이다. 참석해 보니 부서별로 자리가 배정되어있었다. 분위기는 무르익어 가는데 말 없고 재미없는 팀장인 남편의 눈치를 보느라 다른 직원들은 마음 편히 즐기지를 못했다. 너스레를 좀 떨라며 남편의 옆구리를 찔러보지만, 소용이 없다. 푸짐했던 상품들이 동이 날 무렵, 막판 뒤집기 장기자랑을 한다는 사회자의 말에 손을 번쩍 들었다. 갑작스러운 나의 행동에 사색이 된 남편을 뒤로하고 무대에 올랐다. 사회자가 무엇을 할 것이냐고 물었다. 일 초의 망설임도 없이 「봄날은 간다」 노래를 하겠다고 했다. 의미심장한 미소를 지으며 마이크를 건네주는데 전주는 이미 흐르고 있다. 정신을 차리고 앞을 보니 모두가 나를 뚫어지게 바라보고 있다. 마이크를 잡은 손이 떨렸지만, 눈을 꼭 감고 불렀다. 1절이 끝나고 간주 중에 남편을 무대에 데리고 나와서 같이 떨게 했다. 노래가 끝나자 환호성과 함께 박수가 연회장에 울려 퍼졌다. 잘해서가 아닌 격려의 박수다. 행사가 끝나고 사회를 보던 유명 개그맨도 나의 용기가 가상하다며 종합 3위라 발표했다. 팀원들에게 조그만 상품도 안겨주고, 사장님께도 기특하다며 칭찬받았다. 일 년 후, 송년회에 참석하기 위해 나를 데리러 온 남편에게 올해는 조용히 있다가 오자는 지청구는 들었지만 말이다.

나이가 들수록 송년회에서 제대로 불러보지 못한 노래에 대한 미련이 남았다. 더 늙기 전에 제대로 배워서 멋지게 불러보고 싶었다. 기회가 닿아 기타를 배우기로 했다. 기초 이론을 간단히 배우고 반주법을 배웠다. 목표가 있으니 재미도 있고 진도도 기대 이상이었다. 몇 달이 지나서 선생님에게 「봄날은 간다」 악보를 부탁했다. 젊은 시절 밤무대를 누볐다던 선생님은 멋지게 기타를 치며 노래를 불러주었다. 트로트 연주법이 쉬워 보여도 어렵다며 기타 반주법 중 기초인 느린 고고로 연습을 하라며 악보를 주었다. 노래든 기타든 잘하기 위해서는 많이 들어야 한다. 원곡자의 노래도 듣고 재구성한 노래들도 찾아서 들으며 흉내를 냈다. 시간만 나면 기타를 치며 노래를 불렀다. 아르페지오, 느린 고고, 트로트 등 기분에 따라 내키는 반주법으로 열심히 연습했다. 보는 이가 없으니 틀려도 창피할 일도 없고 내 마음대로 쳐도 뭐라 할 사람도 없으니 신이 났다. 우울할 때는 천천히 부르고 신이 날 때는 댄스곡처럼 불렀다.

무엇이든 잘하기 위해서는 본질을 알아야 한다. 사람마다 목소리가 다르니 같은 노래라도 달리 들린다. 얼굴이 다르듯 일상도 다르고 목소리도 다르고 감정도 다르다. 어느 순간, 나답게 부르는 것이 가장 잘하는 방법인 것을 알았다.

노래에 푹 빠져있을 무렵 「봄날은 간다」 악극을 한다고 선전을 했다. 내용은 뒷전이고 제목이 좋아 보러 간 날, 악극이 시작된다는 안내방송이 끝나고 조명이 꺼지더니 웅장한 음악과 함께 무대 한 면이 꽃잎으로 가득 찼다. 흩날리는 꽃잎 위로 '봄. 날. 은. 간. 다.' 글자가 한 자씩 새겨지는데 가슴이 뭉클했다. 이렇게 황홀한 선율이라서 내가 좋아했구나, 가사도 구구절절 심금을 울렸다.

결혼식을 치르고 첫날밤을 보낸 주인공 남자는 성공해서 오겠다는 메모를 남기고 홀연히 떠난다. 홀로 남은 여자는 시어머니와 아들을 데리고 힘들게 살아가는데, 고향을 떠난 남자는 유랑극단에 들어가 고생 끝에 꿈을 이룬다. 금의환향에 한껏 들떠 있는데 전쟁이 터지고 설상가상으로 다리를 다친다. 망가진 몸으로 돌아갈 수가 없어 절망하는 남자에게 함께 일하던 여자가 손을 내밀고 어쩔 수 없이 부부의 연을 맺게 된다. 둘이서 이곳저곳 떠돌다가 전쟁 통에 아들마저 잃고 근근이 살아가고 있는 여자가 운영하는 식당에 오게 된다. 몇 마디의 이야기를 주고받던 중 여자는 그 남자가 남편임을 알게 되지만, 내색은 못한다. 밤이 늦었으니 하루 묵어가라며 선의를 베풀고 다음 날 아침 노자까지 챙겨 주며 떠나보낸다. 멀어져가는 남편을 한 번이라도 더 보기 위해 뛰어 올라갔던 언덕을 뒤돌아 내려오면서 툭 던지듯 내뱉던 노랫말이, 그녀의 표정이 너무나 슬퍼 보였다. 기구한 그녀의 일생에 나도 모르게 눈물이 흘렀다. 웅장한 전주에 가려서 몰랐던 아름답고 슬픈 가사가 나의 가슴에 새겨졌다. 그녀의 몇 발자국 뒤에서 따라오듯이 잔잔하게 흘러나오는 음악에 맞추어 인생을 달관한 표정으로 담담하게 부르던 노래의 마지막 가사가 '실없는 그 기약에 봄날은 간다' 였다.

월요일마다 아홉 시 뉴스가 끝나고 방송하는 '가요무대'를 보시던 아버지 옆에서 함께 노래했던 아가씨가 예순이 되었다. 이제야 노래 한 곡을 제대로 부를 수 있게 되었는데, 돌아보니 어느새 나의 봄날도 저만치 가고 있다.

원추리꽃 피면

최천숙
2010. 4. 천료

푸른 하늘에 새털구름이 떠다니고, 녹음으로 우거진 산등성이 아래 호랑이 모양의 하얀 바위가 동네를 내려다보고 건너편 바다에서 파도 소리가 들려오는 듯하다. 세월이 흐르고 아무도 가꾸지 않은 빈 땅에 하늘에서 꽃씨가 날아와 들꽃이 무리 지어 물결을 이루고, 귀여운 망초가 하얗게 피어 있다. 전선에 나란히 앉아 있는 참새 아래 흰 무궁화가 피어 있고, 담 밖의 논에 벼가 자라고 있다. 참새가 꽃밭을 휘저으며 날아다니고, 고인 빗물에 모여 물 바르고 물구나무서기를 한다.

5층 아파트 한 동과 단독주택 한 채가 울타리 안에 서 있다. 마당 공터에 집마다 먹을거리를 심어 함께 모여 한입 가득 상추쌈과 풋고추 찍어 먹고, 가지나물과 호박 넣어 된장찌개 끓이고, 후식으로 방울토마토 나누어 먹으며 둘러앉아 지냈던 시절은 다 지나가 버렸나 보다.

어느 집 창 아래 원추리꽃이 피어 올라와 있다. 꽃대가 휘어진 잎만큼 긴 줄기에 등황색 꽃이 피고,

작은 고추처럼 생긴 꽃봉오리가 올망졸망 달려 있다. 원추리를 훤화(萱花)라고 하는데 사내아이를 많이 낳은 부인을 상징하여 임신한 부인이 이 꽃을 몸에 지니면 아들을 낳는다고 하여 의남초(宜男草)라고도 한다. 훤화를 그린 그림은 아들을 생산하라는 축복의 그림이다

새댁이 많이 살고 있는 아파트라서 임신한 부인도 있겠지만, 남녀차별도 없고, 자녀도 한둘밖에 낳지 않는 세대라 조선 시대의 부귀다남(富貴多男)이 무슨 말인지도 모르고 통하지도 않는다. 단지 첫딸을 둔 집은 아들도 있으면 좋을 것 같다는 소박한 바람이 있을 뿐이다.

며느리가 금요일에 퇴근한 후 3살 된 손녀를 데리고 승용차로 1시간 거리에 있는 아들 집에 와서 주말을 보내고 다시 아이와 함께 돌아간다. 군인 가족의 특성상 잦은 이동 때문에 주말부부로 살아가는 집이 많이 있다. 우리 부부도 그런 세월을 보냈으니 그들의 사정을 충분히 이해한다.

작년 겨울 초입, 아들이 대대장 취임식을 할 때 손녀가 너무 어려 데리고 오지 못했는데, 올해는 코로나19 전염병 때문에 방문과 면회가 통제되어 만나 볼 수가 없었다. 카카오톡으로 보내오는 사진으로 위안했다.

서울에서 아들네 관사까지 5시간 넘게 걸려 바닷가 동네에 도착했다. 아들은 밤 11시에 해안 순찰을 나가고, 며느리는 근무처인 사관학교에서 프로젝트를 맡아 보고서를 제출해야 하므로 일해야 한다며 가고, 나를 데려다준 남편도 행사가 있다며 갔다. 오롯이 손녀와 둘이 남았다. 재작년 손녀 돌잔치 때 보고 두 번째인데도 낯설어하지는 않았으나 아빠만 찾으며 길게 울다가 지쳤는지 엎드려 잠을 잔다. 머리숱이 적어 한 번도 자르지 않은 묶은 머리를 조심스레 풀어주고 이불을 덮고 토닥거려 주었다. 손녀의 얼굴에서 내 어머니가 보이고, 내 얼굴에서 어머니가 보인다. 혈연이란 이렇게 닮았으니 더 애틋하게 사랑하

나 보다.

내년에 원추리의 어린 순이 돋아나고 꽃봉오리에서 노랑꽃이 피어나면 며느리가 허리춤에 훤화를 매달고 있기를 소망한다.

파도 소리 들려오는 바닷가의 집
해가 드는 창가에
노란 원추리꽃 피면
희작(喜鵲)이 날아와 입맞춤한다
망우초(忘憂草)가 근심을 덜어주리
훤초(萱草) 꽃봉오리 허리춤에 달아매고
전복(戰服)에 호건(虎巾) 쓴 사내아이 떠 올린다
원추리꽃 피면

순간의 선택

이기화
2010. 9. 천료

이 세상 사람들이 모두 건강하고 윤택한 생활로 편안한 환경에서 행복을 누릴 수 있는 상태라면 얼마나 좋을까. 그러나 세상은 있는 사람은 넘치게 많고 없는 사람은 살기 힘들 정도로 가진 게 없다. 나의 직장으로 다니고 있는 복지단체 설립자는 '여러분은 수혜자가 아니라 봉사자다. 고통받는 사람들을 위해 열정을 내야 한다.'라고 힘주어 말씀하신다. 직장에 다니면서 날마다 하는 일이 복지에 대한 일이라 마음이 느슨해지지는 않을까 마음을 다잡기 위하여 주기적으로 직원들이 팔을 걷어붙였다.

직원봉사의 날이었다. 오전 업무를 하고 점심 후 조끼리(4명) 모여 2만 원을 각출하여 장을 봐서 발걸음도 가볍게 길을 나섰다. 동사무소에서 알려준 주소대로 묻고 물어 마침 그 집을 찾았다. 할아버지, 할머니가 손자와 같이 사는 조손가정이다. 내가 만들면 맛있다고 잘 먹어 주는 사람들이 있어 잡채와 소불고기를 만들기로 하였다. 할머니, 할아버지와 이런저런 이야기를 나누다 음식을 만들어 놓고 가겠다고 말씀드리니 양념도 없고 안 해 줘도 된다고 할머니께서 단칼에 거절한다. 몇 분쯤 더 이야기를 나누다 집에서 가져온 편한 옷을 집어 들고 슬그머니 일어나 화장실에서 옷을 갈아입었다.

부엌으로 가서 잡채 재료 양파와 시금치 등을 손질하고 있었는데, 할머니께서 부엌으로 오시며 안 해도 된다고 하시며 말끝을 흐리신다. 허락인 셈이다. 양념은 어디 있냐고 여쭤보니 하나씩 꺼내 놓으신다. 당면은 뜨거운 물에 담그고, 시금치도 다듬어 씻어 삶아 무치고, 양파와 당근도 채 썰어 볶고, 쇠고기도 볶았다. 소불고기는 설탕과 마늘, 파, 간장을 넣고 재워놓고 당면을 볶아 무치고 소불고기를 볶아 간을 보니 참 맛있게 되었다. 온 집안이 고소한 냄새로 가득 찼다. 큰 접시에 푸짐하게 담아 상을 차려 놓으니 마음이 흐뭇해진다. 바로 그때 초등학교에 다니는 손자가 왔다. 청소도 하려 했지만 집은 말끔하게 청소가 되어있어 생략하기로 하였다.

그날 우리 조는 임무를 완수하였다. 할머니께서 하지 말라고 하셨을 때 그냥 왔더라면 어땠을까. 당황했지만 주님께 지혜 달라고 속으로 기도를 했다. 응답이었을까, 진행하라는 마음을 주셨다. 예기치 않은 일이 일어날 때 마음가짐이 아주 중요하다고 생각해본다. 순간의 상황 판단을 잘해야 한다는 것, 부정보다는 되는 쪽으로 정해야 결과가 좋게 된다. '순간의 선택이 평생을 좌우한다.'라는 어느 전자 회사의 광고 문안이 떠오른다.

오늘도 직원 봉사하는 날이다. 때가 겨울이라 날씨가 좀 쌀쌀하다. 봉고차를 타고 강화도로 향했다. 몇 사람씩 짜인 조원끼리 면사무소에서 알려준 주소로 찾아가니 할머니가 사는 집이다. 인사를 드리니 반갑게 맞아주신다. 맑은 공기가 눈을 맑게 씻어주고 코에 들어오는 산소가 코를 펑 뚫어 놓는다. 미션은 천장과 벽 도배와 대청소였다. 먼저 남자들이 방 안에 있는 가구를 내놓고 여자들은 가재도구와 부엌살림을 마당에 내놓았다. 벽지가 왜 그렇게 바르고 싶은지 몸이 방으로 향하고 있었다. 천장에 늘어진 종이를 떼어내고 벽지도 뜯어냈다.

마당에 큰 비닐을 깔아놓고 풀을 벽지에 바르고 풀칠한 쪽으로 주름을 접어 겉면에 풀이 묻지 않도록 크게 접어놓았다. 천장을 머리를 쳐들고 바르려니 목이 빠지는 것처럼 아프다. 벽지의 그림 모양이 옆의 벽지와 바르게 맞추어지도록 벽지를 바른다. 방에서 내놓은 가구와 그릇, 냄비 등 부엌 가재도구를 마당 수돗가에서 찌든 때까지 말끔하게 닦아 소쿠리에 엎어놓았다. 가구도 물걸레 후 마른걸레로 닦아내었다. 잡념과 욕심이 깨끗이 씻겨 머리가 맑아진다.

천장과 벽은 보기 좋은데 방바닥을 보니 영 맘에 들지 않는다. 새것으로 갈았으면 하는 마음이 들었다. 일정에는 없었지만, 조원들이 모여 있는 돈을 걷고 장판과 전자레인지를 사 오기로 결정이 되었다. 장판 크기를 재고 남자들이 장을 보러 간 사이 할머니 팔과 등 마사지를 해드리니 시원하다고 너무 좋아하신다. 할아버지가 오셨다. 누구냐고 여쭸더니 놀러 오셨다고 하셨다. 보기 좋으니 한집에서 같이 사시라고 말씀드리니 두 분이 웃으신다. 이런저런 이야기를 나눌 때 장 보러 갔던 사람들이 도착했다. 두루마리 장판을 또르르 펴서 깔아놓으니 새집같이 보기 좋았다. 부엌에는 살림살이도 들여놓고 정리 정돈을 하고 전자레인지도 탁자에 올려놓았다. 역시 매사에 순간의 선택이 얼마나 중요한가를 새삼 깨닫게 한, 아주 잘한 일인 것 같다. 집으로 와서 사회복지사 선서를 꺼내 보았다.

-나는 모든 사람들이 인간다운 삶을 누릴 수 있도록 인간 존엄성과 사회정의의 신념을 바탕으로 개인, 가족, 집단, 조직, 지역사회 전체와 함께한다.

-나는 언제나 소외되고 고통받는 사람들의 편에 서서 저들의 인권과 권익을 지키고, 사회의 불의와 부정을 거부하면서 개인 이익보다 공공이익을 앞세운다.

-나는 사회복지사 윤리강령을 준수함으로써 도덕성과 책임성을 갖춘 사회복지사

로 헌신한다.

-나는 나의 자유의지에 따라 명예를 걸고 이를 엄숙하게 선서합니다.

하늘을 우러러 한 점 부끄럼이 없는가 자문자답도 해본다. 이 세상에 소외되고 고통받는 사람이 줄어들며 마지막 남은 한 사람까지 행복해지는 그 날까지 빛과 소금이 되어 세심하게 살피어 배려하여 섬기는 복지는 계속되어야 한다.

'대접을 받고자 하는 대로 먼저 다른 사람을 대접하라', '이웃을 내 몸과 같이 사랑하라'라고 예수님께서 조용히 말씀하신다. 돈 쓰고 땀 흘렸는데도 기분이 좋다. 물질적으로는 풍족하지 않지만, 보람이 몇 배 이상이다. 복지에 대한 일을 할 수 있어 너무 감사하다. 크게 외쳐본다. 나는 행복한 사람이다.

미나리

김성윤
2010. 9. 천료

네 가족이 낯선 미국의 아칸소로 떠나온다.

아빠 '제이콥'(스티븐 연)은 자신의 농장을 가꾸기 시작한다. 엄마 '모니카'(한예리)는 일자리를 찾아 일을 시작한다. 농장을 가꾸면서 빚은 늘어가고 있다. 돈을 내지 못하여 수돗물이 끊겨 물이 나오지 않는다. 아내는 남편에게 막내아들이 심장병을 앓고 있어 '데이빗'(앨런 김)을 위한 돈을 남겨두라고 한다. 부부는 서로 말다툼한다. 아내는 이런 현실에 지쳐가고 있다. 남편은 직장생활이 싫어서 이 일을 시작한 것이라고 한다. 어쩌면 직장을 계속했다면, 가족은 고생하지 않았을 것이다.

남편의 말에 이해가 간다. 한국 남자의 대부분이 아침 일찍 나가서 밤늦게 들어와야 하는 현실이다. 아이들은 아빠 얼굴을 거의 못 보고 지낸다. 일하기 위해 태어난 것인지 모르는 현실이다. 낮에는 일하고 저녁과 주말에는 가족들과 즐겁게 보낼 수 없을까. 사교육비에 부부가 같이 일하지 않으면 안 되는 사회가 되어버렸다. 그만큼 가족들이 서로가 정을 못 느끼고 살아간다. 이 바쁜 시대에 자연히 개인주의가 되어 갈 수밖에 없다. 누구나 대학을 나와야만 하는 현실이다. 이젠 대학을 나와도 취업하기 힘든 세상이 되어버렸다. 모든 것들이 기계화되어가고 있어 사람도 필요가 없다. 또한, 집값은 하늘을 치솟듯이 올라서 내 집 마련도 힘든 세상이 되어버렸다. 모든 사람이 힘들기만 하고 꿈과 희망이 없다는 말이 나오고 있다. 난 월급을 받아 적는 돈이지만 저축하고 용돈을 쓸 수 있다는 그 자체가 복이다. 물론 아직은 능력이 없어서 부모님 도움을 받고 산다. 그렇게 살 수 있다는 것이 행복하다. 나머지 시간은 내가 하고 싶은 일을 할 수 있으니 말이다.

옛날 어르신들은 6.25라는 전쟁으로 아무것도 없었다. 그래도 맨주먹으로 노력만 하면 살 수 있었다. 내 자식만은 가난하게 살지 않게 하겠다고 허리띠를 졸라매서 공부를 시켰다. 경제가 성장하고 좋은 인재들을 키워냈다. 한국은 정말 대단한 나라다. 그러나 한편으로는 아이를 공부만 시켜서 남을 배려하지 못한다. 또한, 부모가 해주는 대로 다 받았기 때문에 어려움을 모른다. 6.25 전쟁으로 먹을 것이 없었다고 하니까 전쟁이 나면 라면 끓어서 먹으면 된다는 아이의 웃지 못할 말을 듣기도 했다. 요즘 젊은 사람들은 하고 싶은 것 다 하고 산다고 어르신들은 말한다. 돈이 귀한 것도 모르고 아이들에게 해 달하는 대로 다 해준다고, 너무 편안해한다고 말한다. 너무 안 써도 안 좋고 너무 써도 안 좋다고 난 생각한다. 사람이 살아가는데 적당한 것이 참으로 중요한 것 같다.

아직 어린아이들을 돌보아 주기 위해 모니카의 엄마 '순자'(윤여정)가 함께 살기로 하고 한국에서 가방 가득 고춧가루, 멸치, 한약을 가지고 온다. 친정엄마의 사랑이 느껴진다. 미나리 씨를 가져와 개울가에서 잘 자란다고 미나리를 심는다. 그곳에서 의젓한 큰딸 '앤'(노엘 케이트 조)과 장난꾸러기 막내아들 데이빗은 외할머니를 영 못마땅하게 생각하면서도 그들은 정이 들어간다. 제이콥은 농장 실패를 거듭한다. 겨우 농작물을 키워서 계약하고 오는 동안 외할머니는 불편한 몸으로 일을 도와주겠다고 쓰레기들을 모아서 불에 태운다. 조금이나마 돕고 싶은 마음이었을 것이다. 그만 불이 번져 나간다. 불편한 몸으로 도저히 불을 끌 수가 없었다. 출하를 계약하고 온 농작물들이 들어있는 창고를 다 태운다. 그 모습에 지난날들을 불편한 몸으로 살아온 내 모습 같아서 마음이 찡하다. 순자는 넋이 나가서 '미안해, 미안해.'하면서 길을 걸어간다. 두 어린 남매는 뛰어가 할머니를 모시고 온다. 그 후 부자는 미나리꽝에 가 싱싱한 미나리를 딴다. 그들은 절망 속에서도 가족의 사랑으로 다시 일어설 것이다.

낯선 땅에서 살아가는 이민 가족들의 삶을 보여주고 있다. 미나리는 어디에서도 잘 자라는 것처럼 우리 인간들도 힘들지만, 이 세상에 태어난 이상 적응하면서 살아야 한다. 살아가는 데 있어서 정답이 없는 것 같다.

누가 내 서방이요

김옥례
2010. 10. 천료

꼭 오라는 사람도 가야 할 일도 없는 마을회관은 동네 어르신들의 유일한 안식처이다. 따뜻한 점심에 말벗을 만나 젊은 날의 기고만장했던 이야기, 자식 자랑을 나누다 보면 긴 여름 해도 금방 어두워진다.

오늘도 할아버지는 할머니 손을 잡고 회관에 오신다. 어제 보고 오늘 보는데도 어서 오시라며 서로 쳐다보며 반긴다. 할머니를 한쪽에 자리해주고 "여기서 재미난 이야기 하며 하루 보내세, 나는 옆방에 있을게." 하며 할아버지는 남자분들 방으로 건너가신다. 할아버지가 앞 못 보는 할머니 손과 발이 되어 살아온 세월은 강산이 세 번이나 변했다.

할머니는 세 살 때 어머니를 여의고 친할머니와 살았다. 아이에게 엄마 손이 필요하겠다 싶어 새엄마를 들였다. 손녀가 성장할수록 '콩쥐 엄마' 노릇을 하는 게 친할머니 마음이 편치 않았다. 구박받은 손녀가 안쓰러워 할머니는 눈 감기 전에 손녀를 시집보내려고 생각했다. 시부모가 안 계시면 시집살이는 안 하겠지 하고, 이웃 동네 삼 형제 중 둘째에게 시집을 보냈다. 할머니 말만 듣고 신랑 얼굴도 모른 체 열다섯 살 새색시가 되었다.

가난한 집 삼 형제는 아침 일찍 등짐 지고 나가면 캄캄해야 집에 오며, 등짐이 남아 있으면 며칠 지나서 오기도 한다. 어린 새색시는 낮에는 형님의 잔일 도우며 엄마처럼 따랐다. 전깃불이 들어오지 않은 시절이라 새색시는 누가 서방인지 궁금했다. 하루는 저녁상을 방에 들이고 형님과 부엌에서 밥을 먹다가 "형님, 누가 내 서방이요?" 물었다. 기가 막힌 형님은 허기진 배를 채우느라 정신없이 밥 먹고 있는 삼 형제를 보며 "가운데 밥숟가락 제일 큰사람이 자네 서방이네." 하였다.

그래도 가물거리는 호롱불에 비친 서방 얼굴은 분간하기 어려웠다. 하루는 캄캄한 방보다 밖이 더 낫겠다 싶어 쇠죽솥에 물 부어 군불 때두고 동구 밖에서 서방을 기다렸다. 저만치서 시동생이 반갑게 웃으며 오는데 서방인 줄 알고 뒤따라왔다. 데워 둔 물을 씻으라고 퍼다 주고 샘가에 쪼그리고 앉아 시동생 얼굴을 빤히 쳐다보고 있으니 "형님 아직 안 오셨소." 하기에 어찌나 무안한지 저녁도 굶은 채 울기만 했단다. 속 모르는 형님은 친정 가고 싶으면 추석에 가라며 달래셨다. 전깃불이 낮처럼 방마다 밝게 비추고 멀리서 목소리만 들어도 서방인 줄 알게 되었다. 서방도 열심히 등짐장사 하여 모은 돈으로 읍내에 건어물 도매상을 차렸다. 형님은 가끔 손아래 동서를 놀렸다. "형님, 내 서방이 누구요, 하더니 이젠 서방님 얼굴 알겠는가." 하면서 동서는 얼굴 붉히며 언제 그랬냐는 듯 깔깔댄다.

첫아들 등에 업고 맛있는 점심 싸 들고 읍내 가게에 가서 손님이 뜸하면 점원에게 가게 맡기고 녹동 바닷가 횟집으로 간다. 지난 이야기 나눌 때 서방은 상추에 회를 듬뿍 싸 볼이 터지도록 각시 입에 넣어준다. 행복한 얼굴로 서방을 쳐다보며 우물거리는 각시 입을 보며 큰 소리로 웃었단다.

어느 날 열병을 앓았다. 몸살감기이려니 하며 며칠을 몸져누운 각시는 서방님 성화에 병원에 가려고 일어서다 쓰러졌다. 앞을 분간 못 하는 각시를 등에 업고 읍내병원에서 광주병원으로 다시 서울병원까지 다녔다. 의사 선생님들은 고개만 저을 뿐 속 시원한 대답이 없었다. 젊은 나이에 앞을 못 본 채 서방님 손잡고 집으로 왔다.

쥐가 밤에 활동하니 눈이 밝아진다는 말을 듣고 어른과 아이 모두 나서서 쥐를 잡으니 동네 쥐들이 수난을 당했다. 눈에 좋다는 약은 다 먹였지만 허사였다. 할아버지는 하던 일손을 남의 손에 맡겼다. 모시겠다는 자식들 마다하고 앞 못 보는 할머니 얼굴을 두 손으로 만지며 내가 있으니 걱정하지 말고 살자며 할머니를 위로하셨다. 할머니는 새색시 때 남편 얼굴 몰라 끙끙댔지만, 지금은 두 눈이 안 보여도 할아버지 손만 잡아도 기분까지 알 수 있단다.

저녁때가 되니 "내가 자네 서방이여." 하며 손을 잡으신다. 내일을 기다리며 서둘러 집으로 가는 부부, 저녁노을에 비친 두 분의 그림자가 반짝거린다.

달밤에 고향길

안명영
2010. 11. 천료

길이란 무엇인가.

눈에 보이는 길은 목적지를 짧은 거리로 이어준다. 길을 따라가면 마을이 나오고 마을에는 사람이 모여 산다. 길은 이웃과 이웃, 사람과 사람을 이어주는 끈이다.

소년은 스승의 권유로 가슴 속의 길을 찾아 나선다. 지도 한 장에 맨몸이다. 모래바람에 길이 없어지고 모래 산이 생겼다가 협곡이 되기도 하며, 밤에는 달과 별에 길을 묻고 낮에는 죽은 동물의 뼈를 보고 길을 찾는다. 타국 땅에서 구름 따라 걷는 이 소년은 누구의 아들이며 무사히 고국에 돌아왔는지 아무도 모른다. 행적은 영원히 모래 산에 묻히고 말았을까.

돈황은 동서양을 잇는 실크로드의 요충지로 타클라마칸사막 언저리에 있는 도시다. 실크로드의 주 교역품은 중국 도자기였다. 진흙을 채워 운반했다가 바닷물에 쏟아내고 그만큼 황금을 받고 팔았다니 목숨을 걸만한 길이다. 모래가 노래를 부른다는 명사산 기슭의 절벽에 600여 개의 석굴이 천년에 걸쳐 갖가지 양식으로 만들어졌다.

1908년 왕원록이 아늑한 석굴에 기거하고 있었다. 벽에서 울림소리가 나서 벽을 부수자 수많은 경전을 보관하고 있던 장경동이 드러난다. 『왕오천축국전(往五天竺國傳)』의 등장이다. 발견 당시 앞뒤가 잘린 두루마리로 된 필사본에 문서의 제목이나 저자도 없다. 세로 28.5cm, 가로 42cm의 종이 아홉 장을 이어붙인 문서로 글자 5,893자가 전부였다.

프랑스 동양학자 펠리오에 의해서 빛을 보게 된다. 펠리오는 필사본의 내용을 보던 중 당나라의 승려 혜림(惠琳)이 지은 『일체경음의(一切經音義)』 속에 들어있는 낱말과 일치하는 부분이 많음을 보고 없어진 줄로만 알았던 혜초의 『왕오천축국전』 임을 밝혀냈다. 혜초가 밀교 고승 금강지와 불공의 제자라는 것만 알려졌을 뿐, 국적을 확인해 준 것은 남천축국을 여행하면서 숲속에 허물어진 절을 바라보며 고향에 대한 그리움을 담은 시(詩)이다.

달밤에 고향길 바라보니 / 뜬구름만 흩날리며 돌아가고 있네 / 구름 가는 길에 편지라도 부치고 싶건만 / 바람이 급하여 내 말 알아듣지 못하는구나. / 내 나라 하늘 끝 북쪽에 두고 남의 나라 서쪽 모퉁이에 와 있는 몸 / 더운 남쪽 천축은 기러기도 오지 않으니 / 누가 고향 숲(林)을 향해서 날아가려나(誰爲向林飛)

여기서 숲(林)은 계림(鷄林)을 가리키는데 삼국사기에 의하면, 신라인은 이 숲을 신성하게 여겨 신라를 국호로 정하기 전에 부르던 이름이다.

혜초는 황폐해진 절을 보고, 마음은 눈앞의 절 대신에 보이지 않는 울창한 숲으로 가득 차는데, 이 숲은 고향을 그리워하는 향수의 상징이 된다. 마음은 육체가 처한 장소에서 무한정으로 떨어져 나와 언젠가 돌아가고자 염원하는 신라 땅이다. 혜초는 신라 성덕왕 18년(719) 16세에 신라를 떠나 당나라 광주에서 남천축 출신 밀교 승 금강지 제자로 들어가 스승의 권유로 천축국으로 구법 여행을 떠난다. 당시의 순례는 목숨을 건 여정이었다. 가는 사람은 많았지만 돌아오는 이 없는 까마득한 벼랑 끝 같은 길이었다. 열사병과 식중독 또는 토착인에 의해 대부분 목숨을 잃었다. 그런 길을 바람과 구름에 목숨을 맡긴 채 붓다를 찾아 천축으로 향했다.

혜초는 한 달 만에 구시나국에 이르렀다. 성은 이미 황폐해지어 아무도 살지 않았다. 부처가 열반한 곳에 탑을 세웠는데 한 선사가 깨끗이 청소하고 있었다. 해마다 팔월 초파일이 되면 남 승과 여승 도인과 속인들이 모여 크게 공양 행사를 치르곤 한다. 이곳 열반당에는 19세기 말에 인근 강바닥에서 발견된 6.2m 석가모니 와불상이 왼쪽 얼굴을 위로하여 누워있다. 5, 6세기에 조성되었는데 혜초는 열반상을 친견하여 열심히 마음공부 하면 생사를 초월한 경지에 오를 수 있다는 가능성을 보았을까.

적멸보궁은 부처님이 설법을 펼친 보리수 아래의 적멸도량을 뜻하는 전각, 오늘날은 석가모니 진신사리를 모신 절이나 탑을 뜻한다. 적멸보궁이 있는 절에는 와불상을 볼 수 있고, 열반에 들기 전 부처의 모습이라 죽음에 대한 두려움이 없는 태도이다

5만 리를 4년에 걸쳐 혜초는 동서남북중천축국과 서역의 여러 지역을 순례하고 727년 장안으로 돌아와 『왕오천축국전』을 쓴다. 한 지역에서 다른 지역으로 가는 시간과 방향, 왕의 이름, 언어와 기후, 풍습, 왕이 소유하고 있는 코끼리의 수, 종교적 성향, 불교가 전파된 곳은 대승인지 소승인지, 어떻게 행해지고 있는지 등에 대한 기록이다. 780년 중국 오대산 건원보리사에서 80여 세의 고령으로 세상을 떠날 때까지 밀교 연구와 전승에 매진하였다. 하늘과 바다, 그리고 구름과 고향을 그리워하는 수위향림비(誰爲向林飛)라는 구절은 여권이 되어 1128년이 지난 후, 고향에서 받아보는 부고가 되어 해동 최초의 인도 기행문을 남긴 위인으로 남게 된 것이다.

젊음은 우상(偶像)인가

김순덕
2011. 1. 천료

몇 년 만에 영동지방에 폭설이 내렸다. 진갈눈으로 시작해서 내리던 눈발이 거세지더니 금세 온 대지가 백지장을 덮어놓은 모습이다. 3월에 내린 봄눈이라 빠르게 녹아 길거리는 질척거려서 좀 불편하지만 이번에 내린 눈은 참으로 반가운 눈이라고 생각된다. 워낙 가물어서 전국 곳곳에 대형 산불이 일어나 많은 산림을 태워 안타까운 생각이 들기도 했다. 더구나 농촌 사람들은 가뭄 때문에 올해 농사는 물 부족을 겪을 것이라고 너나없이 걱정했었는데 다행히 눈이 많이 와서 걱정을 덜게 됐다고 한다. 가뭄 해갈은 됐지만 하필이면 연휴 때 대설이 내려서 한때 영동 고속도로와 양양 고속도로가 마비되어 차들이 길에서 7시간이나 꼼짝 못 하고 갇혀있어야만 했다. 막힌 도로를 신속하게 뚫어줘야 불평이 없을 테지만, 도로에 제설차와 차들이 혼선을 빚어 아수라장이 되었으니 불편함은 말로 표현할 수 없었을 것이다.

오늘 아침 출근 시간대에 벌어진 일이다. 대설주

의보가 내렸다는 뉴스를 듣고 꽉 찬 지하 주차장에 이중 주차를 했던 내 차 때문에 나는 어이없이 봉변을 당했다. 내 차 바로 뒤에 세워진 차는 충분히 빠져나올 수 있는 공간에 세워 뒀는데 뒤차 운전자는 운전 미숙인지 빠져나오지 못해 나에게 전화를 걸었던 모양이다. 눈도 많이 내렸고 길거리는 혼잡하여서 웬만해선 대중교통을 이용할 것이라는 내 어림잡은 판단으로 이중 주차를 하고 사이드 브레이크를 풀어놓지 않고 당겨 놓았었다. 혹시 급하면 연락이 오겠지 싶었는데 아니나 다를까. 목에 핏대를 세운 젊은 여자 목소리가 심상치 않았다. 급하게 달려가서 무조건 미안하다고 했다. 사실 미안할 만큼 차를 세워 둔 것도 아닌데, 아침부터 기분 상할 필요가 없겠다는 생각으로 차를 빼려는데 막내딸쯤 되어 보이는 젊은 차주가 앙칼진 목소리로 삿대질까지 하며 퍼부어 댔다.

"차를 그따위로 세워 두면 어떡해요, 기본도 없이."

그녀의 앙칼진 목소리에 날이 선 화살이 끼워진 듯 나에게 연신 방아쇠를 당기고 있었다. 참으로 한심하고 어이가 없었다. 아무리 화가 나도 제 어미도 없는지, 기본이 돼먹지 않았다. 아침부터 제 기분을 망치게 되면 하루가 힘들 텐데. 자식 같은 마음이 들어서 미안하다고 반복했지만, 화풀이로 화살 같은 말을 날리는데 대책이 없었다. 한마디 던지고 싶었지만 그랬다가는 더 큰 봉변을 당할 것 같아서 콩닥거리는 가슴을 진정시키면서 차를 빼주었다.

요즘 일부 젊은 세대는 자기중심으로만 판단하며 배려하는 모습은 찾아볼 수가 없다. 나만의 안일주의에 빠진 채 살아가기 때문일까. 어른과 아이를 구별할 줄 모르게 키운 저런 사람의 부모는 어떤 사람일까 궁금했다. 그렇게 일방적으로 당하고 씁쓸한 기분으로 지하 주차장을 올라오는데, 이번에는 또 젊은 남자가 경비원한테 불손하게 구는 모습을 목격하게 되었다.

“아저씨, 차 앞으로 눈이 있으면 좀 치워놓을 수 없어요? 경비원들이 뭐 크게 할 일이 있다고, 눈이 오면 입주민들 불편하지 않게 눈이나 치워 줘야지”

험악한 인상에서 풍겨 나온 말투가 심상치 않아서인지 경비원은 기가 막힌 표정으로 말대꾸도 못 하고 물끄러미 바라보고 있었다. 방금 전에 주차 때문에 어이없이 당한 내 기분으로 경비원을 바라보니 더 어이가 없었다. 아버지뻘 되는 분한테 대하는 불손한 태도를 보니 한숨이 절로 나왔다. ‘세상이 말세라는 생각이 든다. 세상이 무서워서 누가 바른말 해줄 사람이 없다. 왜 이렇게 돼갈까. 저 아저씨는 얼마나 기가 막힐까.’

물끄러미 바라보던 경비원이 말없이 눈삽을 들고 와서 그 젊은이 차 앞을 함께 치워 주고 있었다. 그 모습을 보노라니 얼마 전에 입주민의 갑질을 견디다 못한 경비원이 자살했다는 언론의 보도를 듣고 안타까운 현실을 비통해했었는데, 내 눈앞에서 갑질하는 모습을 보게 되었다. 참으로 한심하다는 생각이 들었다. ‘좀 일찍 일어나서 자기 차 앞에 쌓인 눈쯤은 스스로 치울 수 있는 도량이 있었더라면 아침부터 경비원의 마음을 다쳐놓진 않았을 텐데.’ 차를 몰고 나가는 뒷모습을 보며 아들 같은 녀석한테 기분을 다친 경비원의 기분을 살피며 내가 대신 위로의 말을 건넸다.

대부분 경비원은 연령이 좀 있으신 분들이고, 삶에 있어서 고락을 넘어선 분들이다. 웬만한 일에는 상처를 고수할 줄도 알고 넘어가겠지만, 젊은 사람들이 좀 어른과 아이를 구별할 줄 알았으면 좋겠다. 모두가 내 이웃이라는 개념으로 아름다운 마음을 나누며 인간사회를 밝게 비출 수 있는 등불이 되었으면 좋겠다고 생각해보는 아침이다.

그러니까 사람이다

유경희
2011. 4. 천료

흐린 날과는 다른 느낌으로 주변이 약간 어둡다. 뭔가 푸른빛이 더 안정되고, 눈에 보이는 초록의 풍경은 익숙한 것 같으면서도 낯설다. 평소 둘레길 출발점에 서면 좌측으로 돌지 우측으로 돌지를 정한다. 그런데 오늘은 생각하느라 고개를 푹 숙이고 땅만 보며 그냥 걸었다. 눈을 보호한답시고 산에 오면서 처음으로 모자를 쓰고 선글라스까지 착용했다. 출발점이려니 하고 고개를 들었는데 한참을 더 걸은 것이다. 선글라스를 쓰고 보는 세상은 평소 보던 세상과는 같은 듯 다르다. 잠시 서서 어디쯤인지 위치를 파악하며 숨을 고른다.

며칠 전에 건강검진을 했다. 시력검사를 하는데 왼쪽 눈을 가리니 단 한 글자도 읽을 수가 없다. 글자가 찌그러져서 마치 나비 무늬 같기도 하고 모래시계 같기도 하다. 글자가 물결처럼 흔들려 어지럽기까지 하다. 세 번을 다시 검사했는데도 마찬가지다. 병원 문을 나서며 바로 안과로 갔다. 격자무늬를 보여주는데 오른쪽 눈은 격자무늬가 여기저기 찌

그러지고 무너진 데다 직선도 아니고 곡선으로 보인다. '황반 열공'이라는 진단을 받았다. 수술해야 하므로 대학병원에 가야 한단다.

황반에 구멍이 생겼다는 소리를 들으니 당뇨망막증으로 실명하신 친정엄마가 생각난다. 실명할지도 모른다는 두려움이 온몸을 감싼다. 엄마는 가족력을 염려하여 안압 검사를 자주 받고, 증상이 없어도 안과랑 친하게 지내야 한다고 늘 주의를 주셨다. 신경을 안 쓴 게 이제 와서 후회된다. 집에 들어오니 익숙한 환경에 안심이 된 탓인지 그제야 눈물이 난다. 나도 모르게 엉엉 소리 내어 울었다. 방에 있던 아들이 뛰어나와 안아주는데 아예 통곡했다.

여기저기 알아본 끝에 강남에 있는 눈 전문병원을 예약했다. 갑자기 배가 고프다. 금식한 데다 아침부터 병원을 두 군데나 다녀오고 오랜 시간 긴장된 마음으로 검사를 했다. 여기저기 전화하고 병원을 알아보느라 세 시가 다됐으니 배가 고픈 게 당연하지 않겠는가. 그래도 위내시경을 했으니 나름 부드러운 음식을 먹는다고 냉장고에 있던 단팥죽을 데워 먹었다. 옆에서 아들이 실명할지도 모른다고 그렇게 울더니 단팥죽이 들어가냐고 묻는다. 아들은 엄마 걱정에 밥맛이 없어서 굶고 있는데, 정작 실명할지도 모른다고 울고불고하던 엄마는 평소 좋아하던 단팥죽을 챙겨 먹고 있으니 기가 막혔나 보다.

자식을 잃거나 남편이 죽어서 물 한 방울 못 넘기고, 잠 한숨 못 자고 앉아 있다가도 어느 순간 밥을 먹고, 쓰러져 자는 게 사람이라고 말했다. 전 재산을 잃고 길거리에 나앉아도 사랑하는 자식의 재롱에 미소를 짓는 게 사람이다. 걱정하며 형한테 전화하고, 인터넷에서 병원을 검색하고, 입맛 없다고 안 먹는다던 아들은 어느새 고기까지 구워 밥을 먹고 있다. 그래, 배고픈데 장사 없다. 산 사람은 무슨 일을 당하든 배가 고프면 먹고, 다시 일상으로 돌아오기 마련이다.

저녁에 TV를 보면서 왼쪽 눈을 가려본다. 글씨는 찌그러졌다가 아예 글자가 없어진다. 연기자들은 모두 얼굴이 모래시계처럼 가운데로 몰려서 누가 누군지 알아볼 수 없다. 눈썹이 V자 모양으로 일그러지니 신나서 얘기하는데도 모든 배우의 표정은 화가 나 있다. 이런 정도인데 그동안 전혀 몰랐다는 게 이해가 안 간다. 시력검사를 하지 않았다면 한쪽 눈에 이상이 생겼다는 걸 모르고 그냥 그렇게 살았을 것이다. 그러다 더는 손을 쓸 수 없을 때가 되어서야 알게 되지는 않았을까. 스스로 무심했던 자신에게 화가 난다.

다음 날 전문병원에서 정밀검사를 했다. 보자마자 수술밖에 방법이 없단다. 마침 다음 주에 취소한 자리가 하나 있어서 바로 수술이 가능하다고 한다. 수술을 하면 1~2주 정도는 하루 종일 엎드려 있어야 하고, 시력 회복은 장담할 수 없단다. 황반에 구멍 났다고 해서 실명할 위험은 없지만, 눈에 가스를 주입하기 때문에 1년 내에 백내장이 올 확률은 거의 100퍼센트라고 겁을 준다.

등산은 수술 후 한 달 이후에나 할 수 있을 것이라는 말에 수술 전 마지막이라는 생각으로 산에 올랐다. 혹시라도 다시는 두 눈으로 보지 못하는 건 아닐까 생각하니 보이는 풍경 하나하나가 소중하다. 최소 한 달간은 이 길에 올 수 없다는 사실은 일상의 산책마저도 소중함을 느끼게 한다. 진즉에 한낮에 산에 올 때는 선글라스를 쓰든가 최소한 모자라도 썼어야 했다는 생각이 들지만 이미 늦었다. 사람은 소중한 것을 잃고 나서야 소중함을 알고, 위기에 닥쳐서야 그러지 말 걸 하고 후회한다. 그리고 그런 상황에서도 밥을 먹고 잠을 자며, 자신이 하던 일을 계속해서 해나간다. 산 사람은 그렇게 살아간다. 나도 그렇다. 그러니까 사람이다.

티베트고원을 넘어서

황정순
2011. 10. 천료

찬란한 은색의 설산이 우리 앞에 나타났다. 와! 감탄 소리와 함께 사진 찍는 셔터 소리가 요란하다. 히말라야의 산이 또록또록하게 보인다. 경비행기를 타기 전까지 안개 때문에 산을 제대로 볼 수 있을까. 현지 기상 사정에 따라 취소될 수 있다는 가이드의 안내가 있었는데, 다행히 그 산을 보게 된 것이다. 히말라야의 산을 보기 위해 북경에서 라싸 역까지 1,956km, 약 45시간(약 2일) 밤낮을 쉬지 않고 기차로 달려갔다.

기차(칭장 열차)는 세계에서 제일 높다는 4,000m 이상의 고지대를 통과하기도 했다. 그중 가장 높은 '탕구라산' 역은 해발 5,068m나 된다고 한다. 기차 침대는 옛날 시골집 선반 같은 모양이고, 한 칸에 양쪽으로 3층에 6인이 쓰는 것으로 몸을 겨우 움직일 수 있는 협소하기가 그지없다. 물은 얼마나 귀한지 과일이나 그릇을 씻을 정도이고, 물이 하도 감질나게 나와서 고양이 세수만 하는데, 그것도 줄을 서서 기다려야 했다. 뜨거운 물도 컵라면, 햇반, 차를 마실 수 있는 정도이다.

밤중에 자다가 갑자기 머리가 아프고 속이 울렁거리고 고통스러웠는데 마치 차멀미, 뱃멀미 비슷했다. 4,700m 고지대를 통과 중이라는 방송 안내를 듣고서야 해발 3,500m 이상이 되면 나타나는 고산병 대비에 대한 가이드의 말이 생각났다. 당시 인스턴트커피, 과자봉지, 햇반은 팽팽하여 금방이라도 터질 것만 같았다.

기차가 달리는 동안 처음에는 산은 보이지 않고 구릉이나 끝없는 모래밭 같은 황량한 지평선만 눈앞에 전개되었다. 티베트의 라싸에 가까워지자 높은 산이 보이지만 나무 한 그루 없다. 모래언덕, 돌모래산, 이따금 띄엄띄엄 어둡침침한 마을이 보일 뿐이다. 어쩌다가 마을 앞에 몇 그루의 앙상한 나무가 보이기는 했지만, 4월 하순인데도 푸름이라고는 찾아볼 수 없다. 강이나 흐르는 냇물도 없다. 내가 사는 곳과는 너무나 대조적이다. 가까이에서 본 농촌주민들은 대부분 흙먼지로 얼굴과 옷은 까맣다. 라싸 시내에서 얼굴이 좀 깨끗한 사람을 보았는데 그들은 부자라고 한다. 씻을 수 있는 물이 제대로 나오기 때문이다. 모든 집은 흙벽돌이고 회색 일색이다. 집마다 야크(티베트 고원지대에 사는 털이 긴 소) 배설물(똥)을 마치 큰 빵처럼 뭉쳐서 담장에 붙여서 말리고 있다. 어떤 집은 지붕 위에도 쌓아 놓았다. 야크 똥은 가정에서 연료로 사용되므로 그것이 많은 집이 부자라는 것이다. 마을과 마을은 멀리 떨어져 있지만, 교통수단이나 운반수단이 여의치 않아 대부분 걸어서 해결한다고 한다.

티베트고원을 넘기 전 갑자기 3, 40명의 주민이 도로를 가로막으며 돈을 달라고 요구한다. 봄이 되어 밭에 심을 종자(씨앗)를 살 돈이 없단다. 모래바람을 뒤집어쓰면서 취사(점심)를 하는 엄마 곁의 남루하고 꾀죄죄한 어린아이 모습에서 인간의 한계 생활을 하고 있다는 것을 직감할 수 있었다. 우리나라 4, 50년대가 연상되기도 하였다. 그런 일을 그

날 두 번이나 경험했다. 그들의 요구는 들어주었다.

이곳 지역은 밀이나 보리를 심는데 비가 제때 오지 않으면 그나마 수확도 제대로 못 한다. 티베트 중에서도 가난한 지역으로 연간소득이 약 40만 원 정도밖에 안 된다고 한다. 산에 나무가 있고 물이 흐른다는 것이 얼마나 큰 축복인가를 새삼 깨닫게 하였다. 우리가 얼마나 좋은 여건 속에서 살고 있는가를 그곳은 깨우쳐 주었다. 우리나라의 모든 산은 푸르다. 강에는 물이 흐른다. 저수지나 관개시설이 잘되어 있어 한발에도 농사에는 걱정이 없다.

몇 년 전 이곳 농촌에 귀향하여 텃밭을 가꾸면서 하도 잡초가 많이 올라와서 풀과 전쟁하느라고 짜증을 많이 낸 것이 오히려 반성이 되기도 하였다. 잡초가 무성하게 나는 것이 얼마나 하늘이 우리에게 준 큰 축복인데 그것도 모르고 살았으니 말이다. 척박한 환경 속에서 궁핍한 생활을 하면서도 어둡지 않은 그들을 보면서 더는 물질적으로 잘 살려고 욕심을 내는 것은 죄악이 아닐까 하는 생각이 나기도 하였다. 이제는 다른 차원의 삶을 위한 노력을 해야 하지 않을까.

티베트고원을 넘어 네팔 카트만두 공항 대합실에 들어섰다. 삼성, LG TV가 설치되어 있다. 우리기술과 국력을 보는 것 같아 몹시 자랑스럽고 반가웠다. 안개가 자욱해서 먼 곳이 보이지 않아 비행기에 탑승하고도 좀 기다려야 했다. 운 좋게 얼마 후 비행기는 구름 위로 날았다. 웅대하고 장엄한 히말라야 전체의 모습을 제대로 볼 수 있었다. 특별 배려로 조종석 옆에서 본 산의 모습은 그야말로 장관이었다. 열흘간의 피곤도 고산증도 구름처럼 사라지고 입가에 미소가 저절로 퍼졌다. 아울러 내가 얼마나 좋은 나라에 살고 있는가에 대한 감사의 마음도 히말라야의 산처럼 크고 높게 느껴지는 순간이다.

나는 누구인가

고영문
2011. 11. 천료

어느 한날, 근처의 축구 경기장에 갔다. 경기관람을 마치고 쏟아져 나오는 수많은 사람, 조금 전까지만 해도 경기장에서 함성을 쏟아내고 북, 꽹과리를 치면서 응원했던 사람들이다. 고조되는 축구 열기로 많은 사람이 하나가 되듯 경기장이 들썩들썩했었다. 경기장에서 뛰고 있는 선수들, 스탠드에 꽉 차게 앉아 선수들을 응원하며 손뼉 치고 고함지르고 탄식하며 즐겼던 관람객, 나도 이들 중 하나였다.

내가 사는 이 지구에서 달까지는 38만km, 빛의 속도로 간다면 1.3초 걸린다. 태양까지는 1억 5,000만km로 8분 20초가 걸린다. 빛은 1초 동안 30만km로 지구 둘레를 7바퀴 반이나 도는 거리를 갈 수 있다.

우리가 사는 은하계 우주에는 약 1,000억 개의 별이 있는데 은하계 우주의 지름이 10만 광년이나 된다. 밖으로는 마젤란은하(성운), 안드로메다은하가 있고, 그 밖으로 또 다른 수많은 우주가 위치해 대우주를 이루고 있다. 조선일보 2004년 1월 27일 자에 보면 지구를 포함하여 대우주에는 은하계 우주 같은 우주들이 무려 10의 500승대가 있다고 했다. 이 수는 별의 수가 아닌 성운으로 된 우주의 수다. 참으로 거대하다. 상상조차 어렵다. 이런 우주 속의 한 부분, 도시 외곽에 자리한 축구 경기장에서 경기관람을 즐겁게 하면서, 지구에 사는 나는 규모와 크기로 보면 참으로 보잘것없는 우주 속 작디작은 존재에 불과해 보인다.

밤하늘에 떠 있는 수없이 많은 별, 그중에 태양계에 속해있는 지구별 위의 한 지점에 현재 내가 있는 위치를 스마트폰으로 추적해 본다. '구글어스 3D Map'을 이용해 찾아보면, 지금 나는 북위 35도 22분, 동경 128도 69분, 이 지점(좌표)에 있어 이 글을 쓰고 있음을 확인할 수 있다.

인간의 몸 세포 수는 70조, 이에 빌붙어 사는 세균 수는 무려 100조 마리나 된다. 이 세포와 세균 등 모두를 내가 갖고 나와 공동체를 이루며 살아가고 있다. 세포 단위로 보면 나는 거대한 수의 세포 집단으로 되어있다.

나에게서 위로 세대를 거슬러 올라가 본다. 인류의 기원에 관해 세계 각 곳에서 발견되고 있는 여러 가지 유인원화석의 연구에 의하면 인류의 출현은 대체로 300만 년에서 150만 년 전으로 추정하지만, 아프리카 남쪽에서 발견된 오스트랄로피테쿠스 유인원(類人猿)화석의 연구에서 175만 년 전에 최초로 인류가 태어났다고 추정한다. 그렇다면 이로부터 87,500세대(20년을 1세대로 봄)로 나에게까지 이어져 온 셈이다. 따라서 아버지 쪽으로 87,500명, 어머니 쪽으로도 87,500명의 조상이 있게 된다. 이분들이 하나 빠짐없이 고리처럼 연결되어 내려오는 한 부분에 내가 태어나 존재하고 있다. 앞으로 얼마나 많은 세월이 이 고리로 연결되면서 계속 이어갈지….

아버지 쪽으로 평생 4,000억의 정자 중 하나, 어머니 쪽으로 보면 평생 총 400의 난자 중 하나가 유일하게 만나서 잉태된 후 내가 태어났다. 이렇게 보면 나는 아버지, 어머니로부터 160조 분의 1인 확률로 이 세상에 유일하게 출현한 것이 된다. 그리고 나의 아버지와 어머니가 지구상의 당시 60억 사람(세계인구) 중에서 만나게 되었을 확률, 10의 500승 개인 대우주 속에서 오직 하나뿐인 지구에서 태어날 확률, 실로 어렵고도 어려운 일이 아닐 수 없다.

따라서 내가 여기 이곳에 태어났음은 실로 경이롭고도 감동적인 일이다. 태어나는 것만 해도 이러한데 현재의 내 나이, 내가 가진 직업으로서의 위치, 공·사적 모임에서의 위치, 가족관계 속의 위치, 이어져 온 족보계열로서의 나의 위치, 사회일원으로서의 나의 위치, 내가 자리 잡고 서 있는 현재의 나의 위치에서 나는 지금 무엇을 해야 하는가, 우리 사회에 어떤 보탬을 주며 살아야 하는가, 사는 동안 어떻게 보람있게 살아야 하는가, '나'라는 한 인간의 위치로서 살아간다는 것은 참으로 어렵고도 무거우며 예사로운 일이 아니다. 이렇게 보면 이 세상에서 유일무이(唯一無二)한 내가 남과 잘 어울려 가며 나다운 인생을 개척하며 살아가는 자체가 참 대단하다는 생각이 든다. 다시 한번 두 주먹을 불끈 쥐게 된다.

소나기

김영원
2012. 3. 천료

천둥 번개가 요란하더니 소나기가 세차게 내린다. 거리의 사람들이 비를 피하느라 달리기를 한다. 카페에서 모임을 끝내고 서둘러 일어나려다 도리 없이 주저앉아 유리창 밖의 소나기 내리는 거리를 바라보고 있다.

거리의 사람들은 순식간에 흩어져 보이질 않는데, 쏟아지는 비를 맞으며 아주머니 한 분이 손수레를 끌고 급히 공중전화부스 앞에 선다. 제법 많이 실린 수레 속의 폐박스도 비를 그대로 맞고 있다. 아주머니는 손수레 속에서 우산을 꺼내더니 박스 위에 펴 놓고 얼른 공중전화부스 안으로 몸을 피한다. 비에 젖으면 짐이 무거울까 봐 염려했을 것 같다. 그러나 웬걸, 잠시 후 바람이 우산을 저만치 휙 날려버린다. 아주머니가 황급히 달려가서 우산을 집어온다. 이번엔 아예 포기한 듯 우산을 들고 다시 부스 안으로 들어간다. 비에 흠뻑 젖은 옷이며 모자가 몸에 착 달라붙어 있다. 나는 잔뜩 지쳐있을 아주머니의 심경을 헤아리며 지켜보고 있다.

나의 20대 후반, 지금처럼 6월 이맘때였다. 결혼 후 호기 있게 시작한 사업이 해를 거듭할수록 빚만 늘자, 결국은 일도 접고 살던 집을 팔아 빚을 정리할 수밖에 방법이 없었다. 그리고 우리는 도시 외곽에서 농사짓던 땅에 집을 지어 살기로 했다. 집이라야 방 두 칸에 부엌과 좁은 마루가 전부이고 시멘트 블록에 슬레이트를 얹은 허술하기 짝이 없는 집이다. 식구들이 돈표 성냥갑 집이라 부를 만큼 작은 집이었다. 그마저도 짓고 있는 집이 완성되기도 전에 이사해야만 했다. 살던 집을 갑자기 비워주게 되었기 때문이다. 천장과 유리창 자재는 아직 도착하지도 않은 때였다. 겨우 방바닥과 벽만 도배하고 창문은 투명비닐로 우선 막아 놓은 상태로 입주했다.

이런 곳에서 할머님을 모시고 어린 애들과 함께 지내야 할 걸 생각하니 서글프기 짝이 없었다. 설움이 목구멍까지 울컥울컥 올라왔지만, 우선 빚에 짓눌리는 것보다는 낫다고 생각하며 자신을 억지로 위로했다. 아직 삶의 철이 들지 않은 나이라 나를 다스리기에도 한참 부족한 때였다. 그런데 설상가상으로 이 상황에서 갑자기 소나기를 맞은 것이다. 임시방편으로 막아 놓은 비닐 창문을 타고 비가 새어들었다. 아직 처마도 두르지 못했으니 빗줄기가 바로 창을 친 것이다. 때마침 남편이 외출 중이라 내가 막아 볼 요량하고 밖으로 나갔다. 비닐을 벽에 두르며 못질을 하는데 빗줄기는 점점 더 거세지고 나로서는 감당이 되지 않았다.

소나기를 고스란히 받을 수밖에 없었다. 빗줄기의 힘이 얼마나 센지 몸을 가누기도 힘이 들 지경이었다. 빗물은 정수리에 동이 째 들이붓는 듯했고 옷이며 머리카락으로 물이 줄줄 흘러내렸다.

"우~ 우~"

울음인지 비명인지 분간할 수 없는 고함이 나도 모르게 나왔다. 왜 그 울음이 시작되었는지는 기억에도 없다. 처음엔 소나기에 맞아서 애들처럼 울었을 것이고, 다음에는 힘들게 참아온 모든 것이 소나기를 핑계로 한꺼번에 터져 나왔을 것이다. 안개 같은 현실에 내몰린 상황이 막막해서 울고, 그냥 울고 싶어 '우우' 소리 지르며 울었을 것이다. 아마도 빗줄기만큼이나 굵은 소나기 눈물이었을 것이다.

방안에서 할머님이 빨리 들어오라고 날 부르는 소리는 듣는 둥 마는 둥 나는 그냥 빗속에 서 있었다. 마음속에 박힌 옹이며 오기투성이의 내 몸뚱이를 빗속에 세워 두고 "우~ 우~" 소리만 지르고 있었다. 그렇게 내가 나를 더 초라하게 만들고 있었다.

언제나 그렇듯 소나기는 길지가 않다. 얼마간의 시간이 빗속에서 나의 응어리를 풀어주는 동안 저만치서 먹구름 사이로 햇살이 비치기 시작했다. 나의 현실 속 소나기도 다행히 그리 길지는 않았다. 오래 기다리지 않아 남편도 다시 직장에 나가게 되었고 언제쯤일까 하던 어둠도 걷히기 시작했다. 쉽사리 끝나지 않을 것 같던 생활의 어려움도 벗어날 수가 있었다.

삶의 긴 여정 속에서 소나기를 맞는 일이 어찌 이뿐이랴. 이후로도 역경의 힘든 시간을 여러 번 겪기도 했었고 그때마다 암담할 때도 많았다. 아직 세상살이가 미숙했던 시기에 겪었던 그 날 그곳의 소나기가 성숙함을 배우는 인생의 과정이라는 것도 삶의 상처로 더 곪고 난 후에야 깨달았다. 마치 돈표 성냥갑 같던 작은 집에서 우~우~ 소리 내며 울던 그 창가, 그 초라함으로 젖었던 내 20대 후반, 그곳의 그 장면은 늘 내 가슴 속에 묻어놓고 산다. 소나기 뒤에는 곧 햇살이 비친다는 나만의 소신은 내 가슴 속에서 동행하며 두고두고 빛을 발휘해 주기도 한다.

비가 멈췄다. 소나기에 가려졌던 주위가 선명해지기 시작한다. 보이지 않던 사람들이 다시 거리로 쏟아진다. 아주머니도 공중전화부스에서 나와 비에 젖은 폐박스를 정리한다. 다행히 속까지 깊숙이 젖지 않은 것 같다. 그렇지만 손수레를 끌려고 숙인 몸이 옆으로 휘청한다. 여자의 힘으로는 부대끼는 무게인 것 같다. 어디서 오는지 가방을 멘 학생들이 달려오더니 수레 뒤를 밀어준다. 아주머니가 뒤를 돌아보고 웃으며 인사한다.

횡단보도를 건너고도 내 시야에서 멀어질 때까지 학생들이 함께 따라간다. 카페 창가에서 처음부터 애틋하게 바라보던 나는 이 광경이 참 따뜻하고 흐뭇해 저절로 입꼬리가 올라간다.

소나기 뒤의 무지개처럼, 아주머니의 앞날에 고운 날이 비추기를 마음으로 기원하며 카페를 나섰다.

벌멍 이야기

임종학
2012. 3. 천료

입춘 봄볕이 따스한 오후, 동면 중인 봄벌을 깨웠다.

지난겨울 혹한이 이어져 걱정됐던 세 통 속의 벌이 무사히 월동을 마치고 주인을 알아보며 반겨주었다. 우선 봉군의 먹이가 충분히 남아 있는지, 여왕벌의 건강 상태가 좋은지, 벌통 내부의 보온이며 청결 상태가 잘 유지돼 있는지를 살피고 벌통 내부를 정갈하게 손질해 주었다. 다행히 벌써 부분적으로 여왕벌의 산란이 이루어지고 있어 올봄 봉군 상태는 전반적으로 문제가 없어 보였다. 세 통의 봉군 중 한 통은 세력이 좀 약해서 다른 통의 봉군과 합봉해 주었다.

초보 양봉가에게 월동의 성패 여부가 한 해의 양봉 농사를 가름하는 중요한 일이다. 한 해 동안 꿀 생산량 중 반절이 우리 가족 차지다. 아래층의 꿀은 벌의 먹이로 남겨두고 위층의 꿀만 수확하고 있다. 나로서는 열심히 꿀을 만들어 낸 고마운 벌에 대해 최소한의 예의를 갖춰주는 셈이다. 벌을 다룰 때는 정성껏 천천히 다뤄야 벌도 주인의 손길을 경계하지 않고 얌전해진다. 스스로 취미 양봉가를 자처하며 친구처럼 벌을 다루고 벌과 함께하다 보면 친근한 교감이 형성된다.

봄벌을 깨운 뒤부터 주기적으로 봉군의 외부 점검을 하고 있다. 벌통 외부의 보온상태며 벌의 외부나들이와 활동 양태 등을 관찰하는 것이다. 우수가 되자 벌의 활동량이 늘어나더니, 경칩이 지나면서부터는 열심히 뒷산에서 꽃가루를 물어 나르기 시작했다. 꽃가루의 색깔이 밝은 노랑 빛인 것으로 보아 아마도 야생 생강나무꽃일 것으로 생각된다. 새로 탄생하는 유충 벌의 먹이로 꽃가루와 물을 물어 나르는 것이다. 꽃가루야 벌에게 맡기고 물 공급의 노고를 덜어주기 위해 벌통 소문 입구에 조그마한 물 공급 상자를 설치하고 생수를 채워 주었다. 물 공급에 소요되는 벌의 외부 활동량을 덜어주어 벌의 수명을 유지해 주면 남는 체력으로 유충 벌 기르기에 전념할 수 있게 된다. 이러한 과정을 통해 봉군의 세력이 점점 강화되고 사월 초쯤이면 봉군의 숫자가 증가하여 세력이 왕성한 강군을 형성하게 된다.

꿀벌의 수명은 두 달에서 석 달 정도로 매우 짧다. 그런데도 자기의 전 생애인 한 계절 동안 주어진 역무에 최선을 다해 우주의 섭리를 충실히 따른 후에 생을 마감한다. 그것은 마치 우주의 섭리와 질서를 충실히 따르는 성자와 같은 모습이어서 숭고한 느낌마저 든다. 이에 반해 사람은 수십 번 계절의 순환을 경험하며 살아가면서도 자기의 삶에 대한 의무와 고마움보다도 형이하학적 욕망을 더 채우지 못해 버둥거리다가 끝내는 상대적 허탈감이나 무력감에 빠진 채 일생을 마치기도 한다.

사회학자 A. 매슬로우는 '인간 욕구 5단계론'에서 최상위에 있는 욕구를 '자아실현'이라고 했다. 그는 또 4단계 욕구를 사람과 동물의 동일한 욕구 차원의 생리적, 성적, 안전 등의 욕구보다 상위차원인 물욕,

명예욕, 권력욕 등을 포괄적으로 함축하는 자존감이라고 하였다. 대부분의 사람은 이러한 욕구를 충족하기 위해 극심한 경쟁력이나 당리당략을 쫓아 인간사 흥망성쇠의 가치 기준에 몰입되는 경향이 있다. 저 꿀벌은 말없이 자신의 최상의 의무를 다하는데, 만물의 영장이라는 우리 인간은 얼마나 인간의 의무를 다하고 있는지…. 벌을 키우며 문득문득 드는 생각이다.

벌 관리를 마친 다음에 내가 하는 작업은 벌의 활동을 지켜보는 일이다. 소문(벌 출입구)을 통해 부지런히 드나들며 종족의 생존을 위해 일사불란하게 활동하는 벌의 봄 축제를 관조한다. 벌의 치열한 역사(役事)에 비추어 볼 때 장년에 접어든 내 삶은 과연 어떤 의미가 있는 것인가 스스로 자문해 보곤 한다.

문학을 통해 성취되는 정서적 욕구야 그렇다 치고 살아온 지난 세월, 살아가는 현재의 삶, 앞으로 살아갈 나 자신의 삶은 A. 매슬로우의 '4단계 욕구'로부터 자유로운 것인가. 오로지 주어진 임무를 완수하기 위해 쉼 없이 일하는 벌의 단순명료한 삶이 나에게 우주 순환의 진리와 정의를 깨우치도록 한 수 가르쳐주고 있다.

벌을 키우면서 나에게 묘한 버릇이 생겼다. 그것은 벌통 앞 나무 의자에 멍하니 앉아 벌의 역사를 바라보며 '멍' 때리는 것이다. 나는 이것을 '벌 멍'이라 부른다. 나만의 '벌 멍' 시간은 나의 하루 중 소중하고 의미 깊은 시간이다.

이렇듯 무념무상의 경지에 이를 때면 모든 잡념이 사라지고 마음이 편안해져 힐링이 되는 것 같다. 마치 솜털 구름을 타고 푸른 하늘을 유영하는 새처럼 나도 한 마리 작은 새가 되어 저 하늘가 아늑한 행복의 터널 속으로 빠져든다.

다람쥐 이야기

진영하
2012. 7. 천료

좋은 이와 함께 산행을 빙자한 만남을 가져보기로 했다. 간단하게 김밥만 준비한다고 했는데 후식으로 먹을 과일 몇 종류와 물을 챙기니 배낭이 제법 무거워졌다. 우리 집 쪽으로 온 그녀는 나를 태워 한 차로 대관령 옛길로 이동했다.

나는 어쩌면 대관령 옛길의 정상까지 다녀올 마음이 애초부터 없었는지도 모른다. 다행인 것은 그녀도 자신은 산을 잘 오르는 편이 아니라며 나와 같은 마음이었다는 것이다. 그냥 우리 힘이 닿는 곳, 거기까지만 갔다가 어디 그늘진 곳에서 담소나 나누다 하산해도 좋다고 하니 역시 끼리끼리 만난다는 옛말이 틀리지 않는다.

테이블과 의자가 주변에 놓여 있는 옛 주막터에 다다르자 우리는 너무나 자연스럽게 입을 모아 때도 되었으니 여기서 점심을 먹고 가자며 자리에 앉았다. 준비해 온 김밥에 과일까지 먹으며 이 얘기 저 얘기 한참 이야기꽃을 피웠다. 배불러 더는 못 먹겠다면서 그녀가 건네는 견과류에 또 손을 갖다 대고 있는데, 어디선가 냄새를 맡고 나타난 다람쥐 한 마리가 근처 바위에 올라서 예의 그 귀여운 표정으로 우리를 쳐다보고 있는 것이 아닌가.

다람쥐에게 견과류 한 개를 던져주었더니 먹을 것 앞에서는 사람도 무섭지 않은지 계속 우리 곁을 맴돌았다. 심지어 슬금슬금 우리 가까이 다가와 추가로 던져주는 견과류를 챙기기에 이르렀다. 먹이를 던져주다가 그녀의 "예전에 다람쥐를 수출하던 때가 있었대요."라는 말에 깜짝 놀라지 않을 수 없었다. 세상에 수출을 하다 하다 저 작은 생명체인 다람쥐를 수출했다고.

믿기지 않지만 실제로 1962년 강원도산 다람쥐 655마리를 한 마리당 1달러씩 받고 처음으로 해외에 수출했다. 다람쥐를 처음 본 외국인들에게 인기가 높아 1980년대까지 외화벌이를 위해 한 해 수십만 마리가 애완용으로 팔려나갔다. 당시 궁핍했던 강원도 산촌 주민들은 소득 창출을 위해 다람쥐 생포에 남녀노소 가리지 않고 참여했으며, 절정기인 1970년에는 30만 마리가 수출될 정도로 남획이 문제가 되자 산림청은 다람쥐 수출을 연 10만 마리로 제한할 정도였다. 마침내 1991년에 이르러서는 다람쥐 포획을 전면 금지해 현재는 포획·채취 금지 야생동물로 지정되었다.

인간의 변덕스러움은 다람쥐를 천덕꾸러기도 모자라 골칫거리로 만들어 버리기까지 오랜 시간이 걸리지 않았다. 다람쥐가 쳇바퀴를 돌리며 재롱을 부리는 것에 손뼉을 치며 귀여운 애완동물로 기르던 것도 잠시, 기르다 싫증이 난 사람들이 공원에 풀어놓거나 탈출한 개체가 야생에 자리 잡았다. 기하급수적으로 늘어 프랑스를 비롯한 유럽 22곳에 야생 집단을 이루고 있는 다람쥐는 유럽에서는 골머리를 앓는 존재가 되어버렸다. '라임병'을 일으키는 보렐리아 박테리아를 진드기가 옮기는데, 다람쥐가 주요 숙주로 밝혀져 유럽의 세계 100대 외래 침입 야생동물 종으로 지정돼 현재 엄격한 관리를 받고 있다.

우리나라도 인간이 주로 즐거움을 위해 사육하는 동물을 말하는 애완동물이 이제는 인생을 함께 하는 친구와 같다며 반려동물이라고 표현할 정도로 그 위치가 격상되었다. 문제는 근래에 이르러 애완동물을 키우는 인구의 수가 늘어났지만, 경제난을 비롯한 단순 싫증 등 다양한 이유로 키우던 동물을 유기하는 범죄적 행위 또한 증가하고 있다는 점이다. 지난 몇 년간 41만 마리가 넘는 동물이 버려지고 10만 마리가 넘게 안락사된 것으로 나타나는데 특히 이러한 유기는 주로 휴가철에 급증한다니 가슴 아픈 일이 아닐 수 없다.

생명이 죽을지도 모르는데 아무 곳에 무책임하게 버리는 유기 행위는 일종의 학대며 범죄임이 분명하다. 애완동물에서 유기 동물로 전락한 동물들은 도로에서 방황하다가 차에 치여 죽는 일이 생길 뿐만 아니라 유기 동물의 배설물에서 병원균이 번식해 공중위생에 타격을 주기도 한다. 이런 이유로 유기에 대한 처벌과 동물복지 선진국처럼 소유자의 의무를 강화하고 아무나 동물을 분양하고 키울 수 없도록 조치를 해야 한다는 목소리가 커지고 있는 실정이다.

최근에는 새로운 애완동물로 파충류, 양서류 등을 비롯한 특이한 야생동물을 기르는 사람들도 생겨났다. 야생동물은 자연에서 야생상태로 생존하고 있을 때 비로소 진정한 야생동물이라고 할 수 있지 않을까. 국제적 멸종 위기에 처한 전 세계 각지의 야생동물과 희귀 야생동물이 한 해 수백만 마리가 반입되었다가 대부분 죽거나 일부는 그 옛날 해외에 수출되었던 한국의 다람쥐처럼 자연에 버려지고 있다.

자신의 조상인 강원도 산골짝의 다람쥐의 슬픈 역사를 아는지 모르는지 꼬리가 탐스러운 다람쥐는 볼 주머니에 견과류를 잔뜩 집어넣느라 분주하다. 저리 움직이는 작은 동물도 생명이고, 그 생명을 사랑하는 데는 책임이 따른다는 걸 아직도 모르는 인간들이 너무 많아 견과류를 던져주는 손이 괜스레 부끄러워진다.

습관과 인생

조원제
2012. 8. 천료

나는 밥을 천천히 먹는 습관을 가지고 있다. 밥을 천천히 먹으면 먹은 밥의 양은 적지만 배도 적당히 부르고, 소화도 잘되며, 위에 부담을 주지 않는다. 그래서인지 위가 튼튼한 편이다. 형제간이나 지인들과 함께 식사할 때는 보조를 맞추기 위해서 음식을 조금 빨리 먹거나, 아니면 앞이나 옆 사람이 식사가 끝나면, 나의 식사량이 조금 모자라도 수저를 놓을 때가 있다. 사람마다 나름의 습관을 가지고 있다. 말투나 행동거지(行動擧止, 몸을 움직여야 하는 모든 동작이나 행동, 몸가짐 따위를 이르는 말)는 모두 습관에 젖어 있다. 그래서 습관 자체는 각자의 삶의 모습이고, 어떤 습관을 갖느냐에 따라서 사람의 운명이 달라진다. 음주운전을 하면 사고를 낼 수 있는 가능성이 크다는 것과 흡연이 건강에 나쁘다는 것은 다 잘 아는 것이다. 하지만 음주와 흡연을 쉽게 끊지 못하는 것은 중독과 습관 때문이라고 할 수 있다.

'세 살 버릇이 여든까지 간다.'라는 속담처럼 인지능력(認知能力, 어떤 대상이나 사실을 느낌으로 알고 분별하며 판단하는 능력)이 생기는 아이 때 만들어진 버릇은 평생을 그림자처럼 따라다닌다. 습관적인 행동을 오랫동안 하다 보면 본성이 된다는 뜻인 적습성성(積習成性)이란 말이 있다. 좋은 습관이든, 나쁜 습관이든 오래 되면 그 습관은 곧 그 사람의 본성, 성품이 되어 버린다는 말이다. 약속 시간을 대수롭지 않게 여겨 매번 지각하거나, 나태함이 몸에 배어 매사에 뜨뜻미지근한 태도를 보이는 사람들을 보면 그 습관을 실감할 수 있다. 습관은 때에 따라서는 한 사람이 쌓아온 인격을 보여주는 단면이 되기도 하지만, 또 어떨 때는 그 사람의 운명을 바꾸는 수단이 될 수도 있는 것이다. 사람은 가정교육이나 학교 교육, 친구 관계 등 교육과 생활환경에 따라 달라진다. 향(香)을 싼 종이에서는 향기가 나고, 생선을 싼 종이에서는 비린내가 난다는 말이 있다.

습관이나 버릇이 다행으로 선(善), 겸양, 겸손, 정직, 근면, 독서 등 인간 형성에 매우 바람직한 것들이라면 훌륭한 인품이나 인격을 이루게 한다. 하지만 만일 그것이 바람, 게으름, 거짓말, 절도, 사치, 알코올 중독 등 바람직하지 않은 것이라면, 그것은 한 인생을 망치게 하는 치명적인 습관이 된다. 미국의 실용주의 철학자이며 유명한 심리학자인 윌리엄 제임즈(William James, 1842~1910)는 '생각이 바뀌면 행동이 바뀌고, 행동이 바뀌면 습관이 바뀌고, 습관이 바뀌면 성격이 바뀌고, 성격이 바뀌면 운명이 바뀐다.'라고 하였다. 미국의 빌 게이츠(Bill Gates, 1955~)는 '습관이 모여서 인생이 된다. 습관이 우리의 삶을 지배하기 때문이다.'라고 하였다.

습관(習慣)의 습(習)자는 어린 새가 날개(羽, 날개 우)를 퍼드덕거려 날기를 백번 연습한다(흰 백(白)을 일백 백(百)으로 간주하여)'라는 의미이다. 관(慣, 버릇 관)자는 버릇이 된다는 뜻이다. 즉 습관이란 '어린 새가 날갯짓을 연습하듯이 매일 반복하여 마음에 새겨진 듯 익숙해진 것'으로, 특정한 자극이나 행동에 반복적으로 노출되어 자동으로 나타나는 행동을 뜻한다. 영어 습관(Habit)의 어원은 라틴어 Habere: 소유하다, 구성하다, 또는 Habitus: 상태, 처신, 외모, 태도, 의복이다. 지금의 Habit의 뜻을 어원과 함께 해석해보면 내가 가지고 있는 행동의 양식뿐만 아니라, 나의 태도, 상태, 옷을 입고 외모를 가꾸는 행위까지 나를 구성하고 있는 모든 부분은 습관에서 생성된 것이라고 할 수 있다.

어떤 심리학자는 사람의 행동이란 습관의 묶음이라 표현했다. 우리가 일상생활에서 엮어내는 행동은 결국 태어나서 지금까지 그에게 형성된 습관의 표현이라는 것이다. 밥을 먹을 때 보면 사람들은 그 모습이 형형색색이다. 수저를 쥐는 법, 국물을 마시는 법, 밥을 씹는 모양, 좋아하는 반찬 등에서 완전히 일치하는 사람은 거의 볼 수 없다. 걷는 모습을 보아도 발을 내딛는 모양, 걸음의 폭, 허리의 모양, 몸을 흔드는 모양 등에서 모두 다르다. 이와 마찬가지로 어떤 일을 마주쳤을 때 이에 대해 반응하고 해결하는 자세도 모두 다르다. 그것은 개인마다 생각이 다르고, 형성된 습관이 모두 다르기 때문이다. 그러므로 습관은 제2의 천성이라고 한다. 사실 인간에게 있어 가장 중요한 것은 천성이 아니라 그에게 형성된 습관이다.

인터넷에 있는 습관에 대한 예화를 보면, 한 스승이 제자를 데리고 산에 가서 제자에게 세 그루의 나무를 보여주며 뽑으라고 말했다. 심은 지 얼마 안 되는 첫 번째 나무는 쉽게 뽑을 수 있었다. 두 번째는 옮긴 지 1년 된 나무였는데, 제자는 힘들여서 겨우겨우 뽑았다. 세 번째는 심은 지 오래된 나무로 아무리 애써도 뽑을 수가 없었다. 스승은 '습관이라는 것도 이와 같다. 선이든 악이든 습관을 들이고 오래되면 그만큼 뽑기(바꾸기) 어려운 법이다.'라고 했다. 좋은 습관은 평생에 걸쳐서 약이 되지만, 나쁜 습관은 평생 발목을 잡을 수도 있다. 좋은 습관은 인생을 변화시킬 뿐 아니라 성공으로 이끌 수도 있다.

아침에 일찍 일어나는 습관, 공부하는 습관, 책을 읽는 습관은 아주 중요하다. 미국의 여류작가 리디아 시고니(Lydia Sigourney)는 '어렸을 때 좋은 습관을 가지게 해준다는 것이 인생의 성패를 좌우한다.'라고 말하며, 어렸을 때의 습관은 마치 거미줄과 같아서 미풍에도 흐느적거리지만, 그것이 굳어지면 마치 강철 철망 같아서 고래 같은 큰 힘으로 밀어도 꿈적도 하지 않는다는 것이다.

일찍 일어나서 이불 개기, 청소하기, 하루 세 번 이 닦기, 친절하게 인사하기, 자주 손 씻기, 시간 지키기, 약속 지키기, 음식 가려 먹지 않기, 작은 소리로 말하기, 성내지 않기 등 모든 일에 좋은 습관을 기르도록 하자. 습관은 사람의 인격 형성과 미래를 결정하는 중요한 요소이다. 규칙적인 생활로 건강을 돌보는 사람, 인생의 풍요를 위해 건전한 취미생활을 하는 사람, 진리 탐구를 위해 독서하는 사람들은 모두 좋은 습관을 가진 사람들이다. 좋은 습관으로 인생을 가치 있게 행복하게 살았으면 싶다.

독서의 소고(小考)

윤 석
2012. 10. 천료

긴긴 추운 겨울이 지나간 듯하더니 웬걸 눈이 날리고 영하권으로 치달아 몸을 움츠리게 한다.

나는 올 한 해를 독서의 해로 정했다. 오랫동안 먼지가 낀 책들을 꺼내 읽기로 마음을 먹으며 한 달에 5~6권, 1년에 80~90권으로 목표를 정했다. 책을 사는 욕심만큼 읽을 것을 다짐했다. 시내를 나가면 꼭 서점을 들른다. 옛날 잘 되던 서점들은 거의 문들 닫았다. 나는 그 자리에 새로이 차린 헌책 서점을 들러 책을 사 들고 온다.

나는 책 중에 시(詩)는 항상 뒷전이다. 시의 세계를 터득하지 못하면 감동이나 재미를 가져보지 못한다. 손톱만큼이라도 이해하려고 유종호가 쓴 『시란 무엇인가?』를 사 두었지만 읽다가 접어두었다. 음악도 자주 들으면 이해가 되고 시도 자주 읽으면 어느 순간 이해가 간다. 하지만 아직 그 단계에 이르지 못했다.

금년 들어 3월까지 독파(讀破)한 책 들이다. 『어둠 속에 걸어가는 용기』, 『수필문학 21』, 『반성』, 『김용

택의 산문집』, 『과일나무에 토마토가 열렸다』, 수필집 『인생에 용기를 주는 책』, 『수필문학 1월호』, 『하룻밤에 읽는 신구약성서』, 『대한민국이 묻는다』, 『메아리는 언제나 있고』, 수필집 『음악을 읽다』, 에세이 『코리안 디자인』, 수필집 『사랑』, 『오은문학동인지』, 『수필 문학을 어떻게 쓸까?』 등등이다. 나는 성경도 틈틈이 읽는다. 지난해는 3독을 해 성경 통독 인증서를 받았다. 우리 집은 중앙지와 지방지를 들인다. 신문은 상식과 지식의 원천이다. 사설과 에세이, 칼럼 등 빼놓지 않고 다 읽는다.

책 읽기란 마음과 생활화에 달려 있다. 책을 읽으려고 하면 눈이 부시고 시리며 무겁다. 하지만 한고비를 인고로 넘기면 부드러워지며 피곤을 못 느낀다. 한 권의 책을 읽고 나면 독파의 쏠쏠한 기쁨을 안겨준다. 청소년 시절에 나는 많은 책을 읽지 않았다. 글을 하나 쓰려 해도 바닥이 드러나 뜻대로 풀리지 않는다. 두고두고 한이 되었다. 늘그막의 독서지만 건강이 허락하는 한 열성을 쏟을 것이다.

책 속에는 많은 진리와 지혜와 길이 있다. 정말 책을 가까이하고 즐겨 읽어야 한다. 우리나라는 한 달에 책 한 권도 사보지 않는 가정이 많다. 가구당 도서 구입비가 1,500원에 불과하며, 1년간 책 한 권이라도 읽는 성인의 비율이 65%에 그쳤다. 이처럼 사람들이 책 구입에 돈을 쓰지 않고 책을 읽지 않는 풍조가 더 늘어나는 추세다. 이러한 것은 최근 디지털 문화와 스마트폰에 쏠리고 허다한 시간을 보내기 때문이다. 책을 읽지 않는 사회는 미래가 없다고 한다. 검증된 지식과 정보의 원천이 책을 통해서 창의력을 기를 수 있다.

자녀들에게 책을 읽게 하려면 부모가 먼저 책을 가까이하는 모습을 보여주어야 한다. 그리고 국가도 책 읽는 사회를 만들어 내는 다양한 시책이 세워져야 할 것이다. 책을 점점 적게 읽는 사회 풍조를 하루빨리 불식(拂拭)하고 책을 가까이하며 책을 많이 읽는 사회가 어서 이루어졌으면 하는 바람이다.

아롱이

신수희
2012. 11. 천료

한가로이 길을 가고 있는데 주인을 따라 아장아장 걷고 있는 작은 개가 나를 자꾸만 뒤돌아본다. 주인을 놓칠까 봐 종종걸음으로 따라가면서도 나를 쳐다보는 예쁜 눈망울이 십여 년 전에 우리 집에서 같이 살았던 아롱이 같다. 다시는 개를 키우지 말아야지 하면서 다짐하던 내 모습. 작은 궁둥이를 흔들면서 걸어가는 내 앞의 예쁜 개가 꼭 아롱이 같아서 나도 아롱이 같은 작은 개가 있으면 또 한 번 키워볼까. 내 마음이 흔들린다. 그래서 주인 여자와 함께 걸어가는 아롱이 같은 개를 떠나보내기 싫어서 그 집까지 한참이나 따라다녔다. 애써서 잊어버리려고 했던 아롱이가 꼭 살아 온 것처럼 내 마음을 설레게 했다.

개들의 수명이 15년이라는 것을 미리 알았더라면 아롱이를 데려오지 않았을 텐데, 13년을 마음을 주고 좋아하면서 안고 다녔다. 때가 되면 죽을 것이라고는 생각하지 못했다. 예쁘다는 이유 하나만으로 태어나서 한 달도 되지 않은 주먹만 한 새끼를 어미한테 강제로 떼어 와서 우유도 먹이고 소고기도 주면서 서로 사랑의 눈도장을 찍어가며 식구처럼 살았다. 아롱이다롱이 생각이 나서 이름을 아롱이라고 지었다. 그 당시에 대학을 다니던 큰딸 수영이가 나보다 아롱이를 더 좋아하는 것 같았다. 아롱이도 나보다 수영이가 자기를 좋아한다는 것을 미리 알고는 수영이가 집에 오면 그 곁에 꼼짝하지 않고 붙어 있다. 밤이 되면 한 침대에 들어가서 잠을 자고 밥 먹을 때가 되면 수영이 방에서 어슬렁거리면서 나오곤 했다.

한 뼘 정도의 하얀 푸들이었는데 눈만 보이고는 온몸이 꼬불꼬불한 새하얀 털이 빤짝빤짝 눈이 부셨다. 다리가 보이지 않게 뛰는 모습을 지켜본 사람들은 엄청 예쁘다고 좋아했다. 친구들은 오랜만에 나를 길거리에서 만나도 아롱이 잘 있느냐고 아롱이부터 묻곤 하는 인기 있는 아이였다.

열세 살이 된 아롱이 나이는 사람의 수명으로 배분하면 팔십의 나이라고 한다. 바보 같은 나는 개들도 사람같이 오래 사는 줄 알았다. 내가 보기에는 언제나 작은 아이같이 귀엽게만 보였는데 그들의 세상에서는 할머니였던 것이다. 개의 세계에도 상하가 있어 지나가던 큰 개가 아롱이에게 얼굴을 맞대지 않고 조용히 지나가는 것을 보았다. 먹을 밥이 떨어지면 자기 몸짓만큼이나 큰 밥그릇을 입에 물고 보란 듯이 뒤뚱뒤뚱 걸어오는 모습은 세 살 먹은 아이 같았지만, 아롱이는 지혜와 사고가 있는 힘든 할머니였다.

밖에 나갔다 집에 들어오면 언제나 이리 뛰고 저리 뛰고 반가워하는 행동이 눈에 환하게 보였다. 이 세상에 아롱이만큼 우리를 반가워해 줄 사람은 없을 것 같았다. 그러나 집을 나갈 때는 눈을 아래로 깔고 말 한마디 없다. 소파에 앉아 일어나지 않고 고개를 숙이고 있었다. 혼자 두고 밖에 나가는 것이 엄청 싫은 데도, 모두 수용하고 이해하고 참아주면서 수영이와 나만 믿고 사는 것 같았다.

3년이나 지냈을까. 수영이가 결혼을 하고 사위와 함께 집에 돌아왔을 때였다. 아침에 일어난 수영이는 아롱이를 품에 안고 한참이나 울고 있었다. 아침에 일어나서 보니 불쌍한 아롱이가 주인을 잃고 수영이 방문 바닥에 밤새도록 쭈그리고 앉아 있었다는 것이다. 수영이에게는 주인이 따로 있다는 것을 알고 자기 자리를 미리 양보할 줄 아는 아롱이가 불쌍했다고 했다.

나도 어느 날 여행을 간다기에 아롱이를 둘 데가 없어 애견 센터에 맡긴 적이 있었다. 철창에 들어가는 아롱이는 내가 자기를 버리는 줄 알았는지 분명 울고 있는 것이 틀림이 없었다. 여행을 빠질 수 없어 그냥 갔지만, 그날 이후로 다시는 이런 냉정한 사람이 되지 말자고 생각하면서 엄청나게 후회한 적이 있었다. 미리 자기 자리까지 알아서 양보할 줄 아는 아롱이는 요즘 자기 위치도 모르고 행동하는 사람보다 못할 게 없다는 생각을 하기도 했다. 동물이라고 함부로 무시해서는 안 될 것 같았다.

아롱이처럼 예쁜 개에 정신이 팔려서 오늘은 하루 종일 아롱이 생각만 했다. 아롱이처럼 예쁜 개가 있으면 다시 키워볼까 마음이 왔다 갔다 갈피를 잡을 수 없었다. 그러나 아무리 생각해봐도 다른 개를 키우지 말아야 되겠다는 마음으로 되돌아가고 말았다. 그것은 거의 15년이나 되는 많은 날을 나만 졸졸 따라다니면서 하루 종일 나만 기다렸던 아롱이와의 추억들이 내 마음 전부를 감싸고 있었기 때문이다.

안 오셔도 됩니다

유종덕
2013. 1. 천료

수명 100세 시대라고 한다. 의술의 발달, 과학적인 건강관리와 경제성장에 따른 생활 수준의 향상으로 날이 갈수록 평균수명이 증가하고 있다. 모든 질병은 예방이 우선이고 조기발견이 차선이다. 나의 건강관리는 조금은 특이하다. 2년마다 건강보험공단의 정기검진 사이에 영상의학 전문병원(방사선과)을 노크한다. 의과대학을 졸업하고 평생을 X선과 CT로 환자들의 병명을 찾아내는 노련함과 필름이 선명하기 때문이다. 바글거리는 사람들 틈에서의 기다림과 진료받고 며칠 뒤에 설명을 듣는 번거로움이 없어 편리하다.

퇴직하고 수원에서 잘 알려진 방사선과를 찾아가 몸 전체 이상 유무를 살피러 왔노라고 했다. 팔다리는 제외하고 머리, 가슴, 배, 하복부로 나누어 사진을 찍어 검사한다고 자세히 설명한다. 하루에 모두 검사 할 수는 없어 오늘은 우선 머리와 복부를 검사하기로 하고, 머리부터 컴퓨터 단층 촬영을 시작했다. 촬영 후 얼마간의 시간이 지난 뒤 내 차례가 되어 진료실로 들어가 원장과 마주 앉았다. “머리는 건강합니다.” 뇌졸중은 안심인데 그럼 복부에 무슨 이상이 있나? 잠깐의 시간이 흐르고 사진을 살피던 원장이 “다른 곳은 이상 없고 췌장에 혹이 보입니다” 한다.

위장의 아래쪽에 가늘고 긴 삼각주 모양의 소화기관. 간에 가까이 있으며 배꼽의 뒤쪽에 가로로 15~20cm 정도 길이의 크기로 탄수화물 단백질 지방의 소화효소를 분비하고 인슐린과 글루카곤으로 당뇨에 관계한다는 췌장에 1.5cm 정도 크기의 혹이 생겼다고 한다. 긴장되어 가슴이 두근거리고 맥박 뛰는 소리가 귀에 들릴 정도인데 원장은 태연하게 말한다. “악성은 아니고 단순 물혹인 것 같습니다.” 나이 50~70대가 전체 환자의 80%이고. 초기증상이 거의 없어 조기발견이 어렵다는 췌장암, CT를 가지고 큰 병원으로 가라고 한다.

동숭동의 대학병원 소화기 내과 K 교수 진료실, 미리 접수 시킨 CT 사진을 살피더니 초음파 검사를 해보자고 한다. 절차를 밟아 정밀검사를 하고 결과를 보는 날 “악성은 아닙니다.” 하는 말에 조금은 안심이 되었다. 이것저것 궁금하기 짝이 없는 나의 집요한 질문에 물혹이 암으로 전환되는 예도 있기는 한데 확률은 1%정도라고 한다. 그렇게 해서 2년마다 주기적으로 췌장과 가까운 간, 콩팥, 담도까지 복부초음파 검사를 하기로 하여 올해로 네 번째다.

공복혈당 수치가 높고, 지나치게 넉넉한 아랫 뱃살 때문에 체중을 줄이려고 지난 1월부터는 눈·비가 내리거나 미세먼지 최악인 날만 제외하고 거의 매일 걷기 운동을 했다. 나가기 전에는 워밍업으로 기구 운동을 열심히 했다. ‘스트레칭 롤러’로 등과 허리를 상하로 힘주어 마사지하고, 허리 유연성 증대를 위한 ‘롤링 웨이스트’로 좌우 흔들기를 100회씩 하였다. 적게 먹는 식이요법을 시작하여 탄수화물을 줄인다고 두부, 달걀, 채소를 주식으로 하고 검은콩 현미밥은 마지막에 한두 숟갈 정도로 줄였다. 영하의 날씨에는 바깥 운동은 생략하고 실내 자전거에 의존하여 넉 달 만에 5kg을 감량했다. 수원에서 버스로 사당역에 도착, 전철로 갈아타고 혜화역에서 하차한다. 1주일 전에 검사한 초음파 결과를 보는 날이다. 매번 크기에 변화가 없다며 간단한 설명만 하던 담당 교수가 이번에는 컴퓨터에서 눈을 떼지 않는다. 비록 짧은 시간이지만 마음이 좀 불안하다. 췌장의 혹이 커졌나? 다른 암에 비해 발생률은 낮지만, 사망률이 높아 5년 생존율이 10% 정도에 불과한 악명 높은 몹쓸 병, 위치상 조기발견이 어렵고 전이가 빨라 전체 환자의 80%는 수술 치료가 어렵다는 병이 아니던가. 발병원인 첫 번째라는 담배도 끊은 지 15년이 지났는데 혹이 생겼다고 한다. 췌장질병의 전조 증상인 황달, 복부 통증도 없었고, 다만 과체중이라 식단조절과 걷기와 기구 운동으로 효과도 보았거늘, 그렇다면 다이어트로 체중이 감소한 것이 아니고 몹쓸 병 때문에 5kg이 줄었단 말인가. 나름 몸을 돌보았건만 이 나이에 췌장이 반란을 일으키다니.

박완서 작가는 살아생전 "몸은 전셋집이다. 기간이 다되면 돌려줘야 한다." 했는데 백세시대에 30여 년을 남겨놓고 내 몸의 전세 기간이 다 되었다는 말인가. 예고도 없었으니 임대차법 위반 아닌가….

오랫동안 검색하던 K 교수가 코로나19 예방 마스크를 착용하고 하는 말이지만 또렷이 들렸다. "혹이 안 보입니다." "네?" 혹이 안 보인다니, 혹이 어디로 도망이라도 갔단 말인가. 의아해하는 나에게 자연소멸하는 때도 있다고 설명해준다.

"다른 곳은요?"

"콩팥, 담도, 간은 모두 이상 없습니다."

진료가 끝나고 핼쑥한 환자와 보호자들, 온갖 근심의 군상들이 대한민국 제일이라는 병원의 내과 진료실 앞에서 안내간호사가 나오기를 기다린다. 나에게는 무슨 말을 할까. 확인을 위한 CT 촬영 아니면 MRI, 내시경 초음파 검사(EUS)… 잠깐이지만 길게 느껴졌다. 잠시 후

천사가 진료실에서 나와, 내 이름을 불렀다. 그리고 가장 듣기에 좋은 소리를 해 준다.

"이제 안 오셔도 됩니다."

울 밑에 귀뚜라미 우는 달밤에

서달희
2013. 1. 천료

추석 전날이면 가족들을 만나는 기쁨에 마음이 들떠 있는데 아무도 올 수 없는 하루가 다 지나가고 있다. 남편과 둘이서 쓸쓸하게 추석 전날 밤을 보내고 있다. 태어난 후 가족이 오지 않는 추석은 처음 겪는 일이다. 손자가 사는 같은 서울이었으면 겪지 않을 일을 부여로 이사 온 탓에 겪게 되니 이번만은 이사 온 것이 후회가 된다.

이번 추석에는 고향 가는 것을 중단하라고 온 매체에서 떠든다. 코비드 19의 확산을 막기 위해서라고 하니 엇박자로 나갈 수도 없고, 모두가 조심하는 수밖에 없다. 외국에서는 하루에 일천 명씩 죽어서 관이 쌓이는 것을 보며 대재앙 앞에 할 말을 잃고 기도하게 된다. 추모관이나 성묘도 가지 말라는 부탁이다.

TV에서는 국민가수 나훈아가 15년 만에 코비드 19로 지친 국민들을 위해서 노개런티로 방송무대에 출연한다고 대대적으로 홍보를 한다. 기다릴까 하다가 초저녁잠이 많아서 포기하였다. 가족들이 모였다면 잠을 쫓고 시청하였겠지만 이미 하품이 나기 시작하니 재방송을 봐야지 하는 마음이었다. 그런데 재방송을 안 한다는 기사가 뜬다. 이왕 지친 국민들을 위한 무대라면 어떤 이유로든지 방송을 못 본 팬들을 위한 배려가 있었으면 하는 마음이 들지만, 안 한다는데 별도리가 없다.

나훈아는 유독 어머니를 그리는 노래가 많다. 특히 「홍시」와 「어메 어메 우리 어메」라는 노래는 가사만 들어도 눈물 나게 만든다. 머리가 희끗한 가수가 부르는 노래를 들으며 엄마 생각에 가슴이 허전해진다.

엄마가 살아 계실 때에, "엄마! 나는 왜 발바닥이 아픈지 모르겠어요?" 하면 "병원에 가봐라, 오래 두지 말고" 하며 발을 주물러 주시곤 했다. 70년대에 어머니가 떠나시고 난 뒤, 자동차를 샀다. 친정에 갔다가 작은어머니를 모시고 아산만까지 다녀올 때였다. 작은어머니가 "형님이 받으실 효도를 내가 받는구나" 하며 안 계신 동서를 그리워하신다.

일찍 잤으니 일찍 깨었다. 4시경에 눈을 떴다. 다시 잠이 올 것 같지는 않아서 이런저런 생각을 하며 누워 있는데 무슨 일인지 다른 가사는 생각이 안 나고 '울 밑에 귀뚜라미 우는 달밤에 기럭기럭 기러기 날아갑니다.' 하는 가사만 되풀이해서 생각난다. 초등학교 시절에 불렀던 동요라 갑자기 궁금해져서 검색해서 전문을 알게 되었다. 가사가 어찌나 슬픈지 가슴이 다 먹먹해진다.

> 울 밑에 귀뚜라미 우는 달밤에
> 기럭기럭 기러기 날아갑니다.
> 가도 가도 끝없는 넓은 하늘로
> 엄마 엄마 부르며 날아갑니다.
>
> 먼 산에 단풍잎 붉게 물들어
> 기럭기럭 기러기 날아갑니다.

가도 가도 끝없는 저 먼 나라로
엄마 엄마 부르며 날아갑니다.
- 울 밑에 귀뚜라미 우는 달밤에 (윤복진 시 /박태준 곡)

월북을 하였기 때문에 1950년대 이후에는 부르지 못하게 했고 교과서에서도 삭제를 하였다고 하는데, 이 새벽에 뜬금없이 이 노래가 왜 생각이 났는지 알다가도 모를 일이다. 1907년에 대구에서 태어나고 1991년에 돌아가셨다고 되어있다. 윤복진 시인의 이름도 처음 들어본다. 입속으로 한참을 부르다가 오늘도 귀뚜라미가 울고 있나 싶어서 창문을 열어보니 이미 날씨가 차가워져서인지 귀뚜라미도, 다른 풀벌레 소리도 들리지 않는다. 특히 밤이면 합창으로 울어대 잠을 설치게도 만들더니 창문을 닫고 무심하게 지냈더니 생명을 끝내고 빈 허물로 남았나 보다.

그런데 아니었다. 풀이 남아 있는 옆 담장 아래로 옮겨갔는지 풀벌레들의 합창이 은은하게 들려온다. 내가 밤마다 너무 시끄러워서 창문 옆 풀들을 베었더니 그쪽으로 옮겨갔나 보다. 풍악 소리도 멀리서 들어야 더 좋은 것처럼 풀벌레 소리도 은은하게 들어야 운치가 있다.

그리운 고향

먼 산에 진달래 울긋불긋 피었고
보리밭 종달새 우지우지 노래하면
아득한 저 산 너머 고향집 그리워라.
버들피리 소리 나는 고향집 그리워라.

이 내 몸은 구름같이 떠도는 신세임에
나 쉬일 곳 어디인가 고향집 그리워라
새는 종일 지저귀고 행복도 깃들었네.
내 고향은 남쪽 나라 고향집 그리워라

이 시도 너무 아름다워서 적어보았다. 그 외에도 『기차가 달려오네』 『발자국』 『아기참새』 등을 저술한 아동문학가이기도 하다고 소개가 되어 있다. 고향을 그리워하고 엄마 엄마 부르며 날아가는 기러기를 보며 시를 지으신 선생님. 다시 돌아올 고향으로 알고 계셨을 텐데, 영영 오지 못한 고향을 얼마나 그리워하며 살다 가셨을까 안타깝기 그지없다.

이제야 가슴이 아려오는 기러기 노래가 생각난 이유를 알 것 같다. 기도해 달라는 사인처럼 느껴진다. 하느님, 아름다운 마음으로 살다 가신 영혼을 사랑하시는군요. 기도하게 깨우쳐 주시니 감사합니다. 꿈에 보여서 기도해 드리는 영혼은 있었지만, 갑자기 어릴 적에 부르던 동요가 생각이 나서 기도해 드릴 수 있으니 하느님의 은총을 받으실 분이었나보다. 작곡하신 박태준 선생님을 위해 기도를 해 드리니 더없이 기쁘다.

천년도 당신 눈에는 지나온 어제 같다는 말씀이 새삼스러워지는 추석날 새벽이다.

하느님 아버지, 해돋이에서 해넘이까지 영원무궁토록 찬미영광 받으소서. 아멘.

삼생이

안경환
2013. 1. 천료

칠, 팔 년 전 아침 드라마 TV 소설을 재미있게 본 적이 있다. 제목은 「삼생이」였다. 가족들의 무관심과 방임 상태에 있던 소녀가 배가 고파서 우연히 집어 먹은 것이 500년 된 산삼이었다. 그때부터 산삼을 먹은 아이라고 삼식이라 불리게 된 소녀는 온갖 구박과 설움에도 식구들의 생계를 짊어지게 된다. 그런데 소녀는 단지 산삼을 먹은 게 아니라 산삼으로 인해 목숨을 연명해 새 삶을 살 수 있게 되었다며 스스로 이름을 삼생(蔘生)으로 바꾸고 운명을 개척해 나간다.

지난겨울 코로나19가 극성을 부릴 때 손자 부성이가 유치원 휴원을 해서 외가에 가 있었다. 거기는 지리산 줄기 아래 산세가 좋고 여름에는 1급수 골짜기 물에 물놀이를 할 수 있고, 겨울이면 눈이 자주 와서 비료 포대를 깔고 앉아 눈썰매를 즐길 수 있었다. 동네 친구가 없어도 키우는 강아지 희동이, 댕이, 리키를 거느리고 놀 수 있어서 부성이는 외가에 가기를 좋아했다.

부성이가 외가에 있던 11월 어느 날 외할머니가 희끗희끗 눈 쌓인 산을 오르고 싶었단다. 가끔 송이버섯이나 약초가 눈에 띄는 때가 있으니 농한기에 할 일이 없어서 산에 올랐다. 무심코 발길을 옮기는데 느낌이 이상하여 자세히 보니 다섯 손가락을 편 모양을 한삼 잎이 바람에 살랑이고 있었다. 무언가 가슴 밑바닥에 싸한 느낌이 전해져 왔다.

다칠세라 귀한 보물을 다루듯이 조심스레 두 뿌리를 캐왔다고 한다. 아무래도 무언가 다르다는 느낌이 들어 산삼을 잘 아는 심마니를 집으로 불렀다. 그 사람은 귀한 산삼이라고 320만 원을 쳐서 줄 테니 팔라고 했단다. 외할머니는 잠깐 흔들렸지만, 그 산삼을 팔지 않고 우리 부성이에게 먹였다고 한다. 그 말을 듣는데 안사돈의 마음 씀씀이가 고맙게 전해져 왔다. 친손녀도 있는데 쉽지 않은 결정이었다는 생각이 든다. 무슨 일이든 먹는 것 하나에도 무언가 모를 기운이 닿아야 된다. 코로나를 피해서 외가에 내려갔고, 그 시간에 거기에 있었으며, 산삼이 손에 들어와 한번을 먹으면 평생을 사람 몸속에서 혈관을 타고 돈다는 산삼을 먹게 되었다. 평생을 산삼 구경도 못 해본 사람이 많을 텐데 이런 경우는 흔치 않다는 생각이 든다.

지인한테 이 이야기를 했더니 자기는 팔았을 거라며 팔지 않은 것은 쉽지 않은 결정이라며 사돈이 훌륭하다고 말해 주었다. 집에 돌아온 부성이에게 어떻게 먹었느냐고 물어보니 생으로 씹어서 먹었는데 아주 맛있었다고 했다. 한 뿌리는 생으로 한 뿌리는 달여 먹었다고 들었다. 부성이가 말하길 외할머니께서 하얗게 센 머리와 눈썹도 검게 만드는 귀한 것이니 남기지 말고 먹으라고 해서 쓰지만 마지막 물까지 다 먹었다고 했다.

우리나라에 자생하고 있는 인삼은 독성이 거의 없고 항암, 혈액순환을 돕는 등 만병통치약으로 잘 알려져 있다. 산삼은 참나무, 굴참나무 같은 활엽수 아래서 자라는 음지식물이라고 한다. 선물로 받은 홍삼

엑기스도 냉장고에 잔뜩 들어있고 가끔이지만 인삼을 사겠다고 풍기, 강화 인삼 시장을 기웃거려 보기도 한다. 산삼은 못 먹어 봤지만 산양산삼(장뇌삼)은 먹어 보았다. 어른도 못 먹은 산삼을 부성이가 먹는 모습이 드라마에 나오는 삼생이와 자꾸만 오버랩되어 떠오른다.

외가에서 돌아온 부성이는 키도 크고 몸무게도 4kg이 늘었다고 자랑을 한다. 할머니 눈에도 허벅지가 단단해져 꿀벅지가 되었다고 말해준다.

추운 겨울부터 여름까지 방영한 드라마 주인공 삼생이가 성장해서 소문난 명의, 한의사가 되었다. 지팡이 없이는 걷지도 못하는 환자를 치료해서 말끔히 낫게 하였다. 우여곡절 끝에 한방 제약회사 사업가로 성공한 동우와 결혼을 하고 아이를 낳아 돌잔치를 하며 해피엔딩으로 종영이 된 걸로 기억한다.

산삼을 먹은 우리 부성이도 앞날을 잘 개척하여 자기 몫의 일을 해내는 사회인으로 성장하길 기대해본다.

다시 스물네 살로

장영교
2013. 3. 천료

가나 아트센터에서 귀한 벼루 전시회가 있다기에 관람하고 나니 집에 돌아가는 시간이 좀 늦었다. 전철은 퇴근 시간으로 많은 사람들과 열차들 소리로 전화가 잘 들리지는 않았는데 이성화 아나운서의 전화였다.

“장 선생님, 황남 학교를 아세요?” 난데없는 질문이었다.

“알고말고요. 옛날에 근무했던 학교에요”

“어떤 분이 제 홈페이지에서 인터뷰하는 장 선생님을 알아보시고 자기 스승이라고 꼭 찾게 해 달라고 간절히 부탁을 하네요. 선생님은 뉴욕에서 도 제자를 감동으로 만난 글을 읽었는데 얼른 전화해 주세요” 하면서 전화번호를 가르쳐 주었다. 시간도 늦었고 주변이 시끄러워 집에 와서 저녁을 급히 차리고 전화를 했더니 여자분이 옛날 황남 초등학교 5학년 때 선생님께서 담임하였던 조말남이란 제자라고 했다.

이름을 밝히고 사연도 말했지만 기억은 잘 나지

않았다. 그래도 제자라니 우선 반갑고 황남 학교 시절은 까마득한 옛날이 아닌가. 아직도 나를 기억하고 찾아주는 제자가 있다는 것은 너무도 오랜 세월이 흘렀고 의외였다. 울먹이면서 그때 열두 살짜리 5학년이 지금은 72세가 되었다고 하니 꼭 60년 전의 일이지만, 자기는 한 번도 선생님을 잊은 적이 없었고 다시 찾아 뵈오리라는 일념을 버린 적도 없었다고 했다. 전화로 들려오는 목소리는 너무도 감동이었으며 첫사랑의 해후도 이렇지 않을까 가슴이 찌릿했다. 아니 울컥하기까지 했다.

"그 당시 선생님께서 영주로 전근 가신다는 기억을 갖고 한 20년 전쯤에는 영주 교육청으로 직접 문의를 했더니 사표를 내고 지금은 교사가 아니니 자기들로서는 알 수가 없다는 대답에 크게 실망했어요. 늘 다시 뵙고 싶은 마음으로 살았는데 우연히 책에서 인터뷰하는 선생님을 보게 되었어요. 훌륭한 작가가 되셨더군요. 이성화 아나운서님께 당장 연락하여 우리 선생님이 틀림없으니 장영교 선생님을 빨리 만날 수 있게 연락처라도 달라고 떼를 썼지요."

현직에 있을 때는 교사라는 직업에 얼마나 보람이나 긍지를 가졌는지는 잘 몰라도 그저 적성에 맞았고 재미있는 학교생활이었던 것은 틀림없었다. 그만둔 지도 오래되었지만, 그때를 생각하면 내 인생 행로에서 나름의 열정을 쏟으면서 무엇보다도 인간의 사랑을 배웠고, 또 그 사랑을 나누면서 얻은 가장 소중한 황금기가 아니었을까 싶다. 나도 그 시절의 그리움도 있고 보람도 있었지만, 특히 제자들과의 만남은 긍지도 컸다. 게다가 오늘 72세의 적은 나이도 아닌 초로(初老)의 제자가 이토록 간절히 찾아주니 내 인생, 다 저문 황혼 길에서 감동과 보람이 칠년 가뭄의 단비가 이보다도 더 반가울까 싶게 나를 흠뻑 적셔 주었다.

"선생님, 선생님과 나이 차이는 12년이지만 선생님은 제 마음 속 깊이 존경으로 새겨져 있었어요."

나는 점점 기가 막혔다. 내가 과연 이 과분한 칭찬을 받을 만한 사람이 될 수 있을까. 아니 그만한 교사였을까. 젊은 날 사회생활에 철없이 부끄러웠던 실수인들 왜 없었겠나.

"그때 청소시간에 교실 바닥을 걸레질하다가 제 바지가 쭉 찢어졌어요. 낭패가 된 그 모습을 선생님께서 보시고 얼른 저를 선생님 의자 뒤로 데리고 가서 바지를 벗기고 찢어진 곳을 감쪽같이 꿰매 주셨어요. 그리고 괜찮다고 용기를 주시면서 예쁘다고 칭찬도 해 주셨어요. 부끄럼 많고 나서지도 못하는 저에게 심부름도 시켜주시고 저에게 용기를 주신 선생님을 잊을 수가 없었습니다. 선생님 고맙습니다. 정말 고맙습니다."

"그뿐인가요. '봄의 교향악이 울려 퍼지는 청라 언덕 위에 백합 필 적에 나는 흰 나리꽃 향내 맡으며 너를 위해 노래 노래 부른다. 청라 언덕과 같은 내 맘에 백합 같은 내 친구야 네가 내게서 피어날 적에 모든 슬픔이 사라진다.' 그때 선생님이 교과서에도 없는 「친구 생각」을 가르쳐 주셔서 지금도 흥얼거리며 그 옛날에 잠기지요. 선생님이 연주하는 오르간을 감상하던 그 장면이 지금도 어제 일같이 너무 생생해요."

생각지도 못한 나는 기억도 못하는 어리둥절한 상태에서 그 시절을 하나하나 추억하는데 "아 그랬어요? 그랬구나." 맞장구를 치며 듣고 있으니 나도 그때로 돌아가 가슴이 뭉클한 정도가 아니고 감동은 소낙비가 되어 세차게 퍼붓는 것 같았다.

말끝마다 "선생님, 고맙습니다. 고맙습니다." 하는데 이 벅찬 감동을 안겨준 이 행운은 나의 제자가 아니었으면 도저히 있을 수도 없는 일이 아닌가. 내가 더 고맙고 내가 몇 배 더 행복했는데 다 저문 내 인생을 감격으로 아름다운 무지개 색칠을 곱게도 해 준 것이 아닌가.

우리는 같이 늙어가는 마당에 육십 년의 세월이 짧은 세월은 아니건만 꼭 어제 일처럼 나를 다시 스물네 살로 금방 돌아가게 했다. 아, 스물네 살, 잊고 살았던 그 꽃 같은 스물네 살. 나에게도 틀림없는 스물네 살이 있었지.

60년 전으로 돌려준 '나의 제자 조말남'이야말로 너무도 고맙고 아름다운 인연이 아닐까. 이 늙은이에게 청춘을 찾아준 고마운 제자가 아닌가. 누가 선생 했다고 다 이런 제자를 두었겠나. 지금까지 들어 본 적이 없다.

얼마나 감동스럽고 감격했으면 늙은이 아픈 곳도 많았는데 너 어디가 아팠냐고 할 정도로 전신이 가뿐하면서 새 힘이 솟는 것 같았다. 바야흐로 스물네 살 청춘의 레이저라도 쏘인 것 같으니 말이다. 원인 모를 노병은 현대 최신 의학도 해결하지 못했는데 오늘 상쾌할 만큼 가벼워진 것을 보면 이것은 제자 효과라고 분명히 큰소리 치고 싶다. 틀림없다. 이렇게 보람으로 건강도 찾게 해 준 나의 제자에게 뜨거운 감사와 사랑을 보내는 행복한 저녁이다. 내가 교사가 아니었다면 이토록 고마운 내 인생의 변곡점을 맞을 수 있었겠나.

스물네 살은 아름다웠다. 나에게 스물네 살을 돌려준 제자를 다시 만나게 해 준 하나님께 깊은 감사를 드립니다.

두둑한 화선지에 쌓이는 애정

한혜정
2013. 3. 천료

쌍문 모임을 쌍문동 연안식당에서 하기로 했다. 여섯 명 중 두 분은 병고와 백신 맞는 날이라고 불참했다. 교통사고와 낙상으로 병원에 입원했던 K 선생님은 걷기가 힘들어 남편이 데려다주어 나왔다며 모두 보고 싶었다고 한다. 그동안 동호인끼리 쓴 시집과 사탕까지 가져와 나누어 주었다. 코로나19가 끝날 줄 모르니 방콕으로 답답했는데, 모임 핑계로 외출할 기회가 와서 좋았단다. 그동안 지내온 이야기가 한창인데 K 선생님은 갑자기 한 선생님께 신세를 많이 졌다고 하며 그때에는 너무 고마웠다고 뜬금없는 이야기를 하신다. 무슨 신세를 졌단 말인가 하고 몹시 궁금했다.

K 선생님은 의정부에서 근무하다가 처음으로 서울에 발령을 받고 본교에 부임하여 같은 학년 내 옆자리에 앉았다. 몇 살 위인 선생님은 하이 소프라노로 가곡을 잘 부른다. 옆에서 이야기도 많이 하며 새 학교에 익숙하도록 도와 드렸다. 수업이 끝난 어느 날 어쩌다 그의 패스보드에서 잘생긴 남자 사진

을 보게 되어 배우 사진인가 하고 이름을 물어보니 자기 남편이라고 하여 놀라웠다. "아주 미남이시네요."라고 하니 같이 본 동학년 선생님들도 "정말 미남이세요. 미남하고 살아서 좋으시겠어요."라며 한턱내라고 야단들이다. 잘생긴 남편 얼굴도 보여줘야 한다면서…. 물론 농담 반 진담 반으로 한 말인데 K 선생님은 더 좋아하며 동학년 회의가 있는 다음 주 금요일 집으로 초대하겠단다. 우리들은 그저 좋은 뜻으로 한 말인데…. K 선생님은 명랑하고 성격이 좋은 분이라고 생각되었다.

다음 주 그날이 와서 미안한 마음도 있었지만, 본인이 유쾌하게 초대했으니 즐거운 마음으로 몰려갔다. 남편을 보니 사진과 같이 인물도 좋고 친절하게 우리를 대해 주셨다. 심부름하는 폼을 보며 매우 애처가라고 느꼈다. K 선생님 부부도 기분 좋아하고 우리도 즐거웠으나 웃자고 한 소리에 초대까지 받게 되어 고맙기도 했고, 지금까지도 잊지 못할 추억이 되었다. 지금도 옛날얘기를 하면서 한바탕 웃음이 터진다.

그 시절 학교에서는 서예 강사를 초빙해서 연수를 받기도 했고 교직원 붓글씨대회도 열었다. 또 선생님들의 붓글씨 향상을 위해 주 일회로 화선지에 시조 한 편씩을 써내는 숙제를 내주었다. 붓을 먹물에 적당히 찍어서 써야 하는데 농도를 잘 못 맞추면 번지기도 하고 망칠 수도 있다. 그래서 연습을 많이 한 후에 써야 한다. 시간도 걸리지만 붓글씨가 안 된다는 몇 분 선생님들은 아예 숙제를 부탁한다면서 내 책상 위에 이름만 써서 화선지를 갖다 놓으셨다. 나는 특별히 잘 쓰지는 못해도 붓글씨를 좋아했기에 화선지가 쌓여도 부담은 없었다. 그만큼 연습할 종이가 두둑하니 마음 놓고 서예 공부를 할 수 있었다. 시조도 마음대로 골라서 열심히 써 놓으면 고맙다고 찾아가신다. K 선생님도 부탁하는 단골 선생님으로 미안하다며 조심스럽게 화선지를 맡긴다. 미안하기는커녕 붓글씨 연습할 기회가 많아 오히려 좋다고 했다. 숙제를 대신 해주는 것이 옳은 일은 아니지만, 동료끼리 거절할 수도 없었다.

좋은 기회인데 해보지도 않고 소질 없어 못쓴다고 단념하는 선생님들이 참 딱하다고 생각하며 부탁 받은 대로 쓰다 보니 알게 모르게 붓글씨가 많이 향상되었다. 선생님들은 감탄하며 한석봉의 피가 흘러 잘 쓴다며 계속 화선지를 갖다 놓았다. 칭찬을 하거나 말거나 아랑곳하지 않고 열심히 썼다. 붓글씨 연습을 제대로 하게 해준 그들이 오히려 더 고마웠다. 그 옛날 초등학교 시절이 잠시 지나간다.

초등학교 4학년 여름방학 때 습자숙제와 그리기 숙제가 있어서 열심히 연습하여 습자지에 써서 가지고 갔다. 신기하게도 '남북통일'이라고 쓴 붓글씨와 '참외밭 원두막'을 그린 그림이 모두 전시회에 붙었다. 그 작품들을 보면서 기분이 그렇게 좋을 수가 없었다. 그것이 계기가 되어 오늘날 붓글씨와 그림 그리는 것에 흥미가 붙은 것이 아닌가 싶다.

그 후 붓글씨에 계속 관심을 가지고 있던 차에 붓글씨 연수를 통해 더욱 자신감이 생긴 것 같다. 컴퓨터가 나오기 전에는 붓으로 상장 및 6학년 졸업장의 이름을 수없이 썼으며 학교행사가 있을 때에는 입간판에 내용을 써서 정문에 세워 놓았던 기억도 난다. 이렇듯 붓글씨와 그림 그리기는 뛰어나진 않았지만 아이들 가르치는 데에도 많은 도움이 되었다.

긴 세월이 흘러갔다. 그 옛날 서예 숙제를 하면서 점점 늘어가는 붓글씨에 기분이 좋았던 때를 회상하면 웃음이 나온다. 미남 남편과 산다고 초대까지 해주었던 K 선생님은 지금도 만나면 신세를 졌다는 말을 아낌없이 한다. 아마 그분은 막막했던 붓글씨였는데 고민을 해결해 준 셈이니 진정 고맙다는 생각을 잊지 못하는 것 같았다. 별로 잘 쓰는 것도 아닌데 화선지를 맡기며 인정해 주었던 동료 선생님들이 고마울 뿐이었다.

50여 년을 만나온 쌍문 선생님들, 이제는 연륜미를 보여주며 건강하시길 기원하는 마음이다.

아름다운 반칙

김종복
2013. 8. 천료

나는 어릴 때부터 고지식했다. 소위 융통성이 부족했다.

고등학교를 졸업하고 모친과 함께 대학 합격 기념으로 코트를 사러 갔었다. 부르는 게 값이었던 때였다. 마침 사러 간 곳이 가격정찰 캠페인에 동참하는 춘천 명동의 1호 상점이었다. 옷은 마음에 들었지만, 가격표를 보니 너무 비쌌다. 돈이 부족한 모친은 깎아 달라고 했다. 정가를 깎는 모친에게 내가 얼굴을 붉히며 그냥 나가자고 했다. 모친은 나를 돌려세워 놓고서 결국 값을 깎아 내게 코트를 입혀 나왔다.

그날이 반백 년이 넘었는데도 생생하다. 그때는 창피했지만 돌아보니 어머니의 흥정에 응해준 주인이 고맙다. 어려운 형편에도 스스로 장한 아들에게 번듯한 코트 하나를 입히고 싶어 하는 모친의 마음을 그가 읽어 준 것이다. 안 되는 줄 알면서도 요구(ask)하고, 그 형편을 헤아려 부탁을 들어주는 것은 사람 살아가는 헤아림의 융통성이었다.

한가한 고속도로에서 한순간에 나갈 나들목을 지나쳤다. 몇 미터 지난 갓길에 차를 세웠다. 다니는 차도 없어 잠깐 후진해야겠다는 마음이 굴뚝같았다. 그런데 도로 순찰차가 가까이 있어 난감했다. 순찰차로 다가가 딱한 사정을 말했다. 아들 또래의 경찰관은 못 본 것으로 할 테니 알아서 하시라 했단다. 누가 쓴 이 '반칙'의 글을 읽으면서 젊은 경찰관을 나무라기보다는 아름다운 청년으로 보였다. 눈에 거슬리지 않는 아름다운 파격(破格)으로 보였다.

구십에 가까운 나의 모친은 늘 4대강 보(洑)에 한번 가보고 싶어 하셨다. 4대강 보(洑) 중에 춘천서 가장 가까운 거리에 있는 여주 보(洑)에 모친을 모시고 아내와 함께 구경을 갔다. 2시간이 넘게 걸려 도착하니 주차장에서 한참을 걸어가야 보에 입장할 수 있었다. 고관절 수술을 받은 모친에게는 너무 먼 거리여서 구경을 포기하려 했는데, 입장 관리인에게 사정을 아내가 말하니 차를 통과시켜 주었다. 쉽게 보에 접근하여 관람하고 소원을 푼 모친은 크게 기뻐했고, 나와 아내는 나름 효도를 했다. 그분이 우리를 잘 헤아려 준 덕분이었다.

'덕수궁 박물관에 청자연적이 하나 있었다. 내가 본 그 연적은 연꽃 모양을 한 것으로, 똑같이 생긴 꽃잎들이 정연히 달려 있었는데, 다만 그중에 꽃잎 하나만이 약간 옆으로 꼬부라져 있었다. 이 균형 속에 있는 눈에 거슬리지 않은 파격(破格)이 수필인가 한다. 한 조각 연꽃잎을 꼬부라지게 하기에는 마음의 여유를 필요로 한다.'

피천득은 멋지게 수필의 정의를 내렸지만, 이 파격도 일종의 반칙이다. 그러나 이 청자연적 꽃잎의 파격을 반칙이라고 할 사람은 아마 없을 것이다. 오히려 이러한 파격의 여유가 명작이 되고 좋은 글이 되는 것이다.

황색 차선을 넘어서는 안 되지만 사고를 막기 위해 그 선을 넘는 융통성을 탓할 수 없듯이 상황에 따라 정해진 가격을 깎아 주는 인정도 탓할 수 없다. 때에 따라 형편을 헤아려 부탁을 들어주는 것은 인생살이 행간의 좋은 미덕이다.

여전히 고지식한 내가 한 번은 오징어 한 축을 사면서 깎아 달라고 해본 적이 있었다. 그런데 정말 천 원을 깎아 주는 게 아닌가. 그 흥정에 나는 엄청 기분이 좋았다. 원칙은 지켜져야 하지만 때때로 이런 '반칙'은 삶을 윤기 나게 해준다.

원칙을 지키는 것은 서로 상생(相生)하자는 기본 이념이 깔려 있다. 균형 속에 눈에 거슬리지 않는 파격처럼 남에게 피해를 주지 않으면서 마음의 여유가 만드는 작은 반칙은 상생에 정말 보탬이 된다고 믿는 것이다. 원칙에 어긋나지 않는 여유는 사람 살아가는 멋이고 윤활유이다. 이 융통성의 여유를 나는 '아름다운 반칙'으로 불러주고 싶다.

바람세례

– 아, 세월이여

오성건

2014. 8. 천료

1988년 5월 24일 10시, 방송위원회 회의가 있던 날이다. 시인 김남조 방송위원께서 『바람 세례』 시집에 '吳星鍵先生 惠存 金南祚'라 친필 서명 후 건네주시며 말씀하셨다. "오늘 발간된 저의 시집입니다." 조용한 음성이 아직도 내 귀에 시퍼렇게 묻어 있다.

김남조 시인은 나의 시는 내면의 혼돈이요 울음이며 동시에 외부에서 지켜보는 냉엄한 눈길이면서 총체적인 불가해(不可解)였다고 썼다. 인간의 삶에서 오는 희로애락은 누구의 삶에나 곡절이 없는 인생이 어디 있겠는가.

그는 사랑하던 남편 김세중 교수를 갑자기 먼저 하늘나라로 떠나보내고 가슴 저미는 슬픔에 잠겨 수개월간 절필했다가 다시 시를 쓰기 시작했을 때 내 문학은 마치도 칼날 위에 맨몸을 던지는 듯이 잔혹했노라고, 그리고 이 시집 첫 권에 "밤이 깊어도 돌아오지 않는 사람! 봄별 속 고인의 쉼터에 갔다 놓으렵니다"라고 시인은 '새 시집을 내면서'에 써 놓았다.

'하늘 슬퍼하는 자는 복이 있나니 날마다 슬퍼함으로 슬픔에 배부를 것이요 다른 굶주림은 모두 잊으리라. 사랑하는 자는 복이 있나니 저들도 끝을 알 것이요. 끝에선 하나가 먼저 떠나리로다 이날에 하늘을 보리니 수식어는 모두 죽고 다만 하늘이라'

2021년 6월 14일 김남조 시인님께 강산이 세 번 변하는 참으로 오랜만에 전화 문안과 주소를 확인하고 저의 첫 시집을 보내드렸다. 그리고는 받아 보셨는지 궁금하던 차 2021년 6월 30일 유월의 마지막 날 오후 5시 15분경 전화벨 소리가 조용히 울렸다.

"여보세요, 네 누구신가요?"

"저 김남조입니다, 오 선생님이 보내주신 『한 세상 사노라면』 시집을 잘 받아 읽었습니다. 깊은 신앙에서 솟아나는 달관의 경지에 도달한 시향에 감동했습니다, 감사합니다."

"아이고 과찬이십니다. 부끄럽습니다. 김남조 교수님, 반갑습니다. 친히 전화까지 주셔서 감사합니다. 찾아뵙고 싶습니다."

"네, 그러지요, 코로나가 조금 잔잔해지고 더위가 가시면 꼭 한번 만나 뵙고 지나간 긴 이야기 나눌 수 있기 바랍니다. 최근 발간된 제 시집 2권을 보내 드리겠습니다. 오 선생님, 받아 보시기 바랍니다."

"네, 네, 감사합니다. 시집 기다리겠습니다. 김남조 교수님, 건강 잘 살피시기 바랍니다. 안녕히 계십시오."

2021년 7월 6일 그리도 기다리던 시집 2권 김남조 시집 『충만한 사랑』과 『사람아, 사람아』 이 도착했다. 시집에는 '오성건 선생, 김남조, 2021. 6. 30' 친필 서명까지 하시어 보내오셨다.

생년 1927년, 현재 95세로 한국 문단에 가장 연세가 높으신 여류 원로시인 김남조 교수님, 만나 뵈온 지 어느덧 꽃피는 봄도 무서리 낙엽도 서른세 번, 참으로 아스라이 가버린 세월의 수레. 원로 김남조 시인도 필자도 붉은 노을 긴 그림자 앞세운 종착역 가까이 와 서성인다.

시집 『바람세례』 『충만한 사랑』 『사람아, 사람아』 진한 시향에 흠뻑 젖어 짙어진 연민에 이 밤도 불면의 밤이 슬금슬금 나를 옥죄어 온다.

부디 건강하시어 후세에 오래 남길 김남조 원로 시인의 우리들 가슴 휘젓는 명시를 또 기다려 본다.

괴테는 '인생은 속도가 아니라 방향이다'라고 했던가.

마지막 결승점 통과 준비

이영승
2014. 10. 천료

우리는 한세상 살면서 수많은 준비(準備)를 한다. 세수하고, 밥 먹고, 잠자는 일상의 모두가 준비 아닌 것이 없다. 그동안 크고 작은 준비를 많이도 했으며, 준비하기에 따라 그 결과의 성패가 좌우되기도 했다. 인생은 생(生)으로 시작해 사(死)로 끝난다. 그러고 보면 인생은 결국 죽기 위한 준비 과정이 아닌가 싶다.

우연히 죽음에 대한 유튜브를 듣게 되었다. 나이 탓인지 호기심이 발동했으며, 내친김에 『죽음학』 책도 한 권 사서 읽었다. 마지막 인생길이 그토록 고통스러울 수 있다는 사실에 놀라지 않을 수 없었다. 입에 담기조차 기피하던 죽음이란 말이 거북하지 않게 들렸으며, 생을 품위 있고 존엄하게 마감하는 웰다잉(well-dying)에도 관심이 끌리기 시작했다.

황혼기에 접어들어 떠날 준비를 하는 것은 너무도 당연하다. 많은 사람들은 그 준비를 '자기 사후 가족들 간에 유산 분쟁이 일어나지 않도록 처리하고, 자식들에게 유언장 하나 남기면 다 되는 것'으로 알고 있을 것이다. 나 또한 그랬다. 병원 중환자실에서 의식도 온전치 못한 상태로 장기간 연명하다가 가족들에게 유언 한마디 남기지 못한 채 떠나고 싶은 사람은 없을 것이다. 그렇게 되지 않기 위한 첫걸음이 바로 '사전연명의료의향서'를 작성해 등록하는 일이다.

사전연명의료의향서(事前延命醫療意向書)란 말기 환자나 임종 과정에 있는 환자의 연명 치료에 대해 자기 의사를 미리 밝혀두는 문서를 말한다. 나는 건강하게 오래 사는 데만 관심 있었지 애지중지 살아온 내 인생의 마무리에 대해서는 개념이 없었는데 이번에 제대로 알게 되었다. 연명은 회복 불가능한 환자가 목숨만 유지하고 있는 상태를 말한다. 이는 환자 자신뿐만 아니라 남은 가족들에게도 정신적 경제적으로 차마 있어서는 안 될 일이다. 한 개인의 사망 전 한 달 의료비가 평생 지출한 의료비를 능가한다면 누가 이해하겠는가.

우리는 병원에 발을 들여놓는 순간 '죽음도 치료를 해야만 하는 질병'으로 둔갑해 버리는 시대에 살고 있다. 의사가 중환자를 두고 '수술하면 생존 확률이 10%'라고 말한다면 이는 살 확률이 거의 없다는 말임을 분명히 알아야 한다. 누가 의사라 해도 달리 표현할 수는 없을 것이다. 자기 의사와 무관하게 인공호흡기를 착용해 의미 없는 생명을 연장시키고, 그로 인해 가족들을 곤경에 처하게 하는 일은 피해야 한다. 인공호흡기는 착용하기는 쉬우나 제거하기는 쉽지 않은 것이 사실이다. 그러나 병원에 실려 갔을 때는 이미 자기 의사를 관철하기에 때가 늦다. 이것이 바로 정신이 맑을 때 미리 사전연명의료의향서를 등록해야 하는 이유다.

사고가 아닌 이상 임종에 이르기까지는 일반적으로 다음의 4단계를 거친다고 한다. 걸을 수 없어 외출을 못하는 단계, 일어설 수 없어 병상을 벗어나지 못하는 단계, 스스로 음식물을 섭취하지 못하는 단계, 의식이 온전치 못한 단계이다. 이에 대한 변화는 전문 의사가 아니더라도 관심 있게 관찰하면 누구나 인지할 수 있다. 이는 마지막 떠날 준비를 충분히 할 수 있다는 말이기도 하다. 그럼에도 대부분의 사람들은 평소 원하던 대로 임종하지 못하고 안타깝게 떠난다.

아내와 사전연명의료의향서에 대해 의논하니 나보다 더 적극적이다. 차일피일하다가는 언제 실행에 옮길지 모를 것 같아 내가 먼저 등록하기로 결심했다. 통계를 보니 4년 전 시행된 제도인데 벌써 등록 인원 100만 명을 넘었다. 건강보험공단을 찾아가 등록을 마치고 나니 무슨 큰일이나 한 듯 가슴이 뿌듯하다. 돌아오는 발걸음이 가볍고 흐뭇한 이유가 대체 무엇일까. 한마디로 도저히 설명할 수 없다.

아무리 백세 시대라지만 내 인생도 어언 반환점을 돌았으며, 저 멀리 결승점을 향해 달리고 있다. 무사히 완주하기 위해 그동안 수많은 준비를 했으나 이번처럼 의미 있는 준비를 한 적은 없다. 지난 세월 뒤돌아보니 참으로 굴곡이 적지 않았던 인생길이다. 발걸음이 가벼운 이유는 아마도 '마지막 결승점을 통과하기 위한 준비'기 때문이리라.

발자국마다 행복이

이영주
2014. 11. 천료

새벽 5시 밝아오는 여명을 맞으며 주변에 물들어 있는 초록빛에 눈을 씻는다. 밝아오는 아침과 함께 파로호 안개는 호박밭을 돌아 서서히 집 앞 능선까지 올라오고 있다. 내려다보이는 담배밭에는 담배꽃들이 아름다움의 극치를 자아낸다. 나는 아침 출근하기 전 매일 집 주변을 산책하며 밭들을 돌아본다. 제일 먼저 확인하는 것이 산에서 내려오는 물이 물통에 잘 찼나 살핀다. 고추밭과 상추밭을 확인하고 비닐하우스를 살핀 후 여유의 시간을 가진다. 며칠 동안은 앞마당 앵두로 입을 즐겁게 했지만, 요즘에는 다양한 꽃들이 피어 있는 주변을 산책하면서 오디를 딴다. 오디는 견과류, 두유와 함께 아침 대신한다.

오늘은 화창한 날씨다. 오늘 산으로 출근할 준비를 한다. 먼저 소독할 수 있는 소독약을 배낭에 챙겨 넣는다. 그리고 벌레가 접근 못 하게 기피제를 비롯해 벌에 쏘일지 모르니 에프킬라, 요즘에는 산에 다니다 가끔 반갑지 않은 뱀을 대하게 되니 또

뱀이 접근하지 못하게 뱀 기피제도 챙긴다. 상비약과 기피제를 챙겼다면 이번에 스틱을 챙기는데 등산할 때 가지고 다니던 등산스틱, 며느리가 갖다 준 스키스틱도 있지만, 아프리카 돼지 열병으로 죽은 산돼지를 소독하러 산에 가는 나로서는 물푸레나무에 조그만 괭이자루가 달린 나무 지팡이가 최고다. 그래야 산에 오를 때 힘들거나 미끄러지려고 할 때, 또는 비탈에 오르기 힘들 때, 나무에 걸쳐 오르기에도 조그만 괭이가 달린 지팡이가 최고다. 그런가 하면 산돼지를 묻은 곳을 짐승들이 파헤쳤을 적에 다시 묻기에도 이 지팡이가 삽 대신 흙을 파 덮는 데 매우 필요한 장비가 된다.

등산갈 때는 옷이나 신발에 신경을 쓰지만 나 같이 패션 감각이 없는 사람에게는 다른 옷보다 군복 종류의 옷을 입는 것이 제일 편하고 좋다. 산에 다닐 때 벌레들이 달라붙고, 옷에 찌르는 가시가 있는 나무들과 풀이 많은데 군복 종류의 옷은 가시가 잘 달라붙지 않는다. 그리고 신발은 등산화나 군화 종류 또는 긴 장화가 제일 좋다. 계곡에 바위를 타거나 뱀을 피하기 위하여서도 군화나 장화 종류가 최고로 안전하다.

같이 일하는 어느 분 이야기는 몇 년 전 버섯 따러 산에 가는데, 장화에 뭐가 달라붙은 것 같고, 자꾸 걷기가 이상하고 불편한 것 같아 발을 내려다보니, 뱀이 이빨로 장화를 물었는데 뱀 이빨이 장화에서 빠지질 않아 질질 뱀이 장화에 끌려다녀 기겁했다고 했다. 이야기를 들은 뒤로는 나는 장화를 신고 다닌다. 나의 경우는 산에서는 어느 신보다 장화가 제일 편하고 안전하다는 생각이 든다.

내가 산에 갈 준비를 하는 동안 아내는 점심과 시원한 차와 간식을 챙긴다. 집을 나서 둘이 차를 몰고 출근을 한다. 우리는 목적지 가는 부근 산길 정상부근에서 일행을 만나 일단 출근 사진을 촬영하여 환경청으로 보낸다. 그리고 돼지들이 묻혀있는 곳의 좌표를 확인하고 목표물을 찾아 산길로 걷기를 시작한다. 사실 목표물을 찾기에는 낙엽이 진 가을이나 겨울이 차라리 좋은 편이다. 낙엽이 쌓이거나 눈이 쌓이면 미끄러질까 봐 조심은 더 하지만, 주변에 시야가 넓어 목표물이 잘 보이는데 여름에는 풀과 나무로 인해 바로 앞에 있어도 목표물을 찾기가 힘들 때가 있다.

오늘 산돼지 매몰지는 양구로 돌아가면 시간이 오래 걸리고 산이 높아 3조에 속해있는 작년 간동 중·고등학교를 정년퇴직한 홍교장의 모터보드를 타고 파로호를 건너 목적지를 가기로 했다. 안전 장구를 갖추고 4명이 배를 탔다. 휴대전화로 확인하니 목적지가 6.2km가 표시됐다. 배에서 내려 목적지는 산길로 320m, 그리 만만치 않다. 등산로로 다니면 이 거리는 별것이 아니지만 길이 없는 숲을 헤치며 정글에 숨어있는 안내판을 찾는다는 것은 그리 쉬운 것이 아니다. 햇빛은 따갑고 안전 장구 착용으로 매우 더운 편이지만 광활한 파로호를 모터보트로 달리면 그동안 쌓여 있는 스트레스가 확 달아난다. 어느 것과도 비교할 수 없는 시원함이다.

배에서 내려 목적지 좌표 516을 찾는다. 정글도와 낫을 들고 숲과 풀을 헤치며 사람이 다녀간 흔적이라고 없는 숲속에 숨어 있는 아프리카돼지열병 산돼지를 찾느라 기진맥진이다. 온몸에는 상처투성이다. 벌레에 물린 상처도 완연하다. 오후 2시가 넘자 싸 온 점심 도시락을 일행들과 함께 풀었다. 꿀맛이다. 아픈 만큼 성숙해진다는 말이 있듯이 고생한 만큼 그 성취감은 배가 된다. 시원한 바람과 함께 바다처럼 넓게 보이는 파로호를 바라보며 마시는 시원한 냉커피 한 잔은 그동안 피로를 파로호에 날려 보낸다.

“여보, 얼굴에 흘러내리는 땀방울도, 벌레에 물려 상처 난 자국도, 우리는 한 발 한 발 힘든 산길을 걸을 때도, 이 모든 것이 다른 사람은 건강을 위해 또는 취미로 산을 가지만, 우리는 한 발자국 한 발자국 걸을 때마다 돈이야. 몸무게도 8kg 줄었지, 혈압도 정상이지. 정년 퇴직하고 새로운 삶을 시작하는 나이 든 사람의 마지막 즐거움이자 보람이라고 생각해. 이 나이에 이런 직업이 어디 있어. 건강 챙기고 돈도 생기고 힘들어도 너무 즐겁고 고맙지 않아?"

사람은 생각의 차이인 것 같다. 많이 갖고 있어도 더 채우려고 하면 적은 것이고, 지금 가진 것에 만족하면 부자 아닐까. 많지도 적지도 않은, 오늘도 한 발자국 한 발자국 디딜 때마다 우리 부부는 건강하고 행복을 챙기는 부자가 되는 것이다.

우리는 저녁을 먹고 차를 마신 후 둘만이 사는 전원주택에서 삼십여 분 행복에 발을 맞춰 블루스 춤을 추다가 잠자리에 들곤 한다. 그런데 오늘은 너무나 산길이 힘들었는지 아내는 초저녁인데도 저녁을 먹자마자 잠자리에 들었다. 코 고는 소리까지 들린다. 오늘은 매우 힘들었는가 보다.

X세대의 올림픽 연대기

최승희
2015. 3. 천료

사람 체온에 육박하는 폭염 탓에 집 문턱을 넘지 못하고 두문불출하는 요즘이지만, 억울하거나 짜증 나기는커녕 오히려 하루하루 즐겁다. 이유는 아침부터 늦은 밤까지 함께 하고 있는 올림픽 경기 때문이다. 알아주는 몸치인 나는 직접 땀 흘려 뛰고 던지기보다는 선수들의 빛나는 퍼포먼스를 보며 감탄하기를 즐기는 쪽이다. 혹서의 계절에 세계 정상급 선수들의 명승부를 에어컨 바람 아래에 누워 넋 놓고 보고 있자면, 행복이 별건가 하는 생각마저 든다.

전 세계를 강타한 코로나바이러스로 인해 올림픽이 한 해 연기되는 초유의 사태 속에 어쨌든 축제의 막이 올랐다. 과거에 비하면 세상은 초 단위로 변화 중이고 운동경기가 아니어도 자극적이고 재미있는 것들이 도처에 산재해 있지만, 그래도 올림픽은 올림픽이다. 비록 '지구촌 축제'라는 별칭이 무색해지는 무관중의 썰렁한 잔치이기는 해도, TV 전원만 켜면 그 어떤 드라마보다도 흥미진진한 경기가 기다리고 있으니 확진자 수가 몇 명이네, 방역단계는 몇 단계네 하는 뉴스에 지쳐있던 일상에 활력이 생긴다.

올림픽에 대한 최초의 사적인 경험은 아마 내 또래들은 대부분 비슷하지 않을까 싶은데, 88서울올림픽이다. 당시 초등학생, 아니 국민학생이었던 나에게 88서울올림픽은 범국가적 경사(慶事) 같은 느낌으로 기억된다. 우리집과 멀지 않았던 잠실 일대는 곳곳에 펄럭이는 만국기와 오륜기로 그야말로 축제 무드였고, 서울 시민이라면 이 역사적인 경기를 직관(스포츠 경기를 대중매체를 통한 중계가 아닌, 경기가 열리는 장소에 가서 직접 관람하는 것을 뜻하는 은어) 해야 한다는 사명감도 있었던 것 같다. 온 가족이 잠실 올림픽 경기장으로 출동해 관람했던 경기는 국적조차 기억나지 않는 외국 선수들의 남자 테니스 단식 예선전이었다. 이 뜬금없는 경기 선택은 이제와 미루어 짐작컨대, 한낮의 야외 코트 경기라 너무 뜨거운데다 유명 선수들의 경기가 아니라 상대적으로 표가 여유 있게 남았었기 때문이 아닐까 싶다. 지금의 내 나이보다도 젊었던 당시의 아빠가 사랑해마지않던 스포츠가 테니스였던 것도 한몫했을 것이다. 테니스 용어도 룰도 모르던 국민학생 삼 남매는 그렇게 마치 현장 체험학습을 하듯 생애 첫 올림픽 '직관' 을 경험하게 된다.

2004년에 열린 28회 아테네 올림픽에도 잊지 못할 추억이 하나 있다. 그해 9월 내 결혼식을 앞두고 친정에 함이 들어오기로 한 8월의 어느 주말이었다. 그날은 시어머니께서 특별히 받아오신 길일이었는데, 용하다던 그 점쟁이도 하필 그날 한국 스포츠 역사에 길이 남을 명승부가 펼쳐질 거라는 사실은 미리 알지 못했으리라. 예비 신랑과 그의 친구들이 그 무더운 여름밤 양복을 차려입고 땀을 뻘뻘 흘리며 어색하게 '함 사시오!'를 외치던 그 시각, 공교롭게도 여자핸드볼 결승전이 열리고 있었던 것이다. 훗날 「우리 생애 최고의 순간」이라는 제목으로 영화화되기도 했던 이 결승전에서 우리나라는 덴마크와 두 차례나 연장전을 펼쳤는데 그 과정이 영화 보다도 더 영화 같았다. 결국 승부

던지기까지 가며 선전한 우리 팀은 2-4로 석패했고, 우리 국민 중 이 경기에 빠져들지 않은 이가 없을 정도로 감동적인 명승부였다. 문제는, 아파트 단지에서 쑥스러움을 무릅쓰고 쭈뼛거리며 '함 사시오!'를 외치는 이 청년들과 옥신각신하는 척이라도 해야 할 우리 가족들마저 모두 이 경기에 빠져들어 버렸다는 사실이다.

당시 남편 친구들 중 유일한 유부남이라는 이유로 함진아비를 맡게 된 K 씨는 무거운 함을 메고 심지어 냄새나는 마른오징어 가면까지 쓴 상태였다. 예비 신부의 친구들과 어린 처제가 나와서 얼른 들어가자고 하면 못이기는 척 순순히 끌려 들어올 생각이었던 예비 신랑과 친구들은 예상과는 달리 감감무소식인 처가 식구들의 반응에 당황했고 그 와중에도 아파트 각 세대에서 터져 나오는 탄식과 박수 소리로 경기 결과를 짐작했다고 한다. 경기에 몰입했던 가족들이 속속 정신을 차리고, 지금 올림픽이 문제가 아니라 어서 귀한 손님을 맞아야 한다고 서두른 덕에 마침내 신랑과 친구 무리는 무사히 친정에 입성했다. 이제는 모두 40대 후반의 아이 아빠가 된 그 날의 용사들은 지금도 종종 만나 술잔을 기울이곤 하는데, '올림픽 여자핸드볼 결승전' 은 늘 술상에 올라오는 단골 안줏거리다.

그리고 세월이 흘러 40대 중반의 나이에 만나는 또 한 번의 올림픽. 이웃 나라에서 열리는 덕분에 시차가 없어 경기 중계를 챙겨보기 이보다 더 좋을 수 없는 환경이다. 하지만 이젠 승부 그 자체에 매몰되어 보기보다는 선수 개개인이 눈에 들어온다. 특히, 내 아이와 몇 살 차이도 나지 않는 어린 선수들을 보면 그야말로 엄마 마음이 솟아난다. 순간순간에 집중하고 자신 안의 에너지를 끌어모아 폭발시키는 그 모습이 경이롭다. 경기에서 패배했지만 "내 경기를 했으니 만족한다."는 그 의연함은 오히려 내가 배우고 싶을 정도다. '국위 선양'이라는 중차대한 대 과업을 어깨에 짊어지고 세계 무대에 섰던 과거 국가대표들은 경기에서 지면 대역죄인이나 된 듯 눈물을 떨구며 고개를 숙였지만, MZ세대인 요즘 아이들은 그저 최선을 다하고 즐기면 그걸로 족한 것이다.

해가 저물어 가는 시각. 우리나라 안창림 선수가 출전한 남자 유도 73kg급 동메달 결정전이 펼쳐지는 중이다. 1라운드부터 16강, 8강, 준결승까지 모두 연장전을 치르고 이 자리까지 올라온 그는 한눈에도 지친 기색이 역력하다. 안 그래도 격투 종목은 처절한데, 오늘 안 선수의 여정은 단 한 경기도 쉽지 않았다. 오늘 처음 본 나도 이렇게 마음이 아파 경기 보기가 힘든데 저 부모 마음은 어떨까 짐작만 해본다. 바닥난 체력으로 사투를 벌인 안 선수는 마침내 순간적인 업어치기로 승부를 갈랐다. 동메달을 결정짓고 매트에서 내려온 안 선수는 벅찬 표정으로 마치 아이처럼 코치와 포옹을 나누고 있다. 정작 경기장 안에는 패한 선수, 이긴 선수, 지도자 그 누구 하나 우는 사람이 없는데, 'MZ세대'가 아닌 'X세대'라 쿨 하지 못한 내 눈에서는 주체할 수 없는 감격의 눈물이 흐른다. 이러다 아들이 느닷없는 엄마의 눈물을 보면 뜨악해 할 것이 자명하여 슬며시 설거지하는 척 부엌으로 자리를 옮겨본다. 뜨거운 오늘 밤도 경기는 계속된다.

생각만 해도 웃음이

이성화
2015. 3. 천료

세상만사 생각하기 나름인데 우리는 어째서 마냥 걱정 근심 속에서만 사는지 모르겠다. 우리들이 살아온 흔적 속에는 유쾌하고 즐거웠던 일들이 보석처럼 박혀 있다. 그런 보석을 캐내게 해 준 분이 있어 함께 나누며 즐거움을 같이 맛보려 한다.

내가 블로그를 시작한 지는 한 10년 가까이 되는 것 같다. 세월만큼 실력이 느는 것은 아니고 필요한 만큼은 노력해서 따라간다. 주 업무는 관악 공동체 라디오의 봉사 프로그램 「인생은 아름다워」에 출연한 분들의 대담 내용을 사진과 함께 올린다. 20분 출연에 매우 정성스럽게 내용을 준비하고 오신 분들이 방송 마치고 나면 나는 방송 자료를 올리기 위해 컴퓨터를 켠다.

오늘도 작업을 하려고 블로그를 열었다. 초기에는 블로그 상단에 블로거씨 질문이 나오는 것을 유심히 보기도 했는데 차차 분위기에 익숙해지니 그냥 지나치기가 일쑤다. 그런데 오늘은 우연히 질문에 눈길이 갔다.

'생각만 해도 웃음이 터지는 일이 있으면 'OO'이다.'

'있다' 나는 또 웃음이 나온다. 내가 현역으로 아나운서 할 때 친한 TV 프로듀서가 있었다. 지금은 유명을 달리했지만, 그녀의 독서 실력이나 광범위한 교양, 말속의 유머 등은 친지 사이에 누구나 동감하는 조봉남 PD였다. 옛날에는 10명씩 모이는 '계'라는 것이 있어서 친목도모 겸 유행하던 시절에 우리도 그것을 했다. 곗날에는 대개 수다가 풍성하다.

그날 그녀가 말을 한다. "있지, 글쎄 우리 대학동창(서울법대) 계 모임이 그저께 있었는데 한 친구가 진짜 토종꿀을 나눈다고 병을 들고 오랬어.(그 시절은 이고 다니며 파는 가짜 꿀이 많았다) 둘러앉아서 우리는 병을 나란히 놨거든, 한 말 짜리 양철 들통을 병 주둥이에 대고 들어부으려니 병 주둥이 잡은 사람, 깔때기 든 사람이 같이 호흡 맞춰 움직여야 했어. 그런데 내 차례 다음 친구는 아예 꿀 항아리를 내놓더라고. 근데 깔때기가 또 꿀단지 위에 있고 무거운 꿀통은 단지보다 주둥이가 작은 그 깔때기 안에 붓느라고 낑낑거리고 있는 거야. 그냥 다같이 무심코 보는데 한 10초나 지났을까. 누가 말이 터졌어 "아니, 항아리에 왜 깔때기는 대는 거야?" 순간 꿀에 집중하던 모두가 폭소가 터졌어." 듣던 우리도 웃음이 터지면서 짓궂은 뒷말이 이어진다. "똑똑한 법대생들이라 붓는 법을 변경하면 안 되는 거였구나." 옛날 김수현 드라마에서 '천재 바보'란 말이 왜 나온지 알겠다며 한참 웃었다.

그 수십 년 후 나는 거짓말처럼 똑같은 경험을 했다. 우리 집은 매년 6월에 매실주를 담그는데 석 달 후 9월이면 식탁 위에 빈병을 나란히 놓고 깔때기를 대고 채운다. 그날은 좀 양이 많아서 병이 모자랐다. 마침 비어 있던 유리 꿀 병이 생각나서 들고 와서 옆에 놓았다. "남은 거는 여기에 부읍시다." 하니 한 손에 든 깔때기를 그 넓은 아가리 위에 대더니 "자, 여기 부어." 한다. 나는 순간 조PD의 꿀단지 장면이 겹치면서 웃음이 빵 터졌다. “아니 당신 그 깔때기가 여기 왜 필요해?”

“아 참! 그렇구나”

남편은 깔때기를 치우면서 어처구니없는 웃음을 크게 웃는다. “여보, 당신도 천재 바보유?” 남편은 그게 무슨 소린가 하는 표정이다. 주변에 흘린 몇 방울을 닦으면서 그 연유를 말해주니 “참, 사람이 집중하다 보니…” 혼잣말을 한다. 나는 나대로 입속에 머무는 남편의 천재 바보 항목이 조목조목 떠오르지만, 매실주의 즐거운 대화 식탁을 위해서는 지금 구시렁거릴 메뉴는 아니라서 ‘너는 때가 되면 나와’ 하고 명령을 내려 가슴에 집어넣었다. 향긋한 매실주 향기에 저녁상을 차린 일이 웃음으로 떠오른다고 답을 보냈다. 또 세월이 흐른 후 오늘의 일을 생각하며 건강하게 웃을 수 있으면 좋겠다.

바람맞는 인연

이제홍
2015. 3. 천료

목요일 비, 금요일 비, 토요일 비 그리고 일요일 오전 비. TV에서 날씨 정보를 알려주는 기상 예보관은 말투도, 표정도 매력적인데 그녀가 알려주는 제주도 날씨는 가슴을 꽉 막히게 했다. 이번에는 광치기 해변을 제대로 걷고 싶었는데 그녀의 얘기대로라면 또다시 날씨가 발목을 잡을 게 뻔했기 때문이다. 혹시나 하고 날씨 정보를 매일 확인해도 별로 바뀌지 않았다. 마침내 '이런 망할' 하고 욕이 나왔다.

올레길 완주를 목표로 올레 17길의 중간지점인 제주공항에서 출발하여 동쪽으로 걷기 시작한 지 8년. 성산일출봉 옆 광치기 해변에서 시작하는 올레 2길 등 몇 코스를 제외하고 거의 완주했다. 당시 성산일출봉에 도착했던 날에도 제법 많은 비가 내렸다. 다음 날, 아침 식사하려고 들른 식당에서 주인은 우리가 올레꾼이라는 것을 알아채고 "제주도 비바람은 제법 거칠어요. 오후에는 비가 잦아진다고 하니 오전에는 숙소에서 쉬고 오후에 출발하는 게 좋겠어요."하고 조언했다. 세상에 청맹과니가 따로 없지…. 걱정해주는 사람에게 인사치레로만 '고맙다'라고 대답하고 길을 나섰다. 그의 조언을 귓등으로 들은 대가는 컸다. 광치기 해변을 가득 채운 거센 바람 앞에서 우산은 금방 쓰레기통으로 사라졌고, 우비는 빗물받이가 되어 신발을 물로 가득 채웠다. 결국 물에 빠진 생쥐 꼴에 한기도 느껴져 올레 2길은 물론 올레 3길마저 건너뛰었다.

그때 건너뛰었던 길을 5년여 만에 다시 걸으려고 제주에 왔다. 그런데 또다시 비가 온다는 예보가 나온 것이다. 다행히 출발일이 가까워지면서 날씨 정보가 조금씩 바뀌기 시작했다. 목요일부터 일요일 오전까지 내린다던 비가 토요일 오전부터는 갠다는 것이다. 날씨가 조금씩 나아진다고는 해도 광치기 해변을 걸으려는 날에 비가 온다니 심란하기는 마찬가지였다.

금요일 아침. 눈을 뜨자마자 커튼부터 걷었다. 거친 바람과 함께 제법 많은 비가 내리고 있었다. 혹시나 했던 기대가 무너지자 '날씨 정보가 틀리는 날도 많더니 이번에는 어째서 정확하게 맞히는 거야?' 하며 공연스레 기상청을 원망했다. 제주도 특유의 거센 비바람을 맞으며 광치기 해변을 걸을 자신은 없고, 그렇다고 숙소에서 그냥 뒹굴기도 싫었다. 망설임 끝에 광치기 해변은 뒷날로 미뤄두고 길을 나섰다. 이번에도 올레 2길을 마무리 짓지 못하게 됐다는 아쉬움을 발뒤꿈치에 매달고…. 길을 나선 지 한 시간쯤 지나자 비는 조금씩 잦아드는데 바람은 좀처럼 얌전해질 기색이 보이지 않았다.

바람에 시달리던 우산이 점점 형태를 잃더니 대수산봉을 지나 혼인지[1]에 이르자 마침내 기능을 완전히 상실했다. 지난번에는 광치기 해변에서 비바람에 시달린 우산과 작별하더니 이번에는 혼인지에서 작별

1) 혼인지: 제주도의 3신(고, 양, 부)이 벽랑국에서 온 세 공주와 혼인하고 신방을 차렸다는 전설이 전해오는 곳

했다. 올레 2길에만 들어서면 우산과의 인연이 다하는 모양이다. 무거운 발걸음으로 올레 2길의 종점인 온평 포구에 도착하자 비는 완전히 그쳤다. 그뿐인가, 어처구니없게도 구름 사이로 햇살도 내리쬐기 시작했다. '차라리 오전에 맑고 오후에 비가 왔더라면 광치기 해변에서부터 올레 2길을 걸을 수 있었을 텐데….'

심술궂게 부는 바람에도 아랑곳하지 않고 햇살은 점점 더 따사한 봄기운을 뿌렸다. 해가 질 때까지는 시간도 남아 있어 섭지코지로 향했다. 역시 멋지다. 풍광이 아름다운 섭지코지를 두루 걷고 나니 체력이 완전히 소진되어 광치기 해변이 눈앞에 있는데도 다가갈 엄두가 나지 않았다. 게다가 바람은 더욱 거세졌고 날도 저물기 시작했다. '도대체 나와 광치기 해변 사이를 이간질하는 게 누구야?' 하며 다시 찾아올 핑계 하나 남겨두고 일정을 마무리했다. 혹시 다시 찾아올 그 날도 비바람이 불어대는 것은 아니겠지?

반딧불 인생

양호인
2015. 4. 천료

칠흑 같은 어둠이 내려온다. 숨 쉴 구멍조차 막아 버린 까만 밤, 수십 년 전 기억의 창고에서 잠들어 있던 반딧불이가 되살아난다. 멍석이 깔린 마당에 누워 은하수가 강을 이루는 하늘로 이불을 덮는다. 옆집 훈이랑 영이도 우리 집 멍석 방에서 하늘 잠을 청한 날이다.

밤이 이슥해지면 어김없이 찾아오는 반가운 손님 반딧불이가 하늘을 난다. 누구랄 것도 없이 벌떡 일어나 반딧불이를 쫓아 내달린다. 커다랗게 쌓인 두엄더미 위를 살며시 날아 초가지붕 위로 날아가 버리면 아쉬운 마음을 접고 다시 멍석 방으로 돌아오던 날이 그립다. 아마도 육십 년이 다 되어가는 기억 속에 저장된 사진이다.

청정 제주임이 명백해졌다. 세상에서 없어져 버린 줄 알았던 반딧불이가 청수리 곶자왈에 나타났다는 반가운 소식이 인터넷에 깔렸다. 극성스러운 진사들이 추억 속의 반딧불이가 가슴을 뭉클하게 하였는지 카메라로 잡아 올린 사진이 떠다닌다는 소문에 가슴이 뛰었다. 카메라 가방을 둘러메고 나선 길, 청수마을 이장의 안내로 숲(곶자왈[1])으로 들어갔다. 개똥벌레란 별칭이 있어서인지 주변에 마사도 있어서 적당한 냄새, 빽빽하게 들어선 잡목, 장마철의 습한 공기가 반딧불이가 살 수 있는 최적의 조건을 만들었다.

코로나19로 출입이 통제된 상황에서도 사진인들을 위한 배려라며 이만 원이라는 거금의 입장료를 내고 들어가게 해준다고 선심을 쓴다. 저녁 7시경 아직은 어둠이 사위기 전이니 길가에 빨갛게 무르익은 복분자가 유혹한다. 주저 없이 따서 입에 넣었다. 달콤하고 쌉쌀한 향이 온몸이 기억을 되살린다. 들에서 산에서의 기억들을….

밤 아홉 시 즈음이다. 숨소리조차 멎어야 할 것 같은 까만 밤, 여름밤의 불청객 모기들도 잠들었는지 고요가 온 세상을 지배한 순간이다. 수줍은 듯 연노란색 반짝임이 하나, 둘 나타난다. 밤이 깊어가고 풀벌레도 숨죽인 밤 그들의 사랑을 시작한다. 성충이 된 반딧불이는 10일 남짓 살면서 짝짓기를 한 뒤 알을 낳고는 생애를 마친다. 반딧불이가 자기 몸의 꽁무니에서 반짝거리는 빛을 내는 것은 짝짓기 상대를 유혹하는 구애 행위이다. 수컷은 암컷을 찾아 날아다니며 빛을 발하고, 암컷은 앉아서 발광하면서 수컷을 유혹한다. 죽음을 앞두고 상대를 갈망하는 애처로운 몸짓이다. 애끓는 구애의 반짝임, 깊디깊은 수줍음을 감출 길 없어 달빛도 사윈 깊은 밤, 깊은 숲 습한 곶자왈에만 살며시 나타나 일생일대 구애의 신호로 두어 시간의 삶에 모든 것을 건다. 사랑을 이룬 반딧불이는 알을 낳은 후 생을 마감한다. 얼마나 처절하고 애틋한 사랑의 향연인가, 사랑의 불빛인가.

플래시는 고사하고 눈곱만한 불빛조차 거부하는 섬세하고 민감한 사

---

1) 제주도의 동부, 서부, 북부의 해발 300~400m에서 널리 분포하는 지대. 북쪽과 남쪽의 식물이 공존하여 숲을 이루고 있다. 곶은 깊은 숲이란 뜻으로 쓰이기도 한다.

랑의 향기가 온 숲에 퍼지고 사람들의 숨죽인 더듬이만 사랑 찾는 반딧불이를 쫓아 헤맨다. 어린 날 무시로 쫓아다닌 반딧불이가 사랑을 찾아 날아다니는 줄 알았다면 가만히 지켜봐 줄 것을….

어느 날 갑자기 사라져 버린 반딧불이는 기억조차 나지 않고 개똥벌레 노래로만 남아있다. 사람들의 눈에 밝은 빛이 밝혀진 날 반딧불이는 말없이 사라지고 만 걸, 우리가 그들의 삶을 내 마당에서, 내 마을에서 멀리멀리 숲으로 쫓아 버렸음을 이제야 알았다.

오늘도 여전히 멀리멀리 달아난 그들의 삶터까지 찾아가 기억 속으로, 추억으로 들어가고 싶다는 얕은 이기심으로 그들의 삶을, 그들의 사랑을 방해하는 사람이 되고 만다. 내 인생의 어느 날에도 반딧불이처럼 처연한 사랑을 한 적이 있었을까.

금혼의 해

김용관
2015. 4. 천료

2021년, 결혼한 지 50주년이 되는 해를 보내고 있다. 동양에서는 결혼 60주년이 되는 해를 회혼례(回婚禮)라고 한다. 수명이 짧았던 옛날에는 흔치 않은 일로써 고을 원님도 축하해 주었다고 한다. 혼례복을 입고 혼례식을 다시 한다. 자손들이 헌수(獻壽)하며 하객들은 시문(詩文)을 지어 바치기도 했다. 서양에서는 25주년이 되면 은혼식(銀婚式, Silver wedding), 30주년이 되면 진주식(眞珠式, Pearl wedding), 40주년이 되면 녹옥식(綠玉式, Emerald wedding), 45주년에는 홍옥식(紅玉式, Ruby wedding), 50주년에는 금혼식(金婚式, Golden wedding), 65~75주년에는 금강석혼식(金剛石婚式, Diamond wedding)을 한다.

부모님은 45년을 사셨다. 선친(先親)이 먼저 가시고 선비(先妣)께서 25년을 홀로 사셨다. 노년에 퍽이나 외로우셨을 터인데 그 외로움을 헤아려 드리지 못했으니 지금 생각해도 불효막심한 일로 송구스럽고 죄스러움에 마음이 아프다. 선빙모(先聘母) 님은 10년도 채 해로(偕老)하지 못했으니 그 외로움을 생각하면 형언하기 어려운 심정이다. 아버지 떠나시고 혼자 남은 시어머니를 모시기 위해 아내는 현지에서 살다가 집으로 들어와 90km가 넘는 직장을 출퇴근했다. 당시에는 학교 급식이 시행되기 훨씬 전이라 아침마다 도시락을 6개씩 쌌다. 아이들의 야간자율학습에 대비하여 저녁 식사까지 마련해야 했기 때문이다. 나는 당시 섬에서 근무하고 있었다.

이스라엘 역사에 가장 위대했던 왕, 다윗이 고백하며 기도를 했다. '여호와여 내가 늙었을 때에 나를 버리지 마시고 내 힘이 쇠약할 때에 나를 떠나지 마소서.' 누구에게나 노년은 자신감이 약해지고 쓸쓸한 시간인가 보다. 하나님께서는 인간의 안녕과 행복을 위해 결혼제도를 만드셨다. 그럼에도 불구하고 사람 사는 모습을 보면 꼭 그렇게 이루지 못하고 사는 사람들이 많아 보인다. 일찍 사별하여 힘들어 하는 가정, 병고로 고생하며 고통 받는 결혼생활, 장애아 출산으로 한숨짓는 부모, 이혼으로 말미암아 자녀들까지도 불행해지는 사람도 많다. 결혼은 분명 영광스러운 일이지만 고단한 과정이기도 하다. 세상 사람 모두가 결혼하는 시간은 최고로 행복해한다. 가정을 행복하게 이루어 가기 위해 꿈을 꾼다. 그러나 동화 속 이야기 같은 결혼생활은 애당초 없다. 결혼을 망치는 주범은 무엇일까. 자기중심적, 이기적인 마음이다. 연구에 의하면 온전한 가정에서 성장하고 신앙을 갖고 사는 사람, 25세 이후에 결혼하여 첫 아이를 낳으면 이혼율이 현저히 감소한다고 한다.

가정은 절망적인 상황이나 질병을 포함하여 경제적인 가난 등 여러 가지 어려움을 지혜롭게 극복하면서 처리하게 하는 가장 성능 좋은 장치를 제공해 준다. 나도 단칸방에서 출발, 일곱 번 이사를 하고 15년을 주말부부로 살았다. 내 집을 마련하기 위하여 근검절약했다.

서로 이해하고 참으면 점차로 만족스러운 부부관계가 이루어져 간다. 현실에서 동떨어진 이상주의, 비관적인 사고방식도 행복한 결혼생활에 도움이 되지 않는다. 찰떡같이 맞는 배우자는 처음부터 없다. 누구나 완벽한 요소를 가진 상대는 세상에 결코 존재하지 않는다. 결혼은 한 인간을 또 다른 존재와 가장 밀접한 관계로 묶어 준다. 부부만큼 가까운 관계는 이 세상 어디에도 없다. 개인소득이 높아지고 경제적으로 여유가 생기기 시작한 1970년대 이후에는 사랑과 가정의 가치가 점점 약화되고 있어 안타깝다. 아이러니한 현상이다.

결혼은 인생의 중심이자 최고봉이다. 상호 희생을 통해 서로 성취하며 유지해야 한다. 진실이 없는 사랑은 감상이다. 서로가 순종해야 한다. 자신보다 상대방의 존재와 필요성을 앞세워야 한다. 상대편의 입장을 내 입장보다 더 생각하고 배려할 수 있어야 한다. 상대방을 더 중요하게 생각하고 나의 유익을 포기할 수 있어야 한다.

지난 결혼생활을 되돌아보는 시간이 가끔 있다. 오늘까지 이만큼 행복하고 단란한 삶을 이룩할 수 있었던 것은 나의 능력보다 아내의 노력과 정성이 더 희생되고 헌신되었다는 생각으로 감사한 마음이다. 내 성품은 부족하고 문제가 많다는 것을 잘 안다. 때로는 급하고, 표현이 좀 직설적이다. 아내는 안정적이며 온유, 겸손한 성품이다. 잘 참고 이해하는 마음 씀씀이다. 사려가 깊다. 나를 늘 격려하고 배려해 준다. 한결같은 사람이다.

결혼생활은 자신을 내어주는 사랑이 으뜸이다. 자기만을 위해 살면 그것이 바로 죄와 허물의 핵심이 되어 버린다. 상대방의 허물과 잘못을 너그럽게 이해하고 용서할 수 있어야 한다. 자비로움과 인내와 온유함이 내면에서 인격이 되고, 온화하고 절제하는 마음도 필요하다. 마음은 생각과 감정, 분별력이 머무는 장소이다. 가정에 문제가 생겼을 때는 자신이 먼저 책임이라는 의식을 가질 수 있어야 한다. 우리 부부가 언제나 한 가지 기억하고 명심한 것이 있다. 자녀들에게 삶의 본을 보여야 한다는 것이었다. 현대문화는 로맨틱한 사랑을 희구하지만, 이것은 오래가지 못한다. 사랑은 뜨거운 감정만으로 되는 것은 아니다. 사랑은 감정보다 더 근원적인 그 무엇이다. 미래의 사랑을 다짐하는 약속도 필요하다. 이런 약속이 사랑을 지켜준다. 약속은 오직 인간만이 할 수 있는 특권이다. 사람을 알아가는 데는 시간이 필요하다. 독선적인 사람은 상대를 알아가는 데 실패한다. 겸손할 수 있어야 한다. 우리 부부는 맞벌이 부부로 살았다. 아이들 키우면서 애로

도 많이 있었다.

내가 부모님에게 배운 결혼생활 철학이다. 부부는 평생을 함께 걸어가는 친구라는 것이다. 살아보니 과연 그렇다. 배우자는 세상 떠나는 날까지 동행하는 가장 가까운 친구이다. 외모가 주는 매력은 결국 사라지기 마련이다. 사회적인 지위, 경제적인 부도 하룻밤 사이에 변하거나 사라질 수 있다. 건강이 행복의 최우선이라는 생각을 갖는 것이 소중하다. 낯선 상대를 사랑하고 보살피는 법을 배우는 것이 결혼생활이다. 상대방의 결점만 보면 콩깍지가 떨어진다. 문제가 생기면 팔을 걷어붙이고 해결에 뛰어들어야 한다. 최악의 상황을 극복하는 것은 진실의 힘이다. 결혼은 상대방을 돕는 것이다. 곁에 있는 배우자가 나보다 더 나은 사람임을 알아야 한다. 상대방이 원하는 것을 사랑의 언어로 표현하는 것도 결혼생활의 기술이다. 작은 선물이라도 건넬 때에는 “사랑해요.”라고 표현하는 것이 좋다. 서로 ‘다름’의 복을 누리며 차이를 넘어, 있는 그대로 포용해야 한다. 결혼은 하나 됨이다. 돈 많은 파트너, 완벽한 외모를 선택의 기준으로 삼는 오늘의 일부 세태는 분명코 천박한 인간의 모습이다. 긴 세월을 살다 보면 감정이 메마르고 냉담해지는 시기도 있을 수 있다. 그럴지라도 흔쾌한 마음으로 희생과 헌신을 다짐하며 서로 섬길 수 있어야 한다. 이러한 사랑은 마음으로부터 비롯된다. 사랑은 결혼을 떠받치고 가정의 모퉁잇돌이 된다. 나이가 들어가면서 한 가지 슬픈 것이 있다. 항상 어리게만 보이던 아이들이

나이가 들고, 아하, 우리가 떠나고 나면 너희들에게도 황혼이 찾아오겠구나 하는 생각과 감정이다.

금혼의 해, 자녀들이 다른 해에 비해 기쁜 선물을 안겨 주었다. 큰 딸내미는 서울에서 교육계에 몸 담고 있다. 직장과 가정에서 꿈나무들과 자녀를 성실하게 키워가고 있다. 국어교사인 딸은 나의 원고들을 관리도 해 주고, 수정 보완도 해 준다. 연초부터 연말까지 우리의 건강도 챙겨주는 모습이 고맙고 예쁘다. 둘째 딸내미는 한국에서 살 때 고교 영어교사로 재직하다가 미국에 건너간 지가 20년이 다 되어 간다. 전업주부가 되었다. 10년 전부터 현지 교민들과 방문하는 한국인들의 통역으로 봉사하다가 올해는 현지 한국 기업에 취업이 되었다. 고국의 기업을 위해 일하는 것에 보람을 느낀다고 한다. 손녀는 거주지의 주립 대학 의예과에 합격이 되었다. 나는 아들이 하나다. 오랫동안 고생하다가 뉴욕에서 학위를 수여 받았다. '재 한인제약인협회(KASBP)'에서 '미래를 이끌어 갈 과학자'에게 주는 Fellowship도 받았다. 샌디에이고의 제약회사에 꽤나 높은 고액의 연봉으로 항암연구소에서 일하게 되었다. 잘 나가는 며느리가 자신의 전문직을 접어두고 가난한 유학생활을 견뎌주며 헌신해 준, 아낌없는 내조가 이루어 낸 결실이다. 이제 미국에서 약사면허를 얻기 위해 다시 공부하고 있다. 손주가 각 가정마다 둘씩, 1남 5녀이다. 모두가 나름대로 학업에 정진하고 있다.

아내와 나는 노년에 예비된 과정이겠지만 신체적으로 약하고 쇠약해지는 부분들이 나타나고 있다. 약봉지가 여러 개이다. 순리로 받아들이려고 노력한다. 감사한 마음으로 인생을 걸어가며 행복한 마음으로 살고 있다. 남은 생애가 얼마나 될지 알 수 없는 일이지만 여기까지 우리 결혼 생활과 가정을 인도해 주신 하나님의 사랑과 은혜에 감사하며 살아가려 한다. 언젠가 그만 오라고 부르시면 감사한 마음으로 떠나려고 마음을 준비하며 살고 있다.

저마다의 쓴 잔

최정숙
2015. 6. 천료

고 1때 담임선생님의 말실수에 큰 상처를 받은 민서는 그걸 이겨내지 못하고 자퇴를 했다. 2년 후에 졸업검정고시 학원에 갔다. 학원에서 같은 동네에 사는 기현이라는 친구를 만났다. 둘은 학원에 갈 때나 올 때 늘 붙어 다니는데 여자애들처럼 말이 많다. 무엇이 그리 재미있는지 연신 키득거리기도 한다. 두 사람의 입장과 환경은 많이 다르나 서로 닮은 점도 있다. 두 사람 다 착하긴 한데 친한 친구가 없다. 그리고 서로를 부러워한다. 본인들은 각자 자기만 그런 줄 알지만 사실은 아니다. 기현이는 민서네 집에 가면 마음은 좀 불편하지만 넓고 편리한 집이 부럽고, 민서는 기현이네 집에 가면 집은 좁고 불편하지만 자유로운 분위기가 부럽다.

민서는 외동아들이다. 외동이라는 말은 어렸을 때 주변의 사랑을 아주 많이 받았다는 뜻일 텐데 그 말을 민서와 엮어놓으면 외톨이의 외로움으로만 느껴진다. 기현이는 중학생 때에 아버지가 돌아가셨고 엄마는 시장에서 만두가게를 하시기 때문에 두 동생을 돌보아야 했다. 기현이에게 온전한 자유 시간은 학원에 갔다 오는 시간뿐인데 학원마저 곧 그만두어야 하는 형편이었다. 그 생각만 하면 어깨가 축 처진다. 아무 걱정 없을 것 같은 민서가 부러웠다. 민서는 동생이 둘이나 있는 기현이가 부러웠다. 기현이가 동생 때문에 힘들어 하는 이야기를 해도 부러웠다. 속상한 일이 있을 때 동생에게 얘기도 하고 치킨을 시켜서 맥주와 함께 마실 수 있지 않겠는가 하고 생각했다. 기현이와 함께 기현이 엄마가 계시는 시장에 갔었는데 기현이 엄마는 너그럽고 잔소리도 안 하는 사람 같았다. 민서네 식구 중에는 술 먹는 사람이 아무도 없고 술을 좀 먹으면 완전 불량아 취급을 하고 말도 잘 안 들어주기 때문에 갑갑했다.

기현이는 민서가 부러웠다. 민서는 친가 쪽에도 외가 쪽에도 아기가 하나도 없을 때 태어났다. 그러니 어디를 가든지 특별한 관심과 사랑을 받았던 것이다. 민서의 어딘가에는 그런 것들이 나타난다. 민서의 이모가 민서를 가장 예뻐하고 가장 많이 놀아주었다. 이모는 "나는 민서가 자라지 않았으면 좋겠어. 귀여운 인형이 살아서 돌아다니는 것 같아."라고 하기까지 했다. 유아원에 다니던 때에도 엄마와 함께 밖에 나가면 지나가던 여학생 누나들이 귀엽다고 그냥 지나치지를 않았다. 지금은 민서가 뚱뚱해지고 피부에 여드름도 많다. 그렇지 않았다면, 가무잡잡한 아저씨 외모를 한 기현이는 민서와 같이 다니는 일이 마냥 즐겁지만은 않았을 것이다. 민서는 고모가 초등학교 때 사준 스파이더맨 옷과 RCM을 책장에 전시해놓고 있다. 그 고모는 지금도 가끔 용돈을 준다. 기현이 주변에는 "엄마를 도와줘서 착하다. 동생을 잘 돌봐줘서 착하다"고 말하는 사람들은 있지만 용돈을 주거나 갖고 싶은 것을 사주는 사람은 없었다. 기현이는 엄마한테 짜증을 내고 싶어도 참고, 동생들이 귀찮을 때도 참고 봐준다. 이상하게도 기현이는 친척들이 저한테 착하다는 칭찬을 하면 할수록 더더욱 착하게 굴어야만 할 것 같았다. 기현이는 민서가 왜 그렇게 외로워하고 부모님에게 불만이 큰

지 이해하기 어려웠다.

민서는 초등학교 때 엄마와 아빠가 심하게 싸우는 것을 본 이후에 그렇게 되었다. 그 이후에 민서는 부모님과 말도 잘 안 하고 공부도 하기 싫어졌다. 부모님이 이혼을 하게 될까 봐 불안하기만 했다. 놀이터에서 놀던 친구들이 동생이나 형과 함께 집으로 돌아가고 혼자 동그마니 남을 때의 기분도 너무나 쓸쓸했다. 유아원 다니던 때에 엄마에게 동생을 낳아달라고 했는데 엄마는 동생이 생기면 민서와 놀아 줄 시간도 없고 예뻐해 줄 수도 없어서 안 좋다고 세뇌를 시켰다. 민서는 그런 줄만 알고 유아기를 보냈는데 그렇지 않다는 것을 알게 되었다. 그래서 엄마가 밉거나 화가 날 때도 있었다. 청소년기가 되었을 때는 아빠하고 대화를 많이 나누고 술도 같이 먹어보고 싶었는데 아빠는 술을 안 먹기도 하지만 늘 서재에만 틀어박혀 있다. 엄마는 늘 무언가를 하러 다니고 장기간 여행을 가기도 했다. 강아지를 갖고 싶었는데 부모님이 허락을 안 해서 그것도 못했다. 자신의 필요를 돌아봐 주는 사람이 없어서 속이 상하고 슬플 때가 많았다.

어느 날 민서와 기현이는 속 깊은 이야기를 하게 되었다. 기현이는 민서더러 “야 임마, 너는 부모님이 잘해주니까 복에 겨워서 그러는 거야. 난 외로움을 느껴봤으면 좋겠다. 난 동생들 때문에 어수선해서 공부도 못하고 집안일도 해야 한다. 난 솔직히 네가 부러워 죽겠다. 내가 너였다면 정규학교로 돌아가거나, 외국유학을 알아보겠다. 공부도 잘하는 애가 왜 자퇴를 하고 빈둥거리냐?”고 했다. 민서는 기현이를 만나기 전에는 혼자서 춥고 어두운 터널 속을 걸어가는 느낌이었다. 이 세상에서 오직 자기만 힘들고 외롭게 사는 것 같았다. 두 사람은 한참 동안 아무 말도 하지 않았다. 민서는 부모님이 자기에게 잘해주는 것이 무엇인지는 모르겠지만 사람이란 누구나 다 불만과 애로가 있는 거구나 하고 어렴풋이 실마리가 풀리는 것 같았다.

치자 꽃 당신

박경화
2015. 9. 천료

십 년 전쯤, 여고 동창들 모임이 있는 경기도 어디가 너무 멀어서 내비게이션을 보면서도 길을 잘 못 찾는다고 길치 타령을 하는 내게 친구가 현대백화점 지상 주차장에서 만나 자기 차로 가자고 했다. 조금 일찍 도착했더니 차는 있는데 친구가 보이지 않아서 잠시 기다렸다. 주차장 바로 옆 백화점 뒷문 안에 친구가 있는 것 같아서 매장으로 들어갔더니 친구가 일층 향수 매장에서 치자(Gardenia) 향수를 찾았는지 직원이 '가더니아'는 아예 수입을 안 한다고 말하고 있었다. 친구는 향수 대신 직원이 권하는 치자향이 나는 향초를 사서 조그만 보라색 쇼핑백에 담아 들고 나왔다. 열매 몇 개가 달려 있는 치자나무 사진을 보내면서 치자 향수를 파는 데가 없더라고 한 내 말을 기억하고 있었던 것 같았다.

거실 앞 발코니에 며칠 전부터 길어진 봉오리가 하얀 꽃으로 터지기 시작한 치자꽃이 열 개가 넘었다. 향이 좋아서 밤에 발코니 쪽 문 한 짝을 접어두고 잤더니 거실에 치자향이 가득했다. 꽃망울이 보이기 시작해서 서너 달을 기다림으로 설레게 하지만 기다리는 시간에 비하면 꽃이 너무 빨리 진다.

치자 꽃봉오리가 열리면서 향이 퍼지기 시작하면 적어도 한 주일은 꽃 향이 집 안까지 들어와 존재감을 드러낸다. 먼저 핀 꽃들이 노랗게 색이 변할 때쯤 조금 늦게 피는 작은 꽃송이 몇 개는 덤이다. 꽃이 한창일 때 내가 말하지 않으면 아빠처럼 꽃이 피는지 꽃이 지는지 모르는 늘 바쁜 딸이 가끔은 "치자꽃 필 땐가 봐요. 향이 참 좋아요" 해주기도 한다. 그것도 '덤'으로 몇 송이가 필 때나 되어서.

봄이 오고 나서야 활짝 필 꽃봉오리와 함께 만개를 기다리며, 나는 불을 켜지 않아도 향이 은은하게 퍼진다고 하던 향수 매장 언니의 조언대로 자기 전에 거실 내 책상 위에 놓인 향초 컵의 뚜껑을 열어두곤 했다. 하얀 치자 꽃이 활짝 피어 있는 며칠은 치자 향 향초 컵의 뚜껑을 닫아 둔다고 해도 친구가 서운해할 것 같지 않다.

빌리 홀리데이가 노래하는 사진을 보면 언제나 머리에 흰 꽃을 꽂고 있다. 항상 머리에 치자꽃을 꽂고 무대에 올라간다는 그녀가 아무 때나 치자 꽃을 구할 수 있었는지 궁금하지만 지난번 수필집에서 '치자꽃' 꼭지를 뺀 이유가 그녀가 울면서 불렀다는 *Strange Fruit*을 번역하다 마음이 너무 힘들어서였는데 그 생각을 하면 다시 또 그 힘든 인생을 들여다보는 일이 엄두가 나지 않는다. 나이 때문인지 요즘은 마음이 힘들면 몸이 같이 힘들어서다.

크리스마스 전에 꽃망울이 보이기 시작해서 4월에나 꽃이 피는 꽃치자는 흰 꽃잎이 몇 겹으로 피어서 장미만큼이나 예쁘다. 가끔은 노란색으로 변한 꽃이 떨어져도 혹시 꽃이 진 자리에 꽃받침 아래로 치자 열매가 자랄까 해서 꽃받침을 그대로 둔다.

어머니가 주황색 열매를 실에 꿰어 마루 기둥에 매달아 놓고 고구마 튀김, 생선튀김을 하실 때 치자 물을 우려서 노란 튀김옷을 만드시던 생각이 난다. 나는 어머니가 입으시던 치자 물들인 옅은 황색 모시 한복을 참 좋아했다.

어느 여름, 치자 물들인 모시옷 곱게 차려입고 어린 나를 데리고 항만사령부 앞 다방에 아버지를 만나러 가시던 어머니 기억이 아프다. 영주동 큰길가 이층집에 살던 기생 작은엄마는 어머니를 방 안에 모셔놓고 한복 차려입고 큰절을 했다. 그 후, 한동안 어머니는 나를 데리고 '회사' 앞 다방으로 아버지를 만나러 갔다. 늘 집에 작은엄마가 있어서 그때까지는 아버지가 밖에 살림을 차리진 않았던 것 같다.

오늘 어머니의 치자색 한복 생각을 하다 난데없이 그동안 까맣게 잊고 있던 기생 작은엄마 성이 권 씨였던 기억이 났다. 작은엄마는 아버지 말대로 어린 내 눈에도 흰 피부와 큰 눈이 어머니와 많이 닮은 것 같았다. 어머니를 따라가서 그녀를 처음 만나던 날, 아버지는 어머니에게 마치 대단한 배려라도 한 것처럼 '당신하고 눈매가 닮지 않았냐'고 물었다. 어머니가 무슨 말을 했는지는 생각나지 않는다. 그 후에 어머니와 나는 그 영주동 이층집에 다시 가지 않았다. 그래서 몇 번 아버지를 만나러 간 항만사령부 근처 다방의 밀크티를 기억한다.

새 꽃이 피고 나서야 딴 치자 열매 한 알을 손바닥에 놓고 어머니 생각을 한다. 치자꽃 향수 '가더니아(GARDENIA)'를 몇 해 전 여름 방학에 잠시 귀국한 조카 영은이가 새엄마랑 그리스 여행을 다녀오는 길에 터키 공항에서 찾았다며 사 왔다.

손잡아야 이웃

최정호
2015. 9. 천료

1950년대 6.25전후 천수답이 대부분인 농어촌은 거듭되는 흉년으로 쌀 한 톨은 금싸라기와도 같았다. 먹을 것이 바닥이 난 사람들은 죽을 것 같은 배고픔에 들로 산으로 먹을 만한 풀뿌리를 찾아서 헤매었다. 꽃잎이 떨어지지도 않은 꼿꼿한 벼이삭을 안개처럼 몰려오는 참새 떼가 빨아먹으면 그 이삭은 수확을 못하는 쭉정이가 되어 말라버린다. 누가 시키기도 전에 나는 새 떼를 쫓으려고 장대를 들고 논으로 달려가야 했다. 그런 나의 발걸음은 호랑이를 피해야 하는 강아지 처지가 되었다. 논 입구 집에 사는 서너 살 위인 친구가 어김없이 나타난다. "야, 임마! 새 쫓으러 왔어?" 말을 거는 친구는 골리앗 같았고 바들거리는 나는 이스라엘 졸개 같았다.

줄행랑치고 싶었지만 배고픔은 죽음과 같았기에 참아야 했다. 초등학교 일학년 때는 나를 쫓아다니며 내 이름을 불러 대는 친구가 보기 싫어 학교를 그만둘까 수없이 고민했다. 2학기 때 입학을 하여서 친구들과 하나가 되기까지는 시간이 필요했던 것이다. 3학년 때 한 친구의 어머니가 찾아왔고 나는 아버지를 모셔 와야 했다. 나는 그 친구에게 별로 힘들게 한 일이 생각나지 않았지만, 그 친구는 나로 인하여 부담을 받았고 전몰 미망인인 그 어머니가 달려온 것이다. 훈계를 받은 가해자 입장에서는 대수롭지 않은 일상의 행동도 피해자 입장에선 어마어마한 스트레스라는 것을 깨닫지 못했고 우쭐한 생각이 갑질인 것도 깨닫지 못하는 꼬맹이에 불과했었다.

세상의 생명체들은 어미가 새끼를 먹이고 키우려는 모든 행동이 산 교육이다. 새끼가 성체가 되고 새끼를 낳으면 자연스럽게 배운 대로 새끼를 기르는 것이다. 늙은 어미를 돌보아 줄 구조적인 능력을 갖추지 못하고 태어난 동물들이지만 인간은 무한한 능력을 가지고 태어나 태초부터 부모를 사랑하고 공경하고 책임지는 것이 사람의 전통이고 미풍이고 계명인 것이다. 그렇게 사람은 사랑과 정이 하나가 된 삶이라 희망도 행복도 있는 것이다.

짐승은 몸 하나만 생각하고 먹이를 구하며 살아가는 노하우를 가르쳐 주면 끝이지만 인간은 부모를 섬기고 받들며 순종할 때 후손들은 자연스러운 산교육이 되고 또한 그들도 후손들로부터 자연스럽게 섬김을 받게 되고 또 그렇게 이어지는 것이다. 이웃과 손잡지 않고는 살아갈 수는 없는 게 인간의 세계다. 의식주와 건강과 문화도 혼자만의 힘으로는 감당할 수 없다. 이웃과 손잡아 주고받고 협력해야 살아갈 수 있는데도 코앞만 보는 요즘 사람들은 힘들고 얽매이기 싫다고 결혼과 가정을 피하고 자녀를 낳지 않으려한다. 그것은 계명과 순리를 역행하는 종말인 것이다. 이 땅의 모든 생명체들은 낳고 기르기 때문에 역사가 이어지는 것인데 그 자체를 인위적으로 단절한다면 신에게 반기를 드는 것이고 씨 뿌리지 않고 추수하려는 격이다. 흐름에 맡겨 편안한 노후를 꿈꾸고 받을 줄만 알고 내놓을 줄 모른다면 언제나 청춘일 수는 없는 것이다. 머지않아 찬바람 눈보라 꽁꽁 얼어붙은 겨울이 온다는 것을 깨닫고 이웃과 손잡을 때 내일은 언제나 파란들일 것이다.

나의 멘토

문학희
2016. 4. 천료

새벽에 눈 뜨면 현관 앞에 배달된 우유와 신문을 가져오는 것으로 하루 일과는 시작된다. 신문은 족히 1시간 30분 정도 읽어야 그런대로 아쉬움이 남지 않는다. 요즘 신문은 나의 멘토다.

정치, 경제, 문화, 사회 전반에 걸쳐 어느 하나도 놓치지 않고 낱낱이 살펴 알려준다. TV 화면에서 뉴스로 알려주긴 하나 중요 부분을 놓치고 나면 되찾아보기 힘들다.

그래서인지 수능에서 고득점자와 인터뷰한 결과를 보도한 적이 있었다. 그들 수험생은 한결같이 '신문을 탐독하고 매일 철저히 스크랩했다.'고 말했다. 그도 그럴 것이 일반상식에서 고도의 전문성을 지닌 상식을 총망라해 그토록 살뜰하게 고루 알려주고 있지 않은가? 다행한 일이다. 학원비 절약으로 학부모에겐 쾌재를 부를 일이 아닐 수 없다. 더구나 싼 값으로 평등한 수혜가 누구에게나 주어진다는 기쁨도 한몫한다. 다만 신문에 게재 내용이 허구만 아니라면 우리 모두의 멘토일 수도 있다.

근자에 새로운 뉴스가 눈길을 끌었다. '늙어가는 전교조 -20대, 60년 새 절반 넘게 줄었다.' 빅뉴스다. 내가 아는 전교조는 나이 많은 교사보다는 젊은 층이 더 많은 것으로 알고 있었기에 왜? 어째서 줄었을까? 라는 의문이 생긴다. 아무튼, 다행한 일이다.

가장 극심했던 전교조 활동으로 학교 현장이 피폐해졌던 과거가 있었기에 학생과 학부모, 학교교육을 위해 다행한 일이 아닐 수 없다. 왜, 전교조가 줄어드는 걸까? 작금의 젊은 층은 금전에 관한한 철저하다. 어른들 생각처럼 체면 때문에 돈을 쓰는 일은 거의 없다. 그래서 매달 내는 회비가 부담이다.(이전엔 애경사비에는 인색해도 전교조 회비는 봉급에서 철저히 공제해 냈었다.)

그러면 어째서 가입 인원이 주는 걸까? 법외 노조 판결 후 미복귀 교사를 직권면직했다. 젊은 층 교사들에겐 법외 행위에 대한 불안이 팽배해 지면서 신분보장에 위협을 느끼게 되었다. 그래서 회비는 안 내고 단체행동 시에 참여만 하겠다는 상황이다. 젊은 피의 수혈이 부족함은 어느 시점에선 쇠퇴기를 맞을 수 있다는 증후이기도 하다. 전교조가 나쁜 것만은 아니다. 출범 당시에는 '참교육'을 기치로 학내 촌지 근절 및 찬조금 안 받기 등으로 학생과 학부모의 호응을 얻어 현장의 교육 정책에도 반영해 밝은 미래가 보이는 듯한 적도 있었다.

그러나 1990년 중반부터 세 확장과 더불어 이념 투쟁으로 변질되기 시작하여 2004년에는 이라크 파병과 관련해 반전 평화 수업을 해 논란을 빚었고 2006년에는 전교조 교사가 문제가 있는 추모제에 학생을 인솔해 참석한 사실은 오히려 전교조 활성화에 찬물을 끼얹는 계기가 된 것도 사실이다. 더구나 2008년 광우병 사태 때 전교조 교사들이 학생을 촛불 시위에 참여토록 유도하여 학생들을 자기 이념 투쟁의 기수로 이용하려 했던 등등이 학생과 학부모의 우려 속에서 작금의 쇠퇴기를 맞게 된 것은 아닐는지? 그때의 그 시절을 겪었던 학생이 지금의

20-30대 교사들이다. 그래서 그들 교사들은 정치적 색깔을 띠는 전교조에 편치 않은 감정을 가지고 있어 20대 전교조 수혈에 차질을 가져온 듯하다. 아무튼, 학교 입장에서나 학부모 입장에선 천만다행한 일이 아닐 수 없다. 교사는 모름지기 교육의 3대 요소의 중요성을 인지해 자기관리와 학생을 위한 교육강령 실천에 온 힘을 바쳐 성실히 교무에 힘써야 한다. 그게 싫으면 교육현장을 떠나야 한다고 본다.

오늘도 신문에서 '전교조 민주성 상실, 새 노조 설립 움직임'이란 큰 활자를 보았다. 신문 없이 새 소식을 접할 수 있을까? 역시 신문은 나에게 훌륭한 멘토다.

오랜 세월 젖은 습관으로 교육에 관한 활자만 봐도 눈의 동공이 커진다. 교육 현장을 떠난 지 오래지만 지금도 내가 있던 학교 소식을 접할 때면 무한한 감동으로 귀 기울여 경청하고 관심을 보인다. 아직도 예절실과 가사실, 제빵실은 그대로 활용하여 제빵은 특활 시간에 학생들의 관심으로 성업(?)이란 말에 입가의 미소에 힘이 생긴다.

오늘이 지나면 내일의 소식이 기다려진다. 슬픔보다는 기쁨이 절망보다는 희망이 넘치는 새로운 소식이 지면으로 내일을 열어주기 희망하며 편안히 잠자리에 든다.

다시 봄, 힘내

노승희
2016. 7. 천료

입춘, 우수가 지났다. 봄인가 싶더니 엊그제 강릉에는 폭설이 내렸다. 배시시 막 꽃망울 터뜨리던 매화가 하얀 눈을 흠뻑 뒤집어썼다. 설중매(雪中梅)라 하지 않던가. 넉 달이 넘도록 눈도 비도 오지 않아 꽃망울 피우기도 힘들었을 터. 살포시 흰 눈 뒤집어쓴 홍매가 더 싱그러워 보인다. 코로나19로 더 힘든 겨울을 보내고 있지만 계절은 이렇게 어김없이 분홍빛 고운 봄을 준비하고 있다.

'나의 살던 고향은 꽃피는 산골, 복숭아 꽃 살구꽃 아기 진달래…'

병동 2층에서 나지막이 노랫소리가 들린다. 「고향의 봄」이다. 중증환자, 치매노인까지 모두 자신만의 누군가를 그리며 또 가고 싶은 그곳을 떠올리며 노래를 따라 부른다. 다른 의사들과는 회진부터 남달랐다. 최고령 의사임에도 늘 잔잔한 미소로 환자들 손을 따뜻하게 잡아주는 그녀. 그리고 그녀를 무척 좋아하고 따르는 환자들…. 이 평화롭고 정겨운 일상은 작년 초가을까지만 해도 매그너스 재활요양

병원의 행복한 아침 풍경이었다.

"힘내, 가을이다, 사랑해"

94세의 한원주 원장님은 마지막으로 이 세 마디를 남기고 작년 가을 하늘나라로 떠나셨다. 코로나19로 모두들 힘든 시기에 마지막으로 남긴 따뜻한 말씀은 우리들에게 깊은 감동을 주었다. 직접 곁에서 뵙지는 못했지만, TV를 통해 간접적으로 그녀의 아름다운 삶을 만날 수 있었다.

그녀는 진주에서 항일지사이자 기독교도인 부모님의 셋째딸로 태어났다. 3.1독립운동으로 옥고를 치른 아버지는 뒤늦게 의학을 공부해 의사가 되었다. 그녀도 의과대학을 진학해 산부인과 의사가 되었다. 결혼을 하면서 남편을 따라 미국으로 건너간 그녀는 그곳에서 내과 전문의도 취득했다. 귀국해 개인병원을 운영하던 중 갑자기 남편의 죽음을 맞는다. 53세의 젊은 나이에 사랑하는 남편과의 이별은 그녀에게 그동안 본인의 삶을 되돌아보는 계기가 되었다고 한다.

그리고 의사로 결핵 퇴치와 산골주민 무료진료, 한센병 환자 치료에 앞장섰던 아버지를 떠올렸다. 묵상 끝에 하나님의 응답을 얻은 그녀는 개인병원을 접고 한국기독교 선교협회 부설의료선교의원을 열었다. 영혼의 고통과 사회의 적폐를 함께 치료해야 온전한 치료라고 생각하여 전인치료를 위해 앞장서 실천했다. 20여 년간 무료의료 봉사는 물론 매년 해외 의료 봉사를 다녔다. 깊은 신앙과 참 의료인으로 38년간 소외계층 환자들을 위해 헌신해 온 공로로 제5회 성천상을 수상했다. 물론 상금으로 받은 1억 원은 가장 어려운 곳에 써 달라며 국제구호 기구인 NGO월드비전에 기부했다. 월드비전에는 그녀의 손녀딸이 근무하고 있다. 참 대단하다. 삶이 허락하는 날까지 소외된 사람의 곁을 가장 가까이 지키는 길을 가겠다고 한 그녀. 그 길을 따라가고 있는 손녀딸. 나눔 DNA까지 닮아 태어난 걸까. 3대가 나란히 봉사의 길을 걷는 걸 보면….

우리 주변에는 이렇게 한 원장처럼 잔잔한 감동을 주는 사람들이 참 많다. 자존심을 살려주려 천원의 진료비만 받은 상계동 슈바이처 은명내과 고(故) 김경희 원장. 의료 무료봉사는 물론 50억이 넘는 재산을 몽땅 모교에 기증했다. 매년 성탄절을 전후해 21년째 베풂을 실천하는 얼굴 없는 기부 천사. 그동안 기부액이 7억을 넘는다고 한다. 참 귀감이 되는 삶이다. 이런 기부 천사 바이러스가 우리들 이웃, 마음이 아픈 사람들에게 온기(溫氣)를 가득 채워 주고 있다.

'생의 마지막 순간까지 환자들과 살다가 하늘나라로 가겠다.'는 자신과의 약속이자 하나님의 서원이었던 삶을 끝까지 지킨 한원주 원장님. 처음 요양병원에 온 봄날 온통 노랗게 핀 꽃들을 보며 불렀다는 '참 아름다워라'라는 찬송가가 자꾸 귓가를 맴돈다. 다시 봄이다. 힘내.

수목장

신중재
2016. 10. 천료

조부님 산소에 벌초를 하는데 뒷다리가 따끔했다. 뒤를 돌아다보니 주먹만 한 호박벌이 떼를 지어 공격해 왔다. 피할 틈도 없이 대여섯 마리에게 다리와 어깨에 벌침을 맞았다. 정신이 아찔했다. 벌초 마무리도 못한 채, 고향의 Y병원 응급실에서 조치 받고 일주일을 치료했다. 그 후, 벌초 생각만 해도 심란했지만 4대의 조상 묘소를 돌보지 않을 수 없는 종손의 처지라….

축령산에 삼림욕을 간 일이 있다. 이 숲 중앙의 임종국(林種國) 씨 수목장이 눈길을 끌었다. 고인이 심은 편백나무에 뒤덮인 숲속 가장 높은 곳에 대표나무 한 그루가 귀하게 자리를 지키고 있었다. 골분은 그 수목 아래에 묻혀 나머지 생을 함께 한다고 했다. 옛날 나무 심기 어려운 조건 속에서 숲을 조성하여 지금도 그들의 생태를 보살피는 듯했다. 자연친화적인 장묘법이다. 사람과 나무가 상생하며 자연에서 태어나 자연으로 회귀한다는 섭리에 근거한 것이다. 이름에서부터 나무를 유독 사랑했던 사람의 참 모습을 보는 듯했다.

몇 년 전, 조상님들을 수목장했다. 150여 년이 지난 고조부모님 묘를 여니 몇 조각에 불과한 유골이 나왔고, 묏자리가 좋을 것이라고 짐작했던 증조부모님 묘에서도 누르스름한 정강이 유골이 몇 조각 더 나올 뿐이었다. 40년이 지난 조부모님 묘에는 비가 온 후에 도랑에 물이 빠진 흔적이 보이는 것처럼 습한 상태에 유골은 그 흔적을 거의 찾을 수 없었고, 빨간색 명정의 썩지 않는 조각이 유골을 대신하니 허망하기 그지없었다.

앞산 월출산 봉우리가 곱게 솟은 남향을 향해 반월을 짓고, 20평 남짓에 잔디를 심었다. 동백나무가 반월 중앙에 가족 대표목으로 자리하고 그 밑에 조상님들의 유골을 모셨다. 자연을 훼손할 염려가 있어 함자만을 새긴 조그마한 비석 하나만을 세웠다. 반월 앞 양쪽에는 문지기 역할을 담당할 반송이 자리하고 그 밑에 철쭉을 심었다.

한나라 임금은 동방삭을 보더니 반가운 표정을 지으며, "대궐 처마에 매달아 놓은 구리종이 누가 치지도 않았는데 스스로 울리니 괴상망측한 생각이 들어 그 까닭을 알고자 선사를 부른 것이오."라 했다. 동방삭은 그 말을 듣고, "임금님, 그렇다면 구리종을 만들 때 그 구리는 어디에서 구했습니까?"라고 묻자 임금은 '구리산'에서 캐 왔다고 했다. 동방삭이 천리통(千里通) 술법으로 보니 구리산 한쪽이 무너져 있는 것이 보여 임금에게 아뢰니, 임금은 현장의 사실을 확인하고 더욱 놀랐다고 한다.

독일에서 어떤 환자의 병이 완치되자 따로 보관해 두었던 그 환자의 혈액도 정상으로 돌아오는 놀라운 일이 있었다고 한다. 미국에서 여러 남성들의 정자를 채취한 뒤, 수십 Km 떨어진 곳에서 한 사람에게 전기 충격을 가했는데 그 남성의 정자가 한쪽으로 몰리는 현상이 발생했다는 것이다. 이런 현상은 동질성을 가진 어떤 기운이 서로 작용한다는 것이다. 뇌와 인지능력, 감각기관이 없는 식물도 칭찬을 받으면 잘 자라는 것도 어떤 기운을 받은 것 때문이란다. 이처럼 같은 기운끼리 끌어당기는 것을 동기감응(同氣感應)이라 하는데 이 원리에 따라 조상이나 부모에게 잘하면 결국 내가 복을 받게 된다는데….

40년 전 어느 날, 종갓집 H형님에게서 전화가 왔다. 맏형님이 오늘 저녁을 넘기기 어려울 것 같으니 A 병원에 들러서 살아생전 얼굴이나 한 번 보라는 것이었다. 황급히 병원을 들르니 그 형님은 이미 살기 힘들 것 같다는 생각이 들었다. 언뜻 생각해보니, 몇 년 전 연화동 저수지의 반도처럼 생긴, 윗대 할아버지 묘소에 비석 세운 일이 퍼뜩 떠올랐다.

나의 엉터리 풍수 상식으로 잘못 세운 비석 때문일 것이라는 주장을 하며, 풍수 교수를 찾아 확인해 보자고 우겨대니 솔깃이 그 형님이 내 의견에 동의해 그 교수를 찾았다. "비석을 세우지 말아야 할 곳에 세우면 장손이 피해를 보는 경우가 종종 있습니다. 안동 하회마을처럼 연꽃이 물에 떠 있는 듯한 지세를 '연화부수형(蓮花浮水形)'이라고 하는데 물 위의 연꽃에 돌을 얹는 것은 지혜롭지 못한 일입니다."

이튿날 급히 집안 어른들과 의논해 비석을 치운 며칠 후, J 대학병원에서 죽음 직전에 강제로 퇴원 당한 형님이 완쾌돼 퇴원하게 되니 의사들도 이해되지 않는다며 고개를 갸우뚱했다. 이 풍수설이 사실일까? 의문을 갖지만 그 형님은 지금 82세로 건강하게 고향을 지키고 계시니….

'장손은 하늘이 낸다고 한다.' 집안에 대한 책임을 늘 무겁게 느끼고, 돌아가신 조상님들의 제사나 묘소관리를 잘해야 하며, 집안사람들을 관리해야 되기 때문일 것이다. 잘 되면 티도 안 나고, 잘못되면 탓을 듣게 될 수도 있지 않는가.

같은 DNA를 갖은 가족들은 서로에게 영향을 주는 것이 아닐는지,

자식에게 기쁜 일이 생겼는데 슬픈 생각이 드는 부모가 어디 있겠으며, 부모가 병들어 사경을 헤매는데 마음이 괴롭지 않은 자식 어디 있겠는가. 구리산의 구리가 산사태로 괴로움을 당하니 구리종이 울 듯, 내 몸에서 나간 피가 나의 건강 상태를 감지하듯, 부모님의 유골이지만 나에게 영향을 미치지 않을까.

누룽지 추억

김정원
2017. 1. 천료

아침이면 출근 준비를 서두르는 아버지보다 조반을 챙기시는 부엌의 엄마에게 마음이 더 쏠린 나의 어린 시절이었다. 구수한 밥 냄새가 진동하면 장지문을 열고 엄마의 밥주걱을 간섭하고 싶어서였다. 쌀이 귀했던 당시, 대부분의 가정들은 꽁보리밥이나 손칼국수 또는 찐 감자나 밀 빵으로 끼니를 때우던 어린 시절이었지만 엄마는 아침마다 꽁보리 위에 약간의 쌀을 올려 밥을 지으셨다. 그것은 가장이신 아버지를 위한 몫이었다. 그러나 난 내 밥그릇에도 보리보다 쌀이 더 섞이기를 바라는 떼를 쓰곤 했다. 엄마는 막내의 심술을 아시고 때마다 한 줌의 쌀을 더 넣어 밥을 짓곤 하셨다.

끼니때마다 아궁이에 불을 지펴 밥을 짓던 시절, 전신에 땀범벅이 되어 흐르는 땀을 무시로 앞치마로 훔쳐야 한 엄마의 수고는 안중에도 없었다. 때로는 궂은 땔감으로 불꽃이 피어나기보다 눈의 매움을 자극하는 자욱한 연기로 눈물을 쏟을 수밖에 없는 열악한 환경에서 매일 반복되는 엄마의 수고는 당연한 것으로 알았다. 모락모락 김이 피어오르는 가마솥 밑의 누룽지에만 마음이 송두리째 빼앗겨 있었기 때문이었다.

누룽지가 되려면 밥솥 아래 온도가 220도가 넘어야 된다는데, 난 밥을 짓기만 하면 누룽지는 저절로 생기는 줄 알았다. 그만한 아궁이의 열기를 묵묵히 견디며 가족을 위한 헌신을 아끼지 않으신 엄마의 인내, 수고와 사랑을 티끌만치라도 깨닫기에는 어림도 없는 철부지였다. 노릇노릇한 누룽지를 받아들기만 하면 먹지 않아도 배가 불렀고, 아침마다 큼지막하게 꼭꼭 뭉친 누룽지를 내 손에 살그머니 꼬옥 쥐여 주는 우리 엄마가 난 이 세상에서 최고로 좋았다.

누룽지가 위장 건강과 혈관 건강, 식이 섬유질이 풍부한 보약 같은 건강식품이라는 것을 안 것은 한참의 세월이 흐른 뒤였지만, 바삭한 식감과 고소한 맛에 홀린 듯 무작정 탐을 냈다.

그날도 언니는 전과 다름없이 내 손안의 한 덩이 큼지막한 누룽지를 의식적으로 외면함인지, 아니면 나눠줄 리 없는 나를 간파하여 지레 체념함인지 무심한 표정이었다. 그러한 언니의 반응에 쾌재를 부르며 나 혼자 먹을 당당한 구실거리로 삼았다. 따끈한 누룽지의 감촉과 코끝을 자극하는 고소한 냄새로 난 이미 이 세상에서 제일 행복한 아이가 되어 있었다.

"언니랑 같이 나눠 먹어야지."

뜻하지 않은 아버지의 날벼락 같은 제안에 나만이 누리고 있던 행복의 자리를 송두리째 빼앗기는 기분이었다. 아까워 먹지 않는 누룽지를 떼어주라니 아무리 생각해도 너무 아깝고 난감하여 "이걸 우예 또갤꼬. 이걸 우예 또갤꼬(이걸 어떻게 쪼갤까)" 손안의 누룽지를 요리조리 굴리며 안절부절못하고 좌불안석이었다. 혹여 그런 나를 애처롭게 보시고 아버지의 마음이 달라질 수도 있다는 생각에서였다. 하지만 아버지는 오히려 출근 시간이 훌쩍 지났음에도 나의 결단력 있는 행동만을 기다리고 계신 듯 나를 주시하고 계셨다.

"뭘 어떻게 또개니? 이리 주거라 내가 또개 주마."

보다 못하신 아버지의 제안에 난 금방이라도 울음이 터져 나올 것만 같았다. 오로지 내 몫으로만 당연시한 것을 송두리째 빼앗기는 기분에서였다. 아무런 반응 없이 묵묵히 나의 처신만 기다리듯 무표정하게 지켜보고만 있던 언니마저 어서 누룽지 한 조각만 떼 주면 된다는 눈치였다. 혹여 언니 몫이 더 크지나 않을까 아버지께 건넨 누룽지에서 잠시도 눈을 떼지 못했다. 하지만, 아버지는 두 자매의 마음을 따사로이 어루만져 불평의 여지가 없도록 공평하셨다. 아버지의 헤아림의 사랑과 자기의 권리를 주장하지 않고 묵묵히 기다려 준 언니의 인내의 침묵에 내가 머쓱해지는 순간이었다. 그제야 이기적인 욕심으로 촉수처럼 날카로워진 내 마음이 따사한 봄볕에서의 졸림 같은 안온함으로 봄동산을 이루고 있었다.

누룽지를 통한 아버지의 참사랑의 교훈이 햇살처럼 따사로웠기 때문이었다. 그것은 언니와 나를 이타적이고 배려심 깊은 사람으로 자라게 뿌려주신, 겨자씨만 할지라도 장차 새들이 깃들일 울창한 숲을 이룰 작은 씨앗이었던 것이다. 그 이후로 우리 자매는 엄마의 희생적인 사랑의 거름더미로 튼실하게 발아하여 아버지의 깊으신 뜻을 일구는 알곡으로 기쁨의 단을 거두고자 서로의 마음 밭을 기경하며 서로를 배려하는 어른으로 자라가는 길목으로 향했다. 게다가 아침마다 누룽지의 구수한 냄새가 진동하는 우리 집에서는 날마다 우리 자매의 사랑이 이전보다 더욱 아름다운 향기를 발하며 알차게 영글어 가고 있었다.

빛과 그늘의 약속

차혜란
2017. 3. 천료

짙은 청색 강물 위로, 겨울 하늘이 멀리까지 이어져 있다. 숲을 둘러싸고 있는 물 풍경, 떠 있는 배들이 백조의 무리처럼 한가롭다. 멀리, 시내 빌딩들이 보이고 빌딩의 벽들은 오후의 마지막 햇살을 붙들고 하루의 고되고 벅찼던 책임의 시간들을 정리한다. 벽들의 밝음과 다른 쪽의 음영, 빛과 그늘의 어둑함이 에드워드 호퍼의 도시풍경 그림 같다. 왜 호퍼의 작품들은 한결같게 어둡고 무심해 보일까. 만약 내가 그림을 그릴 줄 안다면 어쩌면 그의 그림을 닮아 갈지도 모르겠다. 빛과 그림자의 엇갈린 매력에 붙잡힐 것이니까. 빛과 어둠의 약속, 인생살이 또한 빛과 그림자이며 어떤 사람은 조금 더 빛을 즐겼을 것이고 또 다른 쪽의 인생들은 자의든 타의든 그늘 속을 허덕이며 삶에 지치기도 했을 것이다. 내가 보낸 세월의 과거, 진행형인 현재, 남아 있을 미래는 어디쯤일까를 짚어본다. 과거와 현재는 절반쯤의 절망, 절반쯤의 안정 속에 있었던 것 같고 미래는 예측 불가능이 답이겠다.

내게도 유아기, 아동기, 사춘기의 순수함, 청춘의 빛나던 시절과 방황, 이민사의 치열했던 노동과 고통의 시절을 버텨냈다. 아이들 엄마로서의 책임, 한 남자의 여자로서 책무를 이행하던 중년의 시절에는 내가 익혀온 사회적 훈육과 경험, 신문과 책, 학교 교육에서 얻었던 지식, 세월 속에 묻어온 지혜, 그 속에서 받아들였던 진리의 가치들을 최대한 활용해 보았다. 결과가 어떻든 나로서는 최선의 방법을 동원해 시간, 에너지, 열정을 합쳐 내 나름의 애정과 헌신을 쏟았으니 후회는 없다. 행복과 불행 중간쯤에 걸쳐진 내 인생, 누군들 일생이 기쁘기만 했을까? 사는 일은 어떤 이유에서건 얼마쯤은 고통일 것이다. 지금은 여자를 잃고 유통기한도 한참 지난, 여자이기보다는 그냥 인간일 뿐인 내가 한참씩 슬프고 쓸쓸하다. 인생은 빛과 그림자, 낡은 기억들을 밟으며 그늘 속을 서성이는 나, 여자를 포기하고 남은 육신이 아플까 걱정하는 나, 그러나 어쩔 수 없는, 살아있는 모두의 인생 후반, 생체 동물로서의 한계, 생의 끝자락 파트라 생각하면 참을만하다. 돌아보면, 생 안에 엉켜 있었든 어처구니없고 터무니없는 잔인성도 이해할 만한 나이임에도 가끔은 억울하고 멍해지며 아쉬움과 결핍 사이를 헤매기도 한다.

생의 마지막 구간을 무엇으로 채울 것인가를 생각하며 새벽잠에서 깨어난다. 하루를 접는 취침 시간에 자주 묻는 내 안의 질문, 나는 묻는다. 남은 세월을 어떻게 채울 것이냐고. 대답은 애매하고 확실성 없지만 분명한 건, 내 인생을 사는 일, 타인에게 피해 안가는 범위 내에서 나는 자유롭고 싶다. 거기에는 아이들과의 관계도 포함될 것이고 지금껏 쌓아온 세상 사람과의 인연도 함께. 적당한 선을 유지하며 삶의 다른 각도를 인정하는 일이 우선이다. 아집과 신념은 다른 것이니 다툼을 피해 가고 내 고집을 절제할 수만 있다면 일상의 보통 관계는 원활하게 유지될 것이다.

내 노년의 뜰은 평화가 정착되리라. 세월은 흐를 것이고 흘러가는 시간 속에서 날마다의 준비를 거쳐 나는 내가 원하는 나의 브랜드를 만들어야 한다. 인간적인 매력, 일상에 필요한 최소한의 지식, 상식이 통하는 사람, 타인을 수용하는 자세, 내가 있어야 하는 위치, 여자로서의 깔끔함, 거절하는 방식, 부탁의 태도, 감사를 알고, 예스와 노를 정확히 표현하는 능력 등이 있을 때 내 브랜드는 타인들에 의해 만들어질 것이다. 내게 있어 생은 모든 시기에서 치열했고 간절했다. 그 시기마다 빛이 있었고 그늘진 약속이 있었다. 영광도 떠날 수 있고, 그늘도 때가 되면 빛이 든다는, 경험들로 배운 약속을 믿었기에 힘들 때는 차라리 그늘 밑의 슬픔을 즐기는 여유도 있었다. 모두가 떠나고 사라져도 책은 언제나 찾을 수 있었으니 나는 외로움을 움켜잡고 책속의 주인공들과 달콤하고 짜릿한 연애의 덫에 걸릴 때도 있었다. 또한 그들의 철학과 지식, 배짱과 용기, 규칙과 실천을 배울 수 있었다.

바람 같은 기억들, 색 바랜 옛 사진 같은 기억들이 흐릿하다. 오래전 읽었던 『인간의 조건』의 남자 주인공. 마지막 장면에서 눈으로 묻혀가며 사람 몸만큼의 무덤을 만들 때 나는 그가 애타게 부르는 그의 아내 미찌꼬가 되며 전율했다. 지금까지 읽은 소설 중에 이만큼 절실한 인간의 본질에 대한 아픔과 절규를 만나지 못했던 것 같다. 20대 초였으니 나의 순수함이 절정일 때다.

『러브스토리』의 첫 문장, 남자 주인공의 독백. '스물다섯 살에 죽은 그녀에 대해 무슨 말을 할 수 있을까. 어떻게 설명할까. 그녀는 아름답고 예지에 빛났으며 바흐와 모차르트와 비틀즈와 나를 사랑했던 여자였다.' 그의 독백 속에서 함께 울었던 나, 사랑은 미안하다는 말이 필요하지 않다는 제니의 말에 취했던 나. 소란스럽지 않은 제니의 죽음, 생생한 기억들이 바람처럼 흩어져가는 요즘, 생의 소모가 안타깝다.

책에는 페이지마다 세상 모습들과 삶의 얘기들을 담고 있다. 닮아보고 싶은 여자들, 안겨보고 싶은 남자들, 빛나는 성공들과 실패를 가차 없이 인정하는 멋진 인생들, 그렇기에 내 인생의 마지막 구간의 상당 부분은 책 읽기로 채워질 것 같다. 빛과 그늘, 삶은 선택. 난 인생의 양면을 모두 사랑했고 같은 가치로 품어 왔다. 내 인생의 주인공은 어디까지나 나 자신. 내게 자유와 사랑은 삶의 첫 번째 가치고 그 가치를 누리기 위해 있는 힘을 다해 생의 시간들과 싸워 왔다. 어제는 추억, 오늘은 현장, 내일은 기대로, 나는 내게 남은 생을 힘껏 사랑해 보리라.

늙음에 관하여

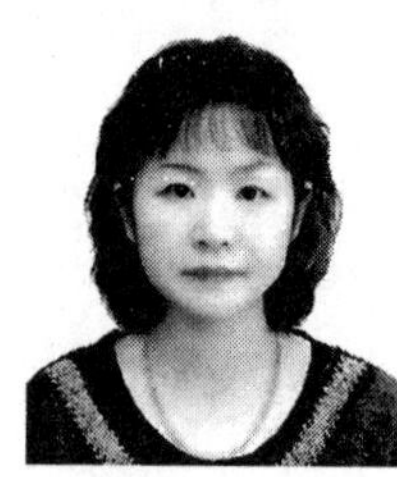

정 선 희
2017. 7. 천료

올여름처럼 더운 때가 또 있을까. 나흘째 폭염주의보가 발효 중이다. 휴대폰에서는 야외활동을 자제하고 노약자는 건강에 유의하라는 문자 알림이 '딩동'거리며 온다. 더위에 혀를 빼어 물고 헉헉대는 반려견을 데리고 그늘을 찾아 집 근처 공원으로 나왔다. 오전 시간인데도 많은 사람들이 더위를 피해 모여 있다. 연신 부채를 부치는 사람, 목침을 베고 누워있는 사람, 파리채를 휘두르는 사람 등 각양각색이다.

재작년 아파트 관리실에서는 주민들의 편의를 위해서 꽤 너른 평상을 갖다 놓았다. 젊은이들은 일터에 나가고 평상에서 노는 이들은 나이가 지긋한 노인들이다. 오늘도 할머니들이 진을 치고 앉아 한바탕 웃음꽃을 피운다. 늘상 오는 사람이 정해져 있는 것 같다. 그들은 함께 모여 마늘을 까기도 하고 고구마 줄기를 벗겨내기도 하는 등 소소한 일감을 들고 와서 하루를 소일하고 있다. 평상 옆에는 벤치 세 개가 있다. 매미는 은행나무에 걸린 뜨거운 햇살

아래서 이른 새벽부터 쉬지 않고 울고 있다.

벤치에 엉덩이를 들이밀자마자 한 할머니가 꽥 소리를 지른다. “여그는 할매들이 앉아서 노는 놀이터인데, 개를 데불고 오면 되나. 고마 딴 데로 가소.” 초록은 한빛이라고 강기침을 하던 할머니가 눈에 칼을 세우고 “고마 여기는 안 된다카이, 개새끼들 때문에 살 수가 없는 기라” 하며 쌍지팡이를 들고 나오는 것이다. 이쯤 되면 나의 인내력에도 한계가 온다. 체면 때문에 간신히 참고 있었던 자제력이 거칠게 용트림을 친다. “할머니, 개는 반려동물입니다. 그리고 앉을 자리는 제가 따로 가져왔습니다.” 하고 신문지를 펼치자, 얼굴에 붉은 점이 두 개나 붙은 할머니가 벌떡 일어나서 삿대질을 하며 막무가내로 밀쳐낸다. 군중 심리인지 여기저기서 한 마디씩 이구동성으로 몰아치니, 순간 당황하여 어떻게 대처해야 할지 난감하고 진땀이 절로 났다. 분한 마음이 진정되지 않아서 씩씩거리고 있는데 경비 아저씨가 지나가며 눈을 찡긋거린다. 그리고 작은 목소리로 “좋은 게 좋다고 그냥 넘어가시지예.” 하고 그치기를 종용했다. 연세가 많은 어머니 생각도 나고 매일 만나는 사람들끼리 얼굴을 붉히며 사는 것도 불편한 일 같아서 입술을 깨물고 물러났다.

현재 우리나라는 반려동물 천만 시대를 맞고 있다. 인구 5명 중 1명이 개나 고양이, 곤충을 키우고 있다. 외로운 홀몸 노인이나 인간관계에서 고통을 받은 사람들이 반려견을 통해서 상처를 치유하고 삶의 의미를 되찾기도 한다. 억울한 마음에 관리실을 찾아가서 시시비비를 따져볼까 하는 마음이 불일 듯 일었지만, 공연히 일을 크게 만드는가 싶은 마음에 참을 인(忍) 자를 수없이 쓰며 집으로 들어왔다. 시간은 잘도 흘러 일주일이 지났건만, 여전히 무슨 악몽이라도 꾼 것처럼 기분이 유쾌하지가 않다. 할머니들은 여전히 거기 앉아서 웃고 떠들며 즐겁고 시원한 하루를 보내고 있다.

타인의 즐거움을 빼앗고 그 자리에 자신들만의 공간을 만들어 가는 모습을 보니 윌리엄 골딩의 '파리대왕'에 나오는 야만의 사회를 만난 듯 우울하다. 나치 친위대 대령으로 600만의 유대인을 체포하고 학살한 아돌프 아이히만이 법정에 섰을 때, 사람들은 그가 악한처럼 생겼을 것이라고 확신했다. 하지만 그는 너무 평범하고 자상한 아버지요, 한 여자의 남편이었다. 철학자 한나 아렌트는 그의 행위를 '악의 평범성'이라고 명명했다. 그리고 "당신의 죄는 '사유의 불능성' 그 가운데서도 타인의 입장에서 생각하지 못한 무능함이다"라고 일갈했다.

영국 속담에 '노인의 말은 맞지 않는 것이 없다'고 하여 노인의 지혜와 경륜을 높이 샀다. 그리스인들도 '집 안에 노인이 없으면 다른 집 노인이라도 모시라'고 조언하고 있다. 어질게 사는 것을 최고의 덕목으로 삼았던 공자가 천하를 두루 돌아다니며 깨달은 것이 있었다. 그것은 타인에게 상처를 주는 말과 올바른 행동의 중요성을 강조하는 삼사일언(三思一言), 삼사일행(三思一行)이다. 한마디 말을 하기 전에 세 번을 생각하고, 한 번 행동하기 전에 세 번을 숙고(熟考)하라는 의미이다.

우리는 누구나 늙는다. 늙음이 인생의 한 시기이고 과정이라면 좀 더 품위 있게 늙는 방법은 없을까. 나이가 많다고 해서 젊은이에게 무례하게 행동해도 된다는 법은 없다. 버스에 올라타자마자 자리를 양보하라고 요구하는 노인의 모습을 심심찮게 보게 된다. 길어진 노년을 맞이한 우리는 내 욕망과 입장만 고수하려는 독선과 아집에서 벗어나 열린 의식으로 세상과 소통해야 한다. 어떻게 하면 이웃과 함께 조화롭게 살 수 있는지를 고민하는 내적 성숙이 필요하다. 어지러운 이 시대에 사표(師表)가 될 만한 어른들은 어디에 있을까. 지혜롭고 너그러운 영혼의 온기를 가진 사람들을 만나고 싶다. 그런 사람은 육신은 낡았으나 영혼이 꽃처럼 피어나는 청춘의 사람이다.

공생의 지혜

이영근
2017. 8. 천료

하늘의 나는 새를 보라, 먹을 것을 주지 않아도 스스로 먹을 것을 찾아 살아가며 들판의 백합화는 가꾸지 아니하여도 저절로 아름다운 모양과 향기를 머금고 있다. 이렇게 자연적으로 먹고사는 문제가 해결된다면 우리네 인간사도 아무런 걱정 없이 살아가련만 현실은 그렇지 않은 것이 안타까울 뿐이다.

예나 지금이나 종교단체와 각종 행사에서 형편이 어려운 사람들에게 무상으로 매 끼니를 제공하는 것을 보고 참으로 훌륭한 일을 실천하고 있음에 경의를 표하게 된다. 조금 여유 있는 사람들이 십시일반으로 가난한 자들을 위하여 자선활동을 하는 것은 당연한 것으로 여기지만 그것을 행동으로 옮기는 것은 커다란 용기가 필요하다.

자연의 생태계를 살펴보면 이러한 먹이사슬의 패턴이 참으로 교묘히 얽혀있고 유지되고 있음에 경외심마저 느끼게 한다. 눈 밝은 새들은 작은 벌레를 찾아 먹잇감으로 살아가지만, 어느새 호시탐탐 뒤에서 살그머니 노리는 고양이는 순간을 놓치지 않고 낚아챈다.

작년, 집에서 조금 떨어진 곳에 있는 텃밭에 토마토와 채소를 심었다. 그런데 틈만 나면 새들이 와서 잔치를 벌였다. 올해는 집 가까이 있는 비닐하우스를 정리하여 텃밭을 만들고 작년과 같이 토마토와 몇 가지 채소를 가꾸었다. 어느덧 무럭무럭 자란 토마토는 내 키보다 더 크다. 아래에 매달려 있는 주먹만 한 토마토가 불그스레 변해가고 있었다. 어제는 익은 몇 개를 따러 가 보았는데 아니나 다를까 크고 잘 익은 것부터 이미 새들이 한바탕 잔치를 벌인 흔적이 여기저기 보였다. 어떻게 이들을 방지할 수 있을까 궁리하였지만 마땅치가 않았다.

생각건대, 한 편으로 내가 새가 되어 어찌할까를 돌이켜 보기로 하였다.

"여기 이 동네는 우리 조상들이 대대로 내려온 아늑하고 사시사철 각종 열매와 아름다운 꽃들이 피고 지는 곳인데 어느 날 보지도 못한 인간들이 갑자기 쳐들어와 우리네 생활 터전을 함부로 바꾸고 무허가 불법으로 파이프와 그물을 치고 우리들의 접근을 못하도록 하니 참으로 황당하고 어이가 없다. 공룡처럼 우악스런 저들에게 잘못 붙잡히는 날이면 끔찍한 일을 당할지 모르는 게 아닌가. 부득이 이곳에 채전을 가꿀 바에는 우리들의 자유롭고 평화스럽던 생활 터전을 빼앗아간 대가로 그 수확의 얼마의 양은 우리들이 마음대로 드나들며 무단 편식을 하여도 되지 않겠소. 그러하오니 크고 탐스런 토마토, 복숭아를 조금 먹었다손 치더라도 너무 화내거나 상심하지 마세요."

이렇게 입장을 바꾸어 생각을 해보니 함께 살아가는 공생의 법칙을 터득한 것 같아 마음이 한결 가벼워졌다.

몇 해 전 사다 심은 우물가 옆 조그만 복숭아나무가 이제는 제법 키가 자라 주먹만 한 열매가 많이 열렸다. 가지마다 그 무게를 감당하지 못하고 거의 바닥까지 내려와 있다. 마치 암탉이 알을 품은 듯 탐스러운 복숭아가 주렁주렁 매달렸다. 그런데 아니나 다를까 토마토처럼 새들의 먹이가 되어 온전한 것이 반 밖에 되지 아니하였다. 어느새 재빠른 새들은 용케도 가지를 옮겨가며 실컷 배를 채웠을 것이다.

미국의 유명한 여류 소설가 펄벅 여사는 어느 가을날, 경상도 시골 마을을 지나다가 신기한 것을 발견했다. 감나무마다 한두 개의 감이 꼭 남겨져 있는 것을 본 것이다. 새들이 먹을 수 있도록 일부러 남겨 놓았다는 말에 그녀는 큰 감명을 받았다고 한다. 이토록 우리네 조상들은 자연과 더불어 함께 살아가는 지혜와 따뜻한 감성을 가지고 살아왔음을 알 수 있다.

젊었을 때 신병훈련소에서의 일이 새삼 떠오른다. 배식 양이 극히 제한된 훈련소에서는 조그만 밥그릇에도 무척 신경을 쓰게 된다. 지금은 형편과 여건이 개선되어 자기 양대로 먹을 수 있는 자유 급식을 한다니 참으로 세상이 변하여도 많이 변하였다.

우리 일상에서 벌어지는 치열한 삶의 현장에서는 자신의 노동 대가로 일정한 보수를 받는 유급의 보상이 경제 활동이라는 거창한 용어 앞에서 막막해질 따름이다. 소위 자유시장 경제하에서 정의로운 성장과 공급, 공정한 분배가 여러 과정에서 갈등을 초래하기 때문이다. 어느 누가 말했듯이 "이 바보야, 문제는 경제야. 아니 문제는 먹고 사는 것이야"라는 말이 더욱 실감이 나는지 모르겠다.

지구촌 곳곳에서 아침에 눈만 뜨면 생존의 문제가 우리 앞에 놓여 있다. 사회, 정치, 문화, 외교 모든 면이 결국은 살아가기 위한 자원 경쟁, 무역 전쟁, 외교 마찰을 만들어 내고 있다. 이 또한 우리 모든 세대가 앞으로 함께 짊어지고 가야 할 과제이기도 하다.

오늘도 틈나는 시간에 텃밭에 나가 새들과 함께 대화하리라. 요즈음은 봄에 보지 못하였던 큼직한 새들이 떼로 몰려와 데크며, 소나무 가지에 앉아 서로 망을 보고 고양이 사료를 한눈파는 사이 어느새 다 해치운다. 앞 논의 흰 해오라비는 긴 다리를 논에 담그고 S자로 구부러진 목을 아래로 드리우며 우렁과 미꾸라지를 노려보고 있다. 이렇게 자연 속에서 서로의 공존 공생관계가 말없이 펼쳐지는 것이 당연한 자연의 섭리이기도 하다.

인류 공동의 목표인 평화와 자유, 번영과 행복을 위하여는 자연과 함께 살아가며 그 가운데서 서로가 아름다운 조화를 이루고 노력하며 실천할 때 우리의 꿈도 가까워지리라 본다.

마침 뉴스에서는 이번 코로나19로 인하여 피해를 입은 국민들에게 재난 지원금의 대상을 하위 80퍼센트로 한정할 것인지 아니면 전 국민으로 확대할 것인지에 대한 의견이 분분하다. 이는 국가가 지원하는 무상급식인가 아니면 위로와 용기를 북돋아 주기 위한 선심성 미래 부채 선급인가를 되물어 보며 우리 텃밭에 오는 불청객들을 생각해 본다.

내 멋대로 시 감상

우승순
2017. 9. 천료

사실 시 감상은 좀 어쭙잖다. 시를 제대로 써본 일도 없고 어렵게 비틀어 쓴 시는 도통 무슨 뜻인지 알지도 못한다. 성장배경이나 성격 등이 전혀 다른 사람의 작품을 완벽하게 이해한다는 것은 어려운 일이다. 같은 시라도 그날의 기분에 따라 다르게 와 닿고 때로는 작가의 의도와는 상관없이 왜곡되거나 과장되기도 한다. 다만 그 작품이 탄생하기까지의 과정을 좀 더 깊이 들여다보면 몰랐던 감동이 솟기도 하고 새로운 실망에 우울해지기도 한다.

예나 지금이나 사랑을 소재로 한 시가 많다. 요즘은 간통죄가 폐지되면서 법적으로는 문제없지만, 상대의 어느 한쪽은 분노와 배신감으로 마음에 깊은 상처를 받게 마련이다. 사랑이냐 불륜이냐를 놓고 세상이 입방아를 찧지만 사실 뾰족한 정답은 없다. 철옹성 같은 성을 무너뜨리는 것보다 자신의 마음을 극복하기가 더 어렵다는 말이 있듯 나도 모르게 싹트는 사랑의 감정은 법으로도 첨단과학으로도 막기 어렵다.

「나그네」로 유명한 시인 박목월님은 유부남이었지만 그를 지독히 짝사랑했던 여대생의 구애에 못 이겨 결국은 둘이 제주도로 잠적한다. 이때 「배경」이라는 시를 쓰게 되는데 이렇게 시작한다.

제주읍에서는
어디로 가나, 등 뒤에
수평선이 걸린다…

얼마나 멋진 표현인가. 하지만 마음 한편은 어땠을까. 비록 젊은 여인과 달콤한 사랑에 빠졌지만 가족에 대한 미안함이 목에 가시 걸리듯 늘 등 뒤에 수평선으로 걸려있을 것이다. 적어도 내 감상의 수평선은 그렇다. 어느 겨울날 목월의 본처가 그들 앞에 나타나 따뜻한 옷과 생활비를 건네고 말없이 떠났다. 젊은 여대생은 그 부인 앞에서 흐느껴 울었고 얼마 후 목월과 헤어졌다. 부처님 같은 본처의 마음에 참회했을까. 아니면 등 뒤에 걸린 수평선이 면도날 자국처럼 양심에 쓰렸을까. 두 사람만이 알 일이다.

청마 유치환님의 경우는 더 흥미롭다. 역시나 유부남이었던 청마는 통영여자중학교에서 교편을 잡던 시절 남편과 사별한 같은 학교의 단아한 여교사를 짝사랑하게 된다. 그녀에겐 딸도 있었다. 3년여 세월을 매일 같이 여교사에게 시와 편지를 바쳤다고 하는데 그녀는 유부남인 청마에게 좀처럼 마음을 열지 않았다고 한다. 청마의 애타는 심정이 「행복」이라는 시에 잘 담겨있다. 젊은 시절 누구나 한 번쯤 인용했을 그 유명한 마지막 구절은 이렇다.

사랑하는 것은
사랑을 받느니보다 행복하나니라
오늘도 나는 너에게 편지를 쓰나니
그리운 이여 그러면 안녕

설령 이것이 이 세상 마지막 인사가 될지라도
사랑하였으므로 나는 진정 행복하였네라

아, 얼마나 아름답고 감동적인 표현인가. 그러나 단 한 사람, 어려움을 함께했던 부인의 입장은 어땠을까. 목월은 여대생이 워낙 적극적이어서 어쩔 수 없이 무너졌다지만 유부남인 청마는 본인이 더 적극적이었다. 유교 사상이 짙었던 그 시절 같은 학교에 근무하면서 집요하게 구애를 하는 유부남 선생님을 그 여인은 어떻게 생각했을까. 표현이 아름답다고 그 상황까지 아름다운 것은 아닌 것 같다. 사연을 알고부터는 감정의 변화를 되돌리기 어렵다. 만약 절제의 미를 더하여 짝사랑으로 끝났다면 이 시가 얼마나 더 아름다웠을까.

같은 시라도 시대와 처한 상황에 따라 전혀 다르게 와 닿기도 한다. 정치판에서는 이형기님의 「낙화」란 시가 가슴을 콕 찌르기도 한다. 첫 구절은 이렇게 시작한다.

가야 할 때가 언제인가를
분명히 알고 가는 이의
뒷모습은 얼마나 아름다운가

남들에게는 떠나라 외치면서 정작 자신이 떠나야 할 때는 침묵하거나 외면한다. 당신은 떠나야 할 때를 알고 있는가. 혹, 알면서도 모른 척하지는 않는가. 그렇다면 '내로남불'이다.

예술은 고통의 산물이라 했던가. 「진달래꽃」으로 잘 알려진 천재 시인 김소월님은 정신병을 앓던 아버지 밑에서 성장하여 여섯 자녀의 가장이었지만 서른셋의 젊은 나이에 아편을 가득 머금고 자살한다. 왜 그랬을까. 그가 쓴 시 「부모」의 마지막 구절이다.

나는 어쩌면 생겨 나와
이 이야기 듣는가
묻지도 마라라 내일 날에
내가 부모 되어서 알아보리라

그렇다. 자신의 의지대로 이 세상에 태어난 사람은 아무도 없다. 태어나 보니 어려운 환경이었다. 그 누구의 잘못도 아니다. 시인 소월의 삶은 어땠을까. 태어나기 이전으로 다시 돌아가고 싶을 만큼 그토록 싫었을까. 낙엽이 우수수 떨어지는 늦가을에 술 한잔하면 노래방에서 가끔 「부모」라는 노래를 불렀지만 사연을 알고부터는 목이 메어 더 이상 못 부른다.

살다보면 때로 원초적인 물음에 직면할 때가 있다. '나는 누구인가', '어디서 왔는가', '어디로 가는가'.

김광섭의 「저녁에」라는 시다.

저렇게 많은 중에서
별 하나가 나를 내려다본다
이렇게 많은 사람 중에서
그 별 하나를 쳐다본다
(중략)
이렇게 정다운
너 하나 나 하나는
어디서 무엇이 되어
다시 만나랴

넓은 우주 속에서 '나'라는 존재를 좀 더 객관적으로 보면 하루살이보다 짧은 인생이다. 비관할 필요도 없지만 그렇다고 대단할 것도 없다. 다만, 보이는 그대로 들리는 그대로 지금 여기에 존재할 뿐이다. 윤회의 세계에서 보면 어쩌면 '나'는 이 세상에 이미 수없이 왔다간 존재인지도 모른다. 세상 끝나는 날 어디서 무엇으로 다시 만날까.

사는 게 늘 즐거울 수만은 없다. 때로 번잡함을 내려놓고 마른 가슴에 물 한 모금 축이듯 나직이 아니면 큰 소리로 시 한 편 읊으면 그 잠시 동안은 다른 세계를 경험한다. 문학이란 게 그 표현방식에 따라 장르가 나뉘었을 뿐 인간의 감정은 비슷하다. 산다는 건 다 거기서 거기일 테니까. 다만, 감상은 순전히 내 멋대로 내 몫이다.

마음의 빚

한정남
2018. 1. 천료

서류를 전송할 일이 있어 큰아들에게 전화를 했다. 나는 컴퓨터로 글을 쓰기는 하는데 서류를 보낼 때 사진 전송이나 직인을 찍어 보내는 것은 하지 못한다. 그 핑계로 아들에게 가끔 전화하여 시간을 맞추어 컴퓨터로 작업을 한다. 그 시간이 아들과 만나는 시간이라 나는 행복하다.

"일 끝났냐. 아직 회사니"

"회사인데 2시에 퇴근해야 돼요. 모래까지 평가할 일이 많아서…."

"춥고 눈이 많이 와 길이 미끄러운데 집에 가서 하면 안 되겠니"

"집에 가면 빨리 못해요. 어제도 그렇게 갔으니 걱정 마세요."

말이 적고, 책임이 강해서인지 아들은 야근을 자주 한다. 만물이 잠든 시간에 퇴근이라니 왈칵 명치끝이 저려 오면서 섬광처럼 내 머리에 전율이 흐른다.

아이들이 어렸을 때다. 어렵게 집을 마련한 환희의 기쁨도 가시기 전에 시동생이 시어머님을 모시고 왔다. 어머니 모시는 것보다 힘든 것은 셋째 시숙을 특별히 사랑하셔서 그를 생각 없는 사람으로 만드는 것이었다. 집을 마련해주면 무슨 수단을 써서라도 전세를 월세로 돌려 다 써버렸다. 손위 시숙은 돈이 떨어지면 세탁세제나 양잿물을 넣었다고 억지떼를 쓰며 밥을 안 먹었다. 그동안 제수인 나는 두 번이나 전세를 얻어 주었다. 어머니는 다른 자식들을 찾아가 전세금을 청했지만 그들은 모친의 외사랑에 무심했다.

나도 적은 월급에 동생까지 여덟 명 대가족이라 더 못해 준다고 했다. 어머니는 불편한 속내를 드러내셨다. 죄 없는 손주들한테 갖은 분풀이로 매일 초상집을 만드셨다. 그 소리는 까마귀 울음소리같이 내 귀에 환청으로 들렸다. 숨이 막혀 내가 죽을 것 같아 또 이자 빚을 얻어다 드렸다. 항상 밤늦게 퇴근해 눈으로 직접 겪지 않는 남편은, 우리는 어떻게 살려고 매번 형과 엄마 농간에 같이 춤을 추냐며 나를 원망했다.

가족이란 이불을 쓰고 귀 막고 눈감은 벙어리로 12년을 살고 나니 남편이 뇌출혈로 쓰러졌다. 의사는 사회생활은 가망이 없다며 마음의 준비를 하라고 하였다. 그 후 남편이 영영 못 일어날 줄 알았는지 삼동서는 병원에 얼굴 한번 안 보여 주었다. 풀 방구리 드나들듯 하던 가족들이 발길을 끊은 후에야 내 손이 빈손이라는 현실을 깨달았다.

내 서러움이 포말처럼 솟구쳐 올라올 때는 성모님께 도움을 청하며 남편의 병마와 싸워나갔다. 특히 사춘기 아이들이 아버지가 팔다리를 못 쓰고 말도 못하는 모습을 보고 충격 받을까 그것이 두려웠다. 서울병원에 있는 남편의 모습을 보이지 않으려고 나는 살얼음 위를 걷듯 조심조심 둘러댔다. 혼신을 다해 하루 9시간씩의 운동으로 남편을 일으켜 세웠다.

누구에게나 지고 가는 십자가는 있다. 그러나 지혜의 부족으로 오는 불행은 더 감당하기 벅찼다. 겨우 몸을 세운 남편은 형제에 대한 섭섭함을 사업으로 돌렸다. 내 반대를 뿌리치고 퇴직금과 보상금 모두를 후배와 같이 서울에 있는 버스 사업에 투자를 했다. 본인이 못해서 타인들에게 맡겨 놓은 사업이 오죽하랴.

2년 만에 폭 망했을 땐 하늘이 노랗고 땅이 꺼진 듯 눈앞이 캄캄했다. 나는 충격으로 길이 파도 타는 것 같이 출렁출렁 혼자 걸을 수가 없어 죽고 싶었다. 서울대 병원에서 원인을 밝혀내 3개월 약을 먹었다. 아이들과 남편을 돌봐야 하니 여유롭게 쉴 수도 없었다. 벼랑 끝에 떨어지지 않으려고 이를 악물었다.

말재주가 없는 나는 하얀 거짓말도 못하는 무지렁이 바보다. 아이들 앞에서는 강한 엄마로 보이려고 누에가 실을 빼내듯 내 몸에 진을 빼며 움직였다. 가진 것 집 하나로 시작한 하숙에서 현재 사업에 이르도록 손과 발이 쟁기가 되어 밤낮없이 관절뼈를 깎아내듯 일을 했다. 수다를 떨거나 낮잠은 내게 사치였다. 다행히 남편도 회복되어 5년 만에 회사로 출근하게 되었다.

시냇물이 산을 다듬고 바위를 깎아 길을 내듯 우리 가족도 최선을 다했다. 십여 년의 어두운 긴 터널을 뚫고 찬란한 여명과 함께 친척들 앞에 당당하게 일어섰다. 아픔과 고통 뒤에는 기쁨과 행복한 미소가 있어 인생은 공평했다. 그리도 매몰차게 떠났던 그들은 가족이라는 이름으로 연어처럼 다시 돌아왔다

그런 가정형편 가운데서도 잘 자라준 아이들에게 나는 마음에 빚이 있다. 사랑이 필요할 사춘기 때 남들처럼 여행도 못 가주고, 모래알같이 많은 대화도 못 나눈 것이 미안해 늘 내 가슴에 똬리를 틀고 있는 아픔이다.

큰아들은 말이 적은 효자였다. 대학교 다닐 때도 식당밥보다 우리 김치가 맛있다며 도시락을 자전거에 싣고, 새벽 찬바람을 가르며 불평없이 달리던 아들은 내게는 큰 힘이었다. 지금은 대기업에서 인정받는 임원이며 모든 일을 잘 해내는 아들이 대견스럽고 고맙다. 늦은 야밤에 눈길 조심하기를 바라며 두 손을 모은다.

작은 동물원

이종명
2018. 4. 천료

어린이날이라 딸, 사위들과 손녀, 손자들이 모두 모였다. 조용했던 집에 가족들이 다 같이 모여 와글와글 북적이니, 오랜만에 사람 사는 맛이 난다. 오늘은 어린이들을 기쁘고 행복하게 하는 날이라 손녀, 손자들이 좋아하는 곳에서 하루를 보내기로 하였다. 아이들은 동물도 구경하고 놀이기구를 탈수 있는 육림랜드로 가자고 하였다. 우리 부부는 내심 안 갔으면 하였는데 할아버지, 할머니도 같이 가자고 하여 어쩔 수 없이 동행을 했다. 아이들과 가족들이 함께 나들이하기 좋은 곳이라서인지 주차장부터 만원이고 공원 안에는 많은 사람들로 북적거렸다.

1975년 개장을 한 육림랜드는 시원한 물줄기와 신선한 강바람을 내뿜으며, 아름다운 북한강변을 옆에 두고 있다. 사람들을 반갑게 맞이하는 춘천유일의 동물원과 각종 놀이시설을 갖추고 있다. 자연학습 및 시민의 휴식공간으로써의 기능을 담당하고 있으며 사계절 사람들의 발길이 이어지고 있다.

육림랜드 주변을 자주 지나다녔지만, 공원 안에

들어온 것은 30여 년 전 딸들이 어렸을 때였다. 지금은 춘천 주변에 어린이들이 즐길 수 있는 곳이 많지만 그때에는 이곳이 유일하게 동물들과 놀이기구가 있어 아이들이 좋아하여 찾아왔던 곳이다. 이제 딸들이 결혼하여 자식들의 손을 잡고 육림랜드를 방문하였으니 이곳이 대를 이어 찾는 곳이라는 말이 맞는 것 같다. 손자, 손녀들은 차에서 내리면서 엄마, 아빠 손을 잡고 놀이기구 타는 곳으로 달려간다.

입장하면서 내 눈에 먼저 뜨인 것은 건초 먹이와 야채 먹이를 구입하여 주고 싶은 동물에게 먹이를 주는 체험 안내였다. 나와 아내는 먹이주기 체험을 하기 위해 먹이를 구입하였다. 동물원에 있는 호랑이, 반달곰 등 여러 동물들을 관람하면서 먹이 체험하는 곳으로 갔다. 건초 먹이는 양떼목장에서 양들에게 먼저 주고, 사슴, 염소에게 나누어주었다. 야채 먹이는 덩치에 비해 먹는 모습이 너무 귀여운 곰에게 모두 주었다.

동물 먹이 주기 체험을 하면서 어렸을 때 집에서 가축을 기르던 일이 어렴풋이 생각났다. 자식들이 많았던 부모님은 농사만으로 경제적인 어려움이 있었기 때문에 고육지책(苦肉之策)으로 가축을 길렀으리라 생각한다. 지금은 농가에서 가축을 기르는 것을 많이 볼 수 없지만 예전에는 시골에서 고기와 알을 생산하여 요긴하게 쓰고 팔아서 생활에 보태쓰기도 하였다.

우리 집에는 소, 돼지, 개, 토끼 등 가정에서 기를 수 있는 가축은 다 있었던 것 같다. 아침이면 닭이 먼저 '꼬기오 꼬꼬' 아침을 알리는 기상 울음으로 목청을 돋운다. 그러면 개가 '멍멍멍' 소가 '음매애' 돼지가 '꿀꿀꿀' 울음 경연이 벌어진다. 그리고 참새, 까치, 까마귀 등 불청객이 참여하는 동물들이 있어 작은 동물원을 만든다. 작은 동물원 연주회는 매일 반복되었고 우리 가족은 동물원 안에서 사는 기분으로 생활했다.

손자, 손녀들이 놀이기구를 타고 먹이 체험을 하기 위해 동물원으로 왔다. 먹이를 주면서 동물들과 서로 교감이 되는 듯 기쁘고 신나게 함께하는 모습이 보기 좋았다. 내가 어렸을 때 우리 집에 친구들이 와서 가축을 구경하며 좋아하던 모습이 생각난다. 어미가 새끼를 낳으면 친구들을 집으로 데리고 와 자랑하고 보여 주면서 강아지와 뛰어다니며 놀던 어린 시절이 그리워진다.

예전에는 의무교육이 아니어서 학교에 다닌다는 것은 돈이 있어야 했다. 돈이 없으면 학교에 다닐 수 없었다. 9남매가 초등학교에서부터 대학까지 다니고 있으니 교육비가 많이 필요했을 것이다. 농사만 지어서는 자식들을 먹이고 입히고 학교 보내기가 쉽지 않았을 때라 가축을 길러 팔아 학비에 보태셨다. 논밭에서 힘들게 일하시고 가축까지 돌보는 어머니, 아버지의 고생은 말로 다 표현할 수 없을 정도였다. 부모님은 자신들의 삶과 건강보다는 자식들의 뒷바라지를 위해서 무엇이든지 다하는 분들이었다. 우리들은 부모님의 일손을 덜어드리기 위해 가축을 돌보는 데 힘을 보태었다. 학교공부가 끝나면 가축들의 먹이를 구하기 위해 낫을 들고 지게를 지고 들과 산으로 다녔다.

가축을 기르는 것은 자식을 키우는 것과 같은 정성과 노력이 필요하다. 사람을 키우는 것처럼 똥을 치우고 먹이를 주고 병을 치료해 주어야 한다. 아무리 깨끗이 청소한다 해도 냄새가 나고 주변이 지저분한 것을 감수하면서 살아야 했다. 우리 형제들은 아침, 저녁으로 동물들에게 먹이를 주며 보살펴 주었다. 먹이를 주는 일도 중요하지만 먹이를 준비하는 일이 쉽지 않았다. 가축들을 잘 보살펴 기르는 재미는 있었지만 오랜 시간 함께하다가 팔려 갈 때는 아쉽고 서러워 눈물을 훔치기도 하였다.

동물 먹이 체험을 하면서 자식을 위해 온몸을 불살랐던 부모님 마음을 다시 한번 헤아려 본다. 자식을 늘 상전으로 생각하고 정성을 다해 사랑으로 키우신 어머니, 아버지를 생각하며 감사한 마음을 가진다.

오빠의 마음

장 정 희
2018. 5. 천료

"사람 사는 집은 흥부네 집이고 소가 사는 집은 호텔이네"

올케언니의 볼멘소리다. 몰아치는 비바람은 친정집 붉은 벽돌 틈새를 비집고 들어왔다. 거실에는 양동이를 받쳐서 떨어지는 빗물을 군데군데 받고 있었다. '똑똑똑' 떨어지는 물소리는 집안에 근심거리를 만들었다. 밖에서는 모자람이 없이 잘하면서 집에 들어와서는 대충한다는 오빠를 향한 올케언니의 불만이 거센 빗방울 소리 같다.

지난여름 타들어 가는 가뭄이 끝이 나자 심한 장마로 동네가 순식간에 물에 잠겼다. 도로 곳곳이 침수되고 차량 통제와 산사태가 마을을 덮쳐 사람의 목숨도 앗아 갔다. 봄에는 유난히 가뭄이 심하더니 여름에는 굵은 빗줄기가 태풍과 함께 길어지면서 장마로 인한 피해도 엄청 컸다.

옛말에 '가뭄 끝은 있어도 장마 끝은 없다.'고 했다. 큰 가뭄에는 다소의 곡식이라도 거둘 수 있지만 큰 수해가 나면 농작물뿐 아니라 농토까지 유실되기 때문에 피해가 많다는 이야기이다. 우리 지역은 봄이면 푄현상에 따른 건조한 바람 탓에 산불이 자주 발생한다. 2019년에도 큰 산불로 임야와 주택이 불에 타 많은 피해를 입었는데 이번 폭우는 사정없이 산천을 할퀴고 휘젓다 못해 산을 허물고 파헤쳐 놓았다. 신종 코로나 바이러스나 흘러가는 빗물에 씻겨 내려갔으면 하는 마음이다.

오빠는 관리하는 우사가 좁아 증축을 하기 위해 산을 깎았다. 터파기 공사 중 태풍을 만났고 연이어 '하이선'과 '마이삭'이 엄청난 폭우와 바람을 몰고 왔다. 갑작스러운 집중호우로 속살이 쓸려나가면서 쌓아 놓은 축대는 힘없이 무너져 내렸다. 삽으로 응급조치를 하였지만 쏟아져 내리는 빗줄기에 아름드리 소나무도 물결에 쓸려 강물에 떠내려갔다. 우사 증축공사 현장은 참담한 피해를 입었다.

많은 흙이 남의 논으로 쏟아져 내려 농작물 피해 보상도 해주어야 했다. 비가 잠시 그친 틈에 장비를 동원하여 공사를 시작하였으나 다시 내린 폭우는 쌓아 놓은 축대를 또 무너뜨렸다. 위험을 무릅쓰고 토사를 막아보려고 애썼지만 모두 허사가 되었다. 울고 싶은 것을 참으며 한숨을 토해내던 오빠의 넋두리가 귀에 들려오는 듯했다. 피로와 허무함으로 남몰래 한숨과 눈물을 흘렸을 오빠를 생각하니 마음이 아리다. 자연재해 앞에서 사람은 한없이 나약했다.

오빠는 아버지가 운영하던 우사를 맡아 40년째 소를 키우고 있다. 새벽 2시면 어김없이 일을 시작한다. 소들이 활동하는 모습을 지켜보고 건강 상태를 확인하며 수의사 역할까지 한다. 질 좋고 맛있는 한우를 키워 내기 위해 많은 노력을 한다. 사람과 같이 세 끼를 먹는 짐승이기에 하루도 쉴 수가 없다. 오랜 세월 무거운 사료 포대를 많이 들어 날라서인지 어깨가 구부정하게 굽었다. 어깨 한쪽은 인대가 파열되어 힘을 못 쓰고 팔을 위로 올리지도 못한다. 지금은 소먹이를 자동 급여기로 주고 있어 노동력과 시간이 많이 줄어들었다. 몸이 부서질

듯 일 하는 모습을 볼 때면 마음이 아프다.

맏이인 오빠는 우리들에게 언제나 다정다감하다. 말씨와 인사성은 아버지를 닮아 친절하다는 이야기를 많이 듣는다. 소는 노동의 상징이다. 동작이 둔하고 말 못 하는 동물이지만 선하게 생긴 눈매를 껌뻑이면서 의사 표현을 한다. 오빠는 오랜 세월 소와 함께 해서인지 열심히 일하는 모습이 소처럼 근면 성실하고 말도 별로 없다. 추운 계절에 갓 태어난 송아지가 보온을 위해 옷을 걸치고 뛰어다니는 모습을 보면 저절로 웃음을 짓게 된다고 한다.

오빠는 소를 사랑한다. 소도 아끼지만 6·25 전쟁 때 월남하신 아버지가 소를 키워 자식들을 가르치며 성실하게 살았던 아버지의 삶을 그대로 닮고 싶었던 것은 아니었을까?

우사의 큰 피해를 마무리 못하고 있는 상태에서 친정집 지붕에 비가 새는데도 떠내려갈 상황이 아니라고 생각해서 그런지 고칠 생각도 못하고 우사 신축에만 온 정성을 쏟고 있었다. 힘든 과정을 이겨내고 소들에게는 호텔 같은 집이 완성되었다.

"여보 말 못 하는 소들이라도 따뜻한 보금자리에서 잠을 잔다고 생각하니 마음이 편하네요. 당신 고생했어요."

올케언니가 미안한 표정으로 미소를 보낸다. 잔소리를 하면 무엇하겠는가. '칭찬은 고래도 춤추게 한다'고 했는데 오빠에게 힘을 실어주는 언니의 그 모습이 보기 좋았다.

검은 비구름을 몰아내고 상쾌한 바람이 불어왔다. 이 가을에는 모두들 풍성한 수확을 얻게 되었으면 좋겠다.

여행지에서 만난 고흐의 해바라기

이상호
2018. 8. 천료

파리 여행의 마지막 날 몽마르뜨 언덕을 돌아 세느강변에서 달팽이 요리로 점심 식사 후 루브르박물관을 보고 비행기로 런던으로 갈 계획이다. 오늘따라 일행 중 화가 두 분의 얼굴이 더욱 밝아 보인다. 몽마르뜨 언덕에서 혹시 거리의 화가 세잔느, 고갱, 고흐를 만날 수 있을 것이라는 기대나 하듯이.

몽마르뜨는 원래 순교자의 언덕이란 의미로 해발 130m의 작은 산이다. 중세 순교자들의 시체를 쌓아 놓던 곳이고, 지금도 공동묘지가 있다. 그 후 가난한 예술가들이 이곳에 모여 살았고, 세잔느, 모딜리아니, 고흐 등 유명한 화가들이 가난하던 시절 여기에서 그림을 그리고 이 주위에서 생활하던 곳이라서 널리 알려졌으며, 지금은 파리의 유명한 관광명소가 되었다. 전용버스는 우리를 언덕 뒤쪽에 내려주고 돌아갔다. 이곳에는 풍차가 많았다는데 길 건너편에 엊저녁 들렀던 빨간 풍차 그림 간판의 쇼극장 물랑루주(빨간 풍차란 의미)도 보인다.

많은 관광객들과 어울려 언덕을 걸어 올라갔다.

길옆에 빈센트 반 고흐와 그의 동생 테오가 1886년부터 2년간 살았다는 문패가 붙은 아파트가 있다. 그러고 보니 주위에 있는 갤러리가 혹시 그의 동생 테오가 운영하던 갤러리는 아닐까 하는 생각이 들기도 했다.

빈센트 반 고흐(Vincent Van Gogh)는 1853년 3월 20일 네덜란드 남부 아름다운 농촌 준데르트(Zundert)에서 개신교 목사의 자녀 6남매 중 장남으로 태어났다. 안정된 가정에서 태어났으나, 규제에 적응하지 못하는 성격 탓에 정규교육은 5년밖에 받지 못했지만, 자애롭고 열정적인 어머니 영향으로 영어, 불어, 독어를 자유롭게 구사할 수 있었는데, 이는 그가 성인이 된 후에 여러 곳을 옮겨 다니며 생활하는 기초가 되었다.

어릴 때는 미술에 특별히 두각을 나타내지 못하다가 16세 때 삼촌이 파리를 근거로 영업을 하던 기업형 갤러리 구필(Goupil)의 헤이그 지점장이 되었다. 그 덕에 헤이그 지점 직원으로 채용되어 처음으로 주류 그림을 접할 수 있는 기회를 얻었다. 4년 후 런던지사 책임자로 승진하여 일반인의 4배나 되는 많은 급여를 받으며 한가한 시간에 틈틈이 스케치나 드로잉을 하며 미술에 관심을 갖기 시작했다. 그가 일생 일정한 급여를 받는 정규직으로 일한 건 이때뿐이다. 이후로는 일생을 네 살 아래인 동생 테오의 경제적, 정신적 지원을 받으며 살았다.

4년 후 파리로 옮긴 그는 내성적인 탓에 갤러리에서의 업무실적이 저조하여 회사를 그만두고, 남학교 보조교사, 미술 공부, 브뤼셀에서 목사가 되려고도 하였으나 정착을 못하고 고향에 돌아와 그림을 그리기 시작했다.

1885년 최초의 걸작 「감자를 먹는 사람들」을 그렸으나, 색이 어둡다는 테오의 의견에 따라 당시 일본과의 무역이 활발하던 벨기에에서 화려한 색을 사용하는 일본의 판화를 접하여 차츰 밝고 강한 색을 구사하는 그림을 그리기 시작했다.

동생 테오가 구필(Goupil) 갤러리 몽마르뜨지점 책임자가 되자 1886년부터 2년간 몽마르뜨의 아파트에서 함께 생활했는데 깔끔한 성격의 테오와 잘 맞지 않았다. 평소 그가 원하던 예술인들 만의 공동생활을 꿈꾸며, 햇빛이 밝고 경관이 아름다운 남부 프랑스 아를(Arles)로 내려가 노란집(Yellow House)을 마련하고, 다섯 살 위인 존경하던 폴 고갱(1848~1903)을 초청하였다. 동생도 고갱을 적극 추천했다.

고갱이 온다는 연락을 받은 그는 기쁨에 들떠 주위에 흔한 해바라기 꽃을 꽃병에 꽂아 여기저기에 놓고 또 그것을 그려 벽에 걸어 놓았는데, 이 작품이 그의 대표작 '해바라기'이다. 일곱 작품 중 세 작품만이 전해지고, 고갱을 기다리는 기대와 기쁨이 그림에 고스란히 담겨 있다. 그러나 그의 기대와는 달리 불같은 고흐와 차분했던 고갱의 성격과 그림에 대한 의견차로 그들의 동거는 9주 만에 결별했다.

테오가 결혼하겠다는 소식을 듣고 정신적, 경제적으로 의존하던 그는 생활비가 끊길 것이라는 불안감 때문에 안절부절한다. 고갱과 그림에 대한 심각한 의견 충돌로 언쟁을 벌이다 그는 자신의 목에 면도칼로 자해하려 한다. 그러자 고갱은 그 자리에서 짐을 싸들고 지중해 연안으로 떠나버렸다. 그 후로는 다시는 만나지 않았다.

차츰 정신병 증세를 보이던 그는 어느 날 급기야 면도칼로 자기 왼쪽 귀를 자른다. 피가 흐르는 잘린 귀를 신문지에 싸 들고 알고 지내던 여인에게 달려가기도 했다. 자신의 모습을 자화상으로 그리는 등, 불안 상태에서도 그림 그리기에 몰두하여, 아를에서 1년 3개월 동안 200여 작품을 그렸다.

점점 정신병 증세가 심해져 가던 고흐는 아를에서 2시간 거리인 생폴모르졸로 옮겨갔다. 그는 개신교 목사 프레데릭의 도움으로 생활하다가 1889년 7월 정신병원에 입원하여 치료를 받는다. 그때 병원에서 내려다보이는 남프랑스의 아름다운 풍경은 그에 의해 걸작으로 태어난다.

'사이프러스가 보이는 밀밭'(1889.6), '알피유산맥과 올리브나무'(1889.6), '별이 빛나는 밤'(1889.6), '소용돌이치는 배경의 자화상'(1889.9).

특히 최고의 걸작으로 꼽히는 '별이 빛나는 밤'은 불빛이 환한 교회에서 인간의 구원을 기도하고, 행복한 가정을 그리워하는 그의 염원이 나타나 있는 작품으로 그의 고국 네덜란드 국립갤러리에 소장되어 있다.

고흐는 1년 3개월간의 생폴에서 입·퇴원을 반복하던 생활을 접고 동생과 함께 생활하기로 결정한다. 작품 150점과 이삿짐을 먼저 보내고 리옹역에서 동생과 15개월 된 조카를 만나 동생집에서 3일을 머문다. 이후 동생의 권유로 당시 예술인들이 모여 살던 조용한 파리 외곽 오베르쉬르와즈의 교회에서 생활하였다.

이 시기에 '오베르교회'(1890.6)와 그가 좋아하던 밀밭을 그린 '비온 뒤의 밀밭'(1890.7)을 마지막 작품으로 남기고 1890년 7월 27일 카페서 권총을 들고 나와 스스로 복부에 쏘았다. 중상을 입은 그는 이틀 후 테오가 보는 앞에서 37세의 생을 마감했다. 그는 오베르에 묻혔고 6개월 후 매독으로 사망한 테오의 묘와 나란히 있게 되었다.

고흐는 동생에게 생전에 820통의 편지를 보냈는데, 그로 인해 그의 생활과 생각이 비교적 소상히 후세에 알려져 있다. 생존 시 단 한 작품이 한화 10만 원에 팔렸는데, 지난해 맨해튼 갤러리 경매에서 한 작품이 800억 원에 낙찰되었단다. 생전에 한 작품이라도 제값으로 팔렸더라면 이토록 가슴 아프지는 않았을 터인데 마음이 쓰리다. 아니지, 그건 오롯이 다른 사람들보다 150년 앞을 산 탓에 겪은 시련일 뿐이다. 그 대가치고는 너무나 가혹하지만 어쩌겠나. 세상살이가 다 그런 걸….

드디어 몽마르뜨광장에 도착했다. 생각했던 것보다 소박하다. 군데군데 이젤을 놓고 그림을 그리는 화가와 사이사이 연말 달력을 파는 그림 판매상이 있다. 상당수의 화가들은 관광객의 초상화를 그리고 있었는데, 그림 그리는 화가들 중에 혹시 고흐, 고갱, 세잔느를 닮은 사람이 있나 두리번거렸다. 분장이라도 하고 있었으면 하는 우스운 상상을 하며 언덕 앞쪽으로 내려왔다.

몽마르뜨언덕을 내려와 샤크레쾨르 대성당에 들렀다. 1870년 보불전쟁 후 이스탄불의 성소피아 성당을 본떠 지었다는데, 우리들은 안으로 들어가지 않고 전망 좋은 앞뜰에 앉아 내려다보이는 파리시가지의 전경을 보고 즐거워하며 쉬었다. 이탈리아를 보고 오는 길이라 워낙 많은 두오모를 보아서 웬만한 성당은 성이 차지 않나 보다.

곧 도착한 전용버스로 노틀담 성당으로 갔다. 이 또한 성당이기는 하나 그냥 지나칠 수 없는 것이 겉모양도 아름답거니와 나폴레옹 대관식, 낭트칙령 등 이 성당에 얽힌 역사적인 사실이 너무 많고, 안소니 퀸이 열연하던 영화 '노틀담의 곱추'를 생각해서라도…. '노틀담' 은 프랑스어로 성모를 의미한다니 성모성당인 셈이다. 내부는 육안으로 보기는 조금 어둡기는 하나 2층까지 조각 하나하나가 섬세하고 규모가 엄청나다. 아름다운 성당 하나를 더 보는 호사를 누렸다.

드디어 기대하던 세느강변에서의 프랑스 특식 달팽이 요리로 점심식사를 했다. 곧이어 루브르 박물관을 보고 영국으로 가야 한다. 그런데 문제가 생겼다. 두 분 화가 중 젊은 분이 오후 일정을 루브르박물관에서 오르세 현대미술관으로 바꾸자고 주장하기 시작했다. 몽마르뜨 언덕을 보고 온 탓도 있지만 루브르 박물관은 중세 미술 위주이므로 이탈리아에서 충분히 보았다는 주장이다. 그러나 루브르에는 모나리자가 있지 않은가.

인솔책임을 진 나는 매우 난처해졌다. 말은 하지 않지만 단원 대부분이 루브르를 보고 싶은 듯 했다. 나는 어쩔 수 없이 계획대로 하겠다고 했다. 실망한 화가와 난처해하는 나를 보고 있던 현지 가이드가 나서며, 식사를 거르고 점심시간에 오르세를 다녀오겠다고 용기를 냈다. 그리하여 가이드가 화가 두 분을 데리고 택시로 현대미술관 오르세로 고흐의 그림을 보러갔다. 남은 사람들만 식사를 했는데, 기대했던 것보다 대단치도 않은 달팽이 요리가 소태맛이었다.

두 시간 후 무사히 돌아온 그들은 햄버거로 버스에서 식사를 했다. 루브르 박물관에서도 많은 볼거리가 있었지만 모나리자를 보면서도 그 일 때문에 그림 위에서 달팽이가 어른거린다. 다음날 런던에서 대영박물관만 보기로 했던 일정을 서둘러 현대미술관 내셔널 갤러리(National Gallery)를 포함시켜, 그곳에 전시된 고흐의 그림 '해바라기' 진품 세 작품 중 하나를 볼 수 있었다.

자그마한 그림 앞에서 많은 사람들이 감상하고 있었다. 우리도 고흐가 프랑스 남부 아를의 온통 해바라기꽃으로 장식한 노란집에서 고갱을 기다리는 기대와 환희를 그림 뒤에서까지 찾으려는 듯 뚫어져라 그림을 쳐다보았다. 거기에 달팽이 요리까지 덧씌워서….

나는 큰 숙제를 해결한 기분으로 홀가분해졌고, 작은 그림도 크고 선명하게 보였다. 이처럼 그림 한 장 감상하는 데도 보는 사람의 심리상태는 매우 중요했다. 지금도 가끔 노화백을 만나면 그때 세느강변의 달팽이 요리 맛이 어떠했느냐고 궁금해하시며 웃으신다. 여행에는 이런 재미가 첨가되어야 감미롭다. 어쨌든 또 하나의 좋은 추억이다.

좀 더 나은 오늘을 위하여

백양순
2018. 10. 천료

해 저문 창가에서// 끝났다. 이별 하나.
시작이다. 열매 하나./ 희망의 씨앗에 단비가 스민다.
–동백

창가에 해가 저물고 있다. 아깝다는 생각도 아쉬운 생각도 들지 않는다. 햇살이 비치는 곳과 그림자가 지는 곳에서 열심히 살았다. 사선을 가운데 두고 왼발은 음지에서 오른발은 양지에서 어기적거리는 하루라도 감사했다. 도망갈 곳이 있다는 사실이 최고의 위안이었다. 도망치기 위해 칠흑의 밤을 가르고 집으로 돌아갔다. 굳게 잠겨진 현관문은 몇 개의 숫자를 누르면 경쾌한 멜로디를 내며 잠금을 푼다. 못 이기는 척 들어가 지친 몸을 누이고 날이 밝으면 부리나케 달려 나왔다. 멀리 아주 더 멀리 가야 돌아오는 일 따위는 없을 것이라는 각오로 버티는 시간. 염치 따위는 생각할 여유가 없다. 유일한 내 의지의 오른발은 허공에서 어디를 디뎌야 할지 어느 진흙탕을 딛게 될지 벼랑 끝일지 몰랐다. 비틀거리는 오른발에게 나는, 최선을 다했다. 그래야 했다.

나이가 든다는 것은 참 다행한 일이다. 시력으로는 볼 수 없는 것을 보게 해주고 청력으로 들을 수 없는 소리를 듣게 해주니 말이다. 자연은 있는 듯 없는 듯 언제나 그 자리에서 감사와 고마움을 알게 한다. 가끔은 나도 그런 자연의 일부라고 믿고 그들을 따라 하고 싶을 때가 있다. 있으면 있는 대로 없으면 없는 대로 생에 순응하는 법을 그들은 어떻게 알았을까. 선인장은 비가 오면 물을 양껏 저장해두었다가 가뭄 때를 대비하지만 인간에게는 그러한 능력이 없다. 조금씩 나눠서 먹고 다 소화를 시킨 연후에라야 다음 음식을 먹는다. 오직 인간에게만 필요한 사자성어가 과유불급이다. 소화시킬 능력도 안 되는데 일단 채우고 본다. 너도 나도 질세라 덤벼든다. 이런 상황에서 내가 자연의 일부라는 사실이 위안이 된다. 그들 곁에 서면 부끄럽다. 말없이 살며 누군가에게 그늘이 되어 주고 밥이 되어 주는 위대한 생이다.

어떤 이의 삶이 유리알처럼 반짝인다면 그만한 이유가 있는 것이다. 내 삶이 어둡고 칙칙한 데는 이유가 있었다. 음침하고 눅눅한 옷을 벗어야 했다. 살아야 할 이유를 상실한 내가 살아남기 위한 유일한 길이 그곳이라면…. 익숙한 곳에서는 우울한 삶의 반복일 뿐이다. 집을 벗어난다는 것은 낯선 옷을 입고 낯선 길을 떠나 낯선 곳에서 낯선 사람들과 먹는 낯선 음식, 그리고 파고듦 없는 낯선 대화 속에서의 자유로움 이런 것들을 의미하는지도 몰랐다. 지금에 와서 하는 말이다.

지나온 일상은 나이테처럼 저장된다. 경험은 사는 데 도움이 되기도 하지만 새로운 시작을 방해하는 큰 이유가 되기도 한다. 가 보지 못한 길에 대한 막연한 두려움, 익숙한 것들이 주는 안락함을 버릴 수 없어 결국 포기하고 마는 것이다. 두려움은 배움의 노력이 있으면 사라진다. 두 발을 칭칭 동여매고 있는 과거의 습관들과 이별할 수만 있다면 인생의 새로운 문은 다시 열린다.

지금 알게 된 것을 그때도 알았더라면 생각이 들 때가 있다. 참 좋을 것이라는 간지러운 생각이 들지만 이내 접는다. 나이 들어 무언가를 새로 배우고 시작하는 일은 참으로 힘들다. 하지만 모든 것은 때가 있으며 삶에는 그다지 많은 무기가 필요하지 않다. 새로운 시작은 결단력과 추진력만 있으면 되는 것이었다. 늦은 배움을 두려워 말아야 한다. 배우면서 뭔가를 쌓고 무기를 얻는다고 생각하겠지만 그것은 오산이다. 배운다는 것은, 나를 청소하는 방법을 습득하는 것이다. 나에게 배움이 소중한 이유다. 어떤 선생님은 이런 문구를 좋아한다고 한다. 날마다 배우고 익히면 이 또한 기쁘지 아니한가. '學而時習知 不亦說乎' 명심보감에 나와 있는 말이다. 공감한다. 나를 비우고 청소하는 일에는 배움만 한 것이 없다. 깨끗한 방을 보면 마음이 평온해진다. 배움이 가득 찬 충만의 기쁨 때문이 아닌 정돈이 잘 된 자신을 보니 좋은 것이다. 이 글을 보는 모든 이가 자신을 믿고 더 사랑하고 더 당당해졌으면 하는 바람을 가져 본다. 내 손에 들려 있는 책은 다 이유가 있는 것이다. 읽든 안 읽든 거기에 있다는 것만으로도 제 할 일을 하는 것이다. 우리 모두가 그러하다. 당신도.

아는 지인이 커피숍을 하고 있었다. 약간의 거리가 존재하는 관계였다. 무조건 일을 배우게 해 달라고 부탁했다. 3일 후에 연락이 왔다. 정말 해 볼 생각이 있느냐고. 그렇게 그길로 뛰어든 것이 1년 8개월 전이다. 여러 낯선 재료와 음료를 외우려니 여간 힘들지 않았다. 하지만 일은 정말 재미있었다. 간혹 주문과 다른 엉뚱한 음료를 제조하는 실수를 하기도 했다. 하지만 그 실수를 끌어 안아준 손님들이 있어 더 열심히 했다. 또한 손님과 문제가 생겼을 때는 절대로 손님을 이기려 해서는 안 된다는 사장님의 가르침도 나에게 큰 용기를 주었다. 직원들을 대하는 그녀가 참 멋지다고 생각했다. 그녀가 대표가 된 데에는 이유가 있었다. 카페 E는 나에게 신세계였다.

나는 그곳에서 내 인생의 모든 것을 보았다. 내 안의 가능성, 나의 색깔, 나의 소리를 알게 되었다.

"반갑습니다. 카페 E입니다! 안녕하세요. 카페 E입니다! 어서오세요. 카페 E입니다!"

어떤 날은 200번도 더 넘게 외쳤다. 가끔은 장난기가 발동해서 농담을 던지면 보이지 않게 긴장하던 손님이 얼굴이 빨개지기도 했다. 그런 나를 보며 사장님은 걱정의 말을 달고 살았다. 그러나 퇴직하는 날까지 그녀가 우려하던 일은 일어나지 않았다. 결국은 내가 옳았다. 그렇게 살아야 했다. '실수하면 어때. 누구나 완벽하지 않아. 인정하고 고쳐 나가면 되지.' 무엇이 되는 것보다 어떻게 내 하루를 저장할 것인가가 중요했다. 먼 후일 어느 곳 어느 섹터에 저장된 내 하루가 누군가의 삶에 온기를 더해주는 장작이 될지 누가 알겠어. 아니어도 좋다. 그렇게 저장만 할 수 있어도 나는 성공한 것이니.

'나무처럼 풀처럼 어느 순간이 와도 꼿꼿하게 서서 삶이라는 왕관의 무게를 느껴야 한다.' 어느 화요일에 친구가 나에게 해주었던 말이다. 오십을 넘어 나는 다시 새로운 시작 앞에 서 있다. 아직 나의 발목을 붙들고 있는 지나간 모든 것들의 찌꺼기와 남김 없는 이별을 해야 한다. 그래야 다시 시작을 할 수가 있으므로. 불순물이 사라진 지나온 시간은 단단한 결정을 이루어 땅을 단단하게 만들어 준다. 이제 고른 숨을 내쉬고 기꺼이 떨리는 발에 힘을 주어, 한 걸음 앞으로 내디딘다. 부족하지만 나로 산다는 것은 행복한 일이다.

왜 이러십니까!

임성규
2018. 11. 천료

지난해의 끝은 유난히 으스스했다. 잔뜩 흐린 날씨가 꼭 비라도 올 것 같고 무슨 일이 일어날 것 같아 마음이 답답하다. 자정이 다 되어가는 시간에 의사인 셋째 사위가 전화를 걸어왔다. "아버님 어머님 여기 병원입니다. 큰 처형이 몹시 아픕니다. 내일 일찍 댁으로 가겠습니다." 새벽같이 찾아온 사위가 울먹거리며 "큰처형이… 큰처형이… 췌장암… 췌장암…" 그리고 더 이상 말을 잇지 못하고 눈물을 보인다. 이게 무슨 일인가. 눈앞이 캄캄하고 앞에 아무것도 보이지 않았다.

큰딸은 너무 똑똑하고 일찍 철이 들어서 아픈 손가락이었다. 딸 셋 늦둥이 아들 하나 사 남매의 맏이어서 그랬는지 너무 일찍부터 제 일은 제가 알아서 하는 아이였다. 공부도 썩 잘했다. 누가 제대로 봐주지 않았는데도 학교에서 항상 칭찬만 받는 학생이었다.

중학교 입학 후 담임 선생님으로부터 학부모 면담 신청이 왔다. "너무 똑똑한 학생입니다. 이번 입학생

중 지능지수가 가장 높은 학생 중 하나입니다. 잘 살펴 주세요. 이런 아이들이 잘못되면 그냥 더 평범해질 수도 있습니다." 과외도 하지 않고 학원도 보내지 않았는데 학교 성적이 항상 전교 1~2등이다. 3학년 1학기가 지나고 딸이 말했다. "아버지 저 과학고등학교에 갈래요. 서울에 과학고등학교가 신설되는데 선생님이 그 학교 참 좋다고 했어요." 다음날 다시 말했다. "선생님께서 과학고 입학을 위해 따로 공부한 것이 있느냐고 물으셔서 없다고 했더니 그럼 광화문 교보문고에 가서 과학고등학교 기출문제집을 사서 한번 풀어 보라 했다." 하면서 그 책을 사달라고 한다. 그런데 딸아이는 그 문제집을 풀다가 운다. 거기에는 자기가 풀 수 있는 문제가 거의 없다고 한다. 밤새 끙끙거리며 씨름을 하다가 다음날 학교에 가서 선생님에게 묻고, 다음날 또 울고 끙끙거리고 그렇게 한두 달을 보내고 시험을 봤다. 그런데 도저히 가망이 없다고 한다. 열 문제 중 다섯 문제는 어떻게 풀었는지 모르겠고 나머지는 손도 대지 못했으니 도저히 합격을 바랄 수 없다고 했다. 그런데 합격을 했다.

입학한 지 얼마 되지 않아 새벽에 학교 기숙사에서 연락이 왔다. "딸애가 너무 아파 병원 응급실로 보냈으니 빨리 가시라"고, 대장이 꼬였던 것이다. 너무 한자리에 꼼짝하지 않고 앉아만 있어 생긴 것이다. 중학교 때 선행학습을 따로 하지 못해서 학교 수업을 따라가지 못하니 저 혼자 따로 밤샘 공부를 하다 그 병에 걸린 것이었다. 그런데도 2학년 때는 우등상을 탔다. 그리고 카이스트에 조기 입학을 해서 그곳에서 학사 석사를 마치고 20대에 공학박사가 되었고 국책연구원의 연구원이 되었다. 그러다 당시 열풍처럼 불었던 벤처기업에 합류를 했었는데 그 바람이 사그러질 때 그 애는 실직자가 되었다.

대학강단으로 진로를 찾겠다고 대전 C 대학의 연구교수가 되었다. 그러나 거기서도 1년을 버티지 못하고 또 좌절을 했다. 교수의 길 그것은 실력만으로는 국내 공학박사 학위만으로는 될 수 없다는 것, 외국 명문대학의 학위나 주위의 강력한 추천이나 후원이 없으면 거기에도 길은 없다는 것을 알았기에 그 일을 계속할 수가 없었다.

처음으로 후회를 했다. 내 자신이 그 애를 제대로 보살피지 못했고 진로를 미리 생각하지 못한 것이 이런 결과를 가져 왔다고. 과학고 그 성적이면 S 대학 공대나 다른 대학의 의과대학도 갈 수 있었는데, 학비를 한 푼도 부담하지 않고 국비로 석박사까지 할 수 있다는 그 말에 이것저것 생각 없이 카이스트 진학을 권유하는 것도 미안했다. 석박사 후에도 유학을 보내 공부를 더 하게 했어야 하는데 내 경제 사정만 생각하고 그대로 두어 이렇게 된 것이라고…. 한없이 가슴이 아렸다.

1년이 지난 다음 딸애로부터 다시 연락이 왔다. "서른다섯의 나이에 다시 대학입학수학능력시험을 봤고 전 과목 1등급을 받아 대전에 있는 한의대에 입학을 했다."라고 그리고 마흔이 넘은 나이에 한의사가 되었고 한의원을 개원했다. 그러나 그 길 역시 순탄치가 않았다. 첫해부터 고생이 시작되었다. 늦은 시작과 심한 경쟁으로 자리가 쉽게 잡히지 않았고 침을 잘못 맞아 병이 악화되었다고 꼬투리를 잡아 금품을 요구하는 악덕 환자를 만났다. 잘못이 없음을 말하고 응하지 않아 고소까지 당하였다.

지난가을 딸아이를 만났다. 이제 겨우 얼굴에 화색이 돈다. "악덕 고객의 시달림도 혐의없음으로 끝났고 개업 3년 차가 되어 이제 한의원도 자리를 잡았으니 걱정 마시라고, 늦은 나이까지 부모님 마음고생 시켜드려 죄송하다."며 웃는다. 가슴 속의 무거운 돌덩이 하나가 내려앉은 듯했고 그 애의 진로를 그르쳤다는 후회가 조금이나마 사라지는 것 같았다.

그런데 그게 불과 석 달 전의 일인데 이제 그 애가 아프다 한다. 그냥 아픈 것도 아니고 어쩌면 치료조차 할 수 없는 너무나 큰 아픔이라니 이를 어쩌나….

췌장암 그것은 수술을 받지 못하면 6개월을 채 견디지 못하는 것인데 발견이 늦는 병이어서 병원에 온 환자의 80% 이상이 암 조직이 너무 커졌거나 아니면 타 장기에 전이가 되어 있어 수술조차 못 한다고 한다. 다행이 수술을 할 수 있다 하더라도 완치율(5년 생존율)은 겨우 20%밖에 되지 않는 무서운 병이라 한다. 딸아이는 암 조직이 너무 커서 수술을 할 수 없다고 했고 유일한 희망은 정말 힘든 항암치료를 잘 견디어서 크기가 줄어들면 수술을 시도해 볼 수는 있지만 그 확률이 10%도 되지 않는다 한다.

"하느님 왜 이러십니까! 제가 뭐 그리 큰 잘못을 했습니까! 제 나이 12살 때 마흔네 살 어머니 불러 가셨으면 그만이시지 어찌 그 나이의 딸마저 또 데려가시려 합니까! 용서하십시오. 그저 살려만 주십시오. 하느님…."

이렇게 기도하는 것 외에 나에게는 할 수 있는 것은 아무것도 없었다.

총각김치

이종옥
2019. 1. 천료

"장모님, 이 책이 다 돈이었으면 좋겠어요."

이삿짐을 챙기다 나달나달 원본 유지도 어려운 낡은 책을 두고 사위가 한 말이다. "그러게" 설명은 길게 하지 않았지만, '우리 가족의 지식을 키워 준 서적이었다네. 장인이 서울법대와 행정대학원에서 학문을 추구하던 지식의 보고(寶庫)라네. 사무관이 되고 국가와 민족을 위한 공직자로서 최선의 길을 선택하도록 결정체 역할을 하였지. 그 길이 경제기획원, 재무부, 국무총리실을 거치면서 국리민복을 위한 공직자의 길을 걷도록 하여 준 지식의 서적이지. 돈으로 환산할 수 없는 지적 자산을 축적 시킨 보고라네' 마음속으로 말해주었다.

40여 년의 세월이 지난 책장에는 낡고 삭아서 펼쳐보기 힘든 책들이 꽂혀 있다. 50년대 서울법대에서 읽었던 책들로부터 시작하여 내 전공 서적들까지 있다. 그 책들은 우리 가족의 역사를 말하고 있다. 남편이 읽었던 서적들을 펼쳐보면 주요 내용 곳곳에 배우고 익힌 길이 만들어져 있다. 알고 넘어간 길,

더 깊게 파고든 길, 붉은 줄로 법문을 외우느라 빨간 선이 겹겹이 책갈피마다 점철돼 있다.

이 법조문에 줄을 그을 때는 정릉 어느 단간 셋방에서였지, 여기쯤의 이 줄은 엉덩이에 땀띠가 나도록 앉아서 행시를 준비하던 단독주택이었지, 내가 그려 놓은 길은 아니지만 군데군데 추억이 새롭게 떠오른다. 밑줄 쳐 놓은 줄 여기저기에는 가족 희비의 삶이 깃들어 있다.

책이 쌓여 있어도 읽지 않으면 내 지식의 보고에 저장할 수 없는 것이고, 읽고 읽힌 책은 내 지적보고(寶庫)에 비축되어 있다가 필요에 따라서 활용되기도 한다. 그 지적 자산은 누가 가져갈 수도 없는 것이다. 나이 들어 그 지식이 무의식 깊은 곳에 갇혀 있어서, 쓰임이 없을 것 같다. 하지만 어느 때인가 필요로 할 때는 잊어버린 것 같아도, 의식은 지식의 보고에서 찾고자 하는 지혜의 답을 끄집어 내온다. 배웠다는 것은 그런 것이 아닐까. 그래서 콩나물에 물을 주듯이 쉬지 않고 책을 읽으면 또 다른 지식이 쌓이게 되고, 지적보고는 더욱 풍요로워진다. 눈으로는 보이지 않으나, 잠자는 것 같은 지식도 새로운 정보가 들어가면 살아 숨 쉬듯이 새롭게 활동을 한다. 새로운 지식을 지향하고 추구하는 삶의 노력은 헛되지 않아 지금도 사회활동을 하도록 돕고 있다.

그런데 오늘 같은 날, 이삿짐이나 챙기지, 케케묵은 책만큼이나 옛날이 되어 버린 일들이 떠오르는 걸까. 이사할 적마다, 낡은 책들은 나와 함께 이동하고 내 시야에서 벗어나지 않았다. 그러나 들여다볼 수 없고 구닥다리가 되어 버린 짐 같은 것이다. 그러함에도 내 생전에는 버릴 수 없는 책들이다.

“하얀 쌀밥 한술 떠서 총각김치 한 쪽 척 걸쳐 먹었으면 원이 없겠다.”

남편의 책을 박스에 담다가 먹고 싶었던 ‘총각김치’ 그 말이 생생하게 떠올라 가슴이 울컥하였다. 내가 조금만 지혜로웠어도, 먹고 싶은 총각김치를 씹어 맛이라도 느끼라고 할걸. 위 속으로 들어가지 않고도 얼마든지 맛볼 수 있었을 텐데. 그 자책감으로 지금도 총각김치를 담지 않는다. 나이답지 않게 유난히 맑은 눈으로 나를 바라보며 하던 그 말이 떠오르면 가슴이 녹아내리는 것 같다.

아무리 많은 지식을 가졌다 해도, 건강을 잃으니 그 지식도 남편과 함께 사라지고 흔적은 상처로 남아서 추억에 사로잡히게 한다. 그때는 죽을 것만 같던 세월이었다. 내게는 남편이 세상이었고, 인생의 전부였기 때문이다. 살고 죽는 것이 어느 누구의 의지대로 되겠는가. 젊은 나이 아주 젊은 나이에 한창 공직자로써 업적을 이루고 있을 시점에 하느님의 부르심에 '예'하고 아무런 이의도 제기하지 못하고, 그 멀고 먼 영원한 본향 길을 따라나선 것이다. 자기 성취에 자신만만 실력이 중천에 이르고 있을 때였다.

"예수님은 아무런 죄도 없이 우리 구원을 위하여 33살의 나이에 십자가에 못 박혀 돌아가셨어. 그런데 나는 40년을 살았잖아." 두 뺨에 흐르는 눈물을 닦아 주면서 "울지 마라. 당신이 슬퍼하면 내 마음이 더 아파. 미안하다. 내가 할 수 있는 말은 이 말뿐이구나. 미안하다…." 그는 오히려 나를 위로하고, 처음이자 마지막 눈물 한줄기를 흘렸다.

비 내린 뒤라 꽃들도 지고 바람 따라 세월도 가고, 남편 삶의 흔적도 사라지는 듯하지만, 내 생전에는 흔적이라도 지켜 줘야 되지 않을까 한다. 사랑은 인내하도록 돕고 어떤 어려움도 극복할 수 있는 용기와 지혜를 준다고 믿으며 살고 있다.

은퇴 생활의 전략

김선환
2019. 3. 천료

은퇴 이후의 새로운 삶에 대한 다양한 방법이 대중에게 알려진 지도 벌써 이십여 년이 지났다. 은퇴가 사회적 이슈가 되고 방송 매체에서 은퇴한 사람들의 다양한 사례를 발굴하여 보도하기 시작한 시점이 2000년대 초다. 그때만 하더라도 1차 베이비부머 이전 세대들이 퇴직하는 시점이라 은퇴라는 용어에 그다지 익숙하지 않은 시절이었다. 당시 은퇴를 앞둔 사람들은 퇴직하면 나머지 시간을 그냥 지내다가 인생을 마감한다고 생각하였다. 은퇴에 대한 인식의 변화는 90년대 말 IMF 사태도 한몫 거들었다. 강제로 퇴직하게 된 사람이 많아지면서 은퇴 아닌 은퇴 이후의 생활에 대해 관심이 집중되었다. 이와 같이 은퇴에 대한 사회적 조명 덕분에 퇴직 후에도 다시 의미 있는 무엇을 해야 된다는 생각이 커지게 되었다. 초기에는 단순히 귀농이나 귀촌, 해외 이민 등 노후설계 단계에서 지금은 비교적 젊은 나이에 자발적으로 조기에 은퇴하고 힐링 차원의 일과 삶을 추구하는 확장된 단계까지 발전하였다.

은퇴 생활의 중요한 점은 무엇인가. 은퇴 이후 삶의 방향이 어떠한가 하는 점이다. 은퇴 후 새로운 일을 계속하면서 돈을 버는 생활을 추구하거나 금전보다는 하고 싶은 것을 해보면서 지내는 방법이 있다. 선택은 개인의 사정이나 선호도에 따라 방향이 다를 수 있다. 어느 것이 좋은지는 개인의 결정이다. 이상적인 은퇴 생활의 한 방법으로 이전 일의 경험을 살려 사회에 재능기부 한다거나, 국내외로 여행하면서 노후를 여유롭게 보내는 방법이 있지만, 현실은 각박하다. 은퇴 후 시간은 많지만, 은퇴를 했다고 생활비가 줄어드는 것이 아니고 오히려 목돈이 들어가는 경우가 많다. 자녀 교육에 지원이 필요하고 결혼까지 도와준다면 그 비용을 충당하기 위해 더 많은 수입이 있어야 한다. 그러한 문제가 해결되었다고 하더라도 생활비는 만만치 않다. 아무 소득 없이 지내기에는 여러모로 버겁다. 많은 사람이 연금이 없거나 적기 때문이다.

매스컴에서 부부나 일인의 생활비가 얼마 필요하다는 수치는 모두를 우울하게 한다. 그럼에도 불구하고 누구에게나 은퇴의 시점은 다가온다. 직장이든 자영업이든 프리랜서든 나이가 들어감에 따라 전성기를 지나면 내리막이라 할 수 있다. 체력이나 정신이 따라주지 못하기 때문이다. 어느 나이에 이르면 사회에서 경제 활동은 불가능하게 된다. 노인으로 간주되는 65세 전후가 이 시기로 은퇴의 기점이라 생각한다. 대부분의 경우 기존의 일을 가지고 최대한 버티다가 어쩔 수 없이 원치 않는 은퇴를 하게 된다. 그러다 보니 은퇴 시점을 설정하고 은퇴 계획을 세울 수 있는 사람은 극소수에 불과하다.

은퇴를 앞둔 이들이 소외되지 않고 참여 가능한 은퇴 계획은 없는 것일까. 쉽지 않지만, 방법은 있다. 답은 은퇴의 연착륙 방안이다. 자기 삶의 큰 틀을 세우고 은퇴 후의 일들을 미리 기획하고 준비하는 일이다. 그리고 필요 할 때 배울 것이 있으면 배워 보는 일이다. 현역으로 있으면서 준비해야 여유롭다. 방향을 설정하고 구체적으로 할 일들을 정하면 은퇴가 쉬워진다. 은퇴 후 어려워지는 것은 미리 무엇을 할지 정하지 않았기 때문에 이 일 저 일 하다가 금전적 손해를 보고 시간을 낭비하게 된다. 은퇴 이후의 삶은 자기가 하고 싶었던 일을 하는 시간이다. 그 이전의 생활이 경제 활동을 통해 가족을 부양하는 것이었다면 은퇴 시기에는 스스로 꿈꾸어 오던 일을 수행하는 것이다. 여기서 중요한 점은 그런 일이라도 부차적으로 경제 활동이 가능하다는 점이다. 두 마리 토끼를 잡는 방안을 모색해야 나름 만족도가 커질 것이다. 은퇴 준비에 금전적으로 많은 비용이 드는 것은 아니다. 오히려 시간이 문제이다. 미리 생각하고 시간을 내어 실천하는 일이 은퇴 설계의 성공 열쇠이다.

사람들은 은퇴하면 시간이 많아 여유롭고 한가할 것이라 생각한다. 그러나 그렇게 되기 쉽지 않다. 정해진 일이 없다면 결과 없이 바쁘기만 할 것이다. 더욱이 체력은 예전만 못하고 기억력도 마찬가지다. 나이가 들수록 기저질환의 숫자도 늘어만 가고 중병의 가능성은 커진다. 젊은 시절과 비교해 같은 시간이 주어졌어도 일의 성과는 반에도 못 미친다. 여러모로 불리한 상황이다. 인간 수명 백세 시대에 삼사십 년을 어떻게 보내느냐 하는 말들은 가능할 수 있지만 다소 과장된 것이라 생각한다. 생각보다 일찍 지병으로 은퇴의 시간이 중단되는 불행을 겪을 수도 있다. 불확실한 미래를 감안하여 하루라도 먼저 결정된 것을 준비하고 연마해야 한다. 준비 시간이 많을수록 은퇴의 연착륙은 가볍고 쉽다. 그렇게 하면 은퇴 후 후회하지 않는 노후를 보낼 수 있다.

지나간 일 년 반 동안 코로나로 많은 사람이 고통을 받고 있다. 현재도 진행 중이다. 방역을 위하여 스스로 생활을 규제하다 보니 모든 일이 계획대로 되지 않고 미루는 시간만 길어져 간다. 마지막 남은 노후의 시간은 하루하루가 중요하다. 일도 때가 있으니 몇 년을 허송세월 보낸다면 그만큼 보충되지 않는다. 어려운 여건에도 불구하고 준비된 모든 일은 차분하게 진행할 필요가 있다. 그리고 마음 편히 먹고 기다려야 한다. 이러한 과정도 한 인생에서 마주쳐야 하는 엄중한 현실이기 때문이다.

고향 바라기

박 태 희
2019. 3. 천료

흐르는 강물을 거꾸로 거슬러 오르는 연어들의 도무지 알 수 없는 그들만의 신비한 이유처럼 그 언제서부터인가 걸어 걸어 걸어오는 이 길 앞으로 얼마나 더 많이 가야만 하는지 여러 갈래길 중 만약에 이 길이 내가 걸어가고 있는 돌아서 갈 수밖에 없는 꼬부라진 길일지라도.

-강산애 노래 중에서

귀향하기로 했다. 엄밀히 말하면 귀촌이라 해야 할 테지만 낱말의 의미는 중요치 않다. 평소 꿈꾸어 왔던 시골에서의 소박한 삶을 갈구하는 마음뿐이다.

귀향에 대한 아내의 생각도 원론적으로는 우호적인 것처럼 보인다. 그렇지만 이야기를 하다 보면 몇 가지 부분에서 서로의 이견이 좁혀지지 않는다. 우선, 어느 곳에 정착할 것인가의 문제부터 의견이 다르다. 태어나고 자란 시골을 생각하고 있는 나와 달리 아내에게 고향은 달갑지 않은 곳이다. 청주 인접 지역은 피하자고 할 정도다. 사실 아내의 속내는 지리적으로의 시골이 마땅찮은 것은 아니다. 시댁이 있는 지역이 싫다는 의미다. 어지간히 정을 붙이지 못한 아내는 시댁 가까이 갈 거라면 차라리 가지 않는 것이 낫다고 말한다. 멀리 떨어져 신경 쓰지 않으며 살고 싶다는 것이다. 경상도와 전라도 지역은 아이들이 오가기에 너무 멀어 일찌감치 제외되었다. 여름 휴가지 정도로만 생각하는 강원도까지 빼고 나면 고려할 수 있는 지역은 수도권밖에 없다.

주거 형태에 대한 의견도 차이가 난다. 난 시골스러운 환경을 좋아한다. 황토로 만든 아담한 방에 마루가 있는 작은 집을 원한다. 아궁이가 있어 불을 지필 수 있으면 더 좋을 것이다. 그리고 마당이 있었으면 한다. 싸리비로 깔끔하게 쓸어 놓은 마당 한 모퉁이에 작은 화단도 만들 것이다. 꽃잔디 옆으로 채송화와 봉선화를 심을 생각이다. 손톱에 물을 들이지는 않더라도 봉선화가 소담하게 핀 뜰을 오밀조밀 가꾸는 것은 생각만으로도 절로 흥이 난다. 아내는 다르다. 큰 방이 세 개는 있어야 한다고 주장한다. 애들이 놀러 와서 자고 가려면 그 정도는 필요하다는 것이다. 요즘 젊은 애들이 시골에 그리 자주 올 리도 없을 것이며, 온다 해도 자고 가는 게 몇 날이나 된다고. 일 년에 한두 번 쓰기 위해 방을 만들 필요가 있느냐고 해도 막무가내다. 방이 크고 많으면 쓸고 닦느라 힘만 들지. 텅 빈 방이 있으면 오히려 적적할 텐데. 아내에게는 마당도 탐탁하지 않다. 마당이 있으면 먼지 날리고 비 오는 날이면 질척이는 것이 싫다며 고개를 젓는다. 개미나 바퀴벌레라도 나오면 어쩔 거냐고. 평소에도 벌레를 무척이나 무서워하는 아내다. 그러다 보니 시골이라 하면 으레 지렁이나 거머리 등을 떠올리며 기겁을 한다.

작은 텃밭이 있었으면 하는 생각에 이르면 아내는 못마땅한 기색이 역력하다. 나이 들어 힘들게 호미질하며 사서 고생을 하려 한단다. 맑은 공기 마시고 건강하게 살려고 가는 것인데, 땡볕에 앉아 풀 뽑는 게 어디 쉬우냐고 길게 한숨을 뱉는다. 농사를 지을 만큼 큰 밭이 아니라도 된다는 내 말을 듣는 둥 마는 둥 한다. 그렇지만 여전히 텃밭에 대한 미련이 남는다. 씨 뿌리고 가꿀 작은 공간이면 될 텐데. 상추 쑥갓 등 들나물을 심어 놓고 파릇하게 자라는 것을 보는 재미가 얼마나 쏠쏠할까.

아내는 집 가까이 병원이 있는 곳이 좋겠다고 생각한다. 십 분 이내 병원을 갈 수 있는 곳이어야 한다는 것이다. 노인 둘이 살다가 몸이라도 아프면 급히 병원에 갈 수 있어야 큰일 나지 않는다. 아내의 생각 중 가장 일리가 있는 의견이다. 그러자면 새로이 잡을 터전은 시내와 가까이 있어야 한다. 도회지 아내의 의견을 수렴하다 보면 시골스러운 남편이 생각하는 귀향의 의미는 퇴색될 수밖에 없다. 불안이 밀려온다. 여전히 정해진 것은 아무것도 없다. 귀향을 위한 대화는 오늘도 서로의 견해차를 좁히지 못하고 평행으로 내닫는다.

시간과 공간, 마음이 불가분의 관계로 형성된 하나의 세계가 고향이다. 고향에 대한 의미는 사람에 따라 많은 부분이 퇴색되고 변한 것이 현실이다. 시골에서 자란 후 도시로 나와 정착한 사람은 농촌과 도시를 모두 경험했다. 그들에게 고향은 그리움이 깃든 곳으로 존재한다. 마음속 깊이 어린 시절의 추억을 간직하고 있다. 실제 그렇지 않더라도 늘 양지바른 곳에 아름다운 초가집을 떠 올린다. 울타리에 나팔꽃이 피어나고 지붕 위에는 호박넝쿨이 자란다. 사립문 옆 화단에 분꽃과 봉숭아도 정겹게 피어난다. 하지만 도시 삶에 익숙한 사람에게는 쉽게 받아들여질 수 있는 곳이 아니다. 그들에게 시골은 불편한 공간이다. 낭만이 깃든 곳으로 다가오지 않는다. 고향을 잊지 못하고 향수에 젖는 것을 이해할 수 없는 이유다.

귀향, 중년이라면 한 번쯤 가슴에 품어봄 직한 매혹적인 말이다. 귀향은 사회적 이동을 불러왔던 도시 산업화의 산물이다. 고향을 떠나 맞이한 일상의 각박함 속에서 차츰 잃어가고 있는 자신의 참모습을 찾으려는 것이다. 자본에 편승한 개인주의 사회에서 소외당하고 있는 인간의 정체성을 찾아가려는 몸짓일지도 모른다. 돌아가야 한다는 당위와 갈 수 없는 현실의 괴리 속에서 고향은 애달픔으로 추억된다. 세월이 모든 걸 희미하게 만든 지금 몸은 멀리 떨어져 있지만, 마음은 자꾸 고향을 향한다. 평소 잠재해 있던 고향 의식이 수시로 되살아나 귀향 본능을 깨우는 것이다.

고향이 그리워질 때면 새 소리 들리는 숲에서 아침을 맞는 꿈을 꾼다. 누렁이 황소가 게으르게 풀을 뜯는 곳, 아름드리 느티나무, 힘겹게 오른 등성이와 급하게 흘러내린 골짜기. 나이를 먹어도 여전히 정겨운 곳이다. 그럴 때 나는 시간을 거슬러 오르는 한 마리 연어가 된다.

쉰 즈음에

조 영 자
2019. 3. 천료

툭, 힘 조절에 실패했다. 검은 단추 하나가 바닥에 떨어진다. 의심의 여지 없이 내 허리춤에서 떨어진 물건이 분명하다. 헛기침을 살짝 했을 뿐인데 야속한 단추는 주인의 압력을 이겨내지 못했다. 하필이면 지금이람.

신입사원 온라인 교육의 현장 강사 임무를 맡았다. 첫날 인사도 나누기 전에 체면이 구겨지고 말았다. 단추는 힘차게 굴러가더니 앞자리에 앉은 신입사원의 발 앞에 멈춘다. 교육생들이 눈치를 채기 전에 재빠르게 달려갔지만 이미 그녀의 손에 들려있다. 단추를 건네받고 보니 소리 없는 탄식이 저절로 흐른다. 네 개의 작은 구멍이 커다란 한 개의 구멍이 되어있다. 며칠 전에 실이 끊어져서 이번에는 몇 곱절로 동여매다시피 했더니 단추가 결딴난 것이다. 얼마나 안간힘으로 버텼을지 안쓰러움이 스친다. 하지만 능청스럽게 단추를 손바닥에 올려놓고 금덩이라도 되는 것처럼 보여주자 서먹하고 어색했던 분위기가 순식간에 웃음바다가 된다. 쉰의 고개를 넘으니 많은 것들이 너그러워진다.

서른 즈음에 바라본 쉰은 아득하게 멀었다. 막연하게 쉰에 무사히 도달한다면 거의 모든 것이 완벽하게 갖추어 있으리라 생각했다. 하지만 날치기하듯 쉰에 도달해보니 그야말로 나이만 먹었다. 무기처럼 쓰고도 남아돌던 감각들이 무뎌지고 퇴보하기 시작했다. 피할 수 없는 노화가 가속되어 간다. 기초체력은 줄고 여성호르몬은 바닥이 나서 부끄러움도 없고 목소리만 커진다. 몹쓸 식탐만 세포 분열하듯 왕성해져서 오늘도 다이어트를 외친다.

쉰은 지독하게 외로운 시간이다. 그 시간은 앞으로 얼마나 더 지속할지 모른다. 자장가로 여겼던 남편의 코골이로 인해 새벽잠을 설치고, 성인이 되어버린 아이들은 저마다 이어폰으로 귀를 틀어막고 있어 내 목소리를 듣지 못한다. 한집에 있어도 각자의 공간에서 각자의 시간을 갖는다. 대부분 밥까지 각자 해결한다. 늘 바쁜 엄마를 둔 탓에 익숙한 풍경이다. 익숙함이 나태함이 되지 않아야 한다고 머리로만 깨우치고 행동은 나태함을 넘어 방관하기도 한다. 치킨 배달이 왔을 때 비로소 한데 모여 닭다리를 뜯으며 한 공간에 있었음을 확인한다. 물론 짧은 해후는 뼈다귀만 남긴 채 금세 사라진다.

며칠 전, 30대를 살았던 OO시의 아파트를 다녀왔다. 결혼 후 12평 아파트에서 조금 넓혀 15평 아파트로 이사를 해서 5, 6년을 살았던 집이다. 내 집 마련의 꿈을 안고 전세로 살았는데 집주인이 그만 부도가 나서 경매로 처분하게 되었다. 전세금을 다 돌려받을 수 없게 되자, 남편의 퇴직금을 중간 정산 받아 얼떨결에 내 집 마련을 했다. 그 후 남편이 안산으로 발령을 받아 급하게 전세를 주고 이사했다.

20여 년 만에, 신혼을 보냈던 OO시에 들어서자 만감이 교차했다. 아파트 주변은 신도시로 지정되고 무섭도록 발전했다. 30년이 넘은 저층의 낡은 아파트는 초고층 그림자에 짓눌려 옹색하게 자리하고 있다.

아파트 후문에 있던 작은 슈퍼는 폐가로 변하여 고물들이 수북하게 쌓여있어 초라함을 더했다. 아이들 손을 잡고 매일 같이 드나들던 곳인데 아쉬움이 고개를 빼고 쳐다본다. 아파트 단지 내의 화단에는 무성하게 자란 나무들이 반긴다. 오래된 아파트에 편의 시설은 찾아볼 수 없지만, 곳곳에 묻어 두었던 추억들이 일제히 들고 일어선다. 노후 된 건물에 반하듯 놀이터의 놀이기구들은 산뜻하게 재정비되어 있다. 아이들의 재잘거림 속에 우리 아이들의 웃음소리도 섞여 들려오는 듯하다. 놀이터가 보이는 나무 그늘에 평상이 보인다. 세대 구분 없는 입주민의 사랑방이었다. 놀이터에서 노는 고만고만한 아이들이 있는 엄마들이 늘 평상에 모였다. 세상 밖은 관심 없이 좁은 우물 안에서 벗어나지 못하고 안주하던 시절이다. 낡은 나무다리로 지탱하고 있는 빈 평상을 보니, 관절염에 절룩거리는 어머니가 앉아 있는 것 같다.

이삿짐이 빠져나간 열다섯 평의 공간은 그야말로 손바닥만 했다. 가운데 서서 사방으로 넘어져도 벽에 부딪히고 말 것 같은, 서로의 숨소리가 오롯이 느껴지는 작은 집. 막내가 태어나기 전이니 네 식구가 살비비며 체온을 나누던 곳이다. 작은 방에서 큰아이가 튀어나올 것 같고 베란다에서 작은아이가 엄마를 부르는 환영이 보인다.

누군가의 서른은 치열한 삶을 보내고, 나의 서른은 비교적 평온하게 지나온 것 같다. 내 옆을 서로 차지하기 위해 다투던 아이들은 지금, 그 시절 내가 그랬던 것처럼 엄마는 안중에도 없이 세상을 휘젓고 다니느라 바쁘다. 아이들이 잠시 내 곁에 없다고 해서 서운할 일도 원망할 일도 아니다. 그렇다고 나 자신을 탓할 이유도 없다. 누구의 잘못이 아닌 그 나름의 역할에 맞는 시간을 보내고 있으니 말이다. 나는 지금 글을 쓰고, 남편은 저녁 설거지하느라 달그락거린다. 아이들 셋은 각자의 방에서 각자의 시간을 보내고 있다. 냉장고 여닫는 소리와 화장실 문소리만 간헐적으로 들린다. 완벽하게 갖추지 않았지만 나름대로 평화로운 쉰의 일상이다.

밤을 지나 아침이 오면 일상은 이어진다. 점심때나 돼서야 없어지는 베개 자국을 마스크 속에 감추고, 향기로운 미소는 눈으로 가득 모아 고객을 만나러 나설 것이다. 다만, 너무 과하게 안간힘을 쓰다가 망가진 단추처럼 쓸모없어지는 일은 없기를 바랄 뿐이다. 쉰의 중반을 향해 가는 지금은 예순을 준비하는 시간이다. 지금은 그런 시간이다.

날개가 사라졌다

김순자
2019. 3. 천료

찰칵, 찰칵. 기분이 한없이 상승해 사진기 셔터를 눌러댄다. 활짝 핀 호박꽃의 노란빛이 이토록 예쁜 줄은 예전에 미처 몰랐다. 베란다 새시의 유리창을 타고 상하좌우로 마구 뻗어 나간 초록빛 가지 곳곳에 아름다운 자태를 뽐내고 있다. 그것을 본 순간 나는 그만 환호성을 지르며 감탄사를 남발했다. 카메라에 저장된 호박꽃의 특이한 화려함을 여기저기 지인들에게 보냈다. 사진을 받는 사람마다 나의 기쁜 마음에 동조했다. 이를 통해 기분은 한층 업그레이드됐다. 이후 베란다에서 많은 시간을 보낸다.

호박꽃의 암꽃에는 씨방이 있고 수꽃에는 없다는 것을 인생 후반기를 맞아 금년에 호박을 직접 키우면서 알게 됐다. 지금까지 살아오는 동안 몰랐던 것을 이제라도 알게 되었으니 다행이다. 사람은 죽을 때까지 배우면서 살아야 한다는 말이 맞는 듯싶다. 새로운 것에 도전하는 설렘 탓에 인터넷 검색도 열심히 하게 된다.

처음, 호박꽃들이 화려하게 피었을 때 아름답다고

환호성을 질렀는데 이틀도 견디지 못하고 하나둘 '툭툭' 떨어졌다. 아파트 고층까지 나비나 벌이 찾아와 암수 간의 교배가 이뤄진다는 것은 쉽지 않았다. 솔직히 암꽃과 수꽃의 구별조차도 못해서 농사지은 경험이 있는 친척으로부터 암수 분별법을 배우게 됐다. 아울러 인공 수정에 대한 지식도 획득했다. 몸소 수꽃의 수술을 따서 암꽃의 암술에 꽂아 주었다. 시행착오를 거듭하면서 간신히 꽃가루받이에 성공한 호박 열매 하나가 며칠 되지 않아서 나의 입을 쩍 벌어지게 만들었다. 하루가 다르게 '쑥쑥' 자라 시중에서 파는 애호박보다 훨씬 컸다.

비가 오락가락하는 날씨 탓에 생각나는 것은 단연 '호박전'이다. 호박을 따다가 전을 부치고 싶었지만, 어렵사리 맺은 열매이기에 그저 바라보면서 그 맛을 음미했다. 내 팔뚝 굵기보다 더 두툼한 호박이 무거워진 무게 때문에 이를 견디지 못하고 땅에 떨어지는 게 아닌가 하는 염려마저 생겼다. 그래도 호박을 바라보는 마음은 매우 흐뭇하다. 그뿐만 아니라 호박 주변에 자라고 있는 토마토 나무들도 자신들에게 관심을 가져달라고 외치고 있는 것 같다. 또 벽을 타고 치솟아 천정으로 뻗은 하늘마가 푸른 자태를 뽐내는 잎과 함께 눈을 맞추자고 한다. 그러한 신호에 아랑곳하지 않고 유별나게 큰 자태로 높게 매달려 있는 호박에만 마음이 한없이 쏠리는 것은 어쩔 수 없다. 그저 바라보고만 있어도 기분이 좋다. 이웃나라에서 생활하고 있는 딸이 '호박꽃과 열매' 사진을 받아보고 '엄마가 정성 들여 부친 호박전을 맛보고 싶다'라며 호기심 어린 마음을 메일에 담아 보내왔다. 호박 사진 때문에 우리 모녀는 힐링하고 한 바탕 웃을 수 있었다.

나는 오래전부터 여러 동물을 기르며 애정을 쏟고 살아왔다. 작년부터 베란다에서 작은 텃밭을 일구며 동·식물을 가리지 않고 관심 기울이게 되니 한결 마음이 흐뭇하다. 베란다 창가의 햇볕을 가려주는 각종 식물의 푸른 잎 때문에 블라인드나 커튼을 따로 칠 필요가 없어졌다. 식물이 뿜어내는 진하고 옅은 초록 빛깔의 상큼함이 내 눈의 답답함이나 침침함 대신 시원함과 개운함을 안겨준다. 그동안 방치하듯이 키운 하늘마가 베란다 천장을 푸르게 만든 것을 보니 마음이 평안하다. 그동안 홀대했던 하늘마를 소중히 생각하게 된 데는 마가 건강에 좋다는 정보를 주는 인터넷의 영향이다.

방울토마토나무 역시 마냥 키만 크고 열매를 맺으려 하지 않아 위로 뻗은 줄기를 잘라주었다. 어느 순간부터 꽃을 피우더니 열매가 주렁주렁 달리기 시작했다. 열매들은 어느새 푸른빛에서 붉은빛으로 바뀌어 갔다. 마침내 빨갛게 익은 열매는 따서 먹는다.

코로나19 때문에 외출을 삼가고 집안이 삶의 주 무대가 되다 보니 예전에 미처 느끼지 못했던 아기자기한 현상에 관심도 쏟으며 호기심도 생겼다. 막상 다 자란 호박을 따려니 머뭇거려진다. 그래도 따서 먹어줘야 호박이 좋아서 열심히 열매를 맺어준다는 친구의 조언이 생각나 호박을 마침내 수확했다. 지금까지 살아오면서 아무 생각 없이 호박을 먹어왔다. 그러나 직접 길러보니 다르게 느껴진다. 더구나 호박이 우리 몸의 건강에 크게 기여한다는 사실도 상기시켜 본다. 실제 호박은 노폐물 배출, 위 건강, 두뇌 건강, 혈관 건강, 항산화 작용, 다이어트 등에 좋다고 한다.

한편, 베란다 텃밭 한 곳에는 검은콩 나무들이 지지대를 타고 천정까지 파랗게 물들이고 있다. 어느덧 연보랏빛 콩 꽃이 파란 콩깍지로 변하여 대롱대롱 매달렸다. 그 후 자기들에게 관심 좀 가져 달라는 듯 노르스름한 색깔로 옷을 갈아입었다.

나는 하루의 4분의 1을 거의 베란다에서 동·식물들과 함께 보낸다. 햇볕을 많이 쬐다 보니 비타민D를 따로 섭취하지 않아도 된다고 자위한다. 그뿐만 아니라 달 밝은 밤에 가로등 밑을 지나다가 그림자를 통해 우연히 발견했던 팔뚝 아래 '날개'도 어느새 자취를 감췄다. 하루에도 서너 번씩 금와 달팽이 케이지를 들어 올렸다가 내리는 것을 반복하며 사료를 챙겨 주고, 지속해서 코코피트를 갈아주었더니 날개 달리듯이 아래로 처졌던 팔의 살이 근육으로 바뀐 것이다. 달팽이 케이지의 바닥재로 사용했던 코코피트는 베란다 텃밭의 거름으로 다시 활용되고 있다. 알로에, 다양한 허브, 산세비에리아, 하늘마, 나팔꽃, 방울토마토, 오이, 콩, 들깨 등 여러 종류의 식물이 코코피트 속에 깔려 있는 갖가지 달팽이의 분비물로 인해 영양을 풍부하게 흡수해 기하급수적으로 성장하는 모습도 보게 된다.

결국, 우리집 베란다에서 공생하고 있는 동·식물들을 위해 팔을 부지런히 움직이게 된다. 그 결과 근력운동 효과가 나타나 날개가 사라졌다 해도 과언이 아니다. 뿐만 아니라 일상 속에서 즐겁게 사랑으로 행하는 일이기에 행복호르몬 '세로토닌'이 늘어나 좋은 기운으로 소확행 삶을 살고 있다.

참 아름다운 산행

허남국
2019. 3. 천료

한반도 3대 영산중 하나인 한라산을 내 생애 처음 종주하였다. 한라산은 해발 1,950m로 우리나라 최고봉이면서도 높다는 생각보다는 가까이하기에 좋은 당신처럼 친숙함을 느끼게 하는 아름다운 산이다. 울창한 산림과 태고의 자연을 간직하고 있는 신비의 산이 우리 일행을 맞았다.

웃으면서 올라갔다가 울면서 내려온다고 할 만큼 산세가 유한 듯하면서도 18.4km의 길고 힘든 등산로를 가지고 있었다. 울창한 자연림을 걸으며 광대한 고원 초원을 조망할 수 있는 아름다운 등산코스였다. 관음사 코스는 급경사 나무 데크 길로 백록담 화구 북벽과 웅장한 왕관능을 감상할 수 있었다.

춘천 집에서 새벽 2시에 출발하여 9시에 제주도 성판악 탐방안내소 입구에서 QR코드를 찍고 입산하였다. 녹음 짙은 오월의 마지막 날, 파란 하늘과 싱그러운 초록 물결이 우리를 감싸 안았다. 나뭇가지 사이로 새어 나오는 상큼한 향기를 담은 바람 소리와 새 소리 등 자연의 숨결을 느끼는 데는 어떠한 언어도 필요하지 않았다. 색으로 듣고 소리로 볼 정도로 자연 하모니에 빠져드는 순간 마음은 구름을 타고 하늘을 훨훨 날고 있었다.

12시 30분, 진달래 대피소에서 잠시 쉬고 백록담 화구벽 정상 오름의 등반을 시작하였다. 길은 점점 경사가 심해졌다. 돌길과 나무 데크 계단 길을 걷는 앞뒤 산객의 숨소리가 거칠게 들렸다. 잠시 쉴 겸 오르던 걸음을 멈추니 탁 트인 서귀포 앞바다와 파란 하늘이 손에 잡힐 듯 눈앞에 있었다. 발아래 오름이 여인 가슴처럼 둥글둥글 풍만하게 이어져 있었다.

다리 근육통으로 계획보다 늦은 2시 15분쯤 정상에 섰다. 백록담이 그린나래를 편 듯 파란 하늘을 날아오르고 있었다. 연초록 백록담 한쪽 바닥에 순백의 물이 고여 있었다. 물이 담겨 있는 백록담을 보는 것도 흔하지 않다고 하였다. 산행은 정상에 올랐을 때가 가장 즐겁고 기쁘다. 즐거워야 할 시간이 너무 짧았다. 하산을 준비하라는 안내 방송에 마음이 더 바빠졌다. 한라산 동부 능선 표지목 앞에서 기념사진을 찍었다. 한 장 한 장 찍기에는 시간이 부족하여 동영상으로 동서남북 전체풍경을 영상으로 담았다. 하산 시간이 되었다. 아직 정상까지 올라오지 못한 일행이 걱정되었다. 일단 하산 시간이 경과 되어 관음사 쪽 길에서 기다리며 제주 선경을 감상하였다. 들떴던 마음이 조금은 가라앉았다. 관음사 쪽 하산이 가능해졌다는 안도감이 마음을 편하게 만들었다. 지난해 겨울에도 하산 시간 마감으로 관음사 코스가 차단되어 성판악으로 원점회귀 하산을 하였었다.

이번 한라산 종주를 통하여 '준비하지 않으면 행복은 없다'라는 것을 체험하였다. 준비하지 않은 산행은 고통이었다. 산행 준비물을 챙기지 않고 산에 오르는 것은 총 없이 전장에 나가는 것과 같았다. 관음사 쪽 하산길에서 만났던 몇 팀의 고통을 보면서 산의 공평함을 배웠다. 준비한 만큼 행복을 나누어주는 것이 산이다. 제주도에 놀러 왔다가 점심을 챙기지 않은 30대 아들 따라 생각 없이 함께 나섰다가 탈진 직전 고통을 겪는 60대 어머니, 물을 충분히 챙기지 않은 중년 아빠와 한라산을 넘는 8세 어린이의 찌그러진 얼굴, 산을 모르는 상태에서 준비 없이 한라산을 첫 산으로 올랐다가 길바닥에 주저앉은 50대 남성이 겪는 고통이 남의 일이 아니었다. 배낭 속 오이와 초콜릿을 나누어 주었다. 점심도 못 먹고 한라산을 넘는 60대 탈진상태 어머니에게는 우리 일행 4명의 배낭 속 빵과 간식을 탈탈 털어 탈진을 막아 주었다. 길바닥에 주저앉아 고통을 호소하는 50대 남성에게는 진통 소염제를 주었다. 약 먹을 물도 없다고 한다. 물을 나누어 주었다.

4시 30분, 삼각봉 대피소에 도착하였다. 공단 직원이 아직 가야 할 길이 멀다며 빠른 하산을 독려하였다. 뒤에 누가 더 있느냐고 물었다. 우리 일행 3명과 점심을 굶은 어머니와 물 부족으로 탈수 상태인 어린아이가 있다고 일러 주었다. 어린아이는 조금 기다려서 안 내려오면 조치를 해야 할 것 같다고 특별히 당부까지 하였다. 한참 후 조용하던 산중이 시끄러웠다. 관리공단 직원이 모노레일에 그 사람들 모두를 태워 하산하고 있었다. 어린아이 얼굴을 보는 순간 나도 모르게 만세를 불렀다. 준비 안 된 산행으로 지옥의 문 앞까지 다녀온 것 같았을 것이다. '준비가 곧 행복이다.'라는 것을 체험하였다. 걱정이 환희로 바뀌는 순간이었다. 저녁노을이 나뭇가지 사이를 붉게 물들이고 있었다. 저물면서 더욱 빛나는 노을처럼 몇 시간 남지 않은 하루가 아무 탈 없이 황금빛으로 아름답게 마무리되기를 빌었다. 걸어도 걸어도 길 끝이 보이지 않는 검은 탐라계곡이 어둑어둑 저물기 시작하였다. 바싹 말라붙은 탐라계곡처럼 물을 챙기지 않았던 등산객의 몸과 마음이 말라 들어가고 있을 것 같아 안타까웠다.

동행은 한 방향으로 함께 가는 것을 말한다. 하지만 같은 마음으로 함께 갈 때 더 아름다운 동행이 된다. 한라산에서 만났던 산우들이 겪은 고통과 어려움은 평생 잊지 못할 추억으로 기억될 것이다. 산행 배낭 속에다 언제나 낙(樂)하나 챙기면 행복하다. 오르는 즐거움에 어려운 산우를 돕는 배려로 오르가즘(樂)을 더 할 수 있었다. 등산이든 취미든 최고의 낙이 오르가즘 아닌가. 오르가즘을 최대한 누릴 수 있었던 한라산에서의 하루가 평생 추억으로 남을 것 같다. '참 아름다운 산행'이었다고.

쌍무지개

하홍팔
2019. 4. 천료

지나가려던 경찰차가 멈춰 선다. 길가에 세워둔 내 차가 교통법규를 위반했나 싶어 갑자기 긴장되었다. 한 경관이 내린다. "어, 아저씨 좋은 지점에 자리 잡았네요." 그러면서 연신 자신의 핸드폰으로 찍어댄다. 정말 오랜만이다. 상상치도 못했다. 동편 하늘에 저렇게 찬란하고도 장엄한 아치를 온 하늘에 수놓은 쌍무지개. 나는 감탄을 연발하면서 이리저리 정신없이 찍어대고 있었다. 지나가던 경찰 아저씨도 덩달아 열심히 찍는다.

산허리를 감아 도는 강과 그 강을 병풍처럼 둘러싼 산들 그리고 그림 같은 구릉을 이룬 널따란 들판이 그 가운데 자리 잡고 있다. 이 들판은 내 어린 시절의 운동장이었다. 봄이면 온 들판은 각양각색의 꽃으로 장관을 이루었고, 여름이면 수박밭으로 변모하였다. 요즘은 보기 힘든 온갖 형태의 수박이 지천에 널려 있었다. 그중에 특이했던 것이 동이수박이다. 저녁나절이면 날아드는 모기를 쫓으려 모깃불을 피워 놓고 평상에 드러눕는다. 모깃불에 눈물을 쏟고 맑은 눈으로 금방 쏟아질 것 같은 무수한 별을 바라보고 있노라면 어린 가슴에 알지도 못할 꿈이 아른거린다. 저 멀리 은하수가 열렸다 닫혔다 한다. 온 하늘이 오염된 지금은 은하수는커녕 별도 보기 어렵다.

지금처럼 뜨거웠던 여름날 오후, 열대의 스콜(squall)처럼 어김없이 한줄기 시원한 소나기가 무더위를 식혀 주었다. 소나기가 멈추면 동편 하늘에 휘황찬란한 무지개가 그토록 선명할 수 없는 색깔로 자주 하늘을 드리웠다. 동심의 어린이는 그 무지개를 잡으려 들판을 가로질러 달리고 달렸다. 가까이 갔다 싶으면 저만치서 계속 손짓한다. 끝내 잡지 못하고 뒤돌아섰던 추억이 아련하다. 내 어린 시절의 무지개는 나에게 꿈을 심어준 전령(傳令)이었다.

이곳을 향하여 오줌도 누지 않는다는 말이 있다. 논산훈련소를 두고 하는 말이다. 그 훈련이 얼마나 고되었으면 이런 말이 나왔을까. 나는 그것을 경험하러 1969년 5월에 논산훈련소에 입소하였다. 수용연대에서는 '장정'으로 불리더니 신체검사를 마치고 훈련소에 입소하니 노란 색깔의 삼각형 훈련병 계급장이 가슴팍에 부착되었다. 훈련은 고되고 힘들었다. 제일 견디기 힘든 것 하나가 배고픔이었다. 식당에서 주는 밥을 게 눈 감추듯 삽시간에 먹어 치우고 조교들의 얼음장 같은 소리에 쫓기듯 튀어나와 구령 따라 소리소리 지르면 어느덧 밀려드는 배고픔을 어찌하랴. 그다음으로 힘든 것은 수면 부족이었다. 구보하는 중에도 졸릴 지경이었다. 그래서 훈련소에서 간절했던 두 가지 소원은 밥을 실컷 먹어봤으면 하는 것이었고, 그다음은 잠 좀 실컷 잤으면 하는 것이었다. 이런 때 옆에 아는 친구라도 있으면 큰 힘이 되고 위로가 되었겠지만, 그 많은 훈련병 중에 아는 사람이라곤 단 한 명도 없었다.

하루의 고된 훈련을 마치고 취침 시간이 되면 순번을 따라 보초를 섰다. 가장 꿀잠을 자야 할 새벽이 나의 보초 순번이었다. 먼동이 터오는 그 새벽에 앞으로 3년간의 군 생활을 어떻게 해나갈지 손에 잡히는 것이 없을 때였다. 동병상련의 훈련병들은 저마다 훈련 모에 애인의 이름을 쓰거나 제 나름의 소원을 새겨서 그 힘든 시간을 보내고 있었다. 그중 가장 흔한 말은 '그날이 오면'이었다. 그 막막한 새벽녘, 무지개가 황홀한 아치를 서쪽 잿빛 하늘에 그리고 있었다. 그것도 쌍무지개. 갈 길이 아득해 보이는 3년의 군 생활을 헤쳐 나가야 할 나에게 그것은 앞날을 염려하지 말라는 하나의 격려와 위로 같았다.

나는 신학을 한 사람으로서 무지개의 역사를 성경에서 발견할 수 있었다. 성경 창세기에서 '노아의 홍수'를 읽게 된다. 살아남은 사람들, 특히 노아의 가족과 그 후손들은 비(홍수)를 두려워하게 되었다. 다시 홍수가 세상을 휩쓸어가지 않을까 하는 두려움이 있었기에 하나님의 약속에도 불구하고 그들은 바벨탑을 쌓았다. 하나님은 노아에게 이렇게 약속하셨다. 다시는 홍수로 세상을 멸망시키지 않을 것이라는 약속이었다. 그 약속의 증표가 무지개였다. '내가 너희와 언약을 세우리니 다시는 모든 생물을 홍수로 멸하지 아니할 것이라…. 내가 내 무지개를 구름 속에 두었나니 이것은 나와 세상 사이의 언약의 증거니라' 「창세기 9장 9절, 13절」. 아마도 기록상 무지개에 대한 고대의 언급은 이것이 유일하지 않을까 싶다.

무지개는 햇빛과 물(비)로 구성된다. 햇빛을 등지고 입에서 물을 푸하고 뿜어내면 아름답고 영롱한 무지개를 금방 만날 수 있다. 자연적인 무지개도 이렇게 만들어진다. 내가 최근에 목도한 쌍무지개도 조건만 갖춰지면 언제나 만들어질 수 있다. 나에게 무지개는 꿈을 키워준 희망의 산물이었고 암담하였을 때 밝은 미래를 보게 해 준 등불과 같았다. 작년과 금년은 유달리 우울한 나날이었다. 70대 중반을 치닫고 있는 내가 한 번도 경험해보지 못한 암담한 세월이었다. 지금까지 세계적 재난이 왔어도 강 건너 불을 보듯 남의 일처럼 여겨졌다. 그런데 이번에 겪은 코로나는 강 이편 나에게 날아든 직접적인 재난이었다.

이러한 때 무엇이 나에게 희망을 가져다줄 것인가. 무지개, 이런 무지개가 필요할 것이다. 햇빛도 필요하고 비도 필요하고 무지개를 받아줄 잿빛 하늘도 필요하다. 이 각각을 잘 융합하면 나의 무지개는 언제든지 얼굴을 내밀 것이다. 기다려 보자. 그러면 가장 암울한 때라도 희망의 무지개는 떠오를 것이다.

박사유감

이재명
2019. 4. 천료

'무덥다.', '정말 찜통이다.'라고 하지만 사실 예년과 별 차이가 없는 올여름의 한낮, 나는 평소 습관대로 에어컨 바람이 시원한 실내로 파고 들고자 하는 육신의 본능을 좇아 잰걸음으로 대형서점에 진입한다. 서점 초입부터 『투잡 하는 K대리』, 『생초보도 따라 하는 주식』, 『월급쟁이 건물주 되기』 등의 제목이 눈에 띈다. '과연 가능할까.'라고 생각되는 제목으로 고객들의 동선을 방해하는 인기 서적의 광고매대 사이를 스타워즈 우주선이 혹성 피해가듯 익숙한 조종 솜씨로 하나씩 지나친다. 평소 궁서체로 살아간다는 얘기를 듣는 나이기에 요즘 일곱 살 장난꾸러기와 칠팔십 어르신들도 뛰어든다는 주식의 세계는 영원한 나만의 신대륙으로 남겨놓으려 마음먹은 지 꽤 되었다. 하지만 육아와 교육도서 코너 앞에서는 잠시 중립 기어를 놓고 이 책, 저 책 살펴보며 혹시 우리 부부가 육아에 있어 놓친 부분은 없는지 확인해보기도 한다.

역시나 페이지를 넘기는 매 순간 탄식이 나올 정

도로 잘 쓰인 '우리 아이 착하게 만드는 법', '내 자식 명문대 보내기', '자녀 양육 십계명' 등의(실제 제목이 아니다) 책들은 아이가 이러저러할 때는 어떻게 반응해야 한다는 식으로 자세하고 명확한 매뉴얼을 소개하고 있었다. 나는 이 책을 읽다가 중·고등학교 시절 읽었던 '금붕어 키우기', '애완동물 사육법'을 다시 어른이 되어서 읽고 있다는 느낌을 받았다. 비단 책만이 아니다. 요즘 공중파에서는 생활에 문제가 있는 아이들을 영상으로 보여주며, 그에 대한 해결책을 전문가가 제시해주는 프로그램이 인기를 얻고 있다. 마찬가지로 생활에 문제가 있는 반려견을 영상으로 보여주며, 전문가가 직접 훈육을 하거나 해결책을 제시하는 방식은 대상이 유아와 반려견의 차이일 뿐 대동소이하다. 이는 마치 가전제품의 사용설명서의 뒷부분에 어떤 오작동이 있을 때 어떻게 해야 한다는 것과 다를 바가 없었다. 인격체인 우리 아이가 반려견과 같은 행동 기제를 가지고 있고, 가전제품과 같은 원리로 작동된다는 말과 과연 무엇이 다른가.

어느덧 전문가의 시대가 되어버렸다. 전국 팔도의 건설 현장 공사판을 수십 년 누벼온 옆집 김 씨 아저씨도, 팔 남매를 키우시고 다 시집·장가 보내셨던 아랫집 할머니도, 건축사 혹은 건축학 박사, 교육학 박사 앞에서는 조용히 있어야 한다. 아니, 조용할 것을 요구받는다. 특히 박사학위를 외국에서 받아온 경우라면 그 권위는 그냥 자장면에서 자장면 곱빼기로 업그레이드된다. 문제는 전문가가 개입하여 그 영향력이 절대적으로 되는 분야가 있고, 그렇지 않은 분야가 있는 것인데 육아와 같이 집안이나 부모 고유의 교육관이 투영되는 분야에도 전문가가 매뉴얼을 조선시대 방(榜)처럼 벽에 붙여놓는다. 물론 박사로 위시(爲始)할 수 있는 전문가가 되기 위한 노력은 얼마 전 박사수료를 하고 머지않아 박사학위를 취득하는 나 자신이 잘 알고 있다.

박사(博士), '전문 학술 분야에서 연구가 깊고 뚜렷한 업적을 이룬 사람에게 대학에서 수여하는 가장 높은 학위'라는 사전적 의미와 같이 어느 한 분야에서 받을 수 있는 가장 높은 수준의 공식적인 인정이다. 하지만 박사는 박사일 뿐, 우리 삶의 가장 민감한 부분인 자녀교육이나 부부·가족관계, 죽음, 바람직한 인생에 대한 매뉴얼을 줄 수는 없다.

나와 아내를 닮은 내 아이에 대한 가정교육은 우리 부부가 직접 고민하면서 헤쳐 나가야 하며, 그 과정에서 부득이 좌충우돌 시행착오를 겪을 수도 있다. 현대인들은 굳이 이러한 시행착오를 피하기 위해 교육학 박사님의 직접적인 지도, 즉 가장 효율적이고 단기적인 효과를 볼 수 있는 처방을 갈구하고 있다. 수많은 사람이 한 알 삼키면 기침이 뚝 그치고 가뿐해지는 독한 처방전만을 원하니, 박사들의 입장에서는 이에 부응하지 않을 수도 없을 것이다.

극한의 실용성과 효율성이라는 경제학 관념이 모든 가치를 지배해버린 이 시대, 우리들은 삶의 모든 문제를 박사라는 전문가에게 맡기고 있는 것이 아닐까. 맡겨야 하는 영역과 우리 스스로 헤쳐 나가야 하는 영역을 분간하지 못하는 우리에게는 또 다른 어떤 박사가 개입하여야 하는가. 영광스럽고 값진 단어이자 모습인 박사(博士)를 내가 유감스럽게 볼 수밖에 없는 이유이다.

집으로 가는 길

이근영
2019. 8. 천료

가끔 아내랑 재래시장에 간다. 물론 아내를 돕기 위해서이지만 나는 좋아서 간다. 시장이 정겹다. 아니 그 이상이다. 어려서는 살림집을 겸했던 서울 을지로에 있는 가게에서 아예 살았고, 대구로 이사 가서도 초등학교 시절에 거의 매일 가게에 들렀다. 커서는 집(공장)에서 만든 이불을 자전거로 실어 나르기도 했다. 시장은 아버지가 장사를 완전히 접는, 그러니까 내가 고등학교 3학년이 되던 해까지 내게 매우 익숙한 곳이었다.

재래시장에는 시장 특유의 냄새가 있다. 우선은 물자가 많으니 육류나 생선 그리고 청과류가 풍기는 냄새가 물씬하다. 약재 거리에는 약 냄새가, 원단 골목에는 눈이 매울 정도로 염색 냄새가 진동한다. 그뿐 아니다. 시장 뒷골목 음식점과 포장마차 먹거리 냄새도 굉장하다. 하지만 압권은 그것들이 얽히고설킨 난전(亂廛) 냄새다.

난전은 언뜻 무질서해 보이지만 잘 보면 나름의 흐름이 있다. 모든 물자는 있어야 할 곳에 반드시 있고, 물자와 사람과의 거리는 항상 알맞은 거리를 유지하고 있다. 상인들은 물건이 있는지 없는지, 어디에 무엇이 있는지 막힘이 없다. 짧은 거리일지라도 결코 직선이 아닌 시장 골목의 동선은 정말 정신 사나운 미로와 같다. 하지만 보이지 않는 공생의 손이 작동하고 있음인지, 복잡함 속에서도 그 흐름이 무너지지 않는다. 난전은 상인들의 팔려는 열정과 손님들의 알뜰함이 교차하는 곳이다. 상인들은 물론 주부들도 치열해야만 하는, 사람 살아가는 냄새가 쌓이는 곳이 바로 난전이다.

학교가 파하면, 무조건 시장 가게에 들러야 했다. 엄마 눈도장도 찍어야 했지만, 무엇보다 그날의 용돈이 필요해서다. 엄마는 학교 과제물 평가나 받아쓰기 같은 쪽지 시험에서 최고 점수면 1원씩 주셨다. 그러니까 학교서 받은 100점은 물론이고, '수'나 '참 잘했습니다.'라는 도장이나, 또는 빨간 색연필로 휘감은 '다섯 마루(동그라미)'가 곧 용돈 1원이었다. 당시 1원이면 구멍가게에서 쇼핑이 되었고, 아이들 간에 구슬이나 딱지도 충분히 살 수 있는 돈이었다.

좁고 긴 난전 골목이 열십자로 만나는 한 가운데에 군고구마를 파는 할머니가 있었다. 늘 같은 옷차림으로 머리에 수건을 둘러쓰고, 허리춤에 국방색으로 된 전대를 차고 있었다. 시장 안에 그다지 바람이 없는데도 항상 바람 시린 눈을 하고 껌뻑였다. 자주 들르는 나를 보고는, '왔나, 야끼모?'라고 한다. '야끼모'는 일본말 '야끼이모'(군고구마)로서 네 글자인데, 할머니는 늘 짧게 바삐 불렀다. 1원어치면 헌 교과서 뜯은 종이 두 장을 붙여 만든 봉투에 들어갈 만큼이었다. 단골이라 더 넣었다는 데도, 막상 봉투는 늘 교과서 봉투였다. 언젠가 2원을 줬더니 덥석 전과(全科)를 뜯어 만든 큰 봉투를 집는 걸 보고, 그게 말뿐이었단 걸 알게 되긴 했지만. 고구마마다 놋젓가락으로 찌른 약간은 성급한 자국이 있다. 나름의 합격품 표식이다. 구멍 난 면장갑을 끼고 뜨거운 자갈돌 위에서 연신 고구마를 뒤적이고 찌르며 익은 상태를 살피던 할머니 모습이 선하다. 우습다. 그때 그분은 실제론 내 지금 나이보다 훨씬 젊은 아주머니였을 텐데, 왜 내 머릿속에는 늘 할머니 모습으로 남아 있는 건지.

가던 길로 몇 집 더 가면, 닭집이 있었다. 가게 안은 늘 뜨거운 김으로 가득했고, 길가에 나와 있던 내 키보다도 큰 드럼통은 닭의 잔해로 가득했다. 드럼통 주변에 닭털이 날렸는데, 나는 멋진 털이라도 보이면 주워서 연필 꽁무니에 달았다. 언젠가 학교 단체 영화에서, 깃털 단 펜으로 편지를 쓰는 주인공을 너무 멋있게 봤던 것이다. 그래서 교실에서 닭털 하나 값이 꽤 나갔다. 적어도 새 연필 한 자루 값은 되었고, 어떨 때는 청소 당번을 바꿀 수도 있었다. 닭집 주인은 가까이 오지 못하게 했다. 뜨거운 물이 위험해서였는데, 한동안 귀한 닭털을 못 가져가게 하려는 줄로만 알았다. 닭 한 마리면 온 식구가 국을 끓여 먹던 빈궁했던 시절, 내 눈에 닭집 아저씨는 큰 부자였다.

난전 골목 끝이 시장 어귀였다. 어김없이 파출소와 소방서가 들어서 있었고, 제법 넓은 공터에는 소달구지와 '리아까'(리어카로서 손수레) 그리고 지게들이 즐비했다. 짐을 들어다 주고 품삯을 받는 장터였다. 그것도 모르고 집에 가는 길 조금이라도 편해 보겠다고, 달구지 뒤에 몰래 올라타곤 했다. 나 말고도 그런 아이들이 두엇 더 있었는데도 고삐 잡은 아저씨는 그냥 웃기만 했다. 이유가 있었다. 언덕길이었으니 내려가는 길도 있었던 것, 급히 내려가지 않게 우리는 일제히 내려서 달구지를 잡아주어야 했다.

내리막길도 끝나고 양옥집 담벼락에 반쯤 찢겨 진 채 붙어있는 영화 포스터가 보이면, 시장은 완전히 끝나고 주택가다. 신작로길이 갑자기 심심해진다. 무료함은 질색인지라, 지금도 가끔 그러지만 조금 전에 본 영화 포스터의 주인공들을 뒤섞고 바꾸며 공상을 한다. 이야기가 잘 풀리는 날은 그 기분을 좀 더 누릴 요량으로, 일부러 걸음을 늦추기도 했다.

그렇게 클라이맥스로 치닫는데, 갑자기 뒤에서 나를 부르는 소리가 들렸다. 엄마가 저녁 장을 보고 집으로 들어가다가 앞에 가는 나를 본 것이다. "아니, 아까 들어간 아이가 여태 길에서 뭘 하고 있냐."고 한다. 순간 계면쩍었지만, 그렇다고 아껴둔 주인공 '신영균'과 함께 괴뢰군에 잡혀있는 '최은희'를 구하러 가기 일보 직전이라고 말할 수 없는 노릇, 그냥 씩 웃으며 장바구니를 잡을 수밖에 없었다.

몇 해 전 대구에 갔을 때 그 길을 한번 걸어봤다. 불과 20분도 되지 않는 거리다. 그 길을 마냥 기웃거리며 혼자 행복해했다. 언젠가 할머니에게서 들었던 말이 생각났다. 어릴 적에는 다 크고 멀어 보인다고.

국민의식의 선진화

조인형
2019. 9. 천료

195개 국가가 회원국으로 참여하고 있는 유엔 산하의 유엔무역개발회의(UNCTAD)는 2021년 7월 2일 스위스 제네바에서 열린 제68차 무역개발이사회 폐막회의에서 만장일치로 한국을 선진국 그룹에 포함시켰다. 한국은 그동안 개발국 그룹에 있었는데 이번에 미국·프랑스·일본 등이 있는 선진국 그룹으로 바뀐 것이다. 개발도상국에서 선진국으로의 변경은 1964년 유엔무역개발회의 설립 이래 한국이 처음이라고 한다.

대한민국은 1948년 12월 12일 파리에서 개최된 제3차 유엔총회에서 58개국 중 48개국(반대 6, 기권 1, 불참 3)의 찬성으로 합법정부로 승인을 받았다. 그 후 1991년에 유엔에 정식 가입되었다. 오늘날 유엔에 가입한 나라가 193개국이니까 대한민국이 유엔에서 합법정부로 승인 받은 이후 유엔에 가입한 나라가 135개국이다. 세계인들은 이 중에서 대한민국을 민주화와 산업화에 가장 성공한 나라로 인정해왔다. 그러던 중 이번에 유엔무역개발회의에서 공식적으로 선진국 그룹에 포함시킨 것이다. 이것은 실로 지대한 역사적 의미가 있다.

그 이유는 36년간의 일본 통치로 황폐해진 나라, 6·25전쟁으로 폐허가 된 대한민국이 1세기도 못 되어 단기간 내에 세계적인 10대 무역국이 되었기 때문이다.

대한민국의 중앙과 지방, 어디를 가나 4통 5달로 교통망이 뚫려 있다. 대부분의 농민들이 자가용을 가지고 있고 어떤 농민은 자가용과 짐차를 보유한 농민도 있다. 중앙이나 지방이나 어디를 가나 화장실을 가보면 선진국이라 아니할 수 없다. 지방 도시들의 둘레길을 걷다 보면 대한민국의 자랑스러움이 절로 솟아난다.

더욱이 대한민국의 산업시설, 예컨대 포항제철을 비롯한 제철 시설들, 현대자동차를 비롯한 자동차 시설들, 현대조선소를 비롯한 중공업 시설들, 삼성 반도체, 하이닉스를 비롯한 반도체 공장들이 상상을 초월할 정도로 한국의 산업화가 선진화되었다. 1인당 국민소득이 3만 달러가 넘는 나라로 경제가 성장하였다. 그래서 한국이 원조를 받는 나라에서 원조를 주는 나라로 바뀜에 따라 유엔무역개발회의(UNCTAD)에서 선진국으로 인정하지 않을 수 없게 된 것이다.

이와 같은 경제 선진국이 문화 선진국으로 발전해야 진정한 선진국이라 할 수 있을 것이다. 아무리 바벨탑을 높이 쌓는다고 하더라도 부패하면 무너진다. 와우 아파트(1970. 4. 8), 성수대교(1994. 10. 21), 삼풍백화점(1995. 6. 29)은 왜 무너졌던가? 소돔과 고모라성이나 로마제국은 왜 무너졌던가? 1960년 4·19혁명 때 자유당 정권이 3·15부정선거로 무너졌던 것처럼, 어떤 정권을 막론하고 썩으면 망한다. 아무리 싱싱한 생선도 썩으면 버려질 수밖에 없다.

빌딩과 공장이 숲을 이룬다고 선진국이라 할 수 없다. 국민소득이 높다고 선진국이라고 할 수 없다. 아무리 경제가 발전해 간다고 하더라도 범죄가 창궐하고 조폭들이 난무하고 보이스피싱을 비롯한 사기꾼들이 판을 치는 나라, 가짜 상품을 많이 만들어 내고, 국제무역에서 신용을 제대로 지키지 않아 신뢰성을 상실한 나라가 된다면, 그런 나라는 결코 선진국으로 갈 수 없다. 구약성서 잠언서에는 "적은 소득이 공의를 겸하면 많은 소득이 불의를 겸한 것보다 나으니라(잠16:8)"라고 하였다. 국민소득이 적더라도 정당한 소득으로 깨끗하고 정의롭게 살아가는 나라, 상식과 공정이 통하고 열심히 정직하게 땀 흘려 일하는 사람들이 잘 살아가는 나라, 부정과 불법을 배척하고 법과 원칙을 잘 지켜 질서와 치안이 잘 이룩될 수 있도록 국민의식(國民意識)이 선진화(先進化)되어 갈 때, 진정 선진국다운 선진국이 될 것이다.

빛바랜 사진

장용식
2019. 9. 천료

내가 시력을 잃기 전에는 1년에 한 번씩 여동생이 사는 경기도 연천에 다녀오곤 했다. 그러니까 약 7, 8년쯤 되었나 보다. 거실에 있는데 여동생이 내게로 다가오더니 손에 뭔가 건네주었다. 내게 내민 것은 아주 오래되어 빛바랜 흑백 사진 한 장이었다. 내가 초등학교 2학년 때 부모님과 형, 나, 그리고 연천에 사는 여동생과 함께 찍은 사진이었다. 형과 나는 까까머리에 강산 초등학교 교복을 입고 있다. 가족사진을 찍은 특별한 이유가 있다. 어머님의 맏언니에게 가족사진을 보내주기 위해서였다.

큰 이모님은 서울에 사는데 어린아이를 무척 좋아하셨다. 이모님 자제들은 모두 자라 독립을 했고 이모님이 집에 혼자 있기에 너무나 적적하다고 했다. 그래서 바로 내 밑에 남동생을 서울에서 학교 보내고 싶다면서 데리고 가셨다. 이모님은 남동생에게 우리 가족을 잊히지 않기 위해 가족사진을 찍어 보내라 해서 가족사진을 찍은 것이다. 여동생은 그 당시 어머님의 젖을 먹을 때였다. 빛바랜 흑백 사진을 몇 십 년이 지나 다시 보니 나의 어린 시절이 하나하나 생각이 났다.

모든 사진이 부산에 사는 형님 집에 있기에 옛 사진을 보기가 무척이나 힘들다. 부산 형님 집에는 명절에 두 번, 부모님 기일에 두 번, 1년에 네 번 방문하지만, 형제들끼리 모여 이집 저집 손자, 손녀 재롱을 보느라 옛 사진 생각은 나질 않는다. 그런데 이번에 빛바랜 옛 사진을 보니 나의 어린 시절 모든 생각이 머릿속을 스쳐 지나간다. 그러한 사진을 볼 때면 내가 이렇게 까까머리였던 시절이 얼마 되지 않은 것 같은데, 내 나이가 벌써 이리됐나 싶다. 그때가 제일 철부지였던가 보다. 부잡스러운 일은 형제 중에 내가 도맡아 놓고 했다. 그 당시 나의 엉덩이가 붉게 물든 날이 끊이지 않았으니 말이다. 하루가 멀다 하고 어머니께 부지깽이로 맞고 또 맞고, 부지깽이로 맞을 때만 어머니께 잘못했다며 빌고 또 빌고, 그렇게 맞고도 얼마 되지 않아 또 일을 저지르고, 아마도 그러기에 철부지 아이들이라고 했나 보다.

지금에 와서 생각해 보면, 우리 아이들 어릴 적의 사진은 많이 찍어 두었는데 이상하게도 남아 있는 것은 몇 장 되지 않았다. 아마, 이사를 자주 하다 보니 그때그때 조금씩 분실되었나 보다. 그 많은 사진이 분실되지 않았다면 손자 손녀들에게 이것은 어릴 적 너희 아빠요, 이건 너희 엄마라며 손자 손녀들이 무척이나 신기하게 봤을 텐데…. 조금은 아쉽다.

낼모레면 칠십이 되는 나이에 아주 오래되어 빛바랜 흑백 사진을 보니 어린 시절이 생각난다. 난 생일이 빨라 7세 때 입학을 했다. 요즘에는 입학할 때 코 흘리는 아이들이 어디 있는가. 또한 왼쪽 가슴에 손수건을 길쭉하게 접어서 달고 다니는 아이도 없다. 그 당시 아이들은 왜 그렇게도 누런 코를 질질 흘렸는지…. 콧물은 입속으로 들어갈 듯 흐르다가도 훅, 숨을 들이켜면 다시 콧속으로 쏙 들어갔다. 또다시 흘러나오면 옷소매로 쓱, 닦아버린다. 옷소매는 양쪽이 반들반들하다. 우리는 부모님 보는 데서 코를 흘리거나, 옷소매로 닦았다가는 여지없이 어머니께 매타작을 당하곤 했다. 물론, 옛날에는 옷이나, 양말, 고무신 모두가 바느질로 기워 입고 다녔다. 떨어진 옷이나 양발 하나라도 실밥이 버스럭거리면 가위로 깔끔하게 베어주셨다. 또한 나도 어려서부터 아주 청결했다. 친구들을 보면 허리띠가 없어 천 조각으로 허리띠를 만들어 허리띠 속에 집어넣지 않고 그대로 출렁출렁하며 다녔다. 머리는 얼마나 안 감았는지 머릿속은 징계 똥이 아주 두껍게 앉아 선생님께 손바닥에 불이 번쩍번쩍할 정도로 맞았다.

지금까지 생각해 보면 우리 부모님께서는 우리를 아주 청결하게 키우셨다. 이렇게 빛바랜 사진을 보니 옛 생각이 절로 나 옛 시절을 한 번 적어본다.

어느 여름날의 단상

장은영
2019. 12. 천료

이른 아침이다. 어제도 마주쳤지. 진돗개를 데리고 산책하는 남자, 오백 년이 되어가는 나무 아래서 몇 안 되는 채소를 파는 아주머니들, 라디오를 들으며 지그재그로 걷는 아저씨, 이미 산행을 마치고 내려오는 두 여자.

매일 아침 스치는 사람들. 매미소리, 물소리, 하늘을 가르는 새소리, 모든 것이 완전하다. 움켜쥘 수 없는 소중함을 깨달으며 걷는다. 나는 수줍음 많은 새벽이 발랄한 빛을 맞이하는 그 시간을 좋아한다. 상념으로 물들지 않은 새날은 모든 것을 의심 없이 받아들인다. '오늘도 잘 보내야지' 다짐하며 걷는다. 산사로 향하는 길목에 능소화가 만발했다. 절에 핀 꽃은 거의 지고 없는데, 세간에 난 것은 여전히 화려하다. 빛깔도 속세의 것이 더 붉다.

넉 달이 지났다. 아버지를 떠나보낸 뒤 아침마다 절을 향하였다. 산사는 오가는 발걸음을 고요히 품어주었다. 가까이 날아드는 새와 나비를 보면 돌아가신 부모님께서 소식을 보내오신 건 아닐까 하여 멈춰 서서 바라보았다. 다가오는 모든 것이 우연은 아닐 것 같았다. 그토록 마음이 매어 있었다. 서서히 눈물이 마르는가 싶다가도 아버지와의 마지막이 떠오르는 날이면 숨이 막혀 견딜 수 없었다. 언제까지 그래야 할까. 한 치도 예상 못해 더욱더 아픈 기억이 희미해질 때까지겠지. 그러니 아버지와의 마지막 연을 매듭지어준 산사에 머물 수밖에. 그곳에서 무거운 상념을 지워가고 있다.

더위가 한창이던 날, 일찍부터 마당을 쓸고 계신 스님을 보았다. 하루가 멀다 하고 떨어지는 능소화 꽃잎을 치우고 계셨다. 대야 하나를 채우고도 넘치는 양이었다. 다음날부터 마당 쓰는 일은 내 몫으로 삼았다. 스스로 그리하였다. 선홍빛 능소화에 마음 빼앗긴 등산객들이 감탄하며 다가와 사진을 찍고는 사라졌다. 나는 그들의 웃음과 재잘거림을 들으며 묵묵히 마당을 쓸었다. 누군가는 핀 것을 보고 누군가는 진 것을 보는구나, 속으로 담담히 웃었다.

쓱, 쓱. 돌바닥을 쓰는 소리가 마음을 씻어내는 소리 같았다. 소리에 귀 기울이며 마당을 쓸었다. 팔월에 이르자 힘차게 날던 벌들이 지는 꽃 따라 잦아들었다. 땅에 떨어진 벌은 화단으로 옮겨주었다. 아버지를 성심껏 보내드린 분들의 손길과 같이 나도 벌들의 마지막을 예의로써 대하고 싶었다. 무성한 잎 사이로 듬성듬성 자리 잡은 꽃송이가 여름의 끝을 알린다. 이 계절도 가는구나. 익숙했던 것은 가고 새것이 온다. 계절은 시간의 흐름이라기보다 만남과 헤어짐이라 생각하였다. 자연의 섭리대로 살면 힘들이지 않을 텐데, 쉽지가 않다. 내려놓지 못함은 얼마나 고단한가.

"누나, 저 누나 좋아해요."

소식 뜸했던 누군가로부터 받은 한 줄 문장이 며칠째 심장에 박혀 있다. 나를 누나라고 부르던 이는 없었다. 여자 형제 사이에서 자랐고 여학교만 다녔던 내게 누나라는 호칭은 생소했다. 누나라니, 간지럽다.

뜻밖의 고백을 들었을 때 휘휘, 가슴에서 피가 번졌다. 지성을 추구하던 그는 연하임에도 족히 스무 살은 더 든 것 같은 조예를 지녔다. 선생이라 불러주던 그가 누나라고 고쳐 부른 까닭을 알 수 없었다. 어렵지 않은 단어 몇 개로 구성된 이 짧은 문장이 가슴을 헤집어놓을 줄이야. 오래 생각하였다던 그의 말속에 조심스러움과 후련함이 혼재되어 있었다. 고백이 싫기만 할까. 반가움 같은 것이 반짝 비추더니 두려움을 물고 달아났다. '조심해야 돼.' 죄와 벌은 막중하다. 젊은 시절, 책을 읽다가 저자에게 빠져 지낸 적이 있는데, 만남 없이도 신열을 앓는다는 사실을 그때 알았다. 하지만 그에게 왜 나란 말인가. 나이도 많은 나를. 나이에 비해 갖춘 것이 적은 나를. 시간도 없고 즐길 줄도 모르는 빈약한 나를. 그럼에도 좋다고 하면 그 젊음이 치기를 부렸을 것이며 머지않아 깨질 환상이니 착각해선 안 된다. 그가 묻는다, 만날 수 있을까요.

아니어야 했다. 그는 종적을 감추었다. 자존심이 낯빛을 붉히며 침묵 속으로 사라졌다. 궁금해질 지경으로 소식이 없다. 안도와 동시에 망상에 사로잡혀 몇 날을 보냈다. 마당보다 잡념을 쓸어내느라 고전하였다. 나는 왜 동요하는가. 마음 빈자리를 채우고 싶었을까. 삶은 해결되지 않은 숙제 위에 또 다른 문제를 올려놓는 잔인한 게임 같다. 앞선 것을 수습하지 못하였대도 가차 없이 밀려오는 더한 것을 받아들여야 하니까. 과업으로 흉건한 세계를 어떻게 수습할 수 있을까. 아파도 아려도 새날은 열리니 다시 살아낼 궁리를 하는 수밖에. 그의 전화번호를 지운다. 잎새에 이는 바람에도 괴로워했던 시인 윤동주를 떠올리며 부끄러움을 느꼈다.

모든 만남은 언젠가 이별이라고, 시원치 않은 위로를 해본다. 내려놓지 못한 무게로 휘청거렸던 나의 여름과도 작별이다. 올여름, 혼잡을 지우려 분망하게 품을 팔았다. 푹푹 찌는 더위로 고아진 몸을 엎드려

기도하였다. 그러다 보면 막혔던 가슴이 열리기도 하고 땀에 젖은 찌뿌둥함이 차라리 통쾌하기도 했다. 오늘도 산을 향한다. 걸으면서 나를 떠난 이와 내가 떠난 이를 생각한다. 살다 보면 그런 날도 오지, 사람 마음 그럴 수도 있지. 칠월의 능소화처럼 널브러진 상념을 쓸어 담는다. 두 계절이 교차하는 어귀에서 눅눅해진 마음을 펼쳐본다. 오래지 않아 마르리라. 선선한 바람 불 때면 어리석음도 바스러질 것이다. 마당을 쓸고 법당으로 올라가는데 돌계단 위에 붉은 꽃잎 하나, 그새 떨어져 뒹굴고 있다.

권력의 화두 권불십년

김휘규
2020. 1. 천료

지난 7월 23일부터 8월 8일까지 제32회 도쿄 올림픽 대회가 열렸다. 올림픽 경기 덕분에 무더운 여름을 심심치 않게 보냈다. 사실 시시콜콜한 문제로 갈등하고 시비하고 대립하는 꼴을 보고 싶지 않아서 이미 오래전부터 뉴스보다 스포츠, 자연다큐멘터리 같은 프로그램을 즐겨 보고 있던 차였다. 더군다나 코로나19 감염증으로 일상생활이 불안하여 외출도 자유롭지 않았던 시점이었다. TV로 스포츠 경기를 시청할 때면 출전 선수의 코치라도 된 듯이 정신을 집중하며 약점과 강점을 분석하고 일희일비한다. 활기가 솟는다.

올림픽 경기를 즐기는 이유는 반칙을 허락하지 않으며, 정직한 승부로 일등이 꼴찌가 되고 꼴찌가 일등이 될 수 있는 극적 반전이 있기 때문이다. TV 자막에 승패를 예상할 수 있도록 개인종목에 출전한 선수와 축구, 배구, 탁구 등 단체종목의 세계 등위를 보여주었다. 불리한 신체적 조건에도 오뚜기처럼 놀라운 투지로 승리하여 박수갈채를 받았다. 반면에 금메달을 기대했던 유망주가 예상과 달리 메달권 밖에서 패하여 경기장을 퇴장하는 뒷모습은 안쓰러웠다. 새로운 승자의 의기양양한 모습과 패자가 된 우승 후보의 눈물을 보면서 권불십년이란 말이 떠올랐다.

아무리 높은 권세라도 십 년을 누리지 못한다는 권불십년(權不十年)에도 불구하고 동서고금을 막론하고 세상은 권력을 차지하려는 사람들로 늘 시끄럽다. 요즘 우리나라 정치인들의 모습도 그렇다. 권력을 잡기 위해서라면 들추어내기보다 오히려 감추어 주어야 할 인간적인 상처까지 생채기를 내어 덧나게 하고도 즐거워한다. 정책의 실책에 대한 반성은 없고 남 탓부터 먼저 한다. 자신에게는 관대하면서 타인에게는 인자하지 않다. 염치도 모르고, 가학적이며 자기모순에도 뻔뻔스럽다. 그런데도 열혈지지자들을 방패 삼아 최고의 권력을 노린다. 권력의 무상함을 아예 모르는 눈치이다.

수년 전 부산에서 고베(新戶)를 오가는 여객선 편을 이용해서 4박 5일의 패키지 투어(package tour)로 일본 관서(關西)지방을 여행했다. 관광 일정에 임진왜란의 주역인 도요토미 히데요시(豊臣秀吉)가 축성했던 오사카성이 포함되어 있었다. 당시 권력의 중심지였던 오사카성은 일본의 성 중에 아름답기로 유명하다. 당대에 나고야 성주 오다 노부나가의 마부에서 극적으로 오사카성의 영주가 되고 전국시대의 일본을 통일하였으니 꿈에서도 이루리라 상상할 수 없는 현실을 그 자신도 믿을 수 없었을 것이다. 그가 권세를 과시하기 위해 금으로 화려하게 장식했던 천수각은 그중 으뜸가는 관광명소이다.

오사카성을 구경하려면 해자 위에 놓인 아치형 다리를 건너야 한다. 다리 위에서 바라보는 천수각의 모습은 잘 다듬어진 정원과 어울려 한 폭의 아름다운 그림이었다. 반면 다리 아래는 소름이 돋을 만큼 깊고 넓은 해자가 있었다. 화려한 천수각의 모습은 파안대소하며 권세와 영화를 마음껏 자랑하는 도요토미 히데요시(豊臣秀吉)의 얼굴이라면 해자는 절대권력자 도요토미 히데요시의 불안하고 우울한 마음이었다. 해자는 평생 권력을 유지하려고 긴장하며 살았던 그의 그늘진 삶을 보여주는 것 같았다. 아마 그에게 패한 세력의 사무라이들이 복수하고자 심야에 해자를 건너 몰려오는 불안한 꿈에 시달렸을 것이다.

그가 세상과 작별하기 전에 '이슬로 와서 이슬로 사라지는 인생이여, 오사카의 영화도 꿈속의 꿈이런가!'라는 사세구(辭世句)를 남겼다. 마치 자신의 권세를 상징하던 오사카성과 함께 가문의 권세도 몰락하리라 예견이라도 한 듯하다. 그가 죽은 후 오사카성은 한 세대가 지나지 않은 1615년, 축성 30년 만에 도쿠가와 이에야스에게 패하여 가문은 멸망하고 오사카성은 소실되었다. 그의 인생과 함께 권세와 영화도 덧없이 사라지고 말았다.

권력의 속성은 예나 지금이나 이처럼 무상하고 덧없다. 우리나라 최고의 권력자였던 대통령 중에 퇴임 후에 경호원이 없이 대중들과 막걸리를 마시며 막역하게 지냈던 대통령은 없었다. 권력이 바뀌면 대통령뿐만 아니라 고위직에서 물러난 세도가들이 줄줄이 포토라인 앞에 서는 수모를 겪었다. 사실 대통령뿐만 아니라 사람이 모여 있는 곳이면 정치, 행정, 문화예술, 체육 등 모든 분야에 크건 작건 권력이 존재한다. 그들이 권불십년(權不十年)의 뜻을 모를 리 없다. 아마 매일 아침 외출하기 전 거울 보듯 권불십년을 화두로 삼아 자신의 마음을 살폈더라면 권력이 바뀌었다고 수모를 겪지 않을 것이다. 권력은 양날의 칼날이다. 조심스럽게 사용해야 한다.

권력의 속성은 승패를 겨루는 스포츠 문화를 닮아야 한다. 승자가 패자를 안아주고 패자가 승자의 손을 들어 존중하는 모습은 스포츠인의 아름다운 양심을 보는 듯하다. 규칙에 따라 판정하고 과정이 공정하였기 때문에 승자도 패자도 서로를 인정할 수 있는 것이다. 그런데도 어쩌다 뉴스를 보면 여전히 미담은 없고 악담만 난무한다. 권력은 선에서 나오는 것이 아니라 악에서 나온다고 믿고 있는 듯하다.

권불십년이나 화무십일홍의 행간에는 권력이나 부귀영화는 무상하니 권력에 집착하지 말라는 당부가 있다. 권력을 사리사욕(私利私慾)에 사용하거나 남용하지 말라는 경고도 있다. 그리고 권력의 친소관계나 사회적 신분으로 차별하지 말고, 선행과 덕을 베풀고 사회적 약자를 돌보는데 솔선수범하라는 세인의 명령이 있다. 세도가들이 권불십년, 화무십일홍의 가르침을 오답풀이 시험문제로 생각하는 듯하여 마음이 씁쓸하다.

사과꽃 필 무렵

류 진
2020. 1. 천료

눈부신 햇살 아래 길을 걷다가 과일가게에 들어갔다. 형형색색 싱싱한 과일을 보면 기분이 좋아진다. 어릴 때부터 밥을 먹고 나면 꼭 과일을 먹어야 개운했다. 그중에서도 사과를 제일 좋아한다.

초등학교 1학년 때, 집에서 멀리 떨어진 곳에 과수원이 있었다. 과수원으로 가는 길은 산속을 지나가야만 했다. 그 길을 지날 때면 너무 무서워서 눈을 꼭 감고 머리카락이 쭈뼛쭈뼛 선 채로 뛰어갔다. 오랜 시간이 지난 지금도 그 길이 꿈에 나오면 소름이 끼친다.

과수원은 아버지의 꿈이었다. 아버지는 농사꾼이 아닌데도 과수원에 욕심을 냈다. 그 시절에는 과수원이 부의 상징이었기에, 할아버지가 남겨준 여유로움으로 아버지의 꿈을 이룬 셈이다.

아버지는 초등학교 선생님이었다. 글쓰기와 풍류를 좋아했으며, 양봉과 바둑이 취미였고, 꽃밭을 잘 가꾸셨다. 아버지는 고집스러웠지만, 항상 긍정적이었고 낙천적이셨다. 그런 아버지를 난 참 많이 닮았다. 외모까지도. 그래서인지 1남 5녀 중, 막내인 나를 참 예뻐하셨다. 딱 한 가지 아버지를 닮지 않은 게 있다. 이성에 대한 호기심이랄까.

의과대학을 중퇴하신 아버지는 내가 아플 때나 예방 접종할 때가 되면 주사를 놓아 주었다. 그 주사가 무서워서 광이나 뒤란에 숨죽이며 오랫동안 숨어 있었다. 지금 생각하면 의료법 위반인데… 아무튼, 아버지 덕분에 가족 모두 병이 오래가지 않고 깨끗하게 나을 수 있었다.

과수원을 만들기 시작한 아버지. 1만여 평 되는 큰 산을 개간해 소나무를 베고, 돌과 자갈을 거둬내고, 잡초를 뽑고 온 식구들이 조금씩 조금씩 과수원 하나하나를 일구었다. 사과나무뿐만 아니라 가족들 먹을 만큼 복숭아나무, 배나무도 심었다. 그 과정은 인내의 시간이었고 꿈에 과수원은 고단함 그 자체였다.

특히 엄마의 고생은 말이 아니었다. 힘든 모든 과정을 겪으면서 불평 하나 없이 일하셨고, 그 먼 거리를 일꾼들의 밥까지 지어 나르느라 고생이 많으셨다. 때때로 엄마와 함께 사과나무 밑에 잡초를 뽑을 때면 하기 싫어하는 나에게 "짜장면 사줄까? 짬뽕 사줄까?" 꼬시기 일쑤였다. 엄마의 유머 감각은 항상 나를 여유 있는 사람으로 만들었다.

귀하게 자란 정조의 직계 자손인 엄마는 결혼 당시, 류 씨는 쳐다보지도 않았다며 늘 힘주어 말했다. 외삼촌의 친구로 놀러 온 아버지가 엄마의 미모에 반했다고 한다. 대가족 살림살이와 많은 일로 힘들어하면서도 늘 품위를 유지하면서 묵묵히 최선을 다하셨다.

아버지가 돌아가신 지 19년, 현모양처였던 엄마는 지금은 몸이 괴롭다며 하늘나라 가고 싶다고 기도하신다. 곱고 건강했던 엄마를 되돌릴 수만 있다면… 세월 앞에 마음이 아프다.

개간한 과수원에 병해충 예방을 위해 약을 치고, 거름을 주었다. 흰 눈이 쌓인 겨울에 가지치기하고 정성을 다하면, 봄에 꽃눈이 핀 사과나무는 참 대견하고 예뻤다. 심은 지 3년이 지난 후에야 열매를 맺을 수 있었다. 각종 과일은 꿀맛이었고 벌레 먹은 복숭아도, 까치가 먹던 사과도 모두 다 내 차지였다. 수고로움의 결실은 삶의 가치를 느끼게 해주었다.

넓은 과수원에 사과꽃이 피면, 몽글몽글 피어나는 구름 같은 하얀 꽃송이가 너무 아름다워 어린 나이인데도 넋을 잃고 멍하니 상념에 젖었다. 빨간 탐스러운 사과가 주렁주렁 달려 있을 때 사과나무 사이에서 느끼는 편안함을 잊을 수가 없다. 초록색과 빨간색의 조화가 그 어느 미술 작품보다도 아름다웠던 한 폭의 그림은 지금도 내 가슴 한편에 자리 잡고 있다.

사과꽃이 필 무렵 엄마를 보러 가야겠다. 가는 길에 모교인 초등학교에 들러, 그리운 아버지가 심어놓은 멋진 향나무 밑에서, 언니들과 사진을 찍으며 어릴 적 추억에 잠기고 싶다.

선택과 책임

신영숙
2020. 3. 천료

영화 「Back To The Future(미국, 1985)」, 타임머신을 만든 박사와 주인공이 과거의 시간으로 떠나는 모험 영화이다. 박사와 주인공은 과거의 시간으로 돌아가 자신의 잘못된 선택을 바로잡는다. 과거의 잘못된 선택을 바로잡을 수 있다는 설정은 상당히 흥미로웠다. 물론 현재에 더 만족하고 살아가는 사람도 있겠지만, 만약 지난 시간으로 돌아가 과거를 바꾼다면 현재가 얼마나 달라질까 궁금하기는 하다.

중3 딸아이의 사춘기가 한창이던 무렵이었다. 딸과 나누는 대화는 의도와 무관하게 불협화음을 일으켰다. 대화는 말다툼으로 끝을 맺었고, 아이는 어김없이 다시는 엄마와 이야기 나누고 싶지 않다며 방문을 닫고 들어가 버렸다. 점점 딸과 대화를 나누는 일이 두려워졌다. 상황에 대한 올바른 방향이라고 제시했던 조언을 엄마의 잔소리라고 불편해하고 싫어했다. 자신을 가르치려 들지 말라는 말을 들을 때면 당황스럽고 화도 났다. 딸의 행동을 보며 아무런 말도 하지 말아야 하는 걸까, 고민했다. 아이에게 잔소리처럼 여겨질 수 있는 반복되는 말은 하지 않으려고 노력했다. 꼭 해야 하는 말은 분명하게 한 번에 전달하는 방식을 선택했다. 서로가 감정적 상처를 받지 않으면서 좋은 관계를 유지하려면 좀 더 뒤로 물러서는 게 필요한 일이라는 생각이 들어서였다. 그 후 아이는 조금씩 내 말에 귀를 기울이게 되었고, 마음의 거리를 좁히며 자신의 속마음을 털어놓았다.

누군가에게 조언 할 경우가 있으면 많이 조심스럽다. 괜히 조언했다가 상대방이 불편해하지는 않을까 하는 걱정에 방어적 태도를 취하기도 한다. 동료가 내게 이런 조언을 해 주었다. 누군가 물어오는 말에 답을 하면 조언이 되고, 묻지 않았는데 먼저 꺼내면 참견이고 오지랖이 된다고. 그래서 몇 번이고 나서서 말을 하고 싶을 때도 생각만 하고 마음을 접는다.

대학 진학을 앞두고 진로 문제로 고민하는 딸과 이야기를 나누었다. 아이는 진학을 두고 무엇을 어떻게 선택해야 할지 고민스러워하고 있었다. 나 역시 20대 때는 여러 가지 고민을 많이 했다. 선택 후의 과정과 결과를 건너뛸 수도, 넘겨버릴 수도 없기 때문이다. 딸에게 누구나 그 시기에는 선택이 어려우며 확신을 가지기는 더욱더 쉽지 않아 고민스러울 수밖에 없다고 말해주었다. 어떤 방향으로 나아갈지 고민이 된다면 내가 그 일을 간절하게 원하는지, 과정을 감내할 수 있는지, 의지를 가지고 있는지를 깊게 들여다보라고 말해주고는 얼마 전에 책에서 읽었던 북아메리카 인디언들의 성인식을 떠올렸다.

북아메리카에 살고 있는 인디언은 성인이 되면 매우 지혜롭고 교훈적인 성인식을 치른다. 보통 성인식이라고 하면 이제 20세 성인이 된 청년들의 용맹함과 힘을 테스트해 보는 사냥이나 격투, 모험 같은 통과 의례가 주를 이루는 게 상식이다. 하지만 북아메리카 인디언들은 성인식에 참여할 아이들을 넓고 긴 수십 미터 길이의 옥수수밭으로 데려가서 한 줄로 서서 차례대로 한 명씩 지나가게 한다. 그리고 가장 크고 잘 여물었다고 생각하는 옥수수를 딱 한 개만 따게 하는 것이다. 너무나 쉬운 일에 아이들은 웃으면서 몰입한다. 이때 어른들은 조건을 제시한다. 옥수수를 보면서 한번 지나간 밭고랑은 다시 돌아갈 수 없고, 옥수수를 골랐으면 다른 큰 옥수수가 나타나도 바꿀 수 없다. 당연히 아이들은 각자의 경험이나 지식에 의존하여 매우 신중하게 옥수수를 살피며 걸어간다. 그리고 밭고랑이 끝나갈 때가 되어서야 가장 크고 잘 익었다고 생각하는 옥수수를 한 개씩을 따서 나온다. 과연 자기가 딴 옥수수가 최고일까, 다른 친구들보다 잘 선택한 것일까, 그건 모르는 일이다. 단지 경험이나 지식, 정보를 최대한 활용하여 최선의 선택을 하게 되는 것이다. 자신이 선택한 것이 가장 큰 옥수수일 수도 있고, 작은 것일 수도 있다. 하지만 선택에 책임을 지는 것이라는 걸 알려주는 신고식이다. 옥수수를 따기 전 옥수수밭을 잘 둘러봐야 하고 마음에 드는 옥수수를 땄다면, 더 괜찮은 옥수수를 발견했다고 하더라도 미련을 두지 말고 내 길을 가야만 성인이 된다. 우리는 살면서 가끔씩 후회한다. 그리고 돌아갈 수 없는 과거를 회상하며 지금의 현실을 탓하기도 한다. 그런데 정말 어른이 된다는 건 내가 했던 모든 선택에 대해 뒤돌아보지 말고 내가 처한 현실을 책임감 있게 헤쳐 나가야만 하는 것이다. 선택이 무엇이든, 최선의 선택으로써 뽑은 자신의 옥수수를 최고의 선택이 되도록 만들어가는 과정이 인생이라는 것을 이 인디언 부족은 성인식을 통해 가르쳐주고자 한 것이다. 나의 현재를 최선으로 만들어가라는 인디언 부족의 지혜로움과 현명한 의식을 보여주는 것 같았다.

우리는 매일 선택을 하면서 산다. 오늘은 뭘 입고 나갈지, 뭘 먹을지, 누굴 만날지, 어떤 일을 먼저 할지…. 선택은 누군가 대신해 줄 수 있는 게 아니다. 오롯이 자신의 몫이다. 인생의 중요한 순간에서 해야 하는 선택의 문제는 우리를 더 힘들게 한다. 내가 결정한 선택이, 어떤 결과로 돌아올 것인지 온전히 나에게 달려 있기 때문이다.

얼마 전 친구들과의 모임에 나갔다. 한 친구가 지난 시절을 회상하며 만약 인생의 한 시기로 돌아갈 수 있게 된다면 언제로 다시 돌아가고 싶은지 물어왔다. 짧은 순간에 인생의 여러 선택의 순간들이 내 머릿속을 스쳐 지나갔다. 만약 그때 내가 결혼이 아닌 공부를 더 했었더라면 어땠을까, 그랬다면 지금의 나는 많이 달라져 있을까, 여러 생각들이 꼬리에 꼬리를 물었다. 하지만, 나는 그때로 다시 돌아간다 해도 똑같은 선택을 했을 것이다.

영화에서 나온 명대사가 기억에서 잊히지 않는다.

'아무도 정해진 미래는 없어, 자신의 미래는 스스로가 만들어나가는 거야.'

목욕탕

최정란
2020. 3. 천료

목욕탕, 입고 있던 옷과 거추장스러운 모든 것을 벗어 던지고 자연 그대로의 만남이 시작되는 곳이다. 자주 보는 이에게는 싱긋 눈인사도 건네고 서로의 등을 밀어주면서 상대의 살갗을 어루만지기도 한다. 밀착 관계가 형성되다 보니 아주 친해지는 경우도 생긴다. 모든 것을 드러낸 채 오랜 시간을 마주 보면서 앉아있는 찜질방은 묵언수행 하면서 땀만 흘리는 곳이 아니다. 서로의 요리법도 공개하고 알고 있는 비법을 전수하기도 한다. 남편의 흉을 보는가 싶어서 열심히 듣다 보면 자랑으로 끝나기도 하고 남편의 자랑이라고 했는데 여차여차하다가 엉뚱하게 흉으로 마무리되어 뒤끝이 남기도 한다.

오래전에 나는 마음이 힘들어도 목욕탕, 몸이 찌뿌둥해도 목욕탕, 목욕탕만 갔다 오면 몸도 마음도 개운하고 좋아져서 아예 한 달 치 표를 끊어놓고 하루가 멀다고 다녔던 적이 있었다. 목욕을 마치고 나올 때의 상쾌한 기분을 한껏 느끼면서 그 시간만큼은 아무것도 부럽지 않았다. 지금 생각해 보면 그것도 일종의 중독성이 있는 쾌감이었던 것 같다. 자주 만나다 보니 음료수를 건네기도 하고, 함께 식사하기도 했다. 내가 마실 걸 준비해 갔지만 거절하기 어려워 함께 어울렸고 그러자니 그 비용이 만만치 않았다. 시간과 경제적으로 부담이 되던 어느 날 반신욕의 효능을 알게 되면서 과감하게 반신욕으로 바꾸었다.

10년이 흐른 어느 날, 자격증을 취득해서 요양병원에 취업했었다. 며칠을 요양원에서 나는 냄새에 적응이 안 돼서 밥을 못 먹었다. 누워있는 할머니 할아버지 대부분은 기저귀를 차고 있는데 거의 모두가 대, 소변을 깔고 누워있었다. 하루에 몇 번씩 들척거려서 갈아주고 닦아주지만 한계가 있었다. 일주일에 한 번 목욕을 시키는데 일주일 동안 세수는커녕 손 한번 씻어보지 못하는 분들이었다. 아침이면 누런 눈곱을 달고 입가에 허연 거품이 말라붙은 채 누워있는 분들을 보면서 그 서러운 삶을 감히 헤아릴 수조차 없었다.

목욕하는 날이 되면 여자, 남자 가릴 것 없이 휠체어에 태워서 줄을 세우고 옷을 벗기기 시작했다. 바지를 벗기면 숨도 못 쉴 정도로 뿜어져 나오는 냄새에 정신은 아득한데 시들은 근육을 스스로 움직이지 못하는 그들은 미동도 없다. 아무런 감정도 없이 차례를 기다리며 줄지어 있는 그분들의 눈동자를 보면서 오래전 읽은 제2차 세계대전의 가스실 목욕탕이 생각나는 건 무슨 염치일까. 존엄을 잃은 육체를 뉘어놓고 바가지로 물을 퍼부으면 치매 걸린 머리 대신 육체가 기억하는 목욕법을 실행하느라 손으로 정신없이 몸을 비비는 분들도 있었다. 그 슬픈 비비적거림을 보면서 목울대가 아팠었다.

목욕을 시킬 때 반듯이 눕혀서 가슴 쪽을 먼저 씻기고 등을 씻기기 위해 반대쪽으로 돌려놓는다. 앙상한 손으로 벽에 붙어있는 스테인리스 손잡이를 사력을 다해 잡고 있다. 손이 바르르 떨리는 것을 보면서 "어르신 힘드니까 놓으세요. 절대 안 떨어져요. 우리가 둘이나 있잖아요."라며 달래보아도 꼭 잡은 두 손을 쉽게 놓지 않는다. 생존의 본능이란 것은 참으로 대단한 것이다. 불과 5분이면 끝나는 속전속결의 목욕이지만 개운한 표정으로 만족한 웃음을 보일 때면 보람 있는 일을 했다고 생각하며 스스로가 뿌듯했다.

목욕탕을 빠져나오며 상쾌함에 콧노래를 부르던 오래전의 기억을 그분들도 가지고 있을 것이다. 이스라엘의 히렐이라는 랍비는 사람이 자신을 청결히 하는 행위는 대단한 선행이라 했다. 옛날에 우리 어머니들도 신에게 빌 때 먼저 자신의 몸을 정결히 씻었다. 몸을 씻는다는 건 나를 위해 가장 우선시 되는 행위인데 그걸 스스로 못한다는 것이 얼마나 비참한 일인지 건강한 사람은 모른다. 나의 신체에서 나오는 이물질을 아무도 모르게 처리하는 건 삶의 가장 기본인데 그것을 누군가의 손을 빌어서만이 처리할 수밖에 없을 때, 그 참담한 마음을 어찌 말로 할 수 있을까.

목욕탕은 우리 인간에게 가장 원초적이고 가장 신성하고 가장 친근한 곳이다. 좋은 날이 오면 목욕탕을 가서 어머니의 때를 깨끗이 밀어드려야겠다.

야옹이

이영도
2020. 4. 천료

쥐와의 전쟁은 끝이 없다. 두더지도 아니면서 땅을 파고 배관 통로를 통해 집안으로 침투해 왔다. 나는 집안에 들어온 쥐를 잡기 위한 공작을 펴는 한편, 침투로를 찾아 원인을 봉쇄하는 작업을 병행해야 했다. 그렇게 대응하면 쥐는 교묘하게 나의 상상력을 뛰어넘고 또 다른 루트를 개척하여 집 안으로 숨어든다. 내가 잠든 후 아주 은밀하게 움직이니 그 스트레스는 표현할 수 없을 정도로 쌓여갔다. 그들의 침투능력은 비정규전의 특공 요원보다 우수하고 집요했다. 쥐약을 놓아보았지만 쳐다보지도 않을 정도로 조심성이 많고 영악하다. '찍찍이'를 놓아 잡으려 했으나 실패하고 나는 결국 두 손을 들고 말았다. 내 머리로는 한계에 온 것이다. 사료통에 빠져 울부짖는 새끼 쥐를 살려준 일마저 후회했다. 근본적으로 말 사료, 개 사료가 넘쳐나 쥐들에게 구조적으로 먹을 게 많다 보니 모여들어 번식한다. 내 집은 쥐들의 소굴이 되어 버린 것이다.

쥐 잡는 업체를 불렀다. 전문가는 주변을 살펴보

더니 쥐를 박멸할 자신이 없다는 의사를 표시했다. 그러면서 그의 의견은 이 집 진돗개가 쥐 사냥을 하니 결국 땅속으로 숨어들고 안전한 은신처를 마련하기 위해 집안으로 숨어든다는 것이다. 허탈해졌다. 쥐는 나를 약 올리려는 것인지 차량의 엔진룸으로 숨어들어 배선을 자르고 차량을 고장 냈다. 이 일을 어찌하는가. 집이 목조주택이라 현관 쪽 전선관을 타고 들어와 저녁이면 쥐들이 현관 바닥 속에 아지트를 만들고 잔치가 벌어진다. 보일러실은 쥐들에게 점령되어 곳곳이 쥐구멍이 나고 쥐똥 천지가 되니 비릿한 냄새까지 난다. 내 집인지 쥐 집인지 구분이 안 된다.

주유소에서 난방유 주유를 위해 왔다가 현장을 보고 나의 설명을 듣더니 고양이를 키우라고 한다. 집고양이로는 안 되고 야생고양이를 이 집과 인연을 맺게 하여 집을 지켜내야 한다는 것이다. 마침 야생고양이 어린 것이 주변에 있으니 포획해 주겠다는 것이다. 며칠이 지난 후 주유소에 잡아두었으니 오라고 연락이 왔다. 노랗고 영악하게 생겼는데 아주 어린 것은 아니었다. 케이지에 넣다가 방심하여 놓쳐버렸다. 몇 시간을 찾아 헤매어서 간신히 다시 잡았다. 이 과정에서 물리고 할퀴어 고양이에게 엄청나게 당했다. 주유소 주인은 나에게 일단 3개월을 목을 매 두고 기른 다음 친해지면 풀어주고 이 집에 정을 붙이게 하라고 일러주었다. 이 일에는 또 하나의 걱정거리가 있다. 풀려있는 진돗개 황구가 문제다. 이 녀석은 고양이 사냥에 명수이니 어찌할 수가 없어 숨겨서 3개월을 길렀다. 그러나 고양이는 나에게 얼굴 한번을 보여주지 않았다. 3개월이 지나고 문틈을 열고 밖으로 들락거릴 수 있도록 해 주었다. 며칠이 지났을까 사료가 줄지 않고 고양이 소리도 들리지 않아 '이 녀석이 달아났구나.' 하고 생각하였다. 달리 생각하면 '행여 황구에게 당하지 않았는가.' 하는 걱정도 생겨서 이리저리 주변을 돌아보았다. 그러자 개울가 정자에서 고양이 소리가 들렸다. 아무리 살펴도 고양이는 보이지 않고 소리만 들린다. 주변을 다시 살폈다. 맙소사, 큰 나무 꼭대기에 올라가 있었다. 진돗개에게 쫓겨 나무 위에 올라가 있으니 며칠 동안 보이지 않았던 것이다.

큰 결심을 했다. 군청 유기견 구조센터에 연락하여 먼저 황구를 포획했다. 하남과 양평 이곳 청평까지 7년을 같이 살아도 내게 곁을 주지 않은 개였다. 잡히지 않으려고 날뛰던 황구도 나의 기만책에 속아 마취 총을 맞고 줄에 묶이는 신세가 되었다. 그리고 사다리를 놓고 세 사람이 동원되어 고양이를 구출했다. 며칠 동안 먹고 마시지 못해 배가 홀쭉했다. 이제 내가 할 일은 다 했다.

야옹이가 우리 집에 온 지 4개월, 태어난 지는 6개월이 되었다. 문을 완전히 열었다. 황구가 묶인 것을 확인한 고양이는 내가 그를 구출해주었다는 것을 아는지 나를 감격하게 만들었다. 집 주변에서 늘 나를 따라다녔고, 한 달쯤 지나니 쥐도 없어졌다. 전문가의 말에 의하면 이곳은 쥐들이 살 수 없는 곳이라 이주했다는 것이다. 야옹이는 나를 생명의 은인으로 알고서 충성을 다하며 쥐로부터 완벽하게 집을 지킨다. 그러나 황구는 자유를 잃고 묶여 산다. 산과 들로 다니며 자기 삶을 만끽한 대 자유견 황구는 나를 두려워하며 슬픈 표정을 짓고 있다.

고양이는 사람을 주인으로 섬기지 않고 집사쯤으로 생각하고 동격으로 본다고 한다. 그러나 야옹이는 나를 보은의 대상으로 보는 것 같다. 야옹이가 선물한 이 평화는 거실 앞에 안개꽃과 장미를 심게 했다. 마당에는 적상추, 쑥갓, 부추, 고추를 심었다. 곧 병아리 15마리도 입양한다. 쥐들로부터 완벽하게 해방된 나는 만세를 부르며 야옹이 덕분에 내 마음속에도 봄이 왔다.

맹꽁이 소리

사혜나
2020. 4. 천료

맹. 꽁. 맹. 꽁. 맹. 꽁. 맹…. 맹꽁이의 노래가 울려 퍼진다.

이제 막 도착한 여름의 창문 사이로 굵직한 저음의 소리를 올려보내고 있다. 맹꽁이는 바리톤을 자랑하는 성악가 같다. 문득 맹꽁이 소리의 소재가 궁금해 창문을 열고 15층 아래를 내려다보았지만, 이미 어둑어둑해져 가고 있는 밖은 검은 손을 내밀어 밤의 악수를 청해 왔다. 청동빛 구름은 잔잔한 물결이 되어 흐르고, 맹꽁이 소리는 구름을 지나서 하늘 끝에 닿을 듯했다. 복숭아의 연한 살빛 같은 여름밤이 깊어가며 맹꽁이 합창곡의 악상도 '여리게(피아노)'에서 '점점 크게(크레센도)'로 바뀌어 갔다.

아름다운 맹꽁이 한 쌍의 모습이 그려졌다. 세레나데를 부르는 익살스러운 모습이 떠오르면서 나도 모르게 쿡 하고 웃음이 나왔다. '아름다운'이라는 말이 맹꽁이에게도 어울리는 단어일까. 잘 모르겠다. 만약 내가 있는 자리로 맹꽁이가 풀쩍풀쩍 뛰어온다면 소리를 지르며 한달음에 도망칠 것 같기 때문이다. 울퉁불퉁한 살갗에 작은 머리통과 크게 불린 몸피, 그리고 끈끈한 진액이 흐르는 모습은 사진으로도 대략난감이다.

오락가락 비가 반복되는 날이었다. 날씨에 따라 기분도 심해의 바닥까지 내려갔다가 올라오기를 반복했다. 일상 속 밝은 변화가 필요할 듯했다. 어느 사이 자란 머리칼을 자르기로 했다. 항상 나를 담당해 주는 그녀의 평상시와 다른 낯빛은 나를 궁금하게 만들었다. 조심스럽게 그녀의 근황을 물어보았다. 그녀는 아파트 4층에 사는데 올여름이 되면서 앞 베란다 쪽에서 들려오는, 맹렬하고 시끄러운 맹꽁이 소리 때문에 잠을 잘 수가 없었다고 한다. 몇 날을 견디다 시청 민원실로 전화해 보았지만, 맹꽁이는 멸종위기 생물로 자연보호 차원의 예민한 문제라 해결할 방법이 거의 없다는 말만 들었다고 했다. 며칠 동안 더는 견디다 못해 남편과 둘이 소리가 나는 곳으로 다가가서 긴 막대로 두드리는 한밤의 해프닝을 벌이기도 했다는 것이다. 그러면서 내년 여름을 보낼 생각을 하면 이사 가고 싶은 생각까지도 든다고 했다. 나는 달리 위로해 줄 말을 찾지 못하고 장마가 지나가면 나아질 것이라는 말만 했다.

우리는 여러 소음에 직·간접적으로 노출되는 일상 속에서 살아가고 있다. 어떤 자연의 데시벨은 인간에게 또 다른 불안정한 환경적 요인이 되기도 한다. 현대 사회의 경우 그것에서 벗어날 수 있다는 말은 어불성설일 것이다. 나는 상업시설이 많아 편리했지만 복잡한 하루의 소요와 소란스러운 환경의 주소지에서 지내다가 지금 사는 곳으로 이사 왔을 때가 생각났다. 근접한 숲에서 날아 온 제각기 다른 다채로운 새의 소리가 잠을 깨워주는 아침에 맑게 퍼지는 공기는 하루의 시작을 알리는 신호탄이자 에너지원이었다. 자연과 밀접한 면 소재지에 위치한 아파트 창으로 들어오는 햇살은 한껏 투명하고 밝았다.

그때부터 아침일기를 쓴다. 이곳에서 나와 가장 친밀한 계절은 여름과 가을이다. 흰 구름은 여름에 가장 여유로운 모습이었고, 곤충들은 여름과 가을 길목의 저물녘 한적한 풀숲에서 자기들의 기호를 표시했다. 다양한 곤충의 소리가 밀물과 썰물의 드나듦 같았다. 월든의 통나무집에서 소로우가 느낀 것도 이런 것이 아니었을까 하는 생각으로 물들어 갈 때도 있었다. 넉넉한 마음과 유쾌한 몸짓이 삶을 가지런하게 만들어 준다.

하지만 언제나 좋기만 한 세상은 이 세계에 존재하지 않는다는 듯 매미나 곤충들이 방향감각을 잃고 간혹 집 안으로 들어오기도 했다. 책을 읽고 음악을 듣는 순간 방 안 깊숙이 들어올 때면 나의 집중력을 흩트려 놓았다. 마시던 차를 쏟거나 딸꾹질을 하게 했다. 그래서 밤의 시원한 바람을 애써 외면하면서 창문을 닫게 되었다. 나는 작은 침입자에게 침범당한 피해자가 된 것 같았다. 밤의 깊은 한가운데로 굉음을 내며 달려가는 오토바이족이 소중한 잠의 한 자락을 빼앗아 달아난 때의 기분이었다.

어릴 적 시골에서의 포근하고 다정했던 자연도 도시로 와서는 그 눈빛이 각박해질 수 있는 것일까. 할머니와 함께 나들이 갔었던, 그림책 속의 수채화 같았던 시골 풍경 한 점의 기억을 가지고 있는 나는 짧은 단편영화 같은 영상을 돌려 볼 때가 있다. 할머니의 고향에는 제시간을 놓치고 '꼬끼오'를 외치던 엉뚱한 수탉, 소쩍새와 부엉이, 개구리와 맹꽁이가 있었는데, 그것은 음향효과처럼 아직도 풍경의 그림 안에 녹아 있다. 자연의 소리는 시골 사람들의 일상에 리듬이 되어 주고, 어린 날의 나에게는 어렴풋한 밤과 낮, 두 개의 경계에서 감성을 끌어내는 도구가 되어 준 것 같다.

잠시 멈추었던 빗방울이 다시 뚝뚝 떨어지다 비의 줄기가 된다. 맹꽁이들이 다시 힘차게 노래 부른다. 맹. 꽁. 맹. 꽁. 맹. 꽁. 맹….

산으로 간 포스트 코로나

나종경
2020. 5. 천료

오늘도 산에 오른다. 정상에 봉수대가 있는 해발 355m로 그리 높지 않은 순천 봉화산. 정상에 오르면 남쪽으로는 순천만 습지와 국가정원이 보인다. 동쪽으로는 광양만과 여수 석유화학단지가 멀리서 손짓한다. 천년고찰 송광사와 선암사를 품고 있는 조계산이 병풍처럼 하늘과 경계선을 그리며 운무 속에 신비감을 더해준다. 통신수단이 발달하지 않은 시대에 봉수대에서는 밤에는 불을 피우고 낮에는 연기를 올려 위급한 상황을 상부에 알렸을 것이다. 전염병이 창궐하고 있는 지금은 바이러스를 피해 봉수대에 서 있다.

코로나로 갈 곳이 없어 주말에는 어김없이 아내와 함께 찾는다. 주말부부로 일주인 동안 하지 못한 얘기와 노후에 대한 서로의 생각을 주고받는 소중한 시간이다. 일이 있으면 토요일과 일요일 중 하루만 오르지만 대부분 연이틀 산에 간다. 처음에는 둘레길을 걸었다. 산허리를 휘감아 전체를 한 바퀴 돌면 14km의 거리가 된다. 하지만 시간이 오래 걸리고 지루하다. 몸이 약한 아내 때문에 시간과 거리를 단축할 수 있는 새길을 찾다가 경사가 심한 비탈길로 접어들기도 하고 길을 잘못 들어 되돌아오기도 했다. 몇 차례 가다 쉬기를 반복하면서 1년여를 그렇게 다녔다. 적지 않은 시행착오를 거치고 찾아낸 길이 편백나무 사이로 오솔길이 나 있는 숲길이다.

많은 사람이 넓은 둘레길이나 임도를 통해 산길을 오르기 때문에 이 길은 잘 알려지지 않아 인적이 드물다. 둘레길을 조성하기 전부터 있던 옛길인 듯하다. 바닥에 깔렸던 야자매트는 흙과 그대로 섞여 단단한 흙길을 만들었다. 이 길로 가면 둘레길 출발점에서 정상까지 거리가 3km밖에 되지 않는다. 가파르지도 않아 좋다. 맞은편에서 산행객이 오면 한쪽으로 비켜서야 할 정도로 좁은 것만 빼면 나무랄 데 없는 평지 같은 길이다. 그래서 더 아기자기하고 예쁘다. 길의 백미는 편백나무 숲이다. 쉬어갈 수 있는 평상도 여러 개 놓여 있다. 우리 부부는 평상 가장자리 난간에 발을 올려놓고 20~30분씩 누웠다 오곤 한다. 포스트 코로나를 대비하는 '뉴노멀'인 셈이다. 편백 숲에는 피톤치드 향이 가득하다. 한껏 여유를 부리고 쉬엄쉬엄 다녀와도 3시간이 채 안 걸린다. 그러니 매주 다녀도 싫증나지 않고 너무 좋다. 이같이 좋은 자연 친구가 또 어디 있겠는가. 소소하지만 확실한 행복의 시간이다. 한적한 주말 산행은 코로나를 견뎌내는 부부만의 '소확행'이다.

2주일만 더, 다시 2주일만 더 참자던 거리두기는 달이 가고 해가 가고 다시 한 해의 절반을 넘어섰다. 단조로운 생활과 제한된 공간에서 살아가는 것이 버겁다. 친구들과 회포라도 풀고 싶어도 만날 장소가 적당하지 않다. 뉴스나 기사는 시시각각 코로나19의 4차 대유행을 알리는 공포로 덮여간다. 하루 확진자 2,000명을 위협하는 지경에 이르렀다. 종식이 어렵다는 판단 아래 독감처럼 함께 갈 생각으로 마스크를 벗어 던지고 길거리에 나와 자유를 외쳐대는 성급한 나라도 있다.

바이러스의 인간 공격은 끈질기다. '알파', '감마'에 이어 확산속도가 두 배나 빠른 '델타'로 공격 중이다. 백신을 맞은 사람에게는 '돌파'를 보내 감염을 확산시키고 있다. 서로의 생존과 보전을 위한 21세기의 전쟁이다. 어느 한 편이 이길 수 없어 결국 지구상에 공존하는 것이 결론이 될 것이라는 전망이 나온다. 그러니 '위드 코로나' 시대를 사는 지혜를 스스로 터득해야 한다. 코로나와 함께 사는 길을 찾아야 한다.

산은 그 답을 주고 있다. 산에 들면 체감 온도부터가 다르다. 도심의 빌딩 숲보다 2, 3도는 낮은 것 같다. 숨이 막히는 한여름에도 산속에서는 맑은 숨을 쉴 수 있어 좋다. 늘 보던 소나무에게 미소를 보낸다. 이리 비틀어지고 저리 틀어진 가지를 바라보면 쉽지 않았던 지난날을 되돌아보는 시간이 되기도 한다. 반려동물처럼 반려나무 하나씩 정해가면서 걷는 것은 또 다른 행복감을 준다. 길 위로 흘러내리는 흙을 뿌리로 받들어 버티고 있는 나무는 온몸으로 희생하고 봉사하면서 사회를 밝히는 사람들 같다. 흙 한 봉지 담아다가 덮어주고 싶은 마음이 간절하다. 할퀴고 상처 난 뿌리를 밟고 지나가야하는 길에서 '미안하다, 고마워.'라며 혼잣말을 던진다. 산은 그렇게 한없이 넓은 가슴을 내주면서도 온몸으로 가르침을 준다.

산은 말한다. 발로만 걷거나 눈으로만 보지 말라고 한다. 산은 귀를 열어 소리를 들으면서 코로는 향을 맡고 피부로 바람결을 느끼며 오감으로 걸어오라고 한다. 산은 모든 것을 받아주고 감싸주는 아량으로 포용하는 방법도 가르쳐 준다. 아무리 작은 산일지라도 결코 만만하게 여기지 말고 항상 최선을 다해 오르라 한다. 지치고 힘들거든 언제나 오라고 한다. 정상만 바라보지 말고 크고 작은 나무, 이끼, 풀, 낙엽, 고사목, 이름 모를 노방초와 야생화에게도 눈인사를 건네며 걸어보라고 한다. '포스트 코로나'의 산 속에는 훨씬 다양하고 힐링되는 산행법을 준비해두고 기다리고 있다.

삼십 년 무사고

임혜순
2020. 6. 천료

TV를 시청하던 나는 끔찍한 교통사고 현장을 목격했다. 안타까움을 금할 수 없었다. 천하보다 귀중한 생명이 저리도 무참히 희생을 당하다니. 찌그러진 차체를 보면서 교통사고에 관한 지난 추억을 회상했다.

90년도 초, 남편이 승용차에서 내리면서 느닷없이 "당신도 운전을 배워서 면허증을 받도록 해야지" 하면서 나를 운전석에 앉히었다. 얼떨떨한 표정의 나에게 "쉬워, 내가 가르쳐 주지, 요건 액셀러레이터, 요건 브레이크, 자, 핸들을 잡아 봐요." 나는 핸들을 잡고 정면을 주시하면서 남편이 시키는 대로 액셀러레이터를 살짝 밟았다 떼고, 브레이크를 밟았다. 신통했다. 큰 덩치의 자동차가 발끝으로 살짝 누르니까 사르르 가고 브레이크를 밟으니 딱 서고 어쩜 이렇게 말도 잘 들을까.

호기심이 일어나서 겁도 없이 아파트 조용한 공간 100m 정도의 직선코스에서 가다 서기를 반복했다. 그런데 가다 보니 앞에 주차된 차들이 갑자기 내 눈

앞에 확 달려든다. 순간, 당황하여 잘 밟던 브레이크를 못 찾고 "브레이크! 브레이크!" 하는 다급한 남편의 소리를 들으면서 쾅! 검은색 프린스 자동차를 들이받았다. 80만 원의 수리비를 지불했다. 속력이 없었으니 망정이지….

흔히, 운전과 골프는 남편에게 배울 수 없다는 말을 들은 적이 있다. 그 후 당장 자동차 학원에 가서 수강 신청하였다. 이론에 합격하고 실기 시험을 치루는 날 수강생을 가득 실은 학원 차는 운전 실기시험 장소로 갔다. 가슴이 약간 두근거려 청심환 한 알을 짓씹으며 배정된 차에 승차했다. 단거리 코스를 무사히 통과하고, 장거리인 등반코스에 이르렀다. 일단 중지하고 재출발할 때 미끄러지지 않아야 하는데…. 1차에 떨어지고 2차에 합격한 친구가 '차가 말을 안 들어. 클러치를 떼자마자 주르르 미끄러져서 에이 모르겠다. 힘껏 밟았더니 등반을 넘어 신나게 직진하면서 담벼락을 들이받았다'라고 했던 말이 떠올랐다. 순간 올 것이 왔구나 싶다. 힘껏 밟았다. 신기하게도 등반코스를 무사히 넘어갔다. 정신없이 차례대로 다음 과정을 통과하면서 결승점에 도달하니 "임ㅇㅇ, 합격입니다." 하는 소리가 꿈결처럼 들렸다. 수강생 중 제일 연장자인 나 혼자만이 유일하게 1차 합격하였다. 무면허로 이웃집 차를 추돌한 전력 때문에 액땜으로 당당히 합격한 것 같다. 면허증은 받았으나 직장이 가까워서 운전할 필요가 없었다.

퇴직 후 남편은 나에게 운전대를 맡기지 않았다. 늘 그는 나의 훌륭한 기사였다. 나는 조수석에 앉아서 편안한 여행을 즐길 수 있었다. 트렁크에 쌀 봉지와 밑반찬이 들어있고 간단한 산행용 장비도 갖추어져 있다. 차내는 움직이는 안방이었다. 내비게이션이 없을 때는 지도를 보면서 길잡이 노릇도 했다. 그리고 나도 모르게 잔소리도 엄청 했다. "어허! 과속 주의! 뒤차 조심! 차선 지키고! 앞차에 너무 가까워!" 남편은 말없이 내 잔소리를 들으며 운전을 잘했다. 사실은 내 말을 잘 들은 것이 아니라 남편은 응당 규칙을 잘 지키며 늘 안전 운행 했다.

나는 내 잔소리 때문에 운전을 잘했다고 생각했고 졸리면 깜짝 놀라 내가 안 보면 차가 굴러가지 않으리라고 착각했다.

어느 날 고속도로에서 바짝 다가오던 뒤차가 우리 차 앞에 덜컥 들이민다. 나는 아찔함을 느꼈다. 빨리 안 간다고 위협하나 보다. 우리는 시속 100km에서 시속 80km로 속도를 늦추었다. 한번 애먹어 보란 듯이 젊은 사람이 어르신 차를 앞에서 막고 시속 80km로 계속 달린다. 우리도 바쁠 것 없었다. 차선도 많고 느긋이 따라가다가 차선을 바꾸었다. 웬걸, 앞차도 기다렸다는 듯이 차선을 바꾸면서 우리 진로를 다시 막았다. 위험천만이다. 들리지는 않지만 지독한 욕지거리가 터져 나왔지 싶다. 남편은 말없이 따라가고 나는 옆에서 "저런, 저런." 불안해하며 한 10여 분이나 갔을까, 앞차는 지쳤는지 휑하니 달아나 버렸다. 시간이 아까웠던 모양이다. 교통규칙을 잘 지켜도 탈이다. 우리의 인내심이 성난 앞차를 잘 보내주었다.

기나긴 공직생활을 마친 우리는 대자연의 풍광을 맛보며 전국 일주할 때가 많았다. 우리나라 참 좋은 나라다. 철 따라 어디를 가나 아름답다. 봄이면 노란 개나리로 시작하여 흐드러진 벚꽃의 향연, 여름이면 싱그러운 신록의 푸름과 두둥실 흰 구름으로 수놓은 하늘, 가을이면 온 산을 불태우는 아름다운 단풍, 꼭 짜면 붉은 물이 뚝뚝 떨어질 것만 같고, 겨울이면 백색 가운을 걸친 상록수의 우아한 모습, 정말 운치가 있었다. 나는 절경을 만날 때마다 창조주를 향한 찬양이 절로 나왔다. '주 하나님 지으신 모든 세계 내 마음속에 그리어 볼 때….' 우리는 노년의 시간을 여행으로 힐링 하면서 지난 공직생활의 보람과 고달픔을 반추하곤 했다.

나는 자랑스럽게도 30년 무사고 운전자다. 면허증을 딴 후에는 한 번도 운전대를 잡지 않았으니 말이다. 국가에서 면허증을 반납하라고 한다. 내 지갑에 꽂혀있는 면허증은 내 자존심이다. 국가에 반납하지 않았다. 나는 무사고 운전자다. 앞으로도 계속….

정 리

이수인
2020. 8. 천료

뭐든지 전문가 시대, 이사 하면서 정리정돈 업체에 의뢰 했다. 짐의 규모를 따져 필요한 인원과 견적이 나왔고, 이사 다음 날 우리 집에 여덟 명의 정리수납 전문가가 들이닥쳤다. 가구와 살림살이, 잡다한 잡동사니는 물론 모든 옷과 하물며 속옷까지. 거실과 집 안의 모든 바닥 공간에는 물건들이 쏟아져 나와 아우성을 치고 있었다. 내 모든 것이 들통이 난 것 같은 광경에 머리가 아찔해져 슬그머니 도망을 치고 싶었다. 하지만 의뢰 당시 반드시 지켜야 하는 사항으로 물건의 주인이 처음부터 끝까지 함께 있어야 한다는 조건이 있었다. 나는 오늘 이 곳을 벗어날 수 없는 것이다.

각 영역별 전문가들이 부엌, 거실, 안방, 옷방, 서재 등에 자리를 잡고는 연신 나를 불러 댄다.

"이건 사용하시는 건가요?"

"사용 빈도는 얼마나 되죠?"

"최근 사용은 얼마나 되셨나요?"

다양한 질문에 내 대답이 시원찮았는지, 다시금

칼날 같은 질문이 돌아왔다.

"구체적으로 물어볼게요. 지난 1년간 사용한 적 있으세요?"

나는 기어들어 가는 목소리로 "아니요…"라고 답을 했다가 이내 목소리를 높여 말했다.

"사용하진 않았지만 의미가 있고 언젠가는 사용할 일이 있어요. 꼭!"

집착, 집착은 어디서부터 비롯되는 것일까. 집착의 유사어는 애착이 될 것 같은데, 물건이 주는 애착의 의미는 그 상징성이 본질일 것이다. 그렇다면 나는 그 상징성에 관한 집착을 붙들고 있는 것일까. 정리 전문가는 시간이 없다며 잠시 고민할 시간을 주겠다고 한다. 빈도가 높지 않은 물건은 결국 창고 수납 형태로 보이지 않는 곳에 배치가 될 텐데 그러고 나면 이 존재 자체가 잊힐 뿐이란 일침에 가까운 조언과 함께 말이다.

이삿날에 내가 받은 보관과 폐기의 결정 독촉은 족히 백 건이 넘어갔다. 결국 정리전문가의 조언을 받아들여 대부분의 의견 수렴과 타협 끝에 많은 물건을 비워낸 지 6개월이 지났다. 지금 내 머릿속에 무엇을 버렸는지 기억조차 나질 않는다. 그 물건들이 없어서 겪는 일상의 불편함은 어디에서도 찾아볼 수 없다. 그렇다면 그 물건들은 내가 부여한 집착으로 내 공간 어딘가에 그저 '놓여'있었던 것일까. 버림에도 용기가 필요했나 보다. 그것도 아주 상당히 많은 용기가….

내 마음도 그러하다. 내 집착으로 떠나보내지 못한 마음의 저장고가 얼마나 빼곡하던가. 서른여덟 해를 살아가니 어쩌면 살아갈 날이 더 많을지 모르는데, 내 마음은 너무 많은 것을 붙들고 매어두려 한 탓에 늘 부대끼고야 만다. 비워내지 못한 내 기억들로 빼곡한 마음 밭에는 꽃이 피지 못한다는 것을 결혼 2년 차에 깨달아가고 있다. 싱글 시절 지니고 있던 여러 추억이 담긴 물건도 정리 하면서 쉬이 떠나보내기가 못내 아쉬웠다. 폐기물 통에 분류된 추억의 물건을 연신 만지작거리다 사진으로 남겨두었다. 그만으로도 이별 앞에 꽤나 위로가 되었다. 그래, 그쯤이면 되는 것 아닌가. 사진 한 장으로 위로하고 그곳에 애착을 두고 간직하면 되는 일이다.

아픔, 슬픔, 고통, 행복, 사랑. 모든 것은 지나간 시간 앞에 소모된 감정이다. 그것을 거슬러 꺼내어 생생한 감정으로 느끼지 않아도 되는, 이미 엔딩 크레딧이 올라간, 결말을 본 영화다. 모든 결말이 해피엔딩이지 않은 것은 인생이기에 당연하다. 그것이 그리운 어떤 날에는 그저 기억 속을 잠시 거닐어 보는 걸로 오늘과 내일의 새로움이 채워질 문을 열어 대신한다.

정리의 수용 끝에 알게 된 '어른이 되는 법' 때문인지, 정리정돈을 마친 다음 날 몸살이 났다. 무언가 내 몸에서 많은 것이 떨어져 나간 상실감과 새로움이 채워지길 기대하는 가벼움 같은 감정이 뒤섞인 반응이었을까.

용기가 필요하던 일을 해내며, 오늘도 내일을 기다리는 어른으로 살아간다.

나에게 보내는 편지

이 다 경
2020. 9. 천료

창문 사이로 햇살이 내리는 오늘,

어떠한 생각과 꿈을 가지고 이 아침을 맞이하고 있니. 오늘이라는 새로운 날이 시작되었구나. 어제 잠자리에 들 때 생각했던 모든 일이 다시 제자리로 돌아가고 언제 그랬냐는 듯이 또 하루를 맞이하는 나 자신을 보며 오늘도 고요하게 응원해주고 싶구나.

오늘은 중요한 행사가 있는 날이야. 몸과 마음이 많이 분주하고 설레지 않니? 나의 발걸음은 이미 재촉 되어서 저만치 가고 있는데, 그 설렘을 쫓느라 너무 서두르는 건 아닐까. 사실 조금 전까지는 안 그랬는데 정작 그 상황을 맞이하니 모든 것이 내 생각대로, 내가 주인공인 것처럼 진행되면 좋겠지. 그럴수록 겸손하렴.

집에 오니 예쁜 딸과 사랑하는 남편이 웃으며 맞이해주어 하루의 피로가 다 씻겨 내려갔을 것 같은데, 이제 진정한 행복의 시작이겠구나. 설거지 하고 있자니 겨우 7살인 딸이 도와주겠다며 소매를 걷어

올릴 때 나의 얼굴에 지어진 미소를 봤겠지. 나와의 티타임이 가장 좋다며 은근히 커피 한 잔을 타오는 멋진 남편이 있어 든든하겠구나.

주말이 되니 또 하나의 참신한 계획을 세우기 위해 가족이 둘러앉았구나. 주말이라는 찬스를 핑계 삼아 오늘은 배달 앱을 통해 조금 쉽게 식사를 하게 되었어. 코로나로 인해 핸드폰에 배달 앱이 점점 많아지고 있는 현실이 웃을 수도 울 수도 없구나.

그렇게 어느새 밤이 되었네. 내일의 스케줄은 어떻게 되는지 머릿속에 정리는 되었겠지. 내일을 위한 수업 준비는 더 해야 하는 거 아닐까. 독서라도 조금 더 하고 자면 좋으련만 온몸과 마음은 이미 꿈나라이지.

이제 내일이 되면 또 일상이 시작되겠구나. 출근할 때 라디오를 들으며 기분 좋게 도로를 달리고, 학생들 앞에서 열심히 수업 하겠지. 난 그것만으로도 충분히 만족해. 내가 나를 사랑하고, 응원하고 있고 나 자신에게 부끄럽지 않게 최선을 다하고 있거든.

그런데 그거 아니. 지금 가장 필요한 것이 어쩌면 휴식일지도 몰라. 하루하루 살아가는데 급급한 지금의 현실에 이미 익숙해져서 나 자신이 어디쯤 와있고 또 얼마만큼의 재충전이 필요한지 놓치고 있는 것은 아닌가 싶어. 잠시라도 짬을 내어 본인만의 시간을 가져보렴. 그것이 가까운 카페에서 커피 한 잔의 여유여도 좋고, 아니면 산책을 통한 나름의 사색도 좋고, 정말 오로지 나만을 위한 여행을 계획하여 잠시 떠나는 것도 나쁘지 않을 것 같아. 어차피 우리는 다시 현실로 돌아오기 마련이거든. 한 단계 업그레이드되어서 말이지.

오늘은 조금 힘든 일을 겪어야만 했어. 내가 믿었던 것들을 포기해야 했고, 진실과 거짓 속에서 계속 갈등하는 내 자신을 발견했어. 사람과의 관계가 참 어렵고 힘들다는 것을 느꼈지만 또 그만큼 가치 있다는 것도 깨달았지. 순간순간이 나에게 시험 같았어. 그래도 난 끝까지 포기하지 않고 최선의 방법을 찾으려 노력했어.

과유불급이라는 말이 있잖아. 지나치게 고민하지도, 또 그렇다고 너무 관대하게도 넘기지 말아야겠다. 그리고 문득 '산다는 것 자체가 그리 녹록하지 않구나.' 하는 생각이 들었어. 나 많이 성장했지? 그래도 이만큼 버티고 살아온 나에게 칭찬해주고 싶어. 수고했어. 그리고 고마워.

내일은 어떠한 일들이 일어날지. 우리의 미래는 아무도 모르지만, 현재의 자신에게 충실하면 펼쳐질 앞날의 모습은 기대해도 좋을 것 같아.

기도하고 기대하는 마음으로 오늘도 잘 지내보자. 파이팅!

여성이기 때문에

– 올드 앤 뉴(1)

안 훈

2020. 10. 천료

디지털 세상이 열리면서 세상은 급격하고 숨 가쁘게 변해왔다. 우리가 사는 환경이나 사회구조, 기계문명의 변화는 하루가 다르게 초고속으로 바뀌고 있어 웬만큼 공부해서는 미처 따라가기도 어렵다. 참으로 억울한 것이 기존의 전통 사회를 살아온 7, 80대다. 디지털이 정착되면서 세상의 소통 수단이 달라진 것이다.

모든 기준이 인터넷으로 축약되고 수없이 많은 웹사이트에 정보가 넘쳐난다. 이 때문에 까닭도 없이 시대의 뒤편에 밀려나 인터넷도 제대로 못하고 스마트폰도 제대로 활용할 줄 모르는 무지 계층으로 치부되는 일이 어찌 억울하지 않은가.

혹여 컴퓨터를 쓰다 문제가 있는듯해서 손을 놓아야 한다거나 새로 구입한 스마트폰의 활용이 쉽지 않아 닫아버리는 일을 항다반사로 겪고 있다. 그때마다 빠르게 변해가는 세상이, 혹은 속속 알 수 없는 신제품 출시를 거듭하는 기계 문명의 발달이 두려워지는 것은 아닌지. 그런 것들을 외면하면 점점 더 뒤처지고 그런대로 좇다 보면 머리가 깨질 듯 아픈 때도 없지 않다. 그러니 억울할 수밖에 없는 것 아닌가.

여성에 대해 올드한 이야기를 해보고 싶다. 지금은 세상이 달라져서 여성에 대한 예우를 내놓고 차별한다거나 하대를 하게 되면 도덕적으로나 법적인 문제까지 거론되는 마당이니 여성에 대한 인식이 엄청 제고(提高)된 세상이다. 아니 어떤 면에서는 여성이기에 우대되는 경향마저 곳곳에 보인다. 우선 정부에서부터 여성의 사회적 품격, 혹은 활동범위를 높이고 넓히느라 여성 장관을 비롯해 곳곳에 여성을 심어놓고 있다. 이른바 성차별을 두지 않겠다는 표명이다. 법조계는 물론, 각급 공무원, 과학계 등 과거에는 감히 넘보지 못했던 전문 분야에서도 여성들은 차등 없이 그들의 능력을 발휘하고 있다.

지난 시절은 어땠는가. 여성에 대한 차별을 비교적 두고 있지 않은 전문 직종이 바로 언론, 교육, 의료 분야였던 것 같다. 그런데 언론을 말할 것 같으면 그 차별이 전혀 없었다고 볼 수 없다. 제때 진급(직책)이 어렵다거나 일의 차별을 둔다거나 하는 것은 항용 있는 일이었다.

텔레비전의 모든 프로그램 제작은 PD 시스템이다. 흔히 말하는 프로듀서란 프로듀스(produce) 혹은 프로덕트(product)만을 가리키는 것으로 알기 십상인데 텔레비전에서의 PD란 프로듀스(혹은 product)와 디렉팅(directing 혹은 direct)을 함께 맡는 사람이다. 오디오 제작으로 끝나는 라디오와 달리 비디오 즉 화면 제작을 함께해야 하기 때문에 이때 동원되는 제작 인원이 오디오, 비디오, 조명, 카메라, 무대미술 등 디렉팅에 따라 움직여야 하는 인원이 스무 명이 넘는다.

내가 근무하던 60년대 후반(TBC-TV 1964년 개국, 1965년 입사) 무렵은 TV에서의 여성 PD는 쓰려고 하지 않았고 불가피하게 한두 명 정도였다. 디렉팅은 명령체계로 간주하여 스무 명 이상의 스태프를 현장에서 움직(指揮)이는데 디렉팅을 여성이 하는 경우를 인정할 수 없다는, 암암리의 여성 비하 사고가 통용되고 있었다.

내가 KBS 라디오에서 TBC-TV로 자리를 옮겼을 때 여성 PD는 단 한 명이 있었다. 그 뒤에 조봉남 씨가 아나운서실에서 제작부 PD로 올라와 나까지 세 명이 되었다.(이 시절에 라디오에도 여성 PD가 한 명뿐이었다)

그 무렵 김동국 사장에 이어 홍진기(洪珍基) 씨가 사장으로 취임하고, 이어 아침방송(이전에는 오후 5시부터 밤 12시까지만 방송)이 시작되었다. 아침 6시부터 12시까지의 방송 시간이 늘어나면서 여성 담당 프로그램이 대폭 늘어났다. 매일 진행하는 방송은 10분짜리 「주부 뉴스」, 20분짜리 「생활의 지혜」, 「오늘의 요리」 등이 그것이었다. 프로그램의 비중으로 말하면 이런 것들은 대단히 경미한 취급을 받고 있었다. 그것을 나와 조봉남 씨, 2인이 격일 방송으로 맡고 있었는데, 이것은 지금 생각해도 말이 되지 않는 방송이었다.

TV 방송의 제작은 앞서도 말한 바와 같이 PD 시스템이라 아무리 작은 프로그램이라 해도 게스트 섭외, 내용을 압축한 큐시트 작성, 비디오 자막, 혹은 자료 제작, 스튜디오 세트 설정에 이르기까지 잡다하게 손이 많이 필요하다. 흔히, 골든아워의 빅 프로그램이나 다를 바가 없다.

지금도 그렇지만 당시 골든아워에는 드라마, 인기 쇼프로가 점유했고, 물론 그것은 모두 남성 PD가 맡고 있었다. 또 프로그램 진행에 필요한 AD(Assistant Director)는 따로 두지 않았으나 차후 PD를 꿈꾸는 외부인들이 PD와의 개인적 인연으로 그런 프로그램 AD를 맡아 주고 있었다.(실제로 그 AD를 맡았다가 기회가 생겨 PD로 승격된 이들이 꽤 있었다)

프로그램에 따라서는 이들 비공식 AD가 두세 사람씩 되는 경우도 있는데 이들은 녹화 때 플로어 매니저까지 해주곤 했다. TV프로 제작에서는 디렉팅 하는 주조(主調·주조정실)와 스튜디오를 연결하는 플로어 매니저가 반드시 필요한데, 대부분은 다른 동료 PD들이 시간을 바꾸어 가며 스튜디오에 들어가서 플로어 매니저를 해 준다. 디렉터(PD)에 따른 큐 사인을 플로어 매니저가 출연자들에게 제때 정확하게 전달하는 것, 큐시트에 따라 다음 준비를 시키는 것, 스튜디오 내의 소품 하나까지도 미리 체크하는 것 등은 모두 플로어 매니저의 일이다.

당시는 녹화 도중 에러(NG)가 나면 중간 편집이 되지 않던 시절이라 다시 처음부터 녹화해야 하기 때문에 특히 드라마 녹화는 연출자(PD)와 플로어 매니저, 연기자의 호흡은 초긴장 상태일 수밖에 없다. 잘 녹화되던 50분 드라마의 끝부분에서 에러가 나서 처음부터 다시 녹화 들어간 경우도 적지 않았다. 메인 스튜디오가 하나뿐으로 녹화시간이 제한되고 뉴스(별도의 아나운서 부스에서 진행)를 제외한 모든 프로그램 송출이 스튜디오를 중심으로 이루어지기 때문에 어떤 녹화든 생방송 시작 전에 끝내야 한다.

골든아워의 쇼프로, 드라마 등 굵직한 프로 외에는 대부분이 녹화가 아닌 생방송이었다. 아침 방송은 모두 생방송인데 생방송에서의 에러는 달리 손 쓸 수도 없기 때문에 에러에 대한 부담감은 녹화 프로나 마찬가지로 매우 컸다. 눈에 띄는 실수인 경우는 가차 없는 시말서 감이다. 비록 프로그램 비중이 경(輕)하다 해도 연 이어져 있는 프로그램인 「생활의 지혜」, 「오늘의 요리」, 「주부 뉴스」를 격일로 방송한다는 것은 말이 되지 않는 일이었다. 그러나 이를 가타부타 불평할 시스템이 아니었기에 그대로 감수하는 밖에 없었다. 아침 방송이 늘었음에도 여성 PD를 뽑는다는 생각은 하지 않던 시절이었다.

TV에서의 프로그램 편성을 보면 주간 단위이기 때문에 대부분의 저녁 시간대 프로그램은 일주일에 한 번 나가는 것들이다. 매일 방송하는 것은 저녁 시간대에 방송되는 「이브닝쇼」가 있을 뿐인데 이 역시 생방송이다. PD와 프로그램에 대해 상세 설명하는 것은 TV에서의 구조 기능에 대해 이 분야에 종사하는 이들 외에는 왜곡하고 있는 경우가 많기 때문이다.

당시 우스개 얘기하나를 하자면, 미국에서 정통으로 공부하고 돌아온 디자이너 강숙희(姜淑姬) 귀국 패션쇼가 당시 유네스코 회관 스카이라운지에서 있었다. 이것을 맡게 되어 친구 몇 명을 초대했더니 쇼가 끝난 다음 그들은 나에게 'PD라면서 어째서 코도 안 보이는가? PD 맞는가?'라고 놀림당한 일이 있었다. 있을 법한 얘기다. 오프닝 전에는 쇼 현장을 살피지만, 쇼가 시작되면 외부에 있는 VTR 카 안에서 녹화(프로듀스 디렉팅)를 하고 있었으니까 그들이 현장에서 대면하는 것은 두 명의 플로어 매니저뿐이니 PD인 나의 노고를 알 리 있는가. 이런 난센스는 스튜디오 정규 프로그램 때도 자주 있는 일이다.

모든 부서의 일이 대부분은 그 담당하는 일의 경중(輕重)에 따라 사람의 값이 함께 치부되는 경향이 은연중 팽배해 있는 것이 우리 일터의 풍속이다. 가령 빅쇼를 맡는 이는 그 빅쇼만큼의 무게감을 갖게 된다. 신문의 편집국만 해도 무슨 부(部) 기자를 하는가, 어느 출입처에 나가는가 등이 기자의 값을 운위하는 잣대로 인식되어 있는 것처럼, 아니 학교, 관공서, 사기업체, 아니 세상의 모든 일터에서 일어나는 현상이 바로 그런 것들이다. 한데 그 시절 여성에 대한 편향된 시각이야 말로 말해 무엇 하겠는가. 이런 마당에 디렉팅이 행사되는 TV에서 여성 PD를 기용하려 하겠는가. 그때문에 여성 PD는 지극히 제한된 최소의 인원(한두 명) 배치로 꾸려가는 것이 그 시절의 현실이었다.

세상은 변했다. 디지털 세상이 열리면서 아주 빠르게 숨 돌릴 틈도 주지 않고 변했다. 여성 장관은 물론이려니와 사법부를 비롯해 모든 기업체, 혹은 굴지의 CEO까지 여성의 힘이 미치지 않는 곳이 없다. 여성에 대한 사회적 인식이 그만큼 격상된 것이다. 사회 인식이 크게 달라졌을 뿐 아니라 더러는 정략적으로 이용되는 경우마저 없지 않다. 이른바 저간에 이슈가 된 'Me Too운동' 역시 그 근저는 여성 인식의 지양(止揚)된 단면 표출일 수도 있겠다는 생각이 든다.

문제는 이와 같은 시대적 변화에서 여성에 대한 인식 제고가 어느 한편으로 편향되어서는 안 될 것이다. '여성이기 때문에…'가 높임도 낮춤도 아닌 정직한 평가의 잣대로 활용되는, 그런 세상이기를 바란다.

월사금이 뭐길래

원광호
2020. 10. 천료

전쟁을 치르고 살아있는 것만도 감사할 일인데 학교에 다닌다는 것은 여간 기쁜 일이 아니다. 아침이면 먹을 게 없어 시래기죽을 먹고, 책이라야 형님과 누나들이 쓰던 국어, 셈본, 자연 등 몇 권과 누런 갱지로 묶인 노트 한 권이면 족하다.

여기에 학교에서 배급으로 나눠준 우유를 항고(반합 군용 밥그릇) 뚜껑에 물을 부어 밥솥에 넣으면 누르스름하고 딱딱해진다. 이것을 주머니에 넣고 학교에 오고 가면서 우두둑우두둑 사탕 대신 깨물어 먹는다. 맛도 있고 일종의 간식으로 배를 채운다. 바로 이런 시절에 학교에 다닌다는 건 행운이었다. 그러나 아무리 배고픈 시절이고 환경이 어려워도 월사금은 다달이 내야 한다.

초등학교 4학년으로 기억된다. 하도 월사금을 못 내어 무려 12달이나 밀렸다. 하루는 평소와 다름없이 책 몇 권과 노트 두 권, 몽당연필 두 개, 고무지우개 하나를 책보자기에 둘 둘 말아서 허리에 졸라매고 학교에 갔다. 박성깔 선생님이 임시 담임선생님이었는데 오른손 둘째손가락을 기역자 모양으로 꼬부려 지적한다. 그리고 나오라 하고 매를 때리는 게 특징이다. 한번은 수업이 끝나고 손가락을 꼬부리며 나를 지적하더니 "교무실로 따라와" 한다. 바로 교무실로 따라 들어가 선생님 책상 앞에 섰다. "원광호, 너 월사금 몇 달 안 냈지?" 아무 말 못 하고 입을 다물고 있었다. "자그마치 12달이야" 하며 30cm 대나무 잣대를 들고, 한 달에 한 대씩 한쪽 볼에 여섯 대씩, 양쪽 볼에 맞았다. 방법은 왼쪽 손에 대나무자 아래 끝을 잡고 오른손은 위 끝을 잡았다 튕기는 식으로 찰싹찰싹 양쪽 볼에 열두 대를 때렸다. 얼굴이 화끈거리도록 아팠지만 아픔보다는 여러 선생님과 학생이 드나들며 보는 앞에서 매 맞는 게 창피하고 괴로웠다. 그것도 얼굴을 말이다, 금세 내 볼에 주르륵 눈물이 흐르고 콧등이 시큰대며 눈물 콧물 범벅이 되었다. 내일 한 달 치라도 가져오라는 명령과 함께 나가 보라는 소리에 무거운 발걸음을 교실로 간신히 옮겨왔다.

이때 나는 결심했다. 두고 보자 반드시 선생님 앞에 성공한 모습으로 당당하게 나타나 이때를 말하겠다. 나는 오늘에 있었던 아픔과 슬픔과 창피함, 그리고 일종의 복수심으로 가득 찬 분노를 가슴에 묻고 결심했다. 그 후부터 나는 습관적으로 '월사금이 뭐길래, 열두 달 안 냈다고 열두 대 맞아'를 되새기며 이를 물었다. 이 같은 가난을 벗어나기 위해 국회의원이 되겠다고 결심했다. 그 길은 힘들고 고통스럽고 괴로운 고행의 반복이었다. 그야말로 지나오는 과정은 이루 말할 수 없이 길고 긴 시련의 굴이었다. 하지만 다부진 노력으로 굴을 빠져나와 보니 고통은 크면 클수록 인내의 결과도 크다는 것을 알게 되었다. 결국 결심한 대로 나는 국회의원이 되었다.

나는 차별화된 국회의원이 돼야 한다고 마음먹고 스스로 남이 안 하는 것, 남이 못하는 것, 남이 피하는 것, 이런 것들에 몸을 던졌다. 초장부터 야무진 꿈과 계획으로 내 머리를 채웠다. 그런 가운데 의정활동이 자리 잡힐 때쯤 과거 고생했던 학생 시절을 되새기게 되었다. 이런 생각 저런 생각 하다가 문득 박성깔 선생님이 떠올랐다.

마침 5월 15일 스승의 날이 되어 원주시 체육관에서 스승의 날 행사가 있었다. 내가 국회의원으로서 축사 하게 되었다. 시간이 되어 행사장인 체육관에 들어가 행사 안내에 따라 단상 맨 앞 가운데 제일 높은 자리에 앉았다. 4월 국회의원 선거로 당선된 초선 의원이 고향인 원주에서 제일 높은 본부 상석에 앉아 아래를 내려다보니 흐뭇하다. 관내 초, 중, 고 선생님들이 마치 학생처럼 줄을 맞춰 서 있는 모습을 보니 코끝이 찡하고 갑자기 눈물이 나는 것을 간신히 참았다. 정신을 가다듬고 아래 서 있는 선생님을 한 분 한 분 유심히 바라보고 혹시 저 중에 나를 가르쳤던 선생님이 계실까 은근히 기대하며 더욱 뚫어지게 살폈다. 거리가 멀어 아물아물해 확실히 보이질 않는다. 그런데 아니나 다를까. 내 눈에 김털털 선생님이 눈에 띄고 그 앞에 키가 조그마한 박성깔 선생님이 보인다. 바로 내려가 만나고 싶었지만 기념식은 시작되고 바로 축사할 순서가 되어 연단에 올랐다.

나는 주저 없이 "지금 제 앞에는 초등학교 시절 나를 직접 가르치셨던 스승님도 오셨습니다."라고 운을 뗀 뒤 "이와 같은 훌륭한 스승님이 계셨기에 오늘날 원광호가 존재합니다. 그래서 오늘 더욱더 여러 스승님을 존경합니다. 고마움을 잊지 못합니다."라는 말로 축사해 많은 박수를 받았다. 식이 끝나기 전 미리 계단을 내려가 선생님 줄로 찾아갔다. "선생님, 저 원광호입니다." 인사했다. 그리고 반갑게 손을 내밀고 악수를 청했다. 하지만 기대와는 전혀 다르게 왠지 얼떨떨하게 두 분 다 악수하고 더는 대화 없이 섭섭하게 헤어지고 말았다.

지금도 그 모습을 이해하기 힘들다. 나 같으면 "네가 커서 이렇게 성공해서 만나니 더없이 반갑다. 광호야!" 확 끌어안고 나는 "예 선생님, 끝나고 술 한 잔 대접하겠습니다." 이런 대화를 주고받을 줄 알았다. 할 말도 있고, 자랑할 것도 많았는데 실망이 크고 그렇게 헤어지게 돼서 너무 섭섭하고 괴로웠다.

월사금을 못 냈다고 열두 대를 때린 박성깔 선생님은 많은 세월 속에 혹시 그날을 기억하고 있었을까. 지금은 어디서 어떻게 지내시는지. 건강도 궁금하고 찾아뵙고 싶은 마음 간절하다. 혹시나 돌아가시지는 않았을까. 못내 궁금하고 아쉽기만 하다.

멋과 맛이 있는 삶

박찬승
2020. 11. 천료

하루하루의 생활이 미세먼지에 찌든 대기와 같다. 코로나바이러스로 인해 자유롭지 못한 똑같은 삶의 연속이다. 마음이 사각의 틀에 갇힌 지 오래다. 흡사 중세 말기에 인류를 혹독하게 괴롭혔던 흑사병 시대를 연상시킨다.

연일 뉴스매체는 종교시설이나 음식점, 카페에서 발생한 코로나 확진자 수를 보도하고 있다. 그런 중에도 한 가지 다행은 대다수 국민이 백신을 맞겠다고 신청한다는 사실이다.

파도가 일렁이듯 격랑의 하루하루가 필요하다. 파도가 부서지면서 부족한 산소를 채워 물고기의 생명수가 되듯이, 마음의 순환이 필요하다. 가슴에 서서히 변화에 대한 강한 욕구가 치솟는다. 출렁이는 변화를 체험하지 않으면 똑같은 또 하루가 저물 것만 같다. 멋은 없더라도 맛이라도 있는 삶이 절실하다.

변화에는 호전(好轉)과 악변(惡變)이 있다. 호전되는 변화가 강하면 강할수록 좋겠다. 호랑나비의 완전변태나 파충류의 탈피와 같은 변화, 코페르니쿠스적

발상의 전환, 스릴 넘치는 베토벤의 심포니와 같이 격렬한 변화면 좋겠다. 이리저리 한참을 보아도 이해가 잘 안 되는 피카소의 큐비즘이어도 좋다. 한적한 산길에서 처음 듣는 산새의 노랫소리는 오히려 삶의 활력소다. 심리적 안정을 찾고 위안을 받을 수 있는 변화를 찾는다. 그러나 지렁이가 새로운 환경을 찾아 땡볕 아래 아스팔트길에 들어섰다가 말라 죽는 악변은 싫다.

움직임은 변화의 시작이다. 변화하는 곳에는 기대와 즐거움과 희망이 있다. 우리가 사는 공간은 움직임을 통해 평형을 찾고 상태를 유지한다. 움직임이 없으면 공간은 유지되기 어렵다. 변화의 공간 속에 있는 모든 유기체는 덩달아 변화한다.

우주는 절대가치를 제외하고 모두 움직이고 변화한다. 끊임없는 변화를 통해서 그 존재를 부여받는다. 살아가면서 호전되는 변화를 스스로 만들어 체험한다면 참으로 멋있고 맛있는 삶이 될 것이다. 그러나 간접체험이라도 한다면 멋은 없어도 맛은 있는 삶이 되지 않을까.

노년에 접어든 사람에게 세월의 흐름은 악변이다. 이런 상식은 누구에게나 적용될까. 오랜 직장생활에서 만들어진 생활습관은 아침에 당황한다. 눈을 뜬 후 몇 분 지나지 않아 몸은 알아차린다. 갈 곳이 없다는 것을….

허전한 마음의 실타래가 똬리를 튼다. 본디 삶의 본질은 무엇이며, 행복의 근원적 가치는 무엇인가. 아침에 출근해서 일하고, 저녁에 퇴근하는 것에서만 삶의 본질을 찾을 수 있는가. '사람은 일하기 위해서 태어났다. 단지 느끼고 꿈꾸기 위해 태어난 것은 아니다.'라고 말한 헨리 포드의 말이 생각난다. 그는 일만을 강조한 것은 아니다. '일만 알고 휴식을 모르는 사람은 브레이크가 없는 자동차와 같이 위험하다.'라는 말에 위로를 받는다. 젊었을 때 일을 많이 하였으니, 이제는 쉬어도 된다는 생각으로 위안 삼아야 하는가. 지금까지 타의에 의한 생활이었다면 이제는 스스로 새로운 삶을 만들어 가는 주체가 되어야 할까 보다.

창가의 해피트리 잎에 부서지는 햇살이 빛난다. TV를 켜고 뉴스를 본다. 매일 같은 이야기만 되풀이하고 있다. 차라리 시골에서 자연과 더불어 살아가는 노부부의 이야기가 더 낫다. 삶의 터전이 수시로 변하기 때문이다. 변화를 즐기는 마음은 새로운 것을 추구하는 마음이다.

여성은 옷차림의 변화를 통해서 자신을 찾고 심리적 만족감을 갖는다. 아이들은 새로운 놀잇감을 찾고, 어른들은 지금까지 경험해보지 못한 새로운 체험현장을 찾아 나선다. 체험하지 못하고 세월이 흐른다면 인생이 너무 억울하기 때문이다.

답은 자연에 있다. 코로나바이러스가 극성을 떨든 말든 자연은 하루가 다르게 성숙하고 변화한다. 하늘이 잔뜩 흐려있다. 차창 옆을 타고 구름이 흐른다. 구름에서 내뿜는 시원한 공기가 차창 안으로 밀려온다, 핸들과 몸이 하나가 된다. 자연의 품속에서 내 몸과 마음이 새로운 파도를 탄다.

하얗게 얼었던 명산의 계곡에 어느새 돌돌 물소리가 들리고, 앙상하던 겨울나무는 생명의 숨결이 느껴지며, 땅속에서는 거대한 생명의 기운이 감돈다. 계절의 변화는 자연이 주는 가장 큰 선물이다. 대기에 노란색 기운이 느껴지고, 민들레 홀씨가 날리며, 찔레꽃, 아카시아 향기가 대기를 타고 흐른다. 벚꽃이 만개하고, 개나리, 진달래, 영산홍이 대지를 아름답게 수놓는다. 눈송이처럼 하얗게 날리는 꽃잎을 따라 팔벌려 달리는 아이들이 참으로 예쁘다. 봄은 어린 생명체의 계절이고 변화의 시작이다. 그 시작은 모든 생명체에 꿈을 일깨우고, 희망을 주며, 세상을 풍요롭게 하는 활동의 시작이다. 봄에는 좌절이 없고 도전과 응전만이 살아있다. 도도하게 흐르는 생명의 연속성과 희망의 용트림이 봄의 대향연을 준비하고 있다.

춘분과 하지의 한가운데 입하(立夏)가 되면서 어느덧 연둣빛 봄의 생기는 서서히 신록(新綠)을 재촉한다. 작은 잎이 갖는 자연의 섭리는 인간이 만든 그 어느 시스템보다 위대하다. 빛을 이용하는데 힘들어하지 않으며, 물을 쓰는데 대가를 지불하지 않는다. 오로지 주어진 조건으로 열심히 노력하여 꽃과 열매를 만든다. 이 자연의 섭리대로 인간도 살아가면 좋으련만, 인간에게는 끝이 보이지 않는 욕망이 사리고 있다. 여름의 변화가 없다면 생명의 연속성은 그냥 거기서 끝날 것이다. 그러나 여름은 위대한 생명의 씨앗을 만들고, 가을이 되기를 기다린다.

여름의 풍성한 녹음은 원숙한 가을을 맞아 녹색 잎을 노랗고 빨갛게 물들일 것이다. 이는 변화의 극치다. 인간은 대자연의 변화에 빠져든 순한 양이 되고, 아름다운 단풍을 찾아 나설 것이다. 세월이 흘러 더 나이를 먹으면, 나는 아취를 자아내는 꽃잎보다 곱게 물든 단풍이고 싶다. 가을이 지나면 새로운 세상을 재창조하기 위해 숨 고르기가 필요한 겨울이 오겠지. 하나의 새로운 세상을 만들기 위해 또 하나의 밑거름이 필요한 시기이리라. 그래서 죽음이 필요한가 보다. 이러한 변화가 없다면 생명체의 연속성과 대순환은 없겠지. 겨울이 만드는 새로운 질서는 변화의 서곡이다.

삶을 풍요롭게 하는 변화는 우리의 오관(五官)과 수족(手足)을 통해 심리적 만족과 몸에 생기를 준다. 순리대로 대자연이 변화하듯 인간에게도 삶의 순리가 있을 것이다. 순리(順理)가 아닌 역리(逆理)를 좇는다면, 호전이 아닌 악변이 되겠지. 순리에 따르는 변화를 창출한다면 삶의 활력소는 더욱 증대되고 멋과 맛이 있는 삶이 되지 않을까.

어떤 사명감

신영애
2020. 12. 천료

너무 오랫동안 어떤 일에 몰두해 있다 보면 온통 생각이 그리로 집중되어 일상적으로 돌아와 익숙해지기까지 어느 정도 시간이 든다. 요즘이 그렇다. 누가 그렇게 하라고 등 떠민 것도 아닌데 허구한 날 이번만 하고 끝내야지, 끝내야지, 마음만 수백 번 다짐하고도 여전히 이 일을 하고 있다. 아마도 자신이 잘 못 느끼더라도 어떤 일에 사명감이 생겨야 그 일에 푹 빠져드는 것이라 생각된다.

잠시 권태기가 와서 다른 일을 해보기도 했었다. 아이들을 가르치는 일. 이론과 현실은 다르다고 다들 입을 모아 말을 해도 나는 배운 대로 아이들의 눈높이에 맞추어 좋은 선생님이 되어야지 하면서 발을 들여놓았다. 물론 아이들을 예뻐하는 마음이야 그때나 지금이나 변함이 없다. 맑고 순수한 영혼. 아무런 계산 없이 마음이 느끼는 대로 손을 내밀고 웃어주는 아리따운 마음. 그러나 실상은 아이들을 예뻐하는 것과는 거리가 멀었다. 함께 일하는 선생님들과 주변의 열악한 환경들. 양심 없는 어른들이 어린아이들을 상대로 저지르는 무언의 폭력들을 보아야만 했다. 속수무책으로 당하는 것조차도 느끼지 못하고 해맑게 웃어주던 아이들 속에서 나는 매일매일 알 수 없는 죄책감에 시달렸다.

무엇보다도 내 노동에 대한 터무니없이 낮은 월급. 그저 아이들이 좋아서 선택했다고 하기에는 그 이유가 너무 옹색하고 눈물겨워 나는 그 일을 떠났다. 나를 붙잡아 줄 사명감이 약했던 거다. 이따금 뉴스에서 들려오는 어린이집이나 유치원에서의 아이들에 대한 물질적 정신적 학대를 보면서 내가 예전에 근무하던 당시의 환경이 떠올랐다. 아직은 세상에 대하여 어떤 옳고 그름의 기준이 없이 순수한 마음으로 다가가는 아이들을 대하는 사람이라면 적어도 최소한의 양심과 미래의 꿈나무들을 키우고 있다는 어떤 사명감 같은 것이 있어야 한다고 생각한다.

다시 세무회계 쪽으로 발길을 돌렸다. 싫어서 떠났다가 다시 찾은 만큼 약간의 공백기라도 밀어내려고 최선을 다하여 일을 다시 시작했다. 무엇이든 성실히 하는 성격답게 나는 나만의 커리어를 쌓아가면서 인정도 받고, 남들은 열정페이니, 노동력 착취니 할 때도 나름 괜찮은 연봉을 받으면서 일하는 여성으로 자리매김해 나갔다. 아니, 남들보다 수십 배는 아니어도 적어도 다섯 배쯤은 노력했다는 게 맞을 듯싶다. 그게 내 성격이니까. 모든 일을 다 기억하지 못하는 만큼 항상 기록하는 습관을 들였고, 일을 처리하면서 상대방의 원하는 바를 파악해서 그들의 간지러워하는 부분을 잘 긁어주려고 노력했다. 책을 찾아보고, 전문가의 도움을 받아 새롭게 알게 된 지식은 두 번 세 번 읽는다. 설명을 듣고도 이해가 되지 않을 때는 차라리 내용을 외워버린다. 누군가 내게 물어보기라도 한다면 그들이 듣기를 원하는 맞춤 대답을 시원하게 한마디로 핵심만 콕 들려주었다. 생각해보면 얕은 지식으로도 그들에게 신뢰를 얻었으니 때로 미안하기도 했고, 그래서 더 열심히 노력했다. 간혹, 어깃장을 부리는 사람이 있어도 어쩐 일인지 그들은 그게 본심이 아님을 내게 금방 드러내었다. 나 역시 그리 인생 오래 산 세월은 아니어도 그만하면 이해해 줄 수 있다는 너그러운 마음이 들고는 했다.

'적당히'를 넘어선 친절을 요구하는 사회, 대접받고 치켜세워주기를 원하는 사람들 틈 속에서 내 의사와 상관없이 정확하고 빈틈없는 나를 요구하는 그들을 볼 때가 있다. 때로 그들은 눈에 보이지 않는 누군가와 이유 없이 경쟁하고 작은 실수도 참아주지 않으며, 다른 사람의 말을 끝까지 들어주지 않을 때도 있다. 그래도 분명 누군가 처음 걸어가고, 또 누군가 그 길을 가고, 그러다 어느 순간 그들이 지나갔던 길이 우리에게도 길이 되는 것처럼 분명 그들도 이해하고 서로의 눈높이에서, 입장에서 바라보기도 한다는 것을 나는 잘 안다. 간혹 주위에서 '왜 이렇게 죽자 살자 하고 있는지 모르겠다.'라는 얘기를 들을 때가 있다. 어제까지 함께 했던 동료가 더는 못하겠다며 떠나는 모습을 볼 때면 왠지 그런 자리에 남아 있는 나 자신이 초라하게 느껴질 때도 있다.

눈에 보이지 않는 팽팽한 신경전속에서 서로 '양보는 지는 것'이라는 이상한 공식을 세워두고 '양보는 미덕'이라는 옛말은 그저 자라나는 새싹에조차도 얘기하기가 민망하다. 그렇게 소위 '어른'의 모습을 '철듦'이라는 이유로 내게 아무렇지도 않게 요구하기도 한다. 억울하기도 해서 화장실에서 몰래 눈물을 훔치다가도 자리에 앉으면 다시 현실과 맞서 외롭고 지루한 숫자와의 싸움을 계속해야 하는 현실. 누가 알아주지 않아도 눈뜨면 지루하게 반복되는 일들이지만, 우리끼리 서로 위로하고 보듬으며 살아간다.

지나온 시간을 돌아보니 어쩌면 일 때문에 힘들었다기보다 사람 관계로 인해 지친 것이 아닌가 하는 생각이 든다. 휴식 없이 달려왔기 때문이기도 하겠다. 일 년의 절반을 고된 업무에 파묻혀 나를 돌볼 시간도 없이 지나와서 그런 거라고. 좋은 마음을 갖고 열심히 달려오는 동안 그들은 나에게 신뢰를 보내주었고, 덕분에 지금 이 자리까지 올 수 있었다고 생각한다. 점점 세분되고 전문화되어 자칫 잘못하면 생각보다 큰일이 생기는 건 맞다. 누군가에게는 그저 먹고살기 위한 일일 수도 있는 이 일을 나는 천직이라고 생각한다. 열심히 달려오는 동안 즐겁기까지 하니 이 얼마나 행복한가. 내게는 아마도 분명한 사명감이 있었던가 보다. 오늘 신입사원이 들어왔다. 나의 작은 사명감이 누군가에게는 씨앗으로 심어지기를 바라본다.

성장의 초야

장연희
2021. 1. 천료

가장 어릴 때의 기억이라고 한다면 몇 살 때부터라고 할 수 있을까. 대여섯, 아니면 예닐곱, 사람마다 다르겠지만 아무튼 그 정도가 아닐까 싶다. 다음은 그 일이 무의식이었는지 의식이었는지조차도 애매한 어린 시절의 기억을 가진 아이 이야기이다.

그 날 밤은 도대체 낮이 있기는 했나 싶을 정도로 어두웠으니 분명히 그믐이었을 것이다. 아주 깊은 산골의 할머니 집이었다. 산골의 밤은 들에 나가 온종일 일한 사람들이 덮고 자는 이불이면서 자장가 같아서 힘들게 일했던 어른들은 그 속에서 곤히 자고 있었다. 그 시절의 밤은 완전한 어두움과 고요로서 낮을 고되게 살아낸 이들이 뉘여야 할 몸의 고단함과 마음의 분비물을 흠뻑 받아낼 수 있는 저력 있는 밤이었다.

요즈음의 밤은 아무리 시골이라 해도 어디 먼 곳의 차 소리라도 있거나 하다못해 집안 어디에 하나쯤은 켜진 멀티 탭의 빛이라도 있는 법. 말하자면 깊고도 어두운 밤이 아니라 흠집이 곳곳에 널린 밤인 게지. 심지어 냉장고 소리나 디지털시계의 야광 불빛은 또 어떻고.

이런 밤과는 차원이 다른 산골의 명품 밤, 그것도 오밤중에 화장실에 가기 위해 일어난 어린아이를 생각해 보라. 달게 주무시는 할머니의 고른 숨소리와 젊디젊은 고모의 싱싱한 숨소리, 거기다 사랑방 할아버지의 당당한 숨소리는 칠흑 같은 어두움을 더욱 윤기 나게 하는 효과음 같았다. 그러니까 그들은 밤과의 신실한 수면 계약이라도 맺은 듯이 달고도 깊은 잠 속에 빠져든 것이었다. 문제는 하필 요강도 없는 날, 신발 속의 발에 걸리는 모래알같이 달랑 혼자 일어나 그 밤을 뚫고 화장실에 갔다 와야 하는 여자아이의 처지였다. 누구를 깨워야 한단 말인가. 어느 것 하나라도 흐트러지면 안 될 것 같은 순도 높은 밤이었다.

아이는 살그머니 양손으로 문고리를 잡고 문을 약간 들어 올렸다. 아귀가 잘 맞지 않는 시골의 격자무늬 문은 그렇게 열어야 소리가 덜 나는 것을 그곳 아이들은 상식으로 알고 있었다. 그러나 그 시간, 창호지 한 장으로 나누어진 방 밖의 고요와 어두움은 아이에게 상식이면서도 공포였다. 차라리 문소리가 좀 나게 열걸. 그러면 할머니라도 일어날 수 있었을 텐데. 하지만 이미 마루에 내려선 이상 다시 문소리를 돋우어 누구를 깨운다는 것은 멋진 행동이 아니었다. 왠지 혼자서 화장실에 갔다 오든지 아니면 참든지 그렇게 하는 것이 좋을 것 같은 밤이었다.

조심스레 댓돌로 내려선 아이는 더듬더듬 발끝으로 신발을 찾아 신었으나 오금이 저렸다. 땅으로 내려서는 일은 더 까마득하였다. 이제는 정말 저들과는 멀어지고 마당을 가로질러 화장실을 갔다 와야 하는 외로운 길만이 남아 있는 것이었다. 바로 그때 아이는 문득 자기를 도와줄 사람은 아무도 없고 있다면 오직 한 사람, 자기뿐이라는 것을 깨닫기 시작했다. 그러자 아이는 어둡고, 모두가 잠들어 있는 그곳에서 천지간에 오로지 자기만이 존재하고 있는 듯이 오롯한 특별한 감정을 느꼈다. 말하자면 자기가 자기를 홀로 바라보는, 아무튼 그 전까지 느껴 보았던 것과는 전혀 다른 그런 것이었다. 가만히 생각해 보면 아주 외로운 감정과 비슷한 것이었는데 그것을 피할 수는 없다는 것과 또 자기를 객관적으로 인식하는 첫 경험이라고나 해야 할까.

그날, 아이는 잘 몰랐겠으나 그것은 아이에게 있어 성장의 초야를 홀로 치르는 세례식 같은 것이었다. 칠흑같이 어두운 밤은 아이의 자기에 대한 인식이 깨어나는 데 필요한 훌륭한 무대였고 요즈음 같이 희뜩희뜩 흠이 있는 어둠은 아이들이 온전히 자기를 체험을 하기에는 조잡한 불량품 같은 것이었다. 마당은 길었고 눈에 보이는 것은 아무것도 없이 오직 자기의 촉에만 의지해서 갔다 와야 하는 길에서 아이는 자신이 가지고 있는 모든 감각이 칼끝을 걷는 듯이 긴장으로 올올이 일어나면서 팽팽히 그리고 끝없이 열리는 것을 느꼈다.

그렇게 한 걸음 한 걸음 온 힘으로 치렀다. 아이는 사람의 훈기가 가득한 방에서 할머니의 따스한 등에 코를 묻고 모로 누우면서도 계속 혼자인 기분을 느꼈다. 그러면서 금단의 열매를 움켜쥔 어른처럼 불안정하면서도 아직은 할머니 등에 코 박고 있는 어린이로서 힘든 일을 혼자서 해냈다는 뿌듯함과 이내 쏟아지는 잠으로 그믐밤을 지나고 있다.

독도와의 인연

송재범
2021. 3. 천료

"컹 컹 컹! 멍멍!"

독도가 목청을 돋우고 하늘을 향해 짖어댄다. 양철 지붕으로 통통히 익은 알밤이 "투 투득 툭!" 떨어졌다. 요란한 소리에 오수를 즐기던 독도가 깜짝 놀라 밖으로 튀어나와 하늘을 행해 컹컹 소리 지르는 것이다.

18년 전쯤 되었을까, 스피츠를 처음 보는 순간 고결하고 우아한 모습에 매료되었다. 생김도 멋지고 잘났지만, 머리부터 꼬리까지 가지런히 덮고 있는 흰색의 부드럽고 윤기 있는 털에 더더욱 마음을 빼앗겼다. 한발 한발 우아한 발걸음을 옮길 때마다 곱게 빗어 내린 털이 찰랑찰랑 비단결처럼 반짝반짝 빛이 났다. 스스로 털을 깨끗이 정화하는 자정 능력을 가진 스피츠. 사뿐사뿐 걷는 모습이 샷되지 않고 고상하고 우아한 품위가 철철 넘쳤다. 이렇게 나를 매료시킨 스피츠는 곧바로 우리 가족이 되었고 이후 스피츠는 '독도'란 이름으로 18년의 세월을 나와 같이 보냈으니 강산이 두 번이나 변한 세월이다.

독도는 산책을 유난히 좋아했다. 주로 대청호수 주변을 산책했다. 중절모에 운동화, 등산용 스틱을 갖고 현관문을 나서면 좋아라고 컹컹대고, 펄쩍펄쩍 뛰면서 난리법석이다. 같이 산책하러 나가면 주위의 부러움을 많이 샀다. 독도의 멋지고 우아한 모습에 시선을 떼지 못하고 칭찬 한마디씩 하곤 했다. 산책하러 갈 때는 이렇듯 좋아하면서 내가 말끔히 차려입고 출근할 때는 아는 척 안 한다. 아예 바라보지도 않는다. 바닥에 퍼질러 앉아 주둥이와 턱을 앞발에 괴고 나 몰라라 한다. 반대로 퇴근할 때에는 꼬리를 흔들며 반갑게 맞이하는 모습이 참으로 가관이다. 어찌 이렇게 다른 행동을 보일 수가 있는 것인가.

오랜 세월을 같이 하다 보니 눈빛만 마주쳐도 무언의 언어로 서로 마음이 통할 정도다. 인간과 동물인 강아지와는 언제부터 친숙해지는 인자가 생성된 것일까. 독도가 짖는 목소리만 들어도 무엇을 요구하는지 알 수 있다. 배고파 밥을 달라는 소리. 주방에서 맛있는 요리 냄새를 피우면 자기도 맛있는 거 달라고 짖는 소리, 이방인이 와서 짖는 소리, 택배나 우편물이 와서 짖는 소리가 다 각각 다르다. 호수 주변 외딴집을 지키는 일에는 철두철미한 독도지만 자신의 밥그릇은 잘 지키지 못했다. 흰 눈이 수북이 쌓인 한겨울, 생쥐, 청설모, 까치 등이 와서 자신의 사료를 훔쳐 먹어도 아무런 제지를 하지 않고 묵묵히 바라볼 뿐이다. 동병상련이라 봐주는 것이리라.

이렇듯 나와의 소중한 추억을 많이 만들어 놓고 독도는 지난겨울 내 곁을 떠났다. 사고도 지병(持病)도 아닌 노환(老患)으로 하늘나라로 갔으니 천수(天壽)를 다했다고 할 수 있다. 정이라는 것 참으로 무섭고 야속하다 했던가. 독도와 함께한 추억도 수없이 많기도 하지만 그간의 깊은 정 또한 헤아릴 수 없을 정도다. 보고픔과 아쉬움은 이루 말할 수가 없다.

인연이란 어떻게 이루어지는 건가. '옷깃만 스쳐도 인연이다.' '전생

(前生)에 삼천갑자(三千甲子)를 거쳐야 현생(現生)에서 만난다.'라고 하는 소중한 인연이 독도와의 만남으로 이루어진 것 일진데 어찌 귀하지 않을 수 있으랴. 인연이라는 것이 어찌 사람과 사람과의 관계만 인연이라 할 수 있겠는가. 인간과 사물, 자연과 인간, 인간과 동물 등 삼라만상의 모든 것과 연관되어 있다. 살아가면서 부딪히는 사소한 만남의 인연이 어찌 좋은 인연으로만 다가올 것인가. 좋은 인연, 좋지 않은 인연도 있다. 우리는 알게 모르게 인연 속에서 새롭게 맺어지고 끊어지고 하는 삶을 살고 있다.

본디 만물이 인연으로 나고, 인연으로 움직이고, 인연 따라 물 흐르듯 사라지는 것이라지만 스스로 마음을 다스리지 못하면 좋은 인연을 만들 수 없다. '만남은 시절 인연이 와야 이루어진다.'고 했다. 나와 독도와의 인연은 시절 인연으로서 참으로 좋은 인연이었음이 틀림없다.

하늘을 향해 "컹컹" 너털웃음을 웃는 독도 소리가 그립다.

낮은 곳에서

이한재
2021. 3. 천료

'사촌이 땅을 사면 배가 아프다'는 속담이 있다. 비교된 말로 영어의 에피케어키시(Epicaricacy)와 독일어의 샤덴프로이데(Schadenfreude)로 '남의 불행을 보았을 때 기쁨을 느끼는 심리'를 뜻한다. 또한 문학에서는 비극을 봄으로써 마음에 쌓여 있던 우울함, 불안감, 긴장감 따위가 해소되고 마음이 정화되는 일, 심리학의 정신 분석에서는 마음속에 억압된 감정의 응어리를 언어나 행동을 통하여 외부에 표출함으로써 정신의 안정을 찾는 일이다. 표준국어사전에는 카타르시스(Catharsis)라고 한다. 『예술 심리학 Invented Worlds: The Psychology of the Arts』에서 저자 엘렌 위너(Ellen Winner)는 '관객들이 자신의 열정을 해방시키고, 자기를 정화 및 순화시키기 위해 비극은 연민과 두려움을 불러일으킬 수 있어야 한다.'라고 했다.

김기택 시인 교수의 시 창작 강의 첫날 내용이 항상 잊히지 않는다. '절경(絶境)은 시가 안 된다.'였다. 즉 더할 나위 없이 훌륭한 경치는 시가 안 되고 도리어 낮은 곳에서 서민들과 부대끼면서 삶을 같이해야 살아있는 글감이 더 많다는 것이다. 다른 시인 교수도 글감이 없어 습작을 제출 못 한다는 수강생들에게 당장 전통시장이나 만원 지하철 같은 낮은 곳, 황금어장에 가보라고 일갈하신 기억이 생생하다. 그 뜻을 이해하기까지는 몇 년이 더 소요되었다. 아름다운 꽃을 보거나 빼어난 절경을 바라보면서 아무리 표현을 잘해서 그것을 글로 나타내도 실물보다는 더 못하다는 것이다.

서울 지하철은 연결망이 잘되어 세계적인 수준급이다. 요즘도 출퇴근 시간에는 다소 복잡하지만, 이전보다는 많이 좋아졌다. 9호선을 자주 이용하는데 초기 몇 년 동안은 차량 자체가 부족하여 출퇴근시간에 혼잡도가 극심했으나 단계적으로 급행, 일반행 모두 6량으로 늘여 정상화된 것 같다. 지금도 출퇴근 시간에 일부 만원 전철에서 안으로 사람을 밀어 넣는 푸시맨이 있다고 하지만 얼마 전까지는 일반버스에도 있었다. 젊은 시절 출퇴근 시간에 전철을 타려면 마치 삶의 전쟁터 중심에 있는 전투병 같았다. 만원 지하철 안으로 겨우 비집고 들어가 옴짝달싹도 못 할 정도로 사람들과 부대끼면서 한 시간 가까이 타다 보면 긴장감이 스르르 풀리며 서서 졸기 마련이다. 어떤 때는 깜빡 졸며 꿈을 꾸다가 하차할 역을 지나치기도 했다. 전철이 만원인 상태에서 급제동이라도 되면 사람들은 한쪽으로 크게 밀리며 아우성이 일고 그 순간 깜짝 놀라 잠을 깬 적도 있다.

지하철은 서민들의 삶의 현장이므로 그만큼 사연들도 많고 그와 관련된 여러 가지 이야깃거리가 있다.

빈틈마다 발 하나라도 더 집어넣기 위해/ 밀고 밀리고 비비 틀고 움츠린 끝에/ 중략// 영자야엄마나여기있어밑에아기가깔렸어요숨이막혀내핸드백내구두나좀내리게그만밀어어딜만져이짐승ㅇㅇ아야귀찢어져손가락에귀걸이걸렸어어딜자꾸만주물러소ㅇㅇ침튀겨개ㅇㅇㅇ/ 드디어 전동차 문이 폭발하듯 열리고/ 파편처럼 승객들이 튕겨 나간다. (하략)

김기택 시인의 「우리나라 전동차의 놀라운 적재효율」시의 일부다. 이처럼 부대끼는 곳에 길이 있는 듯하다. 스마트폰 이전의 출근 지하철은 만원이지만 비교적 얕은 잠에 취해 있는 듯했고 퇴근 시에는 얼굴들이 발그레해지고 활기가 넘치도록 대화를 많이 했으나 최근에는 너나없이 그저 스마트폰만 응시하고 있다. 대부분 체험을 바탕으로 글을 쓰지만, 실제 체험을 직접 하지 않고 발표한 작품이 신춘문예에 당선된 유명한 시도 몇 편 있다. 「정동진역」은 김영남 시인이 1997년 세계일보 신춘문예에 당선된 작품인데 그 교수께서 강의 중에 자기 작품집을 수강생들에게 선물하면서 신춘문예 응모 전에는 정동진역을 방문한 적이 없었지만 단지 다른 여러 곳의 체험을 바탕으로 썼다고 했다.

국내외 어디를 가든지 대중교통을 자주 이용한다. 얼마 전에 자동차를 신형 하이브리드로 교체했으나 그것보다는 오히려 전철이나 버스가 편하다. 대중교통을 이용하며 서민들과 부대끼고 생활하다 보면 그들이 말하지 않아도 이심전심으로 그들을 알게 되고 보람도 느낀다. 그동안 그렇게 부대끼면서 대중교통 관련한 한글 시를 발표하여 시집과 문예지에 싣기도 했다. 유년 시절부터 고생했던 일들이 오히려 풍요로운 삶의 보약이 되고 있어 자식들에게도 자립심과 체험을 많이 갖도록 했다. 직장관계로 세 아들 가족이 해외에서 각기 근무할 때도 자가용 대신 대중교통을 많이 이용하고 현지인들과 동고동락하는 폭을 넓히라고 권고했다. 미국은 땅이 넓어 자가용을 이용해야 하는 경우가 많지만 그곳에서 오랫동안 살면서도 지하철이나 대중버스를 이용하지 않는 미국인도 수두룩하다. 따라서 그들이 자가용으로 뉴욕 시내를 갈 때면 시내 도로가 매우 복잡하고 주차비도 비싸서 이따금 지하철을 이용할 때는 서툴기도 하다.

뉴욕 지하철에서 신용카드로 결제하고 전철노선을 보면서 목적지를 가는 것은 서울이나 비슷하지만, 실제 체험하지 않으면 헷갈린다.

2016년 여름에 전철로 타임스 스퀘어에서 로워 맨해튼의 챔버 스트리트역에 있는 시인들의 집(Poets House)에 갈 때였다. 만원 지하철 안에서 나의 곁에 있던 중년 백인이 센트럴 파크 쪽으로 가는 길이라고 해서 지금 반대 방향으로 가고 있다고 알려주니 화들짝 놀라서 다음 역에서 내린 일도 있었다. 며칠 후에는 만원인 지하철에서 틴에이저로 보이는 커플이 경로석에서 바짝 붙어 앉아 스마트폰 이어폰을 한 줄씩 나눠 들으며 희희낙락거리지만, 그 주변에 노인들은 그저 비켜주기를 바라는 듯 아무 말 없이 서 있었다. 그런데 중간 역에서 금발의 젊은 할머니가 다가와 자기 경로 신분증을 그들 코앞에 제시하여 쫓아내고 근엄하게 앉아 눈을 감았다. 더 늙어 보이고 무거운 가방을 메고 힘들어하는 할머니들도 곁에 즐비했지만 말이다.

내가 뉴욕에서 100층 이상 높다는 엠파이어스테이트 빌딩이나 프리덤 타워 또는 유엔 본부, 타임스퀘어 등 화려한 지상건물만 방문하고 낮은 곳 지하철과 같은 곳을 외면했다면 뉴욕 서민들의 다양한 삶을 이해하기 어려웠을 것이다. 뉴욕 지하철은 서울지하철보다 내부 청결도가 훨씬 지저분하다. 생활 쓰레기는 물론이고 바퀴벌레나 쥐가 살고 있으며 노숙자들이 많다. 그들이 간혹 승강장이나 전철 안에 실례하여 지린내가 코를 찌르는 경우도 있지만, 서민들의 애환이 고스란히 깃들어 있는 듯하였다. 우리의 삶의 보람도 높은 곳보다는 물이 낮은 곳으로 흐르듯 낮은 곳에서 더 느낄 수 있을 것으로 생각된다.

원망스런 김신조

양희옥
2021. 3. 천료

50여 년 전에 첫사랑 애인을 면회 갔던 추억을 상기해본다. 최전방 강원도는 매우 춥다는 소리를 익히 들어서 복장단속에 매우 신경을 썼다. 모직 코트에 속내의도 두 벌씩 껴입고 무릎까지 올라온 말부츠도 신었다. 전남 목포에서 야간열차를 타고 새벽에 서울역에 내려 강원도 가는 시외버스 정류장까지 단숨에 달려갔다.

탑승하자마자 라디오에서 '오늘 새벽에 북한에서 김신조 간첩단이 청와대를 폭파하라는 지령을 받고 한 소대를 이끌고 남침하였다고 합니다. 지금 서울에는 비상 계엄령이 내려졌으니 모든 민간인은 외출을 자제하시고, 수상한 사람을 보면 즉시 신고해주시기 바랍니다.'라고 연속으로 보도가 쏟아졌다. 거리마다 헌병들이 쫙 깔려서 신분증 조사하고, 차마다 세워놓고 벌이는 삼엄한 검문에 숨도 크게 쉴 수 없었다. 내 곁에 앉은 사람이 어디 가느냐고 물었다. 나는 군에 간 오빠 면회 간다고 했더니 가도 면회할 수 없을 거라고 했다. 그 말을 듣는 순간 현기증이 일었다. 언제부터 가슴 조이며 기대했던 면회인데 하필이면 이때…. 나는 손에 땀을 쥔 채 기어코 목적지까지 가기로 결심했다.

우리는 교정에서 선후배 사이였다. 중학교 때부터 고3 선배인 그가 내게 관심을 보여주었다. 남달리 인상이 좋고 미남이었던 그는 뭇 여학생들에게 시선을 받는 사람으로서 교내에서 공부도 잘하고 점잖다고 호평까지 받는 사람이었다. 철없던 중학교 시절에 같은 반 친구와 말다툼을 하는데 그가 지켜보다가 내 편을 들어주었던 일이 있었다. 그리고 "행여 누가 해코지하면 나에게 말해, 내가 혼내주겠다."라고 했다. 그 덕에 나는 교내에서 뽐내며 의기양양하게 학교에 다녔다. 그런데 어느 날부턴가 그를 보면 얼굴이 달아오르고 나도 모르게 가슴이 쿵쾅거려서 그의 얼굴을 바로 쳐다볼 수 없었다. 예전 같지 않고 어색하여 그 앞에서는 안절부절못하기까지 했다. 그도 나를 보는 눈빛이 달랐다.

어느 달 밝은 밤, 그가 후배를 시켜서 나를 교정 안에 있는 동산으로 불러냈다. 환하게 웃고 있는 달맞이꽃 앞에서 그를 대하니 기분이 묘했다. 그는 달맞이꽃 향기를 맡으며 내게 입을 열었다. "이 꽃이 어쩌면 너를 닮은 것 같다. 난 네가 중학교에 막 입학했을 때부터 청순하고 해맑은 네 모습이 좋아서 그동안 관심을 갖고 지켜봤었어. 내 가슴에 간직한 말을 하겠다. 난 너를 사랑한다."라고 했다. 그 말을 듣는 순간 나는 부끄러워서 몸 둘 바를 몰라 했다. 그는 내 의향을 다그치듯이 물었다. 사실 말을 못해서 그렇지 나도 그를 좋아했었다. 나는 몇 번을 뭉그적대다가 용기를 내어 고개만 끄덕였다. 그때 내 손을 꼭 잡고 고맙다며 "나는 ROTC 가서 장교가 될 거야, 나 없어도 학교생활 성실히 해서 졸업 후 멋진 사회인으로 당당하게 만나자"라며 우리는 미래를 굳게 약속했다.

그는 졸업 후 광주 상무대에서 장교 임관식 마치고 최전방 부대 강원도 철원으로 부대배치 받아 갔다. 나도 졸업 후 교사가 되었고 서로 연락을 주고받았다. 그는 편지마다 면회 한번 와달라고 사정했다. 겨울 방학을 맞아 드디어 면회 가는데 김신조 남침 소식을 들었다.

편지 겉봉에 적힌 주소만 가지고 용케도 그가 근무하는 부대를 찾았다. 예상했던 대로 정문에서 지금은 비상사태이니 면회할 수 없다는 것이다. 나는 눈물을 머금고 돌아올 수밖에 없었다. 그 후 보름 정도 지나서 비상이 해제되었다. 그에게서 온 편지에 '거기까지 온 너를 못 만나 아쉬워 잠을 이룰 수 없었다.'라고 매우 애석해 했다. 절호의 찬스였는데 그놈의 김신조가 우리의 사랑에 재를 뿌렸다고, 돌아온 여름 방학 때는 꼭 만나자고 굳게 약속했었다. 그런데 여름방학 두 달을 앞두고 뜬금없는 일이 벌어졌다. 거지왕 김춘삼의 부인이 김춘삼에게 낚이듯이 엉뚱한 사람에게 낚여서 마음에 없는 남자와 첫날밤이 이루어져 버렸다. 어두운 시대에 여자의 정조란 생명과 같다는 철칙 때문에 첫사랑 남자를 다시 볼 수 없었다. 내 삶이 고달플 때마다 김신조가 참으로 원망스러웠다.

김인건
2021. 3. 천료

머무르고 싶다

창가에 서면
잿빛 겨울 하늘이
눈물 되어 흐릅니다
잔가지 내어준 나무 끝에
달랑거리는 단감 한 개
떠나기 싫어합니다
따가운 햇살에 더불어 익어가던
날들이 그립답니다

팬데믹 외톨이 되었던
하루하루마저도
소중한 날들이었습니다
사라지는 순간들은 추억이 되고
되돌아가 보고 싶은 그때가 됩니다.
세월은 장막을 내리려다
또 한 구비 돌아 해를 열어 갑니다

저 어귀 돌아들면 행복한 날들이
기다리고 있다고 속삭입니다

이번 해도 어김없이 밝은 새해를
구실 삼아 떠나려 하고 있습니다
매번 기다리다 놓쳐버린 지난날이 아쉽습니다

많이 걸어왔습니다
이제 너무 지쳐
영겁의 시간이 무섭습니다
그대로 머물려 합니다
아! 그래도 봄이 오는
새해가 기다려집니다

암으로 투병하던 여동생이 지난주 하늘나라로 갔다. 조금만 더 머물러 주었으면 하는 모든 이의 바람도 부질없이 동생은 훌훌히 가 버렸다. 한 달여 전 동생이 암으로 입원했다는 소식을 처음 접하고 어릴 적 추억이 많은 동생 생각을 하면서 잠을 이루지 못했다. 오빠로서 동생에게 베풀어 준 것이 무엇이 있는지, 후회스럽기만 하였다. 밤새 이 생각 저 생각으로 뒤척이던 나는 이튿날 혼자 병원을 찾았다. 코로나로 병실은 가지 못하고 매제를 만나 경과를 들어 보았다. 2년 전에 종아리에 피부암이 발병해서 치료했는데 최근 다시 이상이 생겨 진단을 받아보니 임파선을 통해 뇌로 전이 되었다고 한다. 심각한 상태다. 뇌에 이상이 있어서 방사선 치료 하면서 경과를 지켜보아야 하는데 의사들 말이 그렇게 희망적이지 못하다고 한다.

매제와 나는 신촌 갈비구이 식당에서 이런저런 이야기를 나누었다. 우리는 지나간 시간을 회상하며 소주잔을 기울였다. 매제는 장가와서 얼마 지나지 않아 처 외조모 장례식에서 상여를 메었을 때의 처가에 관한 추억들, 장인이 호출하면 모라동 선영(先塋)이랑 수정동 고택을 차로 모시고 다닌 이야기, IMF로 실직한 후 서울로 와서 친구 회사의 공장에서 경비하며 아팠던 시간, 외국인 상대로 민박을 운영하면서 여동생과 청계산 텃밭을 같이 가꾸며 행복했던 시간의 이야기를 들려주었다. 아마 매제는 아내를 보낼지도 모른다는 생각에 마음의 준비를 하고 있는지도 모르겠다.

나는 서울에 있으면서 아버지를 자주 모시지도 못했는데 매제가 나를 대신하여 많은 일을 해 준 것에 대한 고마움과 실직한 후 그와 여동생이 아프면서도 작은 행복을 가꾸어 왔을 시간이 나의 머릿속에 그림 되어 지나간다. 그동안 나는 무엇을 하고 있었을까. 그렇게 고생하다가 아들이 성공하여 이제 좋은 시간만 남았는데, 손자 돌보며 노년을 행복하게 보낼 수 있을 터인데, 살아 있는 모든 것은 가장 아름다울 때 아쉬움을 남기고 떠나 버리는 것일까.

부모님이 남기신 우리 6남매 같이 걸어왔는데 두 동생이 더 빨리, 더 멀리 가 버렸다. 먼저 떠난 막내 남동생을 따라 여동생이 떠나는 날 아침, 하늘은 아내를, 어머니를, 동생을 떠나보내는 이들의 눈물이 서러운지 아침부터 세차게 비를 뿌린다. 동생의 유해는 한 주먹 재로 변해 한지에 포장되어 항아리에 담긴다. 이제는 저 먼 영겁의 길을 떠날 채비가 되었나 보다. 길을 떠나는 동생을 배려해 세차게 뿌리던 비도 그치고 하늘에는 봄빛이 따스하다. 분당 메모리얼 파크에 영원히 잠든 동생의 영정은 '오빠 나 너무 많이 걸어왔어.' '여보 나 너무 지친 것 같아.' '아들아 봄이 다시 올 때까지 머무르고 싶어.'라고 속삭이고 있다. 나는 조용히 뇌까린다. 우리 같이 따가운 햇살에 더불어 익어가던 날들이 그립구나. 이제 가야 할 길, 어디쯤에서 다시 만나겠지.

천불동 계곡의 품

박 대 식
2021. 4. 천료

멀리 바라보이는 설악산이 점점 붉은빛으로 물들어가고 있다. 계절마다 설악은 색다른 빛깔로 나를 유혹한다. 먼 산을 바라보다가 화창한 날씨 탓인지 문득 어디론가 훌쩍 떠나고 싶어졌다. 창밖을 내다보니 밤새 감추어진 산허리가 안개 옷을 벗어 던지고 부드러운 햇살을 받고 있다.

아침을 먹고 배낭에 카메라와 간단히 먹을 것을 챙겨 집을 나섰다. 이른 시간이지만 마음먹고 떠나는 여행은 언제나 마음을 들뜨게 한다. 승용차를 집에 두고 덜컹거리는 버스를 타면 이 마을 저 마을 지날 때마다 승차한 시골 사람들의 이야기에서 사람 살아가는 냄새를 맡을 수 있어서 좋다.

나는 한동안 태풍으로 등산로가 훼손되었다는 뉴스를 접하고부터는 산행을 미루어 왔었다. 그러다가 오늘은 가볍게 소공원이라도 걷겠다는 생각이 들어서 출발하게 되었다. 설악동 소공원은 가을의 맑은 공기가 흐르고 있어서 색다른 풍경을 담아내고 있었다.

강원도의 명산인 설악산은 해발 1,708m로 남북으

로 길게 누워 있고 영동과 영서를 가로지르고 있다. 기암절벽이 아름다워 단풍철에는 등산객들의 발길이 끊이지 않는 곳이다. 특히 천불동 코스는 대청봉을 기점으로 화채능선과 공룡능선이 천불의 부처님을 모신 듯 착각을 하게 한다. 기암절벽이 병풍처럼 둘러선 천혜의 보고는 최고의 단풍 코스로 알려져 있다. 비선대, 와선대, 오련폭포, 양폭, 천당폭포 등 계곡을 따라 형성된 옥빛 소와 단풍은 보는 이들의 눈길을 사로잡는다.

소공원에서 내친김에 울산바위 쪽으로 올라가 볼까 했으나 그곳은 태풍의 피해로 계조암까지만 갈 수 있었다. 본격적인 단풍철은 아니지만, 주봉인 대청봉까지는 어림없는 시간이어서 내가 좋아하는 천불동계곡에 다녀오기로 마음먹었다. 비선대로 가다 보니 재해복구가 한창이었다. 그곳을 거쳐 본격적인 계곡으로 접어들었다. 청아한 물소리가 우렁차게 들려왔다. 먼발치에서 딱따구리 소리가 단잠을 깨웠는지 다람쥐가 내 주위를 서성인다.

천불동의 가을 계곡은 단풍이 절경이다. 왜 설악산이 한국에서 제일가는 명산인지를 실감할 수 있게 한다. 설악의 품에 들면 아늑한 어머니의 품에 안긴 것처럼 마음이 편안해진다. 초등학교 시절 어머니와 함께 설악산으로 소풍하러 간 적이 있었다. 푸른 물감을 풀어놓은 듯 청아한 계곡에 앉아 오순도순 이야기꽃을 피웠던 기억이 새롭다. 100세를 바라보는 어머니는 늙어가는 자식을 바라보며 어떤 생각을 하실지 가끔 찾아뵙긴 하지만 노모를 모시는 아내에게는 내 책임을 전가한 것만 같아 늘 미안하다.

가끔은 내가 어디쯤 와 있는 것일까 생각해 보기도 하지만 그 독백은 자연의 일부가 되어 날아가고 언젠가는 나도 자연으로 돌아가겠지 믿게 된다. 이런저런 사색하면 세상의 시름은 모두 사라지고 형형색색 피어나는 추억의 그림자만 아름답게 남는다.

드디어 설악의 백미인 천불동 계곡의 오련 폭포에 도착했다. 천불동

계곡은 우리나라에서 손꼽을 만큼 아름답다. 천불동계곡 중에 비선대로부터 천당폭포까지가 그 대표적인 단풍코스다. 내가 제일 좋아하는 곳은 이 천불동 계곡이다.

바위에 앉아 폭포의 언저리를 휘감아 도는 맑은 물소리를 듣는다. 고통의 여정에서 벗어나 사랑의 기쁨을 노래하는 듯하다. 언젠가 이곳을 찾아왔을 때 마른 단풍이 소복이 내려앉은 계곡 한쪽 둥근 바위에 외국인 여학생이 걸터앉아 있는 것을 보았다. 그녀는 벨기에에서 설악산 계곡이 좋아 찾아왔다고 했다. 그 모습이 아름다워 양해를 구해 사진 찍고 이듬해 청봉 사진협회에서 주최하는 전시회에 '힐링'이라는 제목으로 작품을 발표했었다.

내가 매년 설악산을 주제로 사진을 출품하는 것은 산을 소중하게 여기는 탓이다. 산은 언제든지 홀가분하게 찾아갈 자유의 시간을 내어주고, 도시에서는 느낄 수 없는 행복을 자연에서 찾게 한다. 눈으로 보이는 화려한 집과 가구들, 그리고 맛있는 음식을 마련하기 위해 돈을 벌 욕심으로 내 인생을 허비하고 싶지는 않다. 자연과 교감을 이루는 생활이 단순하다 하겠지만 명예나 부를 따르기보다 내가 좋아하는 일을 찾아 몰두하는 것이 족하다. 낭비 없이 소박하게 생활한다면 하루 세 끼의 생계를 유지하는데 힘들지 않으니 그 또한 감사할 일이다.

폭포를 따라 걷다 보면 자연의 일부가 되어 있는 나를 발견하게 된다. 바람에 흔들리는 나뭇잎의 감미로운 음색이 내 귀를 즐겁게 한다. 가을 단풍 잎새 사이로 쏟아지는 햇빛과 바람의 노래가 계곡을 타고 메아리의 선율처럼 들리니 발걸음이 가볍다 못해 경쾌해진다.

얼굴에 땀방울이 송골송골 맺힌다. 해질녘 쏙독새의 구슬픈 노랫소리가 가슴을 흔들어 놓기도 하지만 천불동 계곡 산마루에서 내려 달리는 바람은 묵은 마음의 때를 날려버릴 듯이 상쾌하다. 그 계곡에서는 나도 한그루의 단풍나무가 된다. 하산할 때면 또다시 그리워질 산길이 아쉽게 남는다.

J를 생각하며

이병원
2021. 4. 천료

한밤중, 친구 J가 세상을 떠났다는 문자를 받았다. 순간, 부모님 상을 당했을 때처럼 아무 생각도 할 수 없는 캄캄함과 함께 '이제 나의 차례도 얼마 남지 않았다'라는 느낌이 안겨 왔다.

60년 전 꽃다운 시절이 떠오른다. 그때 나와 J를 포함한 다섯 명의 친구가 '매란회'라는 친목 모임을 만들었다. 20대였던 우리는 결혼에 관한 이야기를 많이 했는데, 신랑감의 제1 조건으로 성실성을 꼽았다. 그 후 소원대로 성실한 남자를 만나 소박하게 살아왔다. 단, J만은 아들을 낳아 기르는 미혼모의 삶을 살게 되었다. 하지만 그녀의 얼굴에 항상 미소가 떠나지 않았다. 혼자 아들을 키우면서도 잠시 같이했던 남자에 대해 원망의 소리도 없었다.

J가 생활전선에 뛰어들어 평생 일하던 곳은 남대문시장 지하상가였다. 자매 같은 그녀가 있는 시장이 가까운 텃밭처럼 느껴졌고 친구의 직종이 나와 다른 것이 이채롭고 흥미롭기도 했다. 그래서 인천에 살면서도 나는 남대문시장까지 가서 장을 보았

다, 미국에서 이모가 왔을 때도 관광차 모시고 갔었다. 시장에서 일할 때 그녀는 활기차 있었다. 하는 일에 만족한 듯 보였다. 학력 수준도 높은 편이어서 주변 상인들의 서류작성이나 문제해결 등 해결사 역할을 톡톡히 하고 있었다.

노년에 접어들면서 우린 건강에 대해 막연한 걱정을 했다. 일 년 전, J는 심각한 병이 생겼다고 내게 알려주었다. 그 후, '치료가 잘 되어가고 있다, 문제가 생겼다.' 등의 단편적인 소식들을 듣던 와중에 그녀와 만남의 시간이 얼마 안 남았음이 느껴졌다. 갑자기 마지막이 될지도 모를 거란 생각이 들면서 화려함보다는 편안하고 기억될 만한 곳에서 회식하고 싶었다.

J를 마지막으로 만난 것은 작년 초겨울이었다. 나는 도움이 될 만한 물건들을 챙겨 들고 약속한 회식 장소로 갔다. 입구에서 서성이는 그녀는 예전과는 달리 몸이 많이 부어있는 상태였다. 생의 마지막 순간이 거의 다 왔음을 직감케 했다. 그런 내 생각과는 달리 그녀는 삶의 기적과 하나님 뜻을 따르겠다며 엷은 미소도 지었다. 그러나 며칠 후, 핸드폰을 통해 "걸려도 너무 심한 병에 걸렸어!"라며 통곡하던 J의 울음소리가 처음이자 마지막인 그녀의 약한 모습이었다. 아니, 딱 한 번 더 있긴 했다.

삼십여 년 전, J는 나에게 돈을 빌려달라고 했다. 종일 힘들게 일을 해도 임대료와 인건비를 제하면 남는 게 없으니 일하는 즐거움이 없다고 한다. 돈을 빌려주면 분식집을 열어 갚겠다고 한다. 어찌 보면 둘에게 다 좋은 제안 같지만 잘못되면 친구도 돈도 잃는 상황이 될 수도 있는 일이라 들어주지 못했다. 그녀는 나에게 '너만 믿었는데…' 하며 야속해했다. 내 마음도 그에 못지않게 거북하고 괴로웠다.

얼마 후 분식집을 계획하고 추진하던 J는 개업도 못 하고 사기를 당해 빈털터리가 되어버렸다. 그때도 그녀는 두 다리를 뻗은 채 통곡했다. 다행히 좌절을 딛고 힘을 내어 시장의 한 의류상회 점원으로 들어가 일을 하였다. 운명으로 담담하게 받아들인 걸까. 독실한 종교적 힘이었나. 이후 우리는 서로의 서운함을 벗고 예전의 미소 띤 모습으로 돌아갔다.

J의 부고를 받던 밤, 남편은 성가 책과 기도서를 들고 와 '예'를 갖추자고 했다.

기도를 드리는 도중에 "불쌍해, 너무 불쌍해, 평생 고생만 하다가 떠나다니…." 계속 눈물을 흘리는 나를 "그렇게만 생각하지 말아요, J에게 잘 자라준 손자가 셋이나 있잖아요."라며 남편이 다독였다.

'손자? 그렇지! 아직 J에 관해 내가 할 수 있는 일이 남아 있겠구나.'라는 생각이 스쳤다. 살았을 때 그녀가 제일 기뻐했던 일은, 소소한 보탬보다 그녀의 손자들 고교 졸업식 때 내가 축하편지를 써 보냈을 때였다.

'너희 할머니는 다복한 집 맏딸로 태어나 사랑받고 자랐으며, 많은 독서와 따뜻한 배려와 긍정적인 성격을 가진 존경스러운 분이다.'라는 내용이었다.

J는 문학소녀였다. 그녀가 읽은 책을 나도 따라 읽었었다. 우리는 밤을 새우며 손에 잡히는 대로 책을 읽었고 그 향기에 취해 즐거운 나날을 보냈었다. 이후 J가 서울에 취직이 되어 헤어진 후, 시장에서 재회하였다. 나는 그간 어떻게 살아왔는지 사정을 묻지 않았다. 혹시 내가 모를 상처를 줄지도 모른다는 걱정에서였고 또 그녀의 삶을 존중해 주고자 생각했기 때문이었다.

생각해보면 후회가 된다. 그때 나는 그녀의 마음이 되어 그녀의 뭉친 가슴을 풀어주었으면 얼마나 좋았을까. 필시 혼자 견딘 그 아픔이 독이 되어 병을 만든 것이리라. 단 하룻밤이라도 같이 있으면서 그녀의 힘들었던 이야기를 들어 주었어야 했는데…. 친자매 같은 친구라면서 수많은 날 동안 어찌 단 하룻밤의 시간도 내지 못했을까.

J가 떠나고 한동안 세상이 멈춰버린 듯 멍했다. 내 말을 들어 줄 소중한 사람이 없어졌기 때문이다. 번호는 있으나 전화할 수도 없다. 다행히 위안이 되는 것은 그녀가 끔찍이도 사랑하던 손자들에게 간간이 이모할머니 노릇을 할 일이 남아 있음이다. 하룻밤 같이 지내며 가슴에 맺힌 이야기들을 풀어내고 싶었던 마음은 이제 회한으로 남았다.

J는 갔고 나는 남았다. 내게 남아 있는 날까지, 내가 기억하는 한, 그녀는 내 마음속에 함께 하리라.

당신의 여름이 익어갈 때

전명주
2021. 4. 천료

쫙 갈라진 수박의 속이 새빨갛게 잘도 익었다. 잘라서 반씩 포장을 해놓아도 꽤 큰 수박이 먹음직스럽다. 조그맣고 동글동글한 주홍색의 자두는 당장 집어 들어 한 입 베어 물고 싶다. 형광처럼 밝은 연둣빛의 청포도나 샛노란 참외도 지나치는 사람들을 유혹한다. 하얀 바탕에 수채물감 번지듯 예쁜 분홍색으로 물들어가는 복숭아도 탐스럽다. 여름은 모든 것이 여무는 찬란한 계절이다.

모든 것이 싱싱하고 파릇한 것으로 가득한 이 여름에 나는 무엇을 익어가게 할 수 있을까. 설렘과 동경을 한껏 품고 어디로든 떠나고 싶은, 심장이 꿈틀대고 붉은 태양이 자유를 허락하는 계절. 마음껏 궤도를 벗어나 끝없이 질주해도 될 것 같은 시절의 특권. 하지만 나에게 이제 그런 여름은 없다.

갑작스러운 소나기처럼 무슨 일이라도 생기길 바라던 때는 갔다. 찌는 더위와 권태는 구별이 어렵다. 젊음이 스러져가는 여름은 몹시 힘들다. 가로수나 돌멩이처럼 나 하나쯤의 무게는 버티어 줄 것들을 붙들고 싶다. 산책하는 강아지나 길고양이처럼 입이 무거워 내 말이 날까 걱정 없는 녀석들에게라도 이야기 하고 싶다. 나의 여름은 너무 낡아 약동하지 않는다. 그저 살아있다는 숙제가 못마땅해 이제는 더운 계절에도 딴지를 걸어본다.

사랑하는 이들을 앗아간 겨울과 봄 다음의 여름은 지루하다. 뜻 모를 예술영화처럼 막막한 여름 역시 누군가를 데려가 버린 건 마찬가지다. 억울한 여름이 간다. 죽음이 대수롭지 않다고 여겼던 날들에 무엇이 희망이었을까. 무엇을 슬퍼했을까. 내가 꿈꾸는 일탈은 좀 더 나은 여름을 기다리는 일. 변하지 않을 것과 변할 수밖에 없는 것들에 대해 고민해 본다.

뜨거움은 점점 깊어져 체념만큼의 우물을 고이게 하니 어쩌면 여름은 가장 서늘한 계절. 잎이 울창할수록 숲은 캄캄해지니 차라리 여름은 가장 어두운 계절. 이제와 내가 영글게 할 수 있는 것은 희망을 지닌 이름들. 낮고 깊은 곳에 남아 있는 이름들을 길어 올린다. 절망이 홍수처럼 떠밀려 와도 여전히 남아 아침을 맞게 하는 이름들로 이 여름을 버틴다. 마치 오늘이 첫날인 듯, 마치 오늘이 마지막 날인 듯.

혹시 당신이 나처럼 서러운 계절을 지나고 있다면, 지금이라도 장마처럼 울어버리길, 수박의 속처럼 쨍한 빨강으로 당신의 여름을 익혀가길. 바닥까지 토로하여 허한 마음에 휘청이면 잘 익은 수박 한쪽은 내가 같이 먹어 주겠다. 조용히 당신을 들어주겠다. 오래 당신을 들어주겠다. 서늘하고 어두운 곳, 낮고 깊은 그곳에 가만히 있어 주겠다.

편집후기

수필문학추천작가회 사화집 제29호『아름다운 반칙』출간을 진심으로 축하합니다.

우리는 '수필문학추천작가회'라는 동인의 인연으로 서로의 존재와 가치를 소중히 이어가고 있습니다. 그동안 신입 회원들의 반가운 인연도 있었고, 예기치 않은 작고 문인과의 이별도 있었습니다. 세월은 새로운 인연을 채워주고 아픔을 다독이며 우리를 여기까지 이끌어왔습니다.

작가로서 우리가 글을 써야 하는 이유는 분명합니다. 우리 개인의 삶을 넘어 다른 이들의 삶에 긍정적인 가치를 부여하기 때문입니다. 글을 읽고 쓴다는 것의 거룩함과 통쾌함. 글쓰기라는 지평선을 향해 다시 한번 묵묵히 한 걸음씩 나아가야 할 때입니다.

수필문학추천작가회 사화집 제29호는 지난 2019년에 출간되었어야 했습니다. 하지만 여러 산통과 우여곡절 끝에 이제야 세상으로 나아갑니다. 조금 늦었지만 어쩌면 그래서 더욱 가치 있는 사화집 제29호. 이번 사화집이 힘들고 어려운 과정을 지나온 수필문학추천작가회에 새로운 시작점이 되기를 간절히 바랍니다.

수필문학추천작가회
연간사화집 2021 / 29호

이번 사화집 출간에는 4명의 편집위원(강미애, 이제홍, 조영자, 전명주)이 구성되어 편집과정에 직접 참여했습니다. 2021년 9월 2일 편집위원 4명 전원, 강병욱 대표, 류진 편집국장이 교음사에 모여 1차 편집회의(편집 방향 및 초고 교정)를 가졌고, 9월 11일 2차(제목 선정 및 2차 교정), 10월 2일 3차 편집회의(표지 선정 및 본문 레이아웃)를 통해 회원들의 수준 높은 작품에 누가 되지 않도록 최선을 다해 살폈습니다. 혹시라도 부족한 부분이 발견되더라도 넓은 마음으로 양해를 부탁드리며, 어려운 이 시기에 수필문학추천작가회 스물아홉 번째 사화집 『아름다운 반칙』이 작은 위로가 되었으면 좋겠습니다.

더불어 수필문학추천작가회의 역사와 전통을 이어나갈 수 있도록 물심양면으로 애써 주시고, 사화집 제29호를 묶어주신 월간 『수필문학』 강병욱 대표님께 진심으로 감사한 마음 전합니다.

편집위원 : 강미애, 이제홍, 조영자, 전명주

수필문학추천작가회
연간사화집 2021 / 29호

아름다운 반칙

2021년 10월 25일 초판 인쇄
2021년 10월 30일 초판 발행

지은이 / 수필문학추천작가회
발행인 / 강병욱

발행처 / 도서출판 교음사
편　집 / 수필문학사 편집부

03147 서울 종로구 삼일대로 457 수운회관 1308호
Tel (02) 737-7081, 739-7879(Fax)
E-mail : gyoeum@daum.net
등록 / 제2007-000052호

값 16,000원

ISBN 978-89-7814-840-5 03810

- 본 도서는 월간 『수필문학』과 도서출판 교음사의 출판비 지원으로 제작되었습니다.